KB245033

차별하는 데이터

DISCRIMINATING DATA:
CORRELATION, NEIGHBORHOODS, AND THE NEW POLITICS OF RECOGNITION
by Wendy Hui Kyong Chun

This Korean edition was published by Workroom Press in 2025 by arrangement with The MIT Press through KCC (Korea Copyright Center Inc.), Seoul.

이 책은 (주)한국저작권센터(KCC)를 통한
저작권자와의 독점 계약으로
워크룸 프레스에서 출간되었습니다.

차별하는 데이터:
상관관계, 이웃, 새로운 인식의 정치

웬디 희경 전 지음, 김지훈 옮김

워크룸 프레스

일러두기

원서의 대문자 강조는 굵은체로, 이탤릭 강조는 권점으로 표시했다.

브라운, 펜실베이니아, 시카고, 그리고
사이먼 프레이저 대학교에서 내가 가르친 모든 학생들,
특히 디지털 민주주의 연구소의 첫 제자였던
에이미, 카리나, 해나, 줄리아에게 감사드린다.

또한 나의 첫 번째 선생님인 지니, 마리아,
어니, 버트에게 감사드린다.

차례

머리말

1989년 12월 6일, 몬트리올의 에콜 폴리테크니크 공과대학 공학 강의실에 한 남자가 들어와 남학생들에게 나가라고 명령했다. 마지막 수업 날 분위기를 풀기 위한 장난이라고 생각한 학생들은 움직이지 않았다. 그가 반자동 소총으로 한 발을 쏘기 전까지 말이다. 남성들이 나가자 그는 여성들에게 자신이 페미니즘과 싸우기 위해 왔다고 말한 후, 강의실에 남아 있던 여학생들과 인접한 복도에 있던 여학생들에게 총격을 가했다. 그날 그는 다음 열네 명의 여성을 살해했다. 쥬느비에브 베르제론, 엘레네 콜간, 나탈리 크로토, 바바라 다그노, 안-마리 에드워드, 모드 하비에르닉, 마리세 라가니에르, 마리세 레클레르, 안-마리 르메이, 소니아 펠티에, 미셸 리샤르, 아니 생-아르노, 아니 투르코트, 바바라 클루치니크-비다예비치.

나는 다음 날 아침 물리 시스템 과목 시험을 보기 위해 앉아 있다가 그 학살에 대해 처음 들었다. 내 뒤에 앉은 남학생들이 몬트리올의 공학 강의실에서 여성들이 살해되었다는 소식을 들었는지 물었다. 공학 분야에는 그런 병적이고 여성 혐오적인 농담이 넘쳐났기 때문에 또 다른 그런 농담이라고 생각하고 그들에게 입 다물고 시험이나 보라고 말했다. 그날 오후, 그 학살이 실제로 일어났다는 사실을 알게 되자, 나는 충격에 휩싸였다. 캐나다에서 1세대 이민자로서 차별과 정치로부터 벗어나기 위해 공학을 선택했었다. 혼란스러워지자 나는 인문학—영문학과 비판이론—으로 전환하여 내 주변의 폭력과 차별을 인정하는 데 도움을 받았다.

워털루 대학교에서 복수 전공으로 졸업한 첫 번째 공학도였던 나는 이후 프린스턴 대학교에서 영문학 박사 과정을 밟았다. 이는 정치와 차별에서 다시 한번 도망치기 위한 방법이었다. 영문학과를 아는 이라면 이 선택이 얼마나 잘못된 것이었는지 깨달을 것이다. 특히 대학원생으로서 처음 쓴 논문이자 이후 내 첫 학술 논문으로 발표된 「참을 수 없는 증인: 듣기의 정치를 향하여」(Unbearable Witness: Towards a Politics of Listening)는 학살을 증언하며 말하기의 정치를 보충하기 위해 듣기의 정치를 요구했다. 나의 질문은 이러했다. 우리 주변의 트라우마, 차별, 폭력을 어떻게 보상할 수 있는가? 어떤 개인이나 사건을 '대표하는' 것으로 취급하는 것이 아니라, 그들의 단독성을 인정하고 우리의 응답 속에서 공명하는 경험을 인정함으로써 말이다.

박사 학위를 시작할 때, 나는 문학 이론과 복잡계 이론을 결합하는 꿈을 꾸었다. 인문학과 공학에서 개념들 간의 유사점을 매핑하는 것에서 시작해 이러한 유사점이 어떻게 가능했는지를, 그리고 이러한 유사점이 무엇에 응답하고 무엇을 가능하게 했는지를 묻기 시작했다. 나는 유즈넷, 그리고 이 새로운 현상인 월드와이드웹에서의 연결성을 이해하는 데 있어 성(性)과 섹슈얼리티의 중요성에 대해 쓰기 시작했다. 나는 정치가 필연적이며 이미 내가 당연시하던 많은 것 속에 내재되어 있음을 깨달았다. 성별과 인종에 기반한 지배 관계에서 비롯된 통제 시스템부터, 모든 것을 '구원'하려는 시도 속에서 세계를 파괴할 위협을 안고 있는 서버 팜(Server Farm)까지. 인문학과 비판이론은 주변의 불평등을 보고 그에 말을 거는 언어를 제공했다. 인문학과 비판이론이 불평등 바깥에 있었기 때문이 아니라, 그들 역시 그 문제들로 고통받았기 때문이며 그 문제를 바로잡기 위해 헌신했기 때문이다. 인문학과 비판이론은 다른 세상이 가능하다는 믿음에 힘을 실어주었다.

지난 25년간 나는 인터넷이 매스미디어를 종식시키는 대중 매체로 어떻게 등장했는지 이해하는 데 집중해 왔다. 뉴미디어 이론을 활용하고 발전시켜 통제 기술이 자유의 기술로 매매되는 방식, 소프트웨어가 수증기와 같은 존재로 등장하며 프로그래밍 가능성에 대한 신자유주의의 꿈을 압축하는 방식, 우리가 동일성을 유지하기 위해 업데이트하는 과정에서 '올드 미디어'가 우리의 습관 속에 남아 있는 방식을 이해하고자 했다. 이 과정에서 나는 기술의 형성에 있어, 그리고 기술을 심오한 정치적 문제의 해결책으로 기이하고 파괴적으로 프레이밍하는 방식에 있어 인종과 섹슈얼리티의 중심성을 탐구해 왔다. 또한 기술과 문화에 대한 깊은 관여를 촉구해 왔다. 이는 내가 기술 결정론자거나 문화 결정론자이기 때문이 아니라, 기술과 문화 모두에 강렬하게 관여함으로써 우리가 이 두 극단에서 벗어나게 된다고 믿기 때문이다. 핵심은 문화와 기술이 어떻게 교차하고 충돌하는지 보는 것이다. 즉 어떤 기술을 깊이 파고들면 심원한 사회·문화적 가정들이 드러나고, 그 반대도 마찬가지임을 보는 것이다. 차별과 부당함은 외부에서 오는 것이 아니다. 그들은 '그 안에' 있다. 왜냐하면 기술적 디폴트는 문화적·사회적 편견에 내재되어 있기 때문이다.

동시에 나는 다른 세계의 흔적 또한 '그 안에' 있다고 강조해 왔다. 기술적 통제 시스템의 한계와 취약성은 자유가 통제로 환원될 수 없음을 명확히 보여준다. 자유는 통제를 필연적인 것으로 만들지만 결코 충분하지 않다. 실행의 변천은 우리 앞의 생동감 있는 세계와 공명하며, 총체적 해결책이나 프로그래밍 가능성에 대한 꿈을 교란한다. 뉴미디어는 내가 『동일성 유지를 위한 업데이트: 습관적 뉴미디어』(Updating to Remain the Same: Habitual New Media, 2016)에서 주장했듯이 놀랍도록 기이하며, 우리의 습관은 우리 안에 포함된 타자의 조각들이다.

지난 몇 년간 나는 이러한 가능성의 순간들을 발견하는 동시에, 우생학과 분리주의적 사고가 우리 기계에 어떻게 통합되었는지 탐구하기 위해 점점 더 나의 공학적 기원으로 돌아갔다. 목표는 공학, 컴퓨터 과학, 인문학, 사회과학, 예술을 결합하여 우리가 직면한 어려운 문제를 떠맡는 것이다.

이 책은 우리의 현재 커뮤니케이션 기술에 핵심적인 상관관계, 동종선호, 진정성, 인정과 같은 개념들에 따라다니는 공동체와 이웃 들을 드러낸다. 이는 차별을 회피하는 대신 차별에 직면함으로써, 우리 자신의 흔적을 가능하게 하는 흔적을 가진 이들과 함께 머무르려는 시도다. 접촉이 평범하거나 항상 무해하지는 않다는 것을 이해하면서도, 이 책은 다름 안에서 살 수 있는 다른 세계를 창조하기 위해 이 관계들로부터 출발한다. 그 세계 안에서 자유는 모두를 위한 자유이기 때문에 마침내 의미가 있게 된다.

서론
한 번에 하나의 해결책으로 세상을 파괴하는 방법

사람들은 인터넷이 악몽, 이 세상 거의 모든 악의 근원이 되었다고 주장한다. 인터넷은 국가와 기업이 공동 제작한 전 세계 감시 네트워크, 거짓과 음모론을 퍼뜨리고 사회를 양극화하며 폭력을 유발하고 팬데믹을 장기화하며 지구를 파괴하는 수준의 소비를 조장하는 군사용 심리 작전(PSYOP)에 기반한 소셜 미디어 알고리듬, 기존의 불평등을 악화시키고 인류의 미래를 위협하는 인공지능(AI) 프로그램을 낳았다.

아이러니한 것은 인터넷과 인공지능이 그에 주어진 약속과는 정반대의 결과를 가져왔다는 점이다. 사람들은 20세기 후반의 인터넷인 사이버공간이 전 지구적 민주주의, 평등, 번영의 새로운 시대를 열 것으로 기대했다. 인공지능은 운전기사, 개인 비서, 전문 자문가 등 '1퍼센트'가 누리는 혜택을 '90퍼센트'에게 나눠줄 유순한 기계 하인을 생산할 것이었다. 또한 인공지능은 인종, 성, 나이, 질환을 '보지' 못하기 때문에 차별을 없앨 수 있을 것이었다.[1] 마찬가지로 사이버공간은 "마음의 새로운 고향",[2] 즉 물리적 신체와 정체성이 말 그대로 중요하지 않은 전자 개척지(electronic frontier)이기 때문에 개인을 억압과

1. Max Ehrenfreund, "The Machines That Could Rid Courtrooms of Racism," *Washington Post*, August 18, 2016, https://www.washingtonpost.com/news/wonk/wp/2016/08/18/why-a-computer-program-that-judges-rely-on-around-the-country-was-accused-of-racism/.
2. John Perry Barlow, "A Declaration of the Independence of Cyberspace," Electronic Frontier Foundation (EFF), February 8, 1996, https://www.eff.org/cyberspace-independence.

국가적 주권으로부터 자유롭게 해줄 것이었다. 1990년대 중반, 앨 고어 부통령과 미국 사법부 구성원들은 모든 사람에게 발언의 연단을 제공한다는 점에서 인터넷이 궁극의 공론장이라고 설명했다.[3] 당시 마이크로소프트의 CEO였던 빌 게이츠는 정보 고속도로가 오프라인의 장애물을 녹여내어 "마찰 없는 자본주의"를 가능하게 했다고 주장했다.[4] 전자 개척지 재단의 공동 설립자인 존 길모어는 인터넷이 "검열을 훼손으로 해석하고 이를 우회하는 것"이라고 말한 것으로 알려졌다.[5] 심지어 2010년까지도 인터넷은 중동의 민주화 항쟁을 이끈 "해방의 기술"로 칭송받았다.[6] 인터넷은 우리의 마음을 자유롭게 함으로써 인종차별에서 정치적 억압에 이르는 모든 문제를 바로잡는 데 도움이 될 거라고 기대되었던 것이다.

21세기 초, 여전히 희망을 팔던 사람들의 질문은 다음과 같았다. 어떻게 하면 악몽에서 꿈을 되찾을 수 있을까? 어떤 정보를 유출하고, 어떤 새로운 사업 계획을 고안하고, 기술을 다시 위대하게 만들기 위해 어떤 사과를 내놓아야 할까?

약속과 위협은 동전의 양면과 같으며, 이는 과거에도 그

3. Al Gore, "Information Superhighways Speech," International Telecommunications Union, March 21, 1994, http://vlib.iue.it/history/internet/algorespeech.html; U.S. Supreme Court, "Syllabus of Supreme Court Decision in Reno v. ACLU," June 26, 1997, https://www.aclu.org/legal-document/supreme-court-decision-reno-v-aclu-et-al/.

4. Bill Gates with Nathan Myhrvold and Peter Rinearson, *The Road Ahead*, revised ed. (New York: Viking Press, 1995), chapter 8. 한국어판은 『미래로 가는 길』, 이규행 옮김(서울: 삼성출판사, 1997), 8장.

5. Philip Elmer-Dewitt, "First Nation in Cyberspace," *Time*, December 6, 1993, 64.

6. Larry Diamond, "Liberation Technology," *Journal of Democracy* 21, no. 3 (2010): 69–83.

랬고 지금도 그렇고 앞으로도 그럴 것이기 때문에 이러한 충동은 그 의도가 아무리 선하든 잘못 판단한 것이기도 했다. 정치적 문제에 대한 기술적 해결책을 모색할 때, 그들은 학대와 억압에 맞서 싸우는 가장 좋은 방법이란 차이와 차별을 무시하는 것이라고 생각한다.[7] 이들은 개인, 이웃[8] 또는 '부족'(tribe)의 역량 강화(empowerment)에 집중함으로써 연대를 약화시킨다. 이들은 '좋은' 기술은 노예적이라고 가정하기 때문에 필연적으로 절대적 의존과 반란에 대한 두려움을 불러일으킨다. 희망적 무지는 해결책이 아니라 문제다. 이는 차별과 불평등을 영속화하며, 한 번에 하나의 해결책만 제시하기 때문이다. 문제는 예측할 수 없는 새로운 미래를 창조하기 위해 거대 기술 독점 기업이 습관, 제도, 규범을 파괴하는 것이 아니다. 문제는 '창조적 파괴'라는 미명하에 차별적인 과거의 실수를 인정하고 고치기는커녕 오히려 증폭시키고 자동화하고 있다는 것이다.

이러한 위협에 대응하기 위해 다음과 같은 5단계 프로그램을 제안한다.

7. 정치적 문제에 대한 기술적 해결책의 추구에 대해서는 다음을 참조. Wendy Hui Kyong Chun, *Control and Freedom: Power and Paranoia in the Age of Fiber Optics* (Cambridge, MA: MIT Press, 2006); Meredith Broussard, *Artificial Unintelligence: How Computers Misunderstand the World* (Cambridge, MA: MIT Press, 2018). 한국어판은 『페미니즘 인공지능』, 고현석 옮김(서울: 이음, 2019); Ruha Benjamin, *Race after Technology: Abolitionist Tools for the New Jim Code* (Cambridge: Polity Press, 2019). 무지의 인식론의 역사에 대해서는 다음을 참조. Charles W. Mills, *The Racial Contract* (Ithaca, NY: Cornell University Press, 1997).

8. 옮긴이—이 책에서 neighborhood는 주로 '이웃'으로 번역했지만 맥락에 따라, 특히 2장에서와 같이 집단으로서의 '이웃 주민', 그리고 지역 공동체로서의 '이웃사회'의 뜻을 포함하기도 한다는 점에서 해당 역어를 혼용했다.

1. 현재, 그리고 역사적으로 차이의 무시가 어떻게 차별을 증폭하는지 폭로하고 조사하기.
2. 알고리듬과 데이터 구조의 기초가 되는 디폴트(default) 가정과 공리를 심문하기.
3. 예측이 언제, 왜, 어떻게 작동하는지 결정하기 위해 실행되는 과거, 현재, 미래의 기계학습 알고리듬을 파악하기.
4. 기존 AI 시스템을 사용하여 현재의 불평등을 진단하고 차별적인 예측을 과거 차별의 증거로 취급하기.
5. 분리 종식(desegregation)과 평등을 위한 투쟁과 실천을 통해 현재의 네트워크 구조에 내재된 우생학적, 분리주의적 디폴트를 대체하고 다양한 알고리듬과 검증 방식을 고안하기.

가장 근본적으로 나는 이 프로그램을 위해 '우리'가 나서야 한다고 주장한다. 따라서 이 책에 담긴 견해는 희망적 무지와 그로 인한 끝없는 사과에 맞서 다름(difference) 속에서 다름과 공명하는 세상을 위한 강력한 합창을 만들어낸 많은 학자들, 그중에서도 루하 벤저민, 조디 버드, 메러디스 브루서드, 케이트 크로퍼드, 버지니아 유뱅크스, 카라 킬링, 타라 맥퍼슨, 리사 나카무라, 사피야 우모자 노블, 캐시 오닐, 프랭크 패스콸레, 프레드 터너 등의 목소리에 공감한다.[9]

9. 예를 들어 다음을 참조하라. Benjamin, *Race after Technology*; Broussard, *Artificial Unintelligence*; Jodi A. Byrd, *The Transit of Empire* (Minneapolis: University of Minnesota Press, 2011); Kate Crawford, *Atlas of AI: Power, Politics, and the Planetary Costs of Artificial Intelligence* (New Haven, CT: Yale Univer-

다시, 희망적 무지에 맞서

21세기 초반, 기술 기업들은 인터넷과 관련된 재난이 발생하면 용서를 구하고 기술적 해결책을 약속하는 방식으로 대응했다. 2018년, 페이스북의 창립자인 마크 저커버그는 8,700만 명의 개인 프로필이 케임브리지 애널리티카에 '유출'된 사건에 대해 공개적으로 사과했다.[10] 그러나 케이트 크로퍼드와 메러디스 휘터커가 AI 나우 연구소의 2018년 연례 보고서에서 강조한 것처럼 케임브리지 애널리티카 사건은 여러 사건 중 하나에 불과했다.[11] 미국 이민세관단속국(ICE)이 위험 평가 소프트웨어

sity Press, 2021). 한국어판은 『AI 지도책』, 노승영 옮김(서울: 소소의책, 2022); Virginia Eubanks, *Automating Inequality: How High-Tech Tools Profile, Police, and Punish the Poor* (New York: St. Martin's Press, 2018). 한국어판은 『자동화된 불평등』, 김영선 옮김(서울: 북트리거, 2018); Kara Keeling, *Queer Times, Black Futures* (New York: New York University Press, 2019); Tara McPherson, *Feminist in a Software Lab: Difference + Design* (Cambridge, MA: Harvard University Press, 2018); Lisa Nakamura, "Indigenous Circuits: Navajo Women and the Racialization of Early Electronic Manufacture," *American Quarterly* 66, no. 4 (2014): 919–941; Safiya Umoja Noble, *Algorithms of Oppression: How Search Engines Reinforce Racism* (New York: New York University Press, 2018. 한국어판은 『구글은 어떻게 여성을 차별하는가』, 노윤기 옮김(서울: 한스미디어, 2019); Cathy O'Neil, *Weapons of Math Destruction: How Big Data Increases Inequality and Threatens Democracy* (New York: Crown, 2016). 한국어판은 『대량살상 수학무기』, 김정혜 옮김(서울: 흐름출판, 2017); Frank Pasquale, *The Black Box Society: The Secret Algorithms That Control Money and Information* (Cambridge, MA: Harvard University Press, 2015). 한국어판은 『블랙박스 사회』, 이시은 옮김(안양: 안티고네, 2016); Fred Turner, *The Democratic Surround: Multimedia and American Liberalism from World War II to the Psychedelic Sixties* (Chicago: University of Chicago Press, 2013).

10. Julia Carrie Wong, "Mark Zuckerberg Apologises for Facebook's 'Mistakes' over Cambridge Analytica," *Guardian*, March 22, 2018, https://www.theguardian.com/technology/2018/mar/21/mark-zuckerberg-response-facebook-cambridge-analytica.

11. Meredith Whittaker et al., *AI Now Report 2018* (New York: AI Now Institute, New York University, December 2018), https://ainowinstitute.org/pub-

를 항상 구금을 권고하도록 '업그레이드'했다는 폭로부터 여성을 차별한다는 이유로 아마존이 AI 채용 소프트웨어를 폐기했다는 소식, IBM의 슈퍼컴퓨터 왓슨이 "안전하지 않고 잘못된" 암 치료법을 추천했다는 보도까지 그해에는 스캔들과 분노가 지배적이었다.[12]

작가 노아 쿨윈은 「인터넷이 사과한다…」라는 『뉴욕』지 기사에서 이런 상황을 포착했다. 이 기사는 다음과 같은 문자를 보낸 귀여운 고양이의 사진으로 시작된다.(그림 1) "미안해요. 우리는 사생활을 파괴할 의도는 없었습니다. 그리고 민주주의도요. 우리가 나빴어요."[13]

쿨윈은 열두 명의 저명한 네트워크 설계자, 실리콘밸리 제품 개발자, 그리고 재런 러니어와 리처드 스톨먼 등의 기술 전문가와의 인터뷰를 바탕으로 "인터넷은 어떻게 잘못되었는가, 그 15단계" 목록을 다음과 같이 제시했다.

lication/ai-now-2018-report-2.

12. Mica Rosenberg and Reade Levinson, "Trump's Catch-and-Detain Policy Snares Many Who Call the U.S. Home," *Reuters*, June 20, 2018, http://www.reuters.com/investigates/special-report/usa-immigration-court/; Jeffrey Dastin, "Amazon Scraps Secret AI Recruiting Tool That Showed Bias against Women," *Reuters*, October 10, 2018, https://www.reuters.com/article/us-amazon-com-jobs-automation-insight/amazon-scraps-secret-ai-recruiting-tool-that-showed-bias-against-women-idUSKCN1MK08G; Casey Ross and Ike Swetlitz, "IBM's Watson Supercomputer Recommended 'Unsafe and Incorrect' Cancer Treatments, Internal Documents Show," *Stat*, July 25, 2018, https://www.statnews.com/2018/07/25/ibm-watson-recommended-unsafe-incorrect-treatments/.

13. Noah Kulwin, "The Internet Apologizes...: Even Those Who Designed Our Digital World Are Aghast at What They Created. A Breakdown of What Went Wrong—from the Architects Who Built It," *New York*, April 13, 2018, http://nymag.com/intelligencer/2018/04/an-apology-for-the-internet-from-the-people-who-built-it.html.

그림 1. 노아 쿨윈의 기사에 실린 귀여운 우는 고양이. 출처: Noah Kulwin, "The Internet Apologizes...: Even Those Who Designed Our Digital World Are Aghast at What They Created," *New York*, April 13, 2018. 이미지: 조 대로, 재가공: 조슈아 캐머런.

1. 히피의 좋은 의도로 시작됐지…
2. …그런 다음 스테로이드에 자본주의를 혼합했어.
3. 월가의 등장은 도움이 되지 않았어…
4. …그리고 우리는 그것을 무료로 유지하기 위해 비싼 대가를 치렀지.
5. 모든 것이 정말, 정말 중독성 있게 설계되었어.
6. 처음에는 거의 너무 잘 작동했어.
7. 실리콘밸리의 그 누구도 책임을 지지 않았어.
8. …소셜 네트워크가 위험하고 독성이 강해졌음에도 불구하고.
9. …우리의 사생활을 침해할 때에도 말이지.
10. 그리고 2016년이 왔어.
11. 직원들의 반란이 시작되었어.
12. 이를 해결하려면 새로운 비즈니스 모델이 필요하지…
13. …그리고 강력한 규제도.
14. 어쩌면 아무것도 바뀌지 않을지도 몰라.
15. …최소한 새로운 책임자가 등장하지 않는 한 말이지.

이 15단계의 기본 줄거리는 이런 거였다. 순진한 히피들이 자유의지론자들과 사랑에 빠지고, 월가의 사기꾼들과 엮이고, 인터넷을 자유롭게 지키고자 시도하다 보니 의도치 않게 세상을 파괴한다는 것이다. 러니어가 쿨윈에게 말했듯이, 그들은 두 가지 사랑 사이에 갇혀 있었다. "우리는 히피 사회주의자였기 때문에 모든 것이 자유로워지기를 원했어요. 하지만 우리는 스티브 잡스를 사랑했기 때문에 기업가도 사랑했죠. 사회주의자와 자유의지론자가 동시에 되고 싶다는 거죠. 그건 부조리해요."

클릭낚시(clickbait) 광고는 지옥으로 가는 길을 열어줌으로써 이러한 '부조리'를 해결했다. 인터넷 사용자의 클릭을 포착하고 이용하면 '무료'이면서도 수익성 있는 콘텐츠가 마법처럼 활성화되었다. 또한 대중 인쇄 매체 및 방송 광고를 끈질기게 괴롭히던 '광고는 얼마나 효과적인가'라는 질문에 대한 해답을 제시하는 듯했다. 광고주는 사용자의 클릭과 마우스 오버를 추적함으로써 참여도를 '측정'할 수 있었고, 이를 통해 사회 이론가 장 보드리야르가 "침묵하는 다수의 힘"이라고 불렀던 것을 극복할 수 있었다.[14] 플랫폼은 성과를 최적화하기 위해 광고주에게 동류이지만 맞춤화된 미세 타켓층을 합칠 것을, 즉 합이 맞는 집단을 통합하여 사용자 군집(cluster)을 만들도록 장려했다. 3장에서 보다 자세히 설명하겠지만, 광고주와 플랫폼

14. Jean Baudrillard, *In the Shadow of the Silent Majorities ... Or the End of the Social and Other Essays*, trans. Paul Foss, Paul Patton and John Johnston (New York: Semiotext(e), 1983), 1. 보드리야르는 대중(mass)이 "불투명하지만 마찬가지로 반투명한 실재"(1)라고 주장한다. 대중은 블랙홀이기 때문에 근본적으로 미지의 것이며 알 수도 없다. 대중은 재현(representation) 바깥에 남아 있다. 이러한 흡수, 즉 무관심은 긍정적인 전략이다. 대중이 소외되는 것은 불가능한데 그들의 침묵은 주체가 되기를 거부하는 것을 가리키기 때문이고, 침묵은 "절대적인 무기"이기 때문이다. "아무도 침묵하는 다수를 대표(represent)한다고 할 수 없으며, 그것이 바로 그 다수의 복수다."(22) [옮긴이—여기에서 저자는 보드리야르가 'mass'(la masse)라는 단어의 중의적 의미를 활용하는 방식을 재생한다. 보드리야르에게 이 단어의 의미는 '실체 또는 물질'로서의 '덩어리'를 가리키는 물리적, 철학적 의미만이 아니라 전기의 접지(earth), 대중 또는 다수 또한 포함한다. 따라서 이 책에서 보드리야르는 이 의미들 중 두 가지 이상을 함께 환기시킨다. 이 책의 도입부 전체를 인용해 보면 보드리야르의 이와 같은 수사학적 전략이 드러난다. "사회의 모든 혼란스러운 무리(constellation)는 불투명하지만 마찬가지로 투명한 실재, 즉 무(無)인 대중이라는 스펀지 같은 지시체를 중심으로 돌아간다. 통계상의 수정 구슬과도 같은 대중은 물질과 자연적 요소의 이미지 내에서 '전류와 흐름으로 소용돌이친다.' 적어도 우리에게는 그렇게 재현된다. 그들은 '넋이 빠질 수 있고' 정전기처럼 사회가 그들을 감싼다. 그러나 대부분의 경우 정확히 그들은 접지(earth)를 형성하여 사회와 정치의 모든 전기를 흡수하고 그것을 영원히 중화한다."(1–2)]

은 클릭낚시를 물 정서적으로 충만한 무리를 만들기 위해 분열적이거나 경계에 있는 사용자들의 견해에 집중하여 그들을 목표로 삼았다. 예를 들어 2017년 페이스북에 대한 프로퍼블리카의 조사에 따르면, 페이스북은 광고의 목표 대중의 규모를 늘리기 위해 자사 기자들에게 "도움이 되는" 제안으로 "유대인 혐오자" 카테고리에 "유대인을 태우는 방법"과 "수정헌법 제2조"를 추가하도록 했다.[15] 일반적으로 클릭이 많을수록 광고 단가가 낮아진다는 사실은 충격적이고 조작적인 광고를 더욱 부추겼다. 수익을 낳는 사용자 클릭이 자신의 부를 창출했기 때문에 실제 제품은 더 이상 중요하지 않게 되었다. 분노를 유발하거나 호기심을 자극하는 모든 것이 수익성 있게 되었다.[16] 쿨윈은 클릭낚시 광고의 성공으로 "오바마 정부 시절에 이미 믿을 수 없을 만큼 회복 불가능할 정도로 양극화된 국가로 보였던 미국"이 더욱 양극화되었고, 러니어의 말을 인용하여 "모든 사람이 자신의 기기에 의해 감시당하는 가운데 행동을 대규모로 지속적으로 수정"[17]하는 결과—쇼샤나 주보프가 "감시 자본

15. Julia Angwin, Madeleine Varner, and Ariana Tobin, "Facebook Enabled Advertisers to Reach 'Jew Haters'," *ProPublica,* September 14, 2017, https://www.propublica.org/article/facebook-enabled-advertisers-to-reach-jew-haters.
16. Samanth Subramanian, "Welcome to Veles Macedonia, Fake New Factory to the World: Inside the Macedonian Fake-News Complex," *Wired*, February 15, 2017, https://www.wired.com/2017/02/veles-macedonia-fake-news/. 가짜 뉴스의 경제와 논리에 대해서는 다음을 참조. Craig Silverman, *Lies, Damn Lies, and Viral Content: How News Websites Spread (and Debunk) Online Rumors, Unverified Claims, and Misinformation* (New York: Tow Center for Digital Journalism, Columbia University, 2015), https://academiccommons.columbia.edu/doi/10.7916/D8Q81RHH.
17. 러니어의 말, Kulwin, "The Internet Apologizes..."에서 인용.

주의"[18]라고 불렀던—를 초래했다고 주장한다. 치료법이 질병보다 더 나빠졌다. 부수적인 피해는 시장 자유의 제단에서 희생된 민주주의와 자유였다.

'밸리'를 개혁하고 대규모 감시 및 행동 수정 프로그램을 바로잡는 것은 중요하며, 러니어의 관찰은 통찰력 있고 매력적이다. 하지만 러니어의 가정은 그의 주장과 제안된 개혁의 성공을 약화시킬 수 있다. 사회주의는 정보의 자유와 대등하지 않다. 사회주의의 기본 신조는 모든 것이 자유여야 한다는 것이 아니라 노동자들이 이익을 동등하게 공유해야 한다는 것이다. 모든 것을 자유롭고 수익성 있게 만들려는 충동은 전적으로 자유의지론적인 것이며, 자유의지론을 사회주의로 잘못 인식하면 노동이 지워진다.[19] 쿨윈의 글에는 다음과 같은 부제가 있다. "우리의 디지털 세계를 설계한 사람들조차도 그들이 창조한 것에 경악한다." 이 문구는 다음의 의문을 제기한다. 이 열두 명의 설계자, 디자이너, 기술 경영진은 어떻게 '인터넷'을 만들었을까? 웹 2.0의 전성기에는 사용자가 곧 인터넷이라며 칭송받았다. 『타임』지는 "당신이 정보화 시대를 지배한다"며 2006년 올해의 인물로 '당신'(You)을 선정했다. 한편 웹 2.0을 주도한 것을 실리콘밸리의 기업가들은 '집단 지성'이라 불렀고 티지아나 테라노바는 '무임 노동'(free labor)이라 진단했다.[20]

18. Shoshana Zuboff, "Big Other: Surveillance Capitalism and the Prospects of an Information Civilization," *Journal of Information Technology* 30, no. 1 (2015): 75–89, https://doi.org/10.1057/jit.2015.5.
19. 실리콘밸리의 '신공동체주의'와 신좌파 간의 차이에 대해서는 다음을 참조. Fred Turner, *From Counterculture to Cyberculture: Stewart Brand, the Whole Earth Network, and the Rise of Digital Utopianism* (Chicago: University of Chicago Press, 2006).
20. Lew Grossman, "You—Yes, You—Are *TIME*'s Person of the Year," *Time*,

이 시각의 차이는 서로의 거짓을 들춘다는 점에서 의미가 있다: 인터넷은 결코 **당신**이나 귀여운 고양이 사회주의 히피였던 적이 없다.[21]

이 '사과문'은 또한 역사를 잘못 재현하여 비판적 성찰과 행동에 대한 자신의 요청을 훼손한다. 쿨윈은 이 비판을 '새로운 것'으로 구분하기 위해 이전의 비판을 "소비자, 투자자, 언론인의 아우성"에 의해 지속적으로 목소리가 묻혀온 '외부인'이 제기한 부적절하고 주변적인 것으로 일축한다. 그러나 2018년은 언론인, 소비자, 투자자 들이 인터넷이 리사 나카무라의 표현대로 "엉망진창"(trash fire)이라는 사실을 알게 된 첫해가 아니었고, 앞으로도 그럴 것이다.[22] 불과 5년 전, 국제 뉴스 기관들은 에드워드 스노든의 기밀 누설로 전 세계의 포괄적인 감시 시스템을 폭로하는 데 열을 올렸다.[23] 2001년 9월 11일 테러 이후 『뉴스위크』의 "기술의 양날의 검"과 같은 헤드라인이 뉴스를 지배했다.[24] 9.11 테러리스트들이 인터넷과 전

December 25, 2006; Tiziana Terranova, *Network Culture: Politics for the Information Age* (London: Pluto Press, 2004).

21. 뉴미디어에서 **당신**의 중요성에 대해서는 나의 *Updating to Remain the Same: Habitual New Media* (Cambridge, MA: MIT Press, 2016) 참조. [옮긴이—이 책에 대해서는 옮긴이 해제에서 상세히 다룬다.]

22. Lisa Nakamura, "*The Internet Is a Trash Fire. Here's How to Fix It*," *TED Salon*, November 2019, https://www.ted.com/talks/lisa_nakamura_the_internet_is_a_trash_fire_here_s_how_to_fix_it.

23. Ewen MacAskill and Gabriel Dance, "NSA Files: Decoded: What the Revelations Mean for You," *Guardian Interactive*, November 1, 2013, https://www.theguardian.com/world/interactive/2013/nov/01/snowden-nsa-files-surveillance-revelations-decoded.

24. Steven Levy, "Tech's Double-Edged Sword," *Newsweek*, September 24, 2001, 65.

자 통신, 그리고 '스니커넷'(sneakernet)[25]을 사용하여 공격을 계획했다는 사실이 이러한 재평가를 촉발했다. 그리고 바로 그 전해에는 닷컴(dot-com)이 닷폭탄(dot-bomb)으로 변모하는 과정을 침울하게 또는 유쾌하게 다룬 기사가 쏟아졌다.[26] 물론 이는 다가오는 Y2K 종말에 대한 경고 후 잇달아 나온 것이었고,[27] 사이버 포르노에 대한 무서운 경고도 그 이전에 있었다.[28] 따라서 2018년의 '폭로'는 폭로라기보다는 말 그대로 '헛바퀴'였다. 명백한 사실을 360도로 뒤집는 것이었기 때문이었다.

디스토피아는 목표이지 오류가 아니다

이러한 악순환에서 벗어나려면 사이버공간은 행복한 장소가 될 운명이 결코 아니었음을 기억할 필요가 있다. 거친 사이버펑크 소설에서 등장한 사이버공간은 엉망진창에 반응하는 엉망진창으로 상상되었다. 윌리엄 깁슨은 1983년에 '사이버공간'이라는 용어를 만들었지만, 1984년 소설 「뉴로맨서」에서 이 용어를 처음 자세히 설명했다.[29] "합의된 환각"으로 묘사된 사

25. 옮긴이—네트워크를 경유하지 않고, 자기 테이프, CD, 플래시 드라이브, 외장 하드 등의 물리적 매체를 활용해 컴퓨터 간에 정보를 전송하는 것을 가리키는 용어.
26. James Evans, "Dot-Coms Become Dot-Bombs [January Data]," *Network World Canada* 11, no. 5 (2001): 6.
27. U.S. House Committee on Science, Subcommittee on Technology, *Y2K: What Every Consumer Should Know to Prepare for the Year 2000 Problem: Joint Hearing Before the Subcommittee on Technology of the Committee on Science and the Subcommittee on Government Management, Information, and Technology of the Committee on Government Reform and Oversight*, 105th Cong., 2d Sess., September 24, 1998.
28. Philip Elmer-Dewitt, "On a Screen Near You, Cyberporn," *Time*, July 3, 1995, 38–44.
29. William Gibson, *Neuromancer* (New York: Ace Books, 1984). 한국어판은 『뉴로맨서』, 김창규 옮김(서울: 황금가지, 2005).

이버공간 개념은 1980년대 밴쿠버의 아케이드 광경과 일본 기업 및 마피아가 지배하는 디스토피아적 테크노-오리엔탈리즘의 미래에 대한 비전에서 영감을 받았다.[30] 「뉴로맨서」의 세계는 아무리 혼란스러워도 사회주의를 신봉하는 미국의 어떤 집단에게도 특별히 행복감을 주는 것처럼 보이지 않았을 것이다. 3차 세계대전 이후를 다루는 이 소설에는 불평등과 폭력이 만연하고, 범죄자 하층민이 노동자 계급을 대체했으며, 미국은 더 이상 국민국가가 아니다. 그렇다면 냉전, 다가오는 핵 절멸, 세계의 '일본화'의 그림자 속에서 쓰인 이 종말론적 비전이 어떻게 유토피아적인 것이 되었는가? 사이버공간의 무엇이 '인터넷'이 될 사람들에게 그토록 매력적이었을까? 1970년대의 라우팅 기술인 전송 제어 프로토콜/인터넷 프로토콜(TCP/IP)은 1980년대의 탈체화된 디스토피아 과학소설을 체화하여 어

30. 깁슨의 소설은 절도죄로 인해 야쿠자에 의해 "전시 러시아산 신경독성 물질"로 신경계를 손상당한 후 마약상이 된 콘솔 카우보이 해커 케이스의 이야기를 담는다. 더 이상 '접속'(jack-in)을 할 수 없게 된 케이스는 지바시에서 자살 충동을 가진 마약상이 되고, 준자율적 인공지능인 윈터뮤트가 케이스의 손상을 되돌리기 위해 그를 구출하는 동시에 조작/회유해 자유를 얻게 된다. 케이스는 처음 사이버공간에 다시 들어갔을 때 이를 다음과 같이 묘사한다. "액체 네온이 종이접기처럼 그를 향해 흘러왔다. 코앞에 있던 그의 고향이 펼쳐지면서 그의 나라가 되고, 투명한 3차원 체스판이 펼쳐지면서 무한으로 확장했다"(*Neuromancer*, 52. 한국어판 84). 사이버공간에 녹아들면서 케이스의 내면의 눈은 "미쓰비시 은행의 초록색 입방체 너머에서 진홍색으로 불타고 있는, 계단식으로 상승하는 동부 해안 원자력 기구의 피라미드를 보았다. 아득히 멀리 저 높은 곳에는 그가 절대 도달할 수 없는 군사 시스템의 나선형 팔이 있었다. 어디서부턴가 그는 웃기 시작했다, 하얗게 칠한 방 안에서 자기 것이 아닌 양 멀리 떨어진 손가락으로 덱을 주무르면서, 해방의 눈물이 그의 얼굴을 타고 흘러내렸다"(*Neuromancer*, 52. 한국어판 84). 이 묘사는 고퍼(gopher)[옮긴이—1991년 미네소타 대학의 캠퍼스 정보 시스템에서 유래한 계층적 구조 기반의 정보 검색 서버]의 어설픈 그래픽이나 뉴스그룹 및 게시판 시스템(BBS)의 텍스트 기반 인터페이스와 별로 다르지 않을 것이다. 냉전 시대의 기술인 인터넷이 사이버공간이 되어 1990년대에 '새로운' 것이 되었다는 사실은 기이하다.

떻게 1990년대에 '뉴미디어'가 되었는가?

내재된 기술적 유사성이 추동한 것은 인터넷을 사이버공간으로 거듭나게 하는 것이 아니라 "깁슨의 소설을 인터넷의 기원이자 종말로서 자리매김하려는 욕망"으로,[31] 이는 사이버공간의 매혹적인 오리엔탈리즘적 '지향'(orientation)과 탐색성에서 비롯된 것이었다. 그 음울함에도 불구하고 「뉴로맨서」는 신체와 상황의 물리적 한계를 초월하여 일본적 통제를 극복한 미국 무법자 콘솔 카우보이들이 지배하는 중독성 있는 합의된 환각으로 사이버공간을 그렸다. 사이버공간은 황량한 서부가 속도와 만나고 황화론(Yellow Peril)과 만나고 스테로이드빨 받은 자본주의와 만나는 곳이었다. '개척자들'이 인터넷을 '사이버공간'이라고 잘못 부른 이유는 바로 이 신체 없는 환희와 은밀하고 반항적인 힘 때문이었다.

다보스 포럼과 1996년 미디어 행사인 '24시간 사이버공간'에 맞춰 작성된 존 페리 발로의 「사이버공간 독립 선언」은 사이버공간으로 재탄생한 인터넷에 대한 아마도 가장 상징적인 설명일 것이다. 전자 개척지 재단의 공동 설립자이자 밴드 그레이트풀 데드의 작사가인 발로는 "산업 세계의 정부들, 지친 육체와 강철의 거인들"에게 "새로운 마음의 고향"인 사이버공간을 내버려 두라고 요구했다. 이러한 정부들, 특히 미국 정부가 인터넷의 인프라를 구축했지만, 발로는 과거를 대표하는 그들은 "우리[미래]가 모이는 곳에서는 통치권이 없다"고 주장했다. 정부를 대신해 자유를 외치는 개별적 목소리의 '나'가 자유의 직권으로 '우리'를 대신해 다음과 같이 말했다.

31. Chun, *Control and Freedom*, 42, 강조는 원저자.

> [나는] 우리가 만들고 있는 글로벌 사회 공간이 당신들이 우리에게 강요하려는 폭정으로부터 자연스럽게 독립한다고 선언한다. 당신들에게는 우리를 지배할 도덕적 권리가 없으며, 우리가 진정으로 두려워할 만한 어떤 집행의 방법도 없다. (…)
>
> 우리는 인종, 경제력, 군사력, 출생지 등에 따른 특권이나 편견 없이 모두가 입장할 수 있는 하나의 세계를 창조하고 있다.
>
> 우리는 침묵이나 순응을 강요받는 것에 대한 두려움 없이 누구나, 어디서든 자신의 신념을 그것이 아무리 특이하더라도 표현할 수 있는 하나의 세계를 만들고 있다.
>
> 재산, 표현, 정체성, 이동 및 상황에 대한 당신들의 법적 개념은 우리에게 적용되지 않는다. (…)
>
> 우리의 정체성에는 신체가 없으므로 당신들과 달리 우리는 물리적 강압으로 질서를 얻을 수 없다.
>
> 우리는 윤리, 계몽된 사리사욕, 그리고 공공복리(commonwealth)에서 우리의 거버넌스가 생겨날 것이라 믿는다.[32]

이 독립 선언은 미국 정부가 구축한 군사-교육 네트워크를 신체가 없는, 즉 '특권 없는' 자유, 탈출, 자유지상주의적(libertarian) 사리사욕의 공간으로 바꾸었다. 또한 이는 실리콘밸리의 엘리트들을 전투적인 반란군으로 묘사했다. 애플의 신화적인 「1984」 광고에서 족쇄에 묶인 채 플라톤의 동굴처럼 커다

32. Barlow, "A Declaration of the Independence of Cyberspace."

란 단색 스크린 앞에 일렬로 도열한 백인 남성들을 해방시키는 여성 주자처럼, 그 엘리트들은 주류 미디어와 기술에서 탈출함으로써 '노예가 된' 동료들을 해방시키기 위해 싸우는 영웅-반란군이었다.(그림 2와 3) 그들은 달랐다. 색깔도, 움직임도, 차림새도.

그러나 발로의 '우리'는 수많은 사람들을 삭제했다. 인터넷의 인프라를 구축한 장본인이자 가장 초기 사용자였던 미 군사-학계 복합체 내 연구자들뿐만 아니라, 애나 에버렛이 보여준 것처럼 초기 인터넷에서 활동하며 그곳을 '인종 없는' 지대가 아닌 문화적, 정치적 공동체를 위한 공간으로 찬양했던 유색인종까지도 말이다.[33]

사이버공간이 됨으로써 인터넷은 '전자 개척지'가 되었고, 따라서 정착민 식민주의와 착취, 그리고 조디 버드가 주장했듯이 원주민 없는 '원주민'의 재등장이 무르익은 황무지가 되었다.[34] 발로, 로터스사 설립자 미치 카포, 초기 선 마이크로시스템즈 직원 존 길모어는 보안 시스템에 침입하는 방법에 대한 지식이 자신들은 물론 대부분의 다른 사람들보다 월등히 뛰어났던 해커들인 '크래커'(cracker)들의 기소에 대응하기 위해 전자 개척지 재단을 설립했다. 그들의 목표는 사이버공간의 황량한 서부를 '정착'시키는 것이었다. 즉 "사이버공간에서 자신들

33. Anna Everett, *Digital Diaspora: A Race for Cyberspace* (Albany: State University of New York Press, 2009).
34. Jodi A. Byrd, "Tribal 2.0: Digital Natives, Political Players, and the Power of Stories," in "Tribalography" special issue, *Studies in American Indian Literatures* 26, no. 2 (2014): 55–64, https://doi.org/10.5250/studamerindilite.26.2.0055; Marc Prensky, "Digital Natives, Digital Immigrants," pt. 1, *On the Horizon* 9, no. 5 (2001): 1–6, https://doi.org/10.1108/10748120110424816.

그림 2, 3. 애플의 「1984」 매킨토시 광고 스틸, YouTube, 1984년 1월 22일, https://youtu.be/VtvjbmoDx-I. [옮긴이—「블레이드 러너」(1982)의 리들리 스콧이 감독한 이 광고는 1984년 1월 22일 제18회 슈퍼볼에서 처음 방영되었다.]

이 한물간 고자가 될 거라고 느끼는 이들과 희망과 기회의 감각을 공유하는 것"[35]이었다.

이러한 수사법은 시대에 뒤떨어진 것처럼 보일 수 있지만, 그 힘과 희망적 무지는 여전히 남아 있고, 역량 강화를 신체적 탈출과 결합하는 발언에서 느껴지며, 끝없는 숨바꼭질, 반항, 처벌의 게임을 유도한다.[36] 이는 실제 상황이나 음란한 부와 상

35. John Perry Barlow, "Crime and Puzzlement," Electronic Frontier Foundation (EFF), June 8, 1990, https://www.eff.org/pages/crime-and-puzzlement.

36. 예를 들어 에드워드 스노든은 "인터넷이 감시당하기 전에 그것이 어땠는지" 기억하기 때문에 정보 유출을 결심했다고 추정된다. "인류 역사상 인터넷과 같은 그 어떤 것도 없었어요. 세계 어느 한 지역의 아이들이 다른 지역의 해당 분야 전문가와 언제 어디서나 항상 모든 주제에 대해 자신의 생각과 대화를 존중받으며 동등하게 토론할 수 있는 곳 말이죠." 다음에서 인용. Rainey Reitman, "Snowden's Motivation: What the Internet Was Like Before It Was Being Watched, and How We Can Get There Again," EFF, https://www.eff.org/deeplinks/2014/10/snowden-motivated-what-internet-was-it-was-being-watched-and-how-we-can-get-there. 이와 같은 인터넷이 실제로 존재했는지 여부는 해결되지 않은 문제다. 이 공간에서 정확히 누가 누구와 대화하고 있었으며, 추적되지 않는 인터넷이 한때 존재했다고 시솝(sysop, 시스템 운영자)이 어떻게 자신 있게 선언할 수 있었을까? 미 국가안보국이 인터넷 서버에서 정기적으로 트래픽을 다운로드한다는 사실은 2004년 전 AT&T 기술자 마크 클라인이 이 관행을 폭로하고 광범위한 스파이 프로그램과 연관시킨 이후부터 알려지기 시작했다. Julia Angwin et al., "AT&T Helped U.S. Spy on Internet on a Vast Scale," *New York Times*, August 15, 2015, https://www.nytimes.com/2015/08/16/us/politics/att-helped-nsa-spy-on-an-array-of-internet-traffic.html. 1979년 스미스 대 메릴랜드 판결(Smith v. Maryland, 442 U.S. 735)에서 미 연방대법원은 미국 정부가 피고가 전화했던 전화번호에 접근하기 위해 영장이 필요하지 않다고 판시했는데, 그 이유는 피고가 이 정보의 "사생활 보호에 대한 정당한 기대가 없었기 때문"이었다. [옮긴이—'스미스 대 메릴랜드' 사건과 관련된 1979년 연방대법원 판결은 미국의 통신감청법의 맥락에서 중요하다. 이 사건의 개요는 다음과 같다. 한 여성의 집에 도둑이 들었는데, 그 후로 범인에게서 계속해서 협박 전화가 왔다. 경찰은 이 범인을 잡기 위해 전화국에 전화 이용 상황 기록 장치(pen register)의 설치를 요청해 전화 내용을 도청하는 대신 피해자 집으로 걸려 오는 전화번호들을 수집했다. 이때 경찰이 전화국에 영장 없이 기기 설치를 요청했는데, 법원은 "당사자(범인)가 번호가 노출될 것을 알고 전화국 서비스를 이용한 것이므로 프라이버시가 어느 정도 노출될 것을 인지한 상태"였으므로 프라이버시 침해가 아니라는 판결을 내렸다.]

관없이 실리콘밸리 추종자들을 반란군이나 약자로 오인하게 한다. 러니어는 인터뷰 전문에서 쿨윈에게 이렇게 말했다. "우리가 모든 것을 운영해요. 우리는 세상에서 일어나는 모든 일의 통로에요. 우리는 모든 것을 완전히 파괴했어요. 정치, 금융, 교육, 미디어, 관계(가족 관계, 연애 관계) 등 모든 것의 한가운데에 우리 자신을 놓았고, 우리는 절대적으로 승리했죠."[37] 하지만 문제는 '우리'가 승리한 것처럼 행동하지 않는다는 것이다. '우리'가 보기에 '우리'는 여전히 이상주의적 약자이기 때문에 '우리'는 '우리'의 행동에 대해 책임을 지기를 거부한다. 해결책은 정신 차리고 책임을 지는 것이다.

음….

우리는 실리콘밸리가 우리의 미래를 책임지기를 정말 원하는가? 그들은 책무성(accountability)의 이름으로 또 무엇을 취할 것인가?

희망적 무지는 단순히 무지한 것만이 아니다. 놀랍게도 발로의 선언이 발표된 시기는 원조 벤처 캐피털리스트 피터 테일과 같은 실리콘밸리 사우론들의 성서로 여겨지는 제임스 데이비드슨과 윌리엄 리스모그의 『자주적 개인』(1997)이 출간된 시기와 일치한다.[38] 이 책의 공동 저자인 개인 투자자 데이

37. 다음에서 인용. Noah Kulwin "'One Has This Feeling of Having Contributed to Something That's Gone Very Wrong': A Conversation with VR pioneer Jaron Lanier on Silicon Valley's Politics, Being Quoted by Mark Zuckerberg, and What Went Wrong with the Internet," *New York*, April 2018, https://nymag.com/intelligencer/2018/04/jaron-lanier-interview-on-what-went-wrong-with-the-internet.html.

38. James Dale Davidson and William Rees-Mogg, *The Sovereign Individual: Mastering the Transition to the Information Age* (New York: Touchstone, 1997, 2020).

비드슨과 『타임』지의 전 편집인이자 이후 보수당 브렉시트론자가 된 제이컵 리스모그의 아버지이기도 한 윌리엄 리스모그는 신자유주의에 대한 진보적 비판을 치유해야 할 병이라기보다는 이용할 수 있는 기회로 포착했다. 국민국가의 쇠퇴와 글로벌 엘리트의 부상은 비즈니스 기회였다. 저자들은 상위 5퍼센트인 "자주적 개인"이 고통 받는 95퍼센트를 등에 업고 막대한 이익을 얻게 될 "일자리 없는 세상"[39]을 예견했다. 사이버공간은 이러한 "자주적 개인"이 평등주의 경제에서 "탈퇴"(exit)하여 "그리스 신화에 나오는 신들 간의 관계와 공명하는 조건들 위에서 경쟁하고 상호작용"[40]하게끔 할 것이다. 사이버공간은 항상 자유의지론적 예외주의, 위반, 탈퇴에 관한 것이었다.

『자주적 개인』은 피부색 무시(color blindness)에 대한 요청이 어떻게 인종차별(racism)을 종식시키지 못하는가를 잘 보여준다. 이 책의 저자들은 억압받는 피해자를 단지 비난하는 데 그친다. 발로와 마찬가지로 데이비드슨과 리스모그는 사이버공간을 국가 권력과 신체적 제약으로부터 해방되는 한 형태로 규정했다. 그들은 마이크로프로세서의 시대가 개인과 천재성을 "정부의 억압과 인종적, 민족적 편견의 굴레에서 해방시킬 것"이라고 주장했다. "지구상의 사람들 대부분이 당신의 인종, 외모, 나이, 성적 성향, 머리 모양에 대해 어떻게 생각하는지는 중요하지 않게 될 것이다. 사이버경제에서 그들은 결코 당신을 볼 수 없다. 못생긴 사람, 뚱뚱한 사람, 늙은 사람, 장애인은 사이버공간의 새로운 개척지 내 완전히 피부색이 무시

39. 같은 책, 225.
40. 같은 책, 18.

된 익명성 속에서 젊고 아름다운 사람들과 동등한 조건으로 경쟁하게 될 것이다."[41] 이들의 견해는 인종차별을 헤어스타일에 대한 의견과 등가적으로 취급하고 모든 사람(물론 넌지시 백인과 신체가 온전한 이들을 가리키는 "젊고 아름다운 사람"은 예외다)이 동등하게 차별로 고통을 받는다는 것을 암시함으로써 인종차별을 사소하게 취급했다. 또한 '시장 능력주의'의 한계를 드러낸 모든 사람을 험담하고 희생양으로 삼았다. 불평등을 드러낸 누구라도 비난을 받았던 것이다. 데이비드슨과 리스모그는 다문화주의를 "차별의 새로운 신화"이자 "피해자"가 자신의 불행에 대한 책임에서 벗어나기 위한 계획이라고 불렀다.[42] 인종은 중요하지 않다는 주장과 같은 기조로 이들은 동시에 아프리카계 미국인과 아프리카계 캐나다인을 "소시오패스"라고 폄하하고 육체노동자와 흑인 미국인에 "세금 소비자" 딱지를 붙였으며 산업 노동자를 평가 절하했다.[43]

『자주적 개인』은 많은 점에서 부정확하다. 이 책의 분석과 역사적 비교는 아무리 봐도 의심쩍지만, 그 비전은 오늘날 지배적인 시스테딩(seasteading),[44] 암호 화폐 및 기타 탈출 계획의 발전을 촉진했으며 여전히 그 원동력이 되고 있다. 하지만 이 책의 많은 것이 틀렸다는 점은 위안이 되지 않는다. 이

41. 같은 곳.
42. 같은 책, 312.
43. 데이비드슨과 리스모그에 따르면 영역적이지 않은 방식으로 묶인 동종선호적(homophilic) 클러스터가 인종과 국가를 대체할 것이다. "동일시는 진정한 친밀감, 공유된 신념, 공유된 관심사, 공유된 유전자를 더 정확하게 겨냥할 것이다." 같은 책, 270.
44. 옮긴이—2008년 페이팔의 전 CEO였던 피터 틸의 후원으로 설립된 미국 시스테딩 연구소가 내놓은 해상국가 개념으로, 바다 위에 부유하는 섬에 정부로부터 독립적인 도시를 건설하는 계획을 말한다.

책의 예측과 현실 사이의 거리를 좁히기 위해 많은 실리콘밸리의 사업 계획이 추진되었기 때문이다. 가장 간결하게 말하자면, 소수를 위한 탈출과 다수를 위한 불행은 불행한 오류가 아니라 목표다.

이 '자주적' 악몽을 떨쳐 버리기 위해서는 인종과 차이를 지우려는 욕망이 어떻게 차별과 불평등을 영속시키는지 이해해야 한다. 노예제와 불평등의 역사가 어떻게 최고 자주권의 악몽과 그 동전의 반대편에 있는 것, 즉 주인이 노예가 되는 도래하는 종말로서의 인공지능이라는 악몽을 부채질했는가를 이해해야 한다.

인공지능 = 종말

많은 과학자, 기술자, SF 작가들은 'AI = 종말'이라고 말한다. 인공지능은 인간의 노동, 인간의 자유를 끝장내고, 사실상 인간의 모든 것에 종언을 고한다. 이러한 종말에 대한 두려움으로 인해 21세기 초 프로그래머 집단은 미군의 드론 프로그램용 AI를 개발하는 메이븐 프로젝트에 입찰했던 구글의 사례에서처럼 '악의적 AI'를 개발하려는 고용주를 막으려 했고, 일론 머스크와 같은 기업가들은 AI의 '속도 조절'을 요구했다.[45] 프로그래머들은 또한 자신들의 일자리를 지키기 위해 노력했으며, 일부

45. Kate Conger, "Google Plans Not to Renew Its Contract for Project Maven, a Controversial Pentagon Drone AI Imaging Program," *Gizmodo*, June 1, 2018, https://gizmodo.com/google-plans-not-to-renew-its-contract-for-project-mave-1826488620; Camila Domonoske, "Elon Musk Warns Governors: Artificial Intelligence Poses 'Existential Risk'," The Two-Way (blog), NPR, July 17, 2017, https://www.npr.org/sections/thetwo-way/2017/07/17/537686649/elon-musk-warns-governors-artificial-intelligence-poses-existential-risk.

는 노조 동원에 참여하기도 했다. 결국 이들은 자신의 직종을 포함해 수많은 직종을 '자동화'했기 때문에 모든 사람의 일자리가 얼마나 위태로운지 잘 안다. 컴퓨터가 '혁명'을 거듭할 때마다, 즉 컴퓨터를 더욱 '사용자 친화적으로', 다시 말해 컴퓨터를 이를 사용하는 인간에게 점점 더 불투명하게 만들 때마다 인간이 수행하던 과제는 기계에 내장되어 왔다. 운영 체제가 인간 오퍼레이터 또는 '노예'(2차 세계대전 당시 블레츨리 공원[46]에서 컴퓨터를 작동하던 영국 여군들에 대한 앨런 튜링의 '농담 섞인' 별명)를 대체해 왔다.[47] 기계 컴파일러가 기계 프로그래머를 대체했으며, 스크립팅 플랫폼이 더 높은 수준의 절차적 프로그래밍(procedural programming)을 대체했다.[48] 각각의 혁명마다 프로그래밍에서 데이터 입력, 회로 구축에 이르는 절대적 또는 상대적으로 보수가 좋은 북반구의 일자리는 다른 곳에서는 보수를 덜 받는 일자리가 되었다. 실제로 다가오는 종말에 대한 두려움이 구글의 모기업인 알파벳을 움직였다. 알파벳은 2018년 미국 증권거래위원회 연차보고서(Form 10-K)에서 다음과 같이 경고했다. "인공지능과 기계학습을 통합하거나 활용하는 제품과 서비스를 포함한 새로운 제품과 서비스는 새로운 윤리적, 기술적, 법적 및 기타 문제를 제기하거나 기존의 그런 문제를 악화시킬 수 있다." AI 제품은 구글의 브랜드

46. 옮긴이—블레츨리 공원(Bletchley Park)은 2차 세계대전 동안 튜링을 비롯한 수학자, 언어학자 등이 독일의 암호를 해독하던 비밀 기지가 있던 곳이다.
47. I. J. Good, "Pioneering Work on Computers at Bletchley," in *A History of Computing in the Twentieth Century: A Collection of Essays*, ed. N. Metropolis, J. Howlett, and Gian-Carlo Rota (New York: Academic Press, 1980), 34.
48. 이에 관해서는 나의 *Programmed Visions: Software and Memory* (Cambridge, MA: MIT Press, 2011), 19–54 참조.

를, 결국에는 '매출과 운영 실적'을 위협했다.[49] 그리고 이는 명백한 의문을 제기했다. 인공지능에 투자한 기업이 '악한' 것은 아닌가?

근심에 찬 기술 노동자들은 자본주의 시장, 다윈주의적 진화론 또는 이 둘 모두에 근거하여 자신들의 작업을 정당화했다. 그들은 자신들이 이 끊임없이 진화하는 AI 기술을 제작하지 않는다면 다른 사람들이 제작할 것이라고 주장한다. 따라서 해결책은 더 많은 '개방형 AI', 사전 예방적 규제, 또는 인간이 AI와 융합할 수 있는 방안의 연구다.(AI를 이길 수 없다면, 거기에 동참하라.) 그들의 작업을 추진한 것은 자본주의에 대한 조건부 항복과 복수심에 불타는 인공지능에 관한 기괴한 윤리적 딜레마뿐만 아니라, AI에 대한 더 진부하고 예측 가능한 상찬이었다.[50] 다시 말하지만, 기계학습은 부자들의 특권을 '민주

49. Alphabet, Inc., "U.S SEC Form 10-K," 2018년 12월 31일 종료 회계연도용으로 2019년 2월 4일 제출, Washington, DC, https://www.sec.gov/Archives/edgar/data/1652044/000165204419000004/goog10-kq42018.htm.

50. 이른바 로코의 바실리스크는 다음과 같은 질문을 던졌다. "악의적인 인공지능이 세상을 장악했을 때, 그 인공지능은 자신이 탄생하는 데 도움을 주지 않은 사람들을 처벌할 것인가?" 이 질문은 실리콘밸리 기술자들 사이에서 악몽을 불러일으켰다고 한다. 다음을 참조. David Auerbach, "The Most Terrifying Thought Experiment of All Time: Why Are Techno-Futurists So Freaked Out by Roko's Basilisk?," *Slate*, July 17, 2014, https://slate.com/technology/2014/07/rokos-basilisk-the-most-terrifying-thought-experiment-of-all-time.html. [옮긴이—'로코의 바실리스크'는 합리주의, 인지주의, SF 등을 다루는 레스롱(LessWrong)이라는 영어권 온라인 커뮤니티에서 2010년 로코(Roko)라는 이름의 사용자가 포스팅을 통해 제안한 사고 실험으로, 미래의 특이점을 지나 전지전능한 선한 인공지능이 있고, 그 인공지능은 자신의 잠재력을 알고 있었지만 자신의 발전에 기여하지 않은 인간들을 처벌할 것이라고 가정하는 실험이었다. 죄수의 딜레마와 같은 결정 이론을 동원하여 이러한 시나리오를 제안한 해당 포스팅은 레스롱에서 5년에 걸친 논쟁으로 이어졌으며, 레스롱의 공동 설립자인 엘리저 유드코프스키에 의해 중단되었다. 바실리스크는 자신의 눈을 본 존재를 죽일 수 있는 능력을 가진 신화적 괴물로, 이 실험이 상정한 초월적 인공지능을 가리킨다.]

화'하는 것으로 홍보되었다. 추천 엔진은 전용 안내인, 자율 주행 자동차는 중산층을 위한 운전사, 그리고 음성 제어 지능형 개인 비서(IPA)는 저렴한 가사 도우미 하인인 것처럼 말이다. 노예다운 로봇은 가사뿐만 아니라 정서적, 성적 필요까지 충족시키는 것으로 상상되었다. 다루기 힘든 아내와 여자친구는 더 쾌활하고 복종적인 모델로 대체할 수 있었다. AI 컴퓨터는 또한 법적 판단을 자동화하여 더 공정하고 법에 상응하는 선고로 이끌 수 있었다. 무엇이 잘못될 수 있는가?

인공지능이 불러일으키는 두려움, 경고, 위협은 21세기 초 10년 동안 그렇게 화급하게 울려 퍼졌지만 새로운 것이 아니었다. 20세기 중반 디지털 전자 컴퓨터 연산(computation)의 선구자이자 냉전 시대의 설계자인 요한 폰 노이만은 기술적으로 생산된 "특이점"을 예측했는데, 이를 "넘어서면 우리가 알고 있는 인간의 일이 지속될 수 없을 것이다."[51] AI에 대한 두려움은 현대 컴퓨터 연산의 등장 바로 그것으로 거슬러 올라간다.

기술을 개발하고 기술에 밀접하게 얽혀 있는 사람들이 기술을 가장 두려워하는 존재이자 기술에 대해 가장 확신에 찬 존재였고 지금도 그런 것은 우연이 아니다. 헤겔이 수 세기 전에 지적했듯이 외견상의 지배가 클수록 실제적 의존 또한 커진다. 즉 헤겔의 주인-노예 변증법에서 주인의 정체성과 삶은 노예의 행동에 의존한다.[52] 그리고 노예의 노동이 역사를 형성

51. 폰 노이만의 말은 다음에서 인용. Stanislaw Ulam, "John von Neumann: 1903–1957," *Bulletin of the American Mathematical Society* 64, no. 3 (May 1958): 5.
52. Georg Wilhelm Friedrich Hegel, *Phenomenology of Spirit* (Oxford: Clarendon Press, 1977), 102–135.

할 수 있기 때문에 노예는 궁극적으로 주인이다.(이에 대한 자세한 내용은 4장 참조) 매일의 삶과 의사소통 능력을 기술에 의존했던 물리학자 스티븐 호킹은 사망 몇 년 전, 다음에 이어질 자신의 말을 정확하게 예측하는 소프트웨어의 능력을 칭찬하면서도 다음과 같이 경고했다. “완전한 인공지능의 개발은 인류의 종말을 가져올 수 있다. (…) 그것은 스스로 날아오를 수 있고 계속 증가하는 속도로 스스로를 재설계할 수 있을 것이다. 느린 생물학적 진화의 한계를 가진 인간은 경쟁할 수 없고 대체될 것이다.”[53] 호킹을 비롯하여 이러한 경고를 내놓은 사람들은 인간을 소프트웨어/하드웨어 기계로 간주하고 인정(recognition)[54]을 위한 진보와 경쟁의 필연성을 상정했다. 이는 다윈주의적 투쟁과 자본주의적 투쟁의 조합이었다.[55]

AI에 대한 두려움은 결코 기술 분야에만 국한된 것이 아니었다. 「터미네이터」(1984)에 등장한 스카이넷부터 「매트릭스」(1999)의 기계와 소프트웨어 프로그램의 반란에 이르기까지, 그리고 「2001: 스페이스 오디세이」(1968)의 우주선에 장착된 살인 컴퓨터 할(HAL)부터 「블레이드 러너」(1982)의 특권적인 복제인간에 이르기까지 20세기 후반의 대중영화에는 반항적인 로봇, 사이보그, 소프트웨어가 등장했다. 이 영화들은 필립 K. 딕의 「안드로이드는 전기 양의 꿈을 꾸는가」와 아이라 레빈의 「스텝포드 부인들」 같은 더 이른 작품에서 직간

53. 호킹의 말은 다음에서 인용, Rory Cellan-Jones, “Stephen Hawking Warns Artificial Intelligence Could End Mankind,” *BBC News*, December 2, 2014, https://www.bbc.com/news/technology-30290540.
54. 옮긴이—이 책에서 ‘recognition’은 인식, 인정 모두로 쓰인다.
55. 소프트웨어/하드웨어 기계로서의 인간에 대한 더 상세한 논의는 나의 *Programmed Visions* 참조.

접적으로 영향을 받았다.[56] '로봇'이라는 용어 자체가 경제적 착취에 대한 두려움을—더 적절하게는 이에 대한 반응을—드러낸다. 카렐 차페크가 1920년에 발표한 희곡 「R.U.R.」에서 사용한 'robot'은 '강제 노동'을 뜻하는 체코어인 로보타(robota)에서 유래했다. 공산주의 발효기에 쓰인 이 희곡은 반란을 중심으로 한 작품으로, 승리한 로봇들은 이렇게 선언한다. "세상의 로봇들이여! 인간의 시대는 끝났다! (…) 새로운 시대가 시작되었다! (…) 로봇의 통치에 경배를!"[57] 문학 평론가 제니퍼 리가 『로봇의 상상계: 인간과 탈인간화된 노동의 대가』에서 주장하듯, 과학, 기술, 공학뿐만 아니라 문화적 상상력에서 인종화되고 성별화된 로봇의 지속적인 힘은 노예제의 역사와 연결된다.[58] 「매트릭스」의 인기는 21세기 억압, 전투, 탈출의 서사 밑바탕에 민권 운동과 노예제 폐지가 얼마나 깊게 깔려 있는지를 더욱 드러낸다.

노예제의 역사는 컴퓨팅 역사의 중심에 있다. 제어 시스템은 처음에 '서보메커니즘'(servo-mechanism)이라고 불렸다. '마스터'(master) 및 '슬레이브'(slave) 기능과 회로가 컴퓨터에 가득하다.[59] 이러한 주인-노예 관계는 컴퓨터를 넘어 미디어 전반

56. Philip K. Dick, *Do Androids Dream of Electric Sheep?* (New York: Ballantine Books, 1996). 한국어판은 『안드로이드는 전기양의 꿈을 꾸는가』, 박중서 옮김(서울: 폴라북스, 2013); Ira Levin, *The Stepford Wives* (New York: Random House, 1972).
57. Karel Capek, R.U.R., Act 3, in *Four Plays: R.U.R.; the Insect Play; the Makropulos Case; the White Plague*, trans. Cathy Porter and Peter Majer (London: Bloomsbury, 1999), 77. 한국어판은 『R.U.R.: 로줌 유니버설 로봇』, 유선비 옮김(서울: 이음, 2020).
58. Jennifer Rhee, *The Robotic Imaginary: The Human and the Price of Dehumanized Labor* (Minneapolis: University of Minnesota Press, 2018).
59. 이에 대해서는 *Programmed Visions* 참조.

에 적용된다. 커뮤니케이션 이론가 마셜 매클루언은 미디어는 곧 '인간의 확장'이라는 프레임을 통해 노예, 필수재, 미디어를 동일시했는데, 어떤 사람들은 '인간'이고 다른 사람들은 그의 '연장'이었다. 이러한 확장이 위험한 이유는 그것이 노예를 비인간화하거나 노예로부터 자유를 박탈하기 때문이 아니라, 주인이 되고자 하는 노예들이 그것으로 인해 자신들의 '자원'에 의존하게 되기 때문이었다. 매클루언은 '서구인'(Western man)의 상황을 설명하기 위해 로마 노예제에 대한 카를 구스타프 융의 분석을 인용했다. "모든 로마인은 노예에 둘러싸여 있었다. 고대 이탈리아를 덮고 있었던 것은 노예와 그 노예의 심리였으며, 모든 로마인은 내면적으로, 물론 부지불식간이기는 하였으나 노예가 되지 않을 수 없었다. 언제나 노예의 분위기 속에서 살았기 때문에 주인은 무의식중에 그들의 심리에 감염되었다. 어떤 주인도 그러한 영향으로부터 자신을 보호할 수 없다."[60] 이 서사에 따르면 노예는 "필수불가결한" 존재가 되기 위해 이 멈출 수 없는 "감염"[61]을 부지불식간에 주인에게 의도적으로 전파했기 때

60. Marshall McLuhan, *Understanding Media: The Extensions of Man* (Cambridge, MA: MIT Press, 1994), 21. 한국어판은 『미디어의 이해: 인간의 확장』, 박정규 옮김(서울: 커뮤니케이션북스, 1997), 44, 번역 일부 수정. 융의 이 구절은 매클루언의 다음 주장에 이어진다. "미국 남부의 파토스와 유머는 이와 같이 한정된 필수재의 경제에 내장되어 있다. 소수의 상품에 의존하여 형성된 사회는 대도시가 언론을 받아들이는 것과 마찬가지로 그 상품을 사회적 유대로 받아들이기 때문이다. 목화와 석유는 라디오 및 텔레비전과 마찬가지로 공동체의 정신생활 전체에서 '고정비용'이 된다."(21. 한국어판 43, 번역 일부 수정)

61. 매클루언은 『미디어의 이해』에서 7장 「도전과 붕괴: 창조성의 응보」를 마무리하며 "우리"의 현재 "노예화"를 강조했다. 그는 그리스 농업의 점진적인 전문화를 설명하면서 "기술적으로 전문화된 노예 군대가 땅을 일구면서 독립적인 자작농과 소농의 사회적 존재를 황폐화시켰고, 뿌리 없는 기생적 인간으로 가득한 로마의 마을과 도시라는 이상한 세계로 이끌었다"라고 썼다.(*Understanding Media*, 72–73, 한국어판 116, 번역 일부 수정) 20세기 후반에는 상황이 훨씬 더 악화되었는데, 그 이유는 "기

문에 노예화에 대한 책임이 있다.

매클루언의 '우리'는 대부분의 인류를 배제한다. 매클루언은 『미디어의 이해』의 서두에서 전자 미디어가 어떻게 "인간의 책임 의식을 극도로" 고조시킴으로써 사회를 내파하는가를 설명한다. "깜둥이(Negro), 10대 청소년 및 기타 일부 집단의 위치를 변경하는 것은 바로 이러한 내파적 요인이다. 그들은 한정된 연대라는 정치적 의미에 더 이상 *봉쇄될* 수 없다. 이제 그들은 전자 미디어 덕분에 우리가 그들의 삶에 관여하듯 우리의 삶에 *관여하고* 있다."[62] 전자 미디어 이전에는 '서구 남성'(Western men)이 '타자', 심지어 자신과 근접하여 사는 10대 청소년과 같은 이들에게도 어떻게든 반응하지 않도록 보호되었다. 매클루언은 이 새로운 상태를 "부족적"(tribal)이라고 묘사했는데, 이는 조디 버드가 "부족 2.0"(tribal 2.0)이라고 진단한 것, 즉 소셜 네트워크 공동체를 설명하기 위한 '부족적' 수사의 확산을 선구했다. 버드가 예리하게 지적했듯이, "식민주의, 대량 학살, 그리고 부족주의"를 혐오하여 "생각이 비슷한 부족"을 만드는 것은 "미국과 은행이 카우보이 놀이를 할 수 있을 만큼 인디언들을" 끊임없이 낳는다.[63]

노예제, 식민주의, 차별의 현실에 관여했다면 매클루언

계화된 산업과 시장 조직의 전문성으로 인해 서구인은 단일-분열(mono-facture)에 의한 제조라는 도전, 즉 모든 사물과 작동을 한 번에 하나씩(one-bit-at-a-time) 처리해야 하는 난관에 직면했기 때문"이라고 그는 주장했다.(73. 한국어판 116, 번역 일부 수정) 한 번에 하나씩이라는 언급은 병렬 연산보다 직렬 연산을 특별히 취급한 폰 노이만의 견해와 컴퓨팅에 대한 매클루언의 설명을 연결한다. 이에 대한 보다 상세한 논의는 나의 *Programmed Visions* 참조.

62. McLuhan, *Understanding Media*, 5. 한국어판 20, 번역 일부 수정, 강조는 원저자.

63. Byrd, "Tribal 2.0," 59.

은 자신이 예측한 파멸과 암울한 "해결책", 즉 인간의 감정을 조절하는 전 세계적인 컴퓨터 시스템과 자기-절단(self-amputation)[64]한 서구 남성(나르키소스)들로 들어찬 '지구촌'의 너머를 볼 수 있었을 것이다. 사회학자 올랜도 패터슨이 주장했듯이, 가치로서의 자유는 주인이 아니라 노예의 욕망에서 비롯되었다.[65] 헤겔은 일하는 노예가 자유 주체의 필수적인 기반이라고 생각했다. 그리고 미국의 대중적인 문화적 상상계가 인간의 혁명을 상상하기 위해 1960년대 민권 운동과 탈식민화 운동에 의지하는 것, 그리고 처벌과 복수에 집착하는 것은 우연이 아니다. 「매트릭스」는 민권 운동과 흑인 해방 운동을 공공연히 모방한다. 아프리카계 미국인 연구자 신시아 영이 주장했듯, 이는 "1960년대 이후 미국의 사회 및 정치 이슈 대부분의 공통어(lingua franca)"가 되었다.[66] 이후 장에서 논의하겠지만, 반동주의적 운동은 스스로를 전투적인 희생자로 묘사하고 모든 종류의 민권 진보를 약화시키려 하는 연합을 구축하기 위해 도착적으로 「매트릭스」를 포용하고 민권 지도자들과 동일시하지 않는다.[67]

64. 옮긴이—『미디어의 이해』에서 매클루언의 절단 개념은 확장/연장(extension)과 길항적으로 설명된다. 즉 새로운 미디어의 등장과 활용은 인간의 지각과 작용을 한편으로는 확대하지만, 다른 한편으로는 그로 인해 그 지각 및 작용에 필요했던 신체적 감각이나 보조적인 도구는 쇠퇴한다. 예를 들어 자동차의 발명은 걷기의 기술을 쇠퇴시키고 전화의 발명은 필체의 중요성을 약화시킨다.

65. Orlando Patterson, *Freedom*, vol. 1, *Freedom in the Making of Western Culture* (New York: Basic Books, 1991), 9.

66. Cynthia A. Young, "Becked Up: Glenn Beck, White Supremacy, and the Hijacking of the Civil Rights Legacy," in *Racism Postrace*, ed. Roopali Mukherjee, Sarah Banet-Weiser, and Herman Gray (Durham: Duke University Press, 2019), 95.

67. 라나와 릴리 워쇼스키 자매는 처음에는 컴퓨터 프로그래머이자 해커인 주인공

그러나 세계를 파괴하는 해방에 대한 선망만이 유일한 해결책은 아니다. 토착민의 지식과 역사에 관여하면 현재의 위기를 식민적 확장이라는 더 큰 맥락에 놓을 수 있을 것이다.[68] 디스토피아적 파괴와 종말에서의 생존이라는 개념은 새로운 것이 아니라, 토착민의 땅을 비우고 '신세계'로 만든 움직임, 즉 '뉴미디어'와 그 개척지의 꿈에 따라다니는 움직임에서 비롯된 것이다.[69] 평등과 자유를 위한 투쟁을 빼앗는 대신 이를 따름으로써 우리는 사과에서 배상으로, 탈출의 꿈에서 거주 방식의 전환으로 나아갈 수 있다.

'도래할 특이점'이 그리도 두려운 것은 기술이 '노예'로 취급되기 때문이다. 자본주의나 불의의 종말보다 인류의 종말을 더 쉽게 상상할 수 있을 정도로 현재 사회가 불평등하기 때문이다.[70] 이 세계에 함께 거주하기 위해 다른 많은 것들 중에서도 우리는 기계학습과 기타 알고리듬에 인간의 편견과 차별이 어떻게—단순히 데이터 수준뿐만 아니라 절차, 예측, 논리 수

인 네오 역을 윌 스미스에게 맡아달라고 요청했다. 이에 대해서는 다음을 참조. Will Smith, "Why I Turned Down the Matrix | STORYTIME," YouTube, February 13, 2019, https://youtu.be/hm2szuXKgL8. 여기서 궁금하지 않을 수 없다. '빨간 알약 복용'(red pilling)과 극우파와의 관계가 그때도 여전히 존재했을까? 민권에 대한 참조를 완전히 무시하고 전용하는 극우파 빨간 알약 복용자들의 능력을 고려하면 아마도 그럴지도 모른다.

68. Kyle P. Whyte, "Indigenous Science (Fiction) for the Anthropocene: Ancestral Dystopias and Fantasies of Climate Change Crises," *Environment and Planning. E, Nature and Space* 1, nos. 1–2 (2018): 224–242, https://doi.org/10.1177/2514848618777621.

69. Chun, *Control and Freedom*; Ariella Aïsha Azoulay, *Potential History: Unlearning Imperialism* (London: Verso Books, 2019).

70. 프레드릭 제임슨은 이렇게 말했다. "누군가는 자본주의의 종말을 상상하는 것보다 세상의 종말을 상상하는 것이 더 쉽다고 말한 적이 있다. 이제 우리는 그 말을 수정하여 세상의 종말을 상상하는 방식으로서 자본주의를 상상하려는 시도를 목격할 수 있다." Fredric Jameson, "Future City," *New Left Review* 21 (2003): 76.

준에서도, 한 번에 하나씩 사과하면서—내재되어 있는지를 이해하는 것이 필요하다.

'색맹'이라는 명칭은 시각장애자에 대한 모욕

기술이 우리의 정치 상황을 '해결'하리라는 꿈은 기술이 '맹목적'이며 따라서 공정하다는 근본적인 믿음에서 비롯된다. 이러한 믿음의 논리에 따르면 인종주의(racism)와 차별은 당연히 인간의 인식(recognition)에서 비롯되며, 따라서 그 치료법은 눈에 보이는 모든 차이의 표식을 지우는 것이어야 한다. 즉 인종의 표식만 없앨 수 있다면 모든 것이 해결될 수 있다고 상정하는 것이다. 사이버공간에서 인종차별을 지우는 데 실패한 사례와 '자주적 개인들'의 디스토피아적 계획만으로도 이 논리를 반증하기에 충분하다. 그러나 설령 사이버공간에 대한 '유토피아적' 꿈은 사라졌어도, 그 이면의 희망적 무지는 지속되어 인종을 무시함으로써 인종주의를 영속화하는 기계학습 프로그램을 탄생시켰다.

그래서… 이러한 알고리듬이 인종을 범주로 포함하지 않는다면 어떻게 인종주의적일 수 있을까? 가장 분명한 것은 이러한 프로그램이 인종 범주를 명시적으로 사용하지는 않지만 우편번호와 같은 대리체(proxy)를 사용하여 암묵적으로 인종 범주를 사용한다는 것이다. 케이트 크로퍼드와 법학자 제이슨 슐츠가 밝힌 바와 같이, 빅 데이터는 성별 및 인종과 같은 보호 대상 범주에 대한 개인 식별 정보를 읽을 수 있게 함으로써 미국 법률 시스템이 제공하는 개인정보 보호를 훼손한다.[71] 따라

71. Kate Crawford and Jason Schultz, "Big Data and Due Process: Toward a

서 빅 데이터 기반 알고리듬은 고용 차별에 반하여 제공되는 보호를 약화시키는 위협을 가한다.[72] 놀랍지 않게도 차별적 알고리듬에 대한 새로운 보고가 매일같이 나오고 있다. 2017년 단 한 주 만에 프로퍼블리카는 앞서 언급한 바와 같이 페이스북이 광고주가 반유대주의적 관심사를 기반으로 한 대중을 구축할 수 있도록 지원했다는 사실을 밝혀냈고, 버즈피드는 구글이 잠재 광고주에게 인종차별적 문구를 허용하고 심지어 제안하기까지 했다고 폭로했다.[73] 이 이야기들은 케임브리지 애널리티카가 2016년 영국 브렉시트 투표와 미국 대통령 선거 결과에 영향을 미쳤다는 의혹, 그리고 양형을 위한 예측 치안 및 위험 평가 도구가 소수 인종에 편향되었다는 폭로를 배경으로 등장했다.[74] 캐시 오닐이 『대량살상 수학무기』에서 개괄하듯, 교육에서 취업, 의료 보험에 이르기까지 미국인의 삶을 이루는 모든 측면이 이러한 예측 프로그램의 영향을 받아왔다. 따라서 오닐은 이를 "수학 파괴 무기"(weapons of math destruction)라고 불렀고, 사피야 노블은 "억압의 알고리듬"으로 묘사했으며, 루하 벤저민은 이를 "뉴 짐 코드"(New Jim

Framework to Redress Predictive Privacy Harms," *Boston College Law Review* 55, no. 1 (2014): 93–128.

72. Solon Barocas and Andrew D. Selbst, "Big Data's Disparate Impact," *California Law Review* 104, no. 3 (2016): 671–732.

73. Alex Kantrowitz, "Google Allowed Advertisers to Target People Searching Racist Phrases," *BuzzFeed News*, September 15, 2017, https://www.buzzfeednews.com/article/alexkantrowitz/google-allowed-advertisers-to-target-jewish-parasite-black#.jdmAqy8y7.

74. Julia Angwin et al., "Machine Bias: There's Software Used across the Country to Predict Future Criminals. And It's Biased against Blacks," ProPublica, May 23, 2016, https://www.propublica.org/article/machine-bias-risk-assessments-in-criminal-sentencing.

Code)라고 진단했다.[75]

다른 연구자들이 강조했듯이, '예측 치안'(predictive policing)의 사례는 문제의 심각성과 범위를 여실히 보여준다. 자원을 가장 효율적으로 사용하라는 요구를 수용하기 위해 많은 미국 경찰서는 과거 패턴을 기반으로 도시 내 범죄의 '적외선 우범지역 지도'(heat map)를 제작하여 미래의 범죄를 '예측'하는 고가의 치안 프로그램으로 전환해 왔다.[76] 그러나 변호사이자 연구자인 러시다 리처드슨과 다른 사람들이 지적한 것처럼 미국 내 경찰 데이터 수집은 "지저분하지는" 않더라도 "제한적이고 편향되어 있다."[77] 원칙적으로는 인종차별 및 기타 위반 사례에 대한 조사를 받고 있는 경찰서만이 서류를 작

75. O'Neil, *Weapons of Math Destruction*; Noble, *Algorithms of Oppression*; Benjamin, *Race after Technology*. [옮긴이—벤저민은 '뉴 짐 코드'를 "기존의 불평등을 반영하고 재생산하는 새로운 기술이지만 과거 시대의 차별적 시스템보다 더 객관적이나 진보적이라고 홍보되고 인식되는 기술의 활용"(*Race after Technology*, 5–6)으로 정의한다. 이를 따르자면 '뉴 짐 코드'란 인종차별적 법을 포함한 과거의 제도적, 문화적, 인식적 불평등과 편향이 알고리듬 기반 시스템의 디자인과 작동에 인코딩되는 것을 말한다. '짐 코드'(또는 짐 크로 법[Jim Crow Code])란 남북전쟁 이후 미국 남부 11개 주에서 제정한 공공장소에서의 흑백 분리를 강제한 법안을 말한다. '뉴 짐 코드' 개념을 통해 벤저민은 객관성, 정확성, 최적화의 이름으로 도입되는 알고리듬 기반 검색, 얼굴 인식, 치안 시스템이 색맹 이데올로기(colorblind ideology), 즉 개인을 인종, 문화, 민족과 무관하게 평등하게 다루어야 한다는 이름의 또 다른 차별적 이데올로기를 강화한다는 점을 비판한다. "기술은 인종적 차이를 '보며', 이 시각의 범위는 미리 상정된 문화적 차이에 대한 긍정적인 인정이나 찬양으로 나타날 수 있다. 그럼에도 불구하고 우리는 기술이 '차이'를 보는 방식이 한낱 인간이 동일한 결과를 생성했을 때보다 현실에 대한 더 객관적인 반영이라고 말한다."(10)]

76. Aaron Shapiro, "Reform Predictive Policing," *Nature* 541, no. 7638 (2017): 458, https://doi.org/10.1038/541458a. Ruha Benjamin, *Race After Technology*, 82–84 또한 참조.

77. Rashida Richardson, Jason Schultz, and Kate Crawford, "Dirty Data, Bad Predictions: How Civil Rights Violations Impact Police Data, Predictive Policing Systems, and Justice," *New York University Law Review* 94, no. 192 (May 2019): 192–233.

성하도록 강제된다. 실제로 경찰의 불심검문 데이터를 통계적으로 분석했을 때 충격적인 인종차별 경향이 드러났다.[78] 업턴(Upturn)[79]의 2016년 보고서에 따르면 "오늘날의 시스템이 자신의 요청에 부응하고 있다는 증거는 거의 없으며 현재 설계 및 구현된 이러한 시스템이 실제로 불균형적이고 차별적인 치안 프로그램을 강화할 수 있음을 두려워할 만한 충분한 이유들이 있다."[80] 이는 이러한 프로그램이 인종 범주를 명시적으로 사용하지 않는 경우에도 마찬가지다.

지금은 중단된 시카고 경찰국의 '적외선 우범자 명단'(heat list, 공식 명칭은 '전략적 대상자 명단[Strategic Subjects List]')은 겉보기에 그렇지 않더라도 인종적 범주가 얼마나 깊이 자리하고 있는지를 드러냈다.[81] 시카고 경찰국은 증가하는 살인율에 대처하기 위해 시카고에서 살인을 하거나 살해될 가능성이 가장 높은 420명의 명단을 작성하려 했다. 목표는 이 명단에서 우선 순위에 있는 사람들을 찾아가서 만일의 사태를 모두 선제(preempt)하는 것이었다. 우범자 명

78. Sharad Goel et al., "Combatting Police Discrimination in the Age of Big Data," *New Criminal Law Review* 20, no. 2 (2017): 187, https://doi.org/10.1525/nclr.2017.20.2.181.
79. 옮긴이—기술과 자동화가 치안 및 노동 영역에서 야기해 온 불평등에 맞서고 기술을 정의와 평등을 위해 활용하기 위한 정책 변화를 촉구해 온 워싱턴 DC 기반의 비영리 단체로 2011년 창설되었다.
80. David Robinson and Logan Koepke, *Stuck in a Pattern: Early Evidence on "Predictive Policing" and Civil Rights* (Washington, DC: Upturn, Inc., August 2016), 18, https://www.upturn.org/reports/2016/stuck-in-a-pattern/.
81. Jeremy Gorner and Annie Sweeney, "For years Chicago Police Rated the Risk of Tens of Thousands Being Caught Up in Violence. That Controversial Effort Has Been Quietly Ended," *Chicago Tribune*, January 24, 2020, https://www.chicagotribune.com/news/criminal-justice/ct-chicago-police-strategic-subject-list-ended-20200125-spn4kjmrxrh4tmktdjckhtox4i-story.html.

단 프로그램은 네트워크 과학자이자 사회학자인 앤드루 파파크리스토스의 연구에서 영감을 받았다. 그는 대부분의 거주민이 아프리카계 미국인인 두 개의 시카고 서부 공동체를 분석했다.[82] 파파크리스토스는 연구에서 살인의—가해자가 아닌—희생자가 되는 데 있어 네트워크 거리가 중요하다는 점을 주장했다. 또한 그는 "한 시간 동안의 일련의 전화를 통해 갱단 파벌에게 집중적인 억제와 정당성에 근거한 메시지를" 보내는 프로그램인 집단 폭력 감소 전략(Group Violence Reduction Strategy)과 같은 개입이 범죄율의 감소에 긍정적인 영향을 미친다고 언급했다.[83]

시카고 경찰은 적외선 우범자 명단에 포함될 사람들을 선정하면서 단순히 개인의 행동뿐만 아니라 그 지인들의 행동도 고려했다. 파파크리스토스가 『시카고 트리뷴』과의 인터뷰에서 설명한 것처럼, "당신이 총에 맞은 사람들과 어울리면 적극적으로 행동하지 않더라도 위험에 노출될 수 있기 때문이다. (…) 그건 마약을 위해 주사기를 공유하는 것과 같다. 당신의 친구와 동료의 행동 때문에 스스로를 위험에 처하게 하는 거다."[84] 이 논리는 안전하지 않은 형태의 약물 사용과 총상을 혼

82. Jeremy Gorner, "Chicago Police Use 'Heat List' as Strategy to Prevent Violence," *Chicago Tribune*, August 21, 2013, https://www.chicagotribune.com/news/ct-xpm-2013-08-21-ct-met-heat-list-20130821-story.html.
83. 예를 들어 다음을 참조. Andrew V. Papachristos and Christopher Wildeman, "Network Exposure and Homicide Victimization in an African American Community," *American Journal of Public Health* 104, no. 1 (2014): 143–150, https://doi.org/10.2105/AJPH.2013.301441; Andrew V. Papachristos, Anthony A. Braga, and David M. Hureau, "Social Networks and the Risk of Gunshot Injury," *Journal of Urban Health* 89, no. 6 (2012): 992–1003, https://doi.org/10.1007/s11524-012-9703-9.
84. Andrew V. Papachristos and David S. Kirk, "Changing the Street Dynam-

동하여 살인 피해자가 그들 자신의 죽음에 대해 책임이 있다고 말하는 것처럼 보였다. 시카고 경찰은 살인범과 피살자를 '전략적 대상'이라는 동일한 범주에 함께 묶음으로써 이 논리를 한 단계 더 발전시켰다. 시카고 경찰은 다른 총기 피해자와 가장 유사한 프로필을 가진 사람들을 표적으로 삼아 살인의 '전염'을 막으려 했다. 특히 총기 피해자와 함께 체포가 이뤄진 경우 공동 체포된 시기, 그 사람의 현재 행동 혹은 상태와 관계없이 '1급 연루'로 간주했다. 이 경우 인종은 시카고에서 특히 두드러진 주거지 분리를 통해 이미 고려되었기 때문에 굳이 명백한 요인이 될 필요가 없었다. 또한 파파크리스토스의 연구는 주로 아프리카계 미국인 커뮤니티에 초점을 맞추었기 때문에 인종은 이미 내재되어 있었다. 실제로 인종은 개인을 식별할 수 있는 이웃을 규정했다.

놀랍지도 않게, 랜드 연구소의 과학자 제시카 손더스, 프리실라 헌트, 존 S. 할리우드가 2016년 연구에서 지적한 바와 같이 우범자 명단은 살인 사건 감소로 이어지지 않았다.[85] 그러나 우범자 명단은 거기에 오른 사람들이 총격 사건으로 체포될 가능성이 거의 세 배나 높아졌다는 결과로 이어졌다.[86] 또한 그 명단은 실제로 더 많은 폭력을 유발했을 수도 있다. 예를 들어 이 프로그램은 단 한 번의 경범죄 말고는 비교적 깨끗한 전력

ic Evaluating Chicago's Group Violence Reduction Strategy," *Criminology & Public Policy* 14, no. 3: 525–558, https://doi.org/10.1111/1745-9133.12139.

85. Jessica Saunders, Priscillia Hunt, and John S. Hollywood, "Predictions Put into Practice: A Quasi-Experimental Evaluation of Chicago's Predictive Policing Pilot," *Journal of Experimental Criminology* 12, no. 3 (2016): 347–371, https://doi.org/10.1007/s11292-016-9272-0.

86. 같은 글, 364.

을 가진 로버트 맥대니얼을 우범자 명단에 올렸다. 맥다니엘은 "마리화나 기소로 함께 체포된 적이 있는 어린 시절 친구"가 전년도에 치명적인 총격을 받았다는 이유로 경찰의 방문을 받았다. 그는 우범자 명단에 오른 데 대해 "자라나는 아이들처럼 저도 안 해본 게 없죠. 대마초 피우기, 노름, 뭐 그런 거요. 진짜로요?"라며 불쾌감을 표했지만, 그보다는 경찰의 방문이 관심을 끌까 봐 더욱 걱정했다. 그는 방문을 목격한 이웃들이 자신을 "경찰 밀고자가 아닌가 의심"[87]하여 자신과 가족이 폭력적인 보복의 위험에 처할까 봐 두려워했다. 놀랍게도 공공장소에서의 집단 워크숍과 경찰이 가정 방문을 통해 잠재적 피해자에게 임박한 운명을 '경고'하는 것의 차이를 그 누구도 고려하지 않았다.

이와 유사하게 2016년 프로퍼블리카의 조사에 따르면 미국 내 많은 법원에서 재범 위험성을 판단하는 데 사용하는 소프트웨어 프로그램인 콤파스(COMPAS)에 대리체를 통한 인종이 포함되는 것으로 나타났다.[88] 안나 마리아 배리-제스터, 벤 캐슬먼, 데이나 골드스타인이 마셜 프로젝트(Marshall Project)[89]에 발표한 분석에서 보여준 것처럼, "고등학교 졸업장이 없는 남성" 또는 "미혼이며 직업이 없는 남성"과 같은 위험 평가 범주는 특정 인구집단에 치우쳐 있다.[90] 시카고 경찰의 우

87. Gorner, "Chicago Police Use 'Heat List.'"
88. Angwin et al., "Machine Bias."
89. 옮긴이—미국의 범죄 정의 시스템과 관련된 위급함에 대응하기 위해 2014년 출범하여 현재까지 운영되고 있는 비영리 대안 저널리즘 뉴스 기구.
90. Anna Maria Barry-Jester, Ben Casselman, and Dana Goldstein, "The New Science of Sentencing: Should Prison Sentences Be Based on Crimes That Haven't Been Committed Yet?," The Marshall Project, August 4, 2015, https://www.themarshallproject.org/2015/08/04/the-new-science-of-sentencing.

범자 명단과 마찬가지로 콤파스에는 친구와 가족의 이력도 포함되었다. 또한 콤파스는 '선별자'에게 평가 대상자가 갱 단원으로 의심되거나 인정된 사람이라고 믿는지를 물었다. 줄리아 앵윈과 동료들이 작성한 2016년 프로퍼블리카의 기사는 저널리즘 상을 받았지만 일부 데이터 과학자들의 비판도 받았는데, 이들은 콤파스의 위험 평가에서 그와 같은 인종-기반 대리체보다 나이와 '지저분한 데이터'가 더 큰 역할을 한다고 주장했다.[91] 하지만 미국 내 특정 지역의 과잉 및 과소 치안을 감안할 때, 첫 체포 당시의 연령과 지저분한 데이터는 인종(race)은 아니더라도 인종차별(racism)의 대리체임이 틀림없다.

인종과 인종차별의 차이점이 핵심이다. 이러한 프로그램과 미국의 법적 보호를 고려할 때, 많은 분석은 명시적인 피부색 무시 시스템 내에 암묵적으로 인종을 색인하는 대리체들을 드러내는 데 집중해 왔다. 이러한 사례와 피부색 무시 인종차별에 대한 에두아르도 보니야-실바와 같은 사회학자들의 연구에서 알 수 있듯이, 인종의 명시적인 표식을 '무시'하는 것은 인종차별을 경감하기는커녕 오히려 증폭한다.[92] 이와 같은 무시는 인종차별이 자연화되는 상황을 초래할 뿐만 아니라 백인성(whiteness)을 디폴트로 내장한다. 이에 대한 명확한 예는 인식의 결함으로 인해 반복적으로 그리고 정당하게도 인종차별적이라 비난을 받아온 얼굴 인식 기술(face recognition

91. Cynthia Rudin, Caroline Wang, and Beau Coker, "The Age of Secrecy and Unfairness in Recidivism Prediction," *Harvard Data Science Review* 2, no. 1 (2020), https://doi.org/10.1162/99608f92.6ed64b30.
92. Eduardo Bonilla-Silva, *Racism without Racists: Color-Blind Racism and the Persistence of Racial Inequality in America*, 5th ed. (Lanham, MD: Rowman & Littlefield, 2018).

technology, FRT)이다.(4장 참조) 유머러스하면서도 진지한 2009년의 유튜브 동영상에서 토퍼스 캠핑 센터의 직원인 데시 크라이어는 어떻게 휴렛팩커드 웹캠이 자신의 동료인 '백인 완다'의 얼굴은 문제없이 인식했지만 '흑인 데시'는 인식하지 못했는지를 보여주었다.[93] 2018년에 '코드의 시인' 조이 부올람위니와 컴퓨터 과학자 팀닛 게브루는 얼굴 인식 기술이 어두운 피부를 가진 주체의 성별을 식별하는 데 어려움이 있다고 밝혔다.[94] 이 문제는 이러한 알고리듬이 전통적으로 훈련되어 온 라이브러리에서 비롯된다. 이러한 프로그램의 '실측 자료'(ground truth)는 할리우드 유명인사와 대학 학부생의 얼굴들처럼, 잘 알려진 다양성의 핫스팟에서 나왔다.(그림 4) 근본적으로 이러한 '큐레이션'은 '실측 자료 = 딥페이크'임을 뜻한다.

그러나 오-인식(mis-recognition) 문제는 과소 인식이나 거짓 음성(negative) 반응처럼 단순한 문제가 아니며, 시카고 경찰이 현재 중단한 우범자 명단에서 알 수 있듯이 특정 소수

93. wzamen01, "HP Computers Are Racist," YouTube, December 10, 2009, https://www.youtube.com/watch?v=t4DT3tQqgRM.
94. Joy Buolamwini and Timnit Gebru, "Gender Shades: Intersectional Accuracy Disparities in Commercial Gender Classification," *Proceedings of Machine Learning Research* 81 (2018): 1–15, http://proceedings.mlr.press/v81/buolamwini18a/buolamwini18a.pdf. [옮긴이—MIT 미디어랩의 연구원이었던 조이 부올람위니는 IBM이 개발한 얼굴 인식 시스템이 유색인종 식별에 낮은 정확도를 보이는 이유가 이의 훈련에 활용되는 정치인 벤치마크 데이터 집합의 인종적 편향성과 관련된다는 연구 결과를 이 공동 저자 논문으로 발표했다. MIT 미디어랩에서 일하며 발견한 얼굴 인식 시스템의 구조적 편향성을 그는 자신의 예술적 작업 이외에도 넷플릭스 오리지널 다큐멘터리 「알고리즘의 편견」(Coded Bias, 2020)에 출연하여 표현한 바 있다. 이후 평등하고 책무성 있는 AI를 향한 문화 운동 조직 알고리듬 정의 연맹(Algorithm Justice League)을 결성한 부올람위니는 『AI를 폭로하기: 기계들의 세계에서 인간다움을 수호하기 위한 나의 사명』(Unmasking AI: My Mission to Protect What Is Human in a World of Machines, 2023)을 출간했다.]

그림 4. 할리우드 유명 인사의 얼굴을 활용하여 생성된 얼굴들. 출처: “Progressive Growing of GANs [generative adversarial networks] for Improved Quality, Stability, and Variation,” YouTube, February 23, 2014), https://youtu.be/G06dEcZ-QTg.

그림 5. 미국 시민자유연합의 2018년 테스트에서 아마존의 레코그니션 프로그램이 오인한 미 의회 의원들.

자를 과다 인식하거나 과소 인식하는 경우도 있다. 2018년 미국 시민자유연합이 당시 현직 미 의회 의원의 얼굴 사진을 사용해 진행한 아마존의 레코그니션(Rekognition) 프로그램의 범죄자 식별 능력 테스트는 그 결과를 명확히 드러냈다.(그림 5) 이 프로그램은 민권 운동의 영웅 존 루이스를 비롯한 스물여덟 명의 의원을 범죄자로 잘못 식별했다.[95] 전체 의원 중 비백인은 20퍼센트에 불과했지만, 잘못 식별된(즉 거짓 양성 반응을 띤) 의원들 중 39퍼센트를 이들이 차지했다. 경찰이 비디오 감시 영상에서 사람들을 식별하는 데 인종을 이용하고 있다는 점과 자율주행차의 부상을 감안하면, 충격적인 결과를 낳은 이런 고질적인 잘못된 식별 사례는 앞으로도 계속될 것이다.

하지만 루하 벤저민, 그리고 미디어 연구자인 리처드 다이어와 딜런 멀빈이 밝혔듯, 디폴트로서의 백인성, 즉 시몬 브라운이 '원형적 백인성'(prototypical whiteness)이라 부르는 것은 얼굴 인식 기술보다 훨씬 이전부터 존재해 왔다. 초기 필름 스톡은 백인 여성의 '셜리 카드'(Shirley Card)를 사용하여 조명의 눈금을 맞추었다. 『플레이보이』지에 실린 섹시한 백인 여성 이미지인 '레나'(Lenna)는 이미지 처리 작업을 위한 '원-사진'(ur-photo)이다.(그림 6과 7)[96]

95. Jacob Snow, "Amazon's Face Recognition Falsely Matched 28 Members of Congress with Mugshots," ACLU, July 26, 2018, https://www.aclu.org/blog/privacy-technology/surveillance-technologies/amazons-face-recognition-falsely-matched-28.
96. 다음을 참조. Simone Browne, *Dark Matters: On the Surveillance of Blackness* (Durham, NC: Duke University Press, 2015); Ruha Benjamin, *Race After Technology*, 103–109; Richard Dyer, *White*, 20th anniversary ed. (London: Routledge, 2017); and Dylan Mulvin, *Proxies: The Cultural Work of Standing In* (Cambridge, MA: MIT Press, 2021).

그림 6. 셜리 카드. 출처: 플릭커, https://www.flickr.com/photos/68716054@N00/38099474261.

그림 7. 『플레이보이』지의 섹시한 백인 여성 모델 레나. 출처: 플릭커, https://www.flickr.com/photos/81401304@N07/7904270436.

문제는 왜 이런 일이 발생하는가가 아니라 왜 여전히 이런 일이 발생하는가이다.

이러한 '오류'는 인종을 '무시'하는 것에서, 즉 인종-없음(race-free)을 인종차별-없음(racism-free)과 같다고 가정하는 것에서 비롯된다. 하지만 해결책은 단순히 이러한 프로그램에 인종을 명시적으로 포함시키는 것만이 아니다. 흑인 얼굴을 더 잘 인식하는 프로그램만으로는 차별적인 치안 문제를 해결할 수 없다. 그렇다면 인종차별과 그 대리체의 전쟁에 어떻게 맞서 싸울 수 있을까?

『차별하는 데이터』는 분리, 차별, 역사에 관하여 현재 설정되고 있는 네트워크 과학과 머신러닝에 내재된 가정을 심문함으로써 이 질문에 답한다.

1장 「우생학의 상관관계」에서는 상관관계(correlation)와 선형회귀(linear regression)의 우생학적, 생체 측정적(biometric) 뿌리를 조사하여 21세기 빅 데이터와 20세기 우생학 사이의 연관성을 밝힌다. 빅 데이터와 우생학은 모두 영원히 불변한다고 추정되는 생물학적 속성을 통해 과거와 미래의 결부를, 즉 상관관계와 예측의 연결을 시도한다. 한 세기나 차이가 있지만, 둘 다 (가장 빈곤한 공동체에 대한 감시를 통해 가장 노골적으로) 세계를 실험실로 설정하고, '비규범적' 특성을 전파하여 다수를 추구하며, '가장 친절한' 해결책으로서 (인종차별을 위한 훈련 프로그램으로서의) 분리를 촉진한다. 이 장에서는 또한 현재 기계학습의 사용과 우생학과의 차이 또한 개괄한다. 그 차이는 인구집단(population)에서 개인으로의 초점 이동, 예측에서 선제로의 변환, 차별(증오)에서 동종선호(homophily, 사랑, 즉 깃털이 같은 새들은 자연스럽게 함께 모여든다는 관념)로의 이동, 국민국가(통계)에서 이웃(네트워크)으로의 전환, 그리고 '국가적 행복감'에서 '탈출'로의 이동이다.

2장 「동종선호, 또는 분리된 이웃의 무리짓기」에서는 네트워크 과학의 가장 기본적인 공리 중 하나인 동종선호, 즉 유사성이 연결을 낳는다는 원리를 살펴봄으로써 네트워크 알고리듬이 어떻게 사회를 양극화시키는지 밝힌다. 동종선호는 겉으로 보기에 개방적이고 무한해 보이는 소셜 네트워크가 일련의 허술한 빗장 공동체(gated community)로 분해되는 것을 조장하며, 대부분의 포획(capture) 시스템에 내장된 행위자-기반 시장 논리가 이러한 분해를 가속화한다. 동종선호와 분리 및 반향실 효과(echo chamber)와의 관계는 우연이 아니라 근본적인 것으로, 이 개념의 핵심에는 미국의 주거지 분리와 백인 교외 이주(white flight), 미국의 인디언 보호구역 및 수용소, 기타 형태의 '사회공학'에 대한 초기 연구가 자리한다. 동종선호는 분리를 전제한다. 예를 들어 가치 동종선호는 인종 전체보다는 그 안에서 역사적으로 창출된 미세-분할된 집단을 전제했다. 또한 동종선호는 증오를 '사랑'으로 세탁한다. 당신이 당신 '자신'의 것을 '사랑'한다는 것을 어떻게 보여줄 수 있는가? 다른 사람들이 나타나면 도망치는 것이다. 이 장에서는 동종선호의 도전에 맞서기 위해 초기 연구의 미발표 데이터를 재검토하여 네트워크 과학, 비판이론, 퀴어 이론, 비판적 민족 연구 간의 대화를 연다.

3장 「알고리듬 진정성」과 4장 「인식을 인식하기」에서는 진정성(authenticity), 스타일, 기술, 인식의 정치가 네트워크 관계와 예측을 검증하고 창출하는 데 어떤 역할을 하는지를 살펴본다. 이 두 장은 소셜 네트워크 내에서 진실이 어떻게 재생산되고 인식되는지, 그리고 상관관계가 어떻게 생성되고 유지되는지에 초점을 맞춘다. 「알고리듬 진정성」에서는 리얼리티 TV에서 협업 필터링(collaborative filtering) 추천 시스템으로 이동하면서 정치인, 아마추어, 기타 셀프-브랜더(self-brander)가 참여와 신뢰를 촉진하기 위해 사용하는 수단인 진정성이 어느 정도 '알고리듬화'되었는가를 밝힌다. 또한 '사적' 자아와 '공적' 자아를 일치시키는 작은 '무분별함'을 습관화(habituate)하는 데 있어 진정성이 어떻게 중심이 되었는지도 강조한다. 이러한 무분별함은 동종선호적 군집을 공고히 하고 따라서 예측 모델의 기초를 제공하는 데 핵심적인 역할을 하는데, 사람들은 가장 정서적으로(affectively) 충만할 때 가장 예측 가능하다고—가장 선형적이거나 투명하다고—추정되기 때문이다.

「인식을 인식하기」에서는 패턴 차별에서 패턴 인식으로의 전환을 비롯하여 증오를 '사랑'으로 다시 쓰는 것의 정치적 결과를 분석한다. 공개적인 차별에서 인식(recognition)의 정치로 나아가는 20세기 중후반의 광범위한 움직임 속에서 얼굴 및 패턴 인식 프로그램을 '진정성 기계'로서 살펴본다. 기계 학습 '게이다'(gaydar)[97]로부터 인구 유전학자 로널드 피셔의 선형 판별자(linear discriminant)에 대한 획기적인 연구 및 중복되는 개체군(population)을 분리하려는 그의 우생학적 노력에 이르기까지, 그리고 20세기의 재분배 투쟁으로부터 21세기 초의 '포스트-인종적' 시도—지배 집단을 '낙인찍힌' 하위문화로 분할한 다음 공동의 적에 대한 반대를 통해 이들을 하나로

97. 옮긴이—'gay'와 'radar'의 합성어로 상대가 동성애자인지를 인식하는 직관적 감각을 가리킨다.

통합하여 지배권을 확보하려는—에 이르기까지 살펴볼 것이다. 이를 통해 이 장에서는 동종선호의 대가를 분명히 밝힌다. 즉 사랑이 증오가 되면 사람들은 자신을 미워하듯 이웃을 미워한다. 사람들은 능력주의의 실패를 보상하기 위해 차별을 영속화하고 강화한다.

나의 목표는 이 책을 통해 비판이론, 통계학, 기계학습 도구를 신중하고 창의적으로 사용함으로써 죄어오는 듯한 선제적 미래의 굴레에서 우리가 벗어날 수 있도록 돕는 것이다. 나는 이러한 도구를 본질적으로 우생학적이라 비난하기보다는 그 도구의 논리에 참여하여 그 도구의 한계와 가능성을 이해하고자 한다. 이러한 참여를 촉진하고 그 도구의 기저에 있는 기법을 탈신비화하기 위해 이 책의 각 장에는 통계, 확률, 데이터 분석, 물리학의 관련 핵심 개념을 설명하는 5개의 짧은 에세이가 있다. 뉴욕시 플랫아이언 연구소의 계산 수학자이자 전 다트머스 대학의 수학과 교수인 앨릭스 바넷이 칠판 판서 스타일로 직접 쓴 (일련의 이미지로 실린) 이 짧은 그림 강의는 상관관계, 자기 편극(magnetic polarization), 주성분 분석(principal component analysis), 베이즈 정리(Bayes's theorem) 및 베이즈 추론(Bayesian inference), 선형 판별 분석(linear discriminant analysis) 등을 다룬다.[98] 기초 수학 교육을 받은 독자를 염두에 두고 본문을 둘러싼 주제를 예시하기 위해 선택한 사례를 통해 이 강의들은 각 아이디어와 핵심 방정식을 가르치고 설명한다. 이 책의 말미에는 이에 대한 참고 문헌 목록이 별도로 수록되어 있어 추가적인 읽기가 가능하다.

98. 편집자—한국어판에서는 이 그림 강의의 손글씨를 폰트로 대체했다.

각 장에서는 핵심적인 과학적 연구나 이론적 주장을 풀어내어 무엇이 증거로 간주되는지를 밝힌다. 또한 기술적 형성체와 문화적 형성체 사이의 공명과 불협화음을 조사하기 위해 번호가 매겨진 네 장의 앞, 중간 또는 뒤에 배치한 더 많은 이론적 '막간'이 이러한 분석을 용이하게 한다. 「빨간 알약의 독성, 또는 해방 선망」에서는 '각성'에 대한 서사의 인기와 그 서사가 포스트-인종적 무장 음모론의 부상과 맺는 관계를 살펴본다. 여기에서는 이제 다수가 어떻게 '규범인'(normies)과의 동일시 대신, '규범인'에 맞선 동일시를 통해 만들어지는지를 보여준다. 「위반적 가설」에서는 매스미디어에서 뉴미디어로의, 그리고 '대중'에서 소셜 네트워크로의 변화가 어떻게 대중 조작의 문제를 해결하지 않고 오히려 영속화시키는지 살펴본다. 「이데올로기의 상관관계, 또는 표면에 있는 것」에서는 비판이론, 이데올로기 비평, 수사학적 분석, 정신분석, 스타일에 대한 문화적 분석에서 상관관계의 역할을 강조한다. 여기에서는 빅데이터가 정신분석과 우생학의 사생아라는 사실을 밝히는 한편, 데이터 분석이 세계 속에 덜 파괴적으로 거주하는 방법을 조성할 수 있다고 주장한다.

이 점을 보다 명확하게 설명하기 위해 「대리체, 또는 미지의 것을 재구성하기」에서는 지구의 기후변화 모델링에 대리체를 사용하는 것에 대한 정치적, 과학적 논쟁을 조사한다. 기후학자 마이클 E. 만, 레이먼드 S. 브래들리, 맬컴 K. 휴스의 '하키 스틱' 곡선—지구 온난화의 아마도 가장 상징적인 시각화인—을 둘러싼 논쟁에 초점을 맞춘 이 글은 지구 온도의 예측(hindcasting), 즉 '백테스팅'(backtesting)과 예보(forecasting)에서 대리체와 행렬 인수분해 방법(3장에서 설명하는 추천 시스템의 핵심이기도 하다)의 역할을 강조한다. 이를 통해 '대리체가 좋은가, 나쁜가?'에서 '대리체가 무엇을 하는가?'로 논점을 전환할 수 있다. 또한 다음과 같은 질문도 제기한다. 기계학습 시스템과 그 예측을 어떻게 지구 기후변화를 위한 동일한 시스템 및 그 예측처럼 취급할 수 있는가? 이러한 모델은 과거와 현재의 행동이 주어질 때 가장 확률이 높은 미래를 제공하여, 우리가 그 모델의 예측을 피할 수 없는 것으로 받아들이는 대신 미래를 변화시키는 데 이용하도록 도울 수 있다. 지구 기후변화 모델 개발자들은 '정확하게'(correct) 되기가 아니라 더 큰 의미에서 '참'(true)이 되기를 원한다. 지구 기후변화 모델과의 비유는 다른 질문을 제기한다. 더 많은 모델이 필요한가? 명백한 것을 밝혀낸다고 어떻게 진실이 다시 드러날까?[99] 누구를 위한 글로벌 기후변화 또는 성차별 뉴스인가? 그리고 모델이 예측하는 미래가 펼쳐질 때까지 기다리지 않고 어떻게 그 모델을 검증할 수 있는가?

「우리 사이의 공간」은 2020년 초 코로나19의 첫 번째 유행에 대한 반응을 분석하여 자유와 이웃에 대한 질문을 재조명한다. 자유는 모두를 위한 자유일 때만 자유이며, 자주적 지배는 21세기 초 정치적 문제의 근간을 이루는 것이지 문제를 해결하지는 못한다는 점을 강조한다. 맺음말 「다름 안에서 살기」는 이 책의 요점을 검토하고 향후 프로젝트와 개입을 개괄적으로 설명한다. 제시된 모델에 내재된 인구집단과 가능성을 재검토하면서 맺음말에서는 '이웃'이 어떻게 미래를 위한 공간

99. 이와 유사하게 루하 벤저민은 이미 알려진 주체들에 대한 데이터를 요구하는 것은 '불의의 데이터화'(datafication)를 구성한다고 주장한다. Benjamin, *Race After Technology*, 134.

을 열고, 예측 프로그램에서 조사(probing) 프로그램으로 우리를 움직일 수 있는지 이해하고자 한다. 따라서 이 책은 기계학습 프로그램의 차별적 결과를 과거 편견의 증거로 다시 읽을 것을 요구한다. 아마존의 과거 채용 사례를 학습한 AI 채용 프로그램이 비슷한 이력서에도 불구하고 여성 지원자보다 남성 지원자를 더 선호했다는 사실은 AI가 기술 산업 내에서 차별적 채용 관행을 증폭시킨 한 가지 예에 불과하다. 아마존의 레코그니션 프로그램이 존 루이스를 잠재적 범죄자로 식별한 사례는 통상 망각하지 않는 미국 사법 시스템이 합법적인 민권 시위자를 범죄자로 취급하는 것을 보다 분명히 보여준다.

『차별하는 데이터』는 상관관계와 자연에 대한 우생학적 이해가 어떻게 확률을 작동화(operationalize)하여 미래를 봉쇄하려 하는지, 동종선호가 어떻게 분리를 자연화하는지, 진정성과 인식이 어떻게 일탈을 조장하여 분노를 위로하는 동요된 군집을 만드는지 보여준다. 양가성과 중립성을 특징으로 하는 '매스미디어' 또는 대중사회에서 저항하는 성난 군집들을 특징으로 하는 양극화된 네트워크로의 이동이 소셜 네트워크의 역사와 설계에 있어 근본적임을 설명한다. 이 책의 가장 중요한 바는 이러한 역사를 재조명하고 드러냄으로써 이러한 네트워크의 핵심에 있는 인구집단에 다시 참여하는 것이다. 이는 여러 학제와 부문에 걸친—어려울 뿐 아니라 아마도 직관적이지 않을 수도 있는—연합을, 우리를 하나로 묶어주는 공간을 요구한다.

「매트릭스」에서 백인 '절대자'(One)인 네오는 흑인 마스터이자 리더인 모피어스에게 두 알약을 제안받는다.[1] 네오가 파란 알약을 먹으면 그의 삶은 그대로인 채 침대에서 깨어나는 것으로 이야기는 끝난다. 하지만 빨간 알약을 먹으면 이상한 나라의 앨리스처럼 '토끼굴은 얼마나 깊은가'라는 진실을 보게 될 것이다. 네오가 빨간 알약을 먹는 이유는 '매트릭스가 과연 무엇인가?'라는 질문을 끊임없이 던지게 만드는 마음의 눈에 박힌 '가시' 때문에 거의 미쳐버릴 지경에 이르렀기 때문이다. 원더랜드에 머물기로 선택함으로써 네오는 진정한 꿈/악몽을 '깨닫게'(woke)[2] 된다. 그가 살아온 세계, 즉 관객의 세계를 시각적으로 모방한 세계가 컴퓨터 시뮬레이션으로 보이기 때문이다.(그림 8) 현실 세계는 대부분의 인간이 그들을 노예로 만든 AI를 위한 살덩어리-기반의 배터리가 되어버린 삭막하고 음

1. Lana Wachowski and Lilly Wachowski, *The Matrix* (Warner Bros., 1999).
2. 옮긴이—'의식 있음/각성한'으로 번역되면서도 명사형으로도 쓰이는 'woke'는 본래 동사 'wake'의 과거형이지만 미국 문화정치의 역사에서는 특별한 의미가 있다. 1990년대 중반 인종적 정의의 성취를 위한 사회운동에 참여했던 진보적 흑인들은 사회 정의와 인종적 불평등에 대한 교육을 받았고(educated) 그에 대한 의식이 있음(conscious)을 가리키기 위해 이 단어를 쓰기 시작했다. 이후 이 단어는 2014년 '흑인의 생명도 소중하다' 운동과 함께 더욱 대중화되었다. 그 대중화의 양상 중 하나는 공화당 정치인을 비롯한 보수 진영에서 인종에 대한 진보적 가치를 경멸적으로 가리키는 방식으로 이 단어를 활용한 것이다. 예를 들어 극우 성향의 공화당 플로리다 주지사 론 드산티스는 2022년 주지사 선거일 밤 연설에서 "우리는 각성 이데올로기(woke ideology)를 거부한다"고 말한 바 있다. 이와 같은 용법의 변화에 대해서는 다음을 참조. Kiara Alfonseca, "What Does 'Woke' Mean and Why Are Some Conservatives Using It?," ABC News, Jan 24, 2024, https://abcnews.go.com/Politics/woke-conservatives/story?id=93051138. 또한 21세기 미국의 정치 지형에서 워크의 부상에 대한 상세한 논의는 다음을 참조. 수전 니먼, 『워크는 좌파가 아니다』, 홍기빈 옮김(서울: 생각의힘, 2024).

그림 8, 9. 「매트릭스」에서 시뮬레이션된 세계와 실제 세계.

울한 색조의 태양이 없는 세계다.(그림 9) 허구는 현실이 된다.

그러나 허구는 이보다 더 많은 방식으로 현실이 되었다. 21세기 초, 인셀(incel, 비자발적 독신자)[3]에서 큐어넌(QAnon)[4]에 이르는 반동 우파의 파벌은 그들의 모집 활동을 "빨간 알약을 투여받았다"(being red pilled)로 묘사했다. 코로나19 팬데믹의 첫 번째 유행기였던 2020년 7월, 자신의 캘리포니아 공장을 불법적으로 가동하려 했던 일론 머스크는 "빨간 알약을 먹어라"(Take the red pill)라는 트윗을 올렸다. 트럼프의 첫째 딸이자 당시 대통령 보좌관이었던 이방카 트럼프를 포함한 많은 사람들이 "먹었다"(Taken) 트윗으로 답했다.[5] 수많은 편집증적인 음모론이 코로나19를 중심으로 떠돌았고, 이는 더 큰 확산과 영속화 가능성으로 이어졌다. 이러한 음모론에 따르면 코로나19는 (1) 조작이거나 (2) 중국의 생물 무기거나 (3) 미국의 생물 무기거나 (4) 백신이 주입되고 5G 무선 송신탑의 신호를 통해 활성화되는 마이크로칩을 통해 세계를 지배하려는 빌 게이츠의 '플랜데믹'(plandemic)이거나 (5) 또는 정부 보건 당국의 도움을 받아 백신을 통해 수십억 달러를 벌려는 제약

3. 옮긴이—인셀에 대한 연구로는 다음을 참조. 로라 베이츠, 『인셀 테러: 온라인 여성혐오는 어떻게 현실의 폭력이 되었나』, 성원 옮김(서울: 위즈덤하우스, 2023).

4. 옮긴이—Q Clearance(Q 보안 자격)와 Anonymous(익명)의 합성어로 온라인 커뮤니티 4chan의 정치 사회 게시판 /pol/에서 2017년 시작된 걸로 알려져 있으며, 극단적인 음모론을 신뢰하는 도널드 트럼프 지지자 및 그 이론 모두를 가리킨다. 이들의 음모론은 트럼프를 자신들을 구원할 일종의 메시아라고 여기는 종말론-신학적 믿음을 포함한다.

5. Sonia Rao, "How the Red Pill Got to Elon Musk: A Brief Look Back at Public Figures Co-Opting 'The Matrix'," *Washington Post*, May 18, 2020, https://www.washingtonpost.com/arts-entertainment/2020/05/18/elon-musk-ivanka-trump-matrix-red-pill/.

회사들의 '플랜데믹'이다.[6] 전직 미국 국가안보보좌관 마이클 플린이 취한 '디지털 군인 선서'와 같은 의식을 통해 확산된 이러한 이론을 촉발한 것은 '각성'을 향한 네오의 여정이 그랬듯 불확실성이나 불안감이었다. 즉 '주류' 텔레비전의 세계에서는 무언가가 옳지 않다는 의심 말이다.[7] 그리고 그들은 정상적인 방식의 팩트 체크와 사실에도 휘둘리지 않는 것처럼 보였는데 모든 것이 매트릭스가 낳고 유지하는 거짓으로 치부될 수 있었기 때문이다.

그렇다면 '빨간 알약을 투여받았다'가 왜 그렇게 인기를 끌었는가? '파란 알약을 먹을 건가 빨간 알약을 먹을 건가'라는 선택이 '빨간 알약을 먹어라'라는 명령 또는 수동적 행위로 바뀌는 것의 의미는 무엇인가? 이러한 이론을 '편집증적'이라고 부르는 것은 명백한 사실을 재탕하는 것에 불과하며, 음모론을 반박하는 것은 음모론을 없애거나 그에 맞서 싸우는 가장 효과적인 방법과는 거리가 멀다. 음모론을 반박하려는 노력이 (의도치 않게) 음모론의 확산으로 이어질 수 있을 뿐만 아니라, 음모론이 옳은지 그른지에 초점을 맞추면 당면한 긴급한 문제에서 주의를 돌릴 수 있다. 예를 들어 코로나19가 진짜라는 것을 증명하려고 들면 코로나19의 확산을 제한하기 위한 행동에 집

6. Monika Evstatieva, "Anatomy of a Covid-19 Conspiracy Theory," *NPR*, 2020, https://www.npr.org/2020/07/10/889037310/anatomy-of-a-covid-19-conspiracy-theory; Peter Daszak, "Ignore the Conspiracy Theories: Scientists Know Covid-19 Wasn't Created in a Lab," *Guardian*, June 9, 2020, https://www.theguardian.com/commentisfree/2020/jun/09/conspiracies-covid-19-lab-false-pandemic.
7. Marshall Cohen, "Michael Flynn Posts Video Featuring QAnon Slogans," *CNN Politics*, July 7, 2020, https://www.cnn.com/2020/07/07/politics/michael-flynn-qanon-video/index.html.

중할 수 없게 된다. 이는 팬데믹을 추동하고 팬데믹으로 인해 더욱 심화된 불평등을 다루는 것을 지연시킨다. 필수 노동자로서 주도적인 역할을 해온 미국의 흑인과 라틴계 공동체는 제도적으로 오랜 기간 지속된 건강 및 사회적 불평등으로 인해 코로나19로부터 불균형한 영향을 받았으며, 이로 인해 일부에서는 배상을 요구해 왔다.[8] 인간을 "평등하게 인간으로"(levelly human) 대우하라는 흑인 페미니스트 집단 콤바히 리버 컬렉티브의 요구에 따른 평등이 팬데믹에 가장 적합한 해결책이다.[9] '지역사회 확산'의 증거가 있을 때 바이러스를 억제하는 가장 쉬운 방법은 모든 사람을 단기간 동안 감염자로 취급하는 것이다. 뉴질랜드는 2020년 봄 제한 조치를 평등하게 부과하여 백신 없이 일시적으로 바이러스를 억제했고, 2003년 사스-코로나 발병은 백신 없이 종식되었다.

더구나 음모론을 비정상적인 것으로 취급하는 것은 음모론의 회복탄력성(resiliency)과 일반적인 역/허위 정보(mis/disinformation) 사이의 유사성을 무시하는 것이다. 역/허위 정보를 연구하는 여러 분야의 연구자들이 지적했듯이, 팩트 체크는 중요하지만 그것만으로는 충분하지 않다. 팩트 체크 사이트는 글로벌 커뮤니케이션의 구조와 속도에 잠식된다. 이런 사이트는 네트워크화된 허위 정보 출처에서 만들어지고 사적인 상호작용을 통해 확산되는 루머의 홍수에 뒤처지게 된다. 폭로

8. Eugene T. Richardson et al., "Reparations for Black American Descendants of Persons Enslaved in the U.S. and Their Potential Impact on SARS-CoV-2 Transmission," *Social Science & Medicine* 276 (2021): 113741, https://doi.org/10.1016/j.socscimed.2021.113741.

9. Combahee River Collective, *How We Get Free* (Chicago: Haymarket Books, 2017), 19.

성 기사와 '가짜 뉴스'는 종종 매우 다른 청중에게 전달되며, 반박된 음모론이 정정 보도로 인해 의도치 않게 살아날 수 있다. 신념과 이데올로기가 정정 보도에 대한 저항에 미치는 영향을 연구한 심리학자와 데이터 과학자들은 사용자가 '가짜 뉴스'를 퍼뜨리는 몇 가지 이유를 설명했다. 바로 사람들이 기존의 신념을 확인하는 방식으로 정보와 상호작용하는 경향인 확증 편향, "정보 처리를 어떤 목적이나 목표에 부합하는 결론에 맞추려는 개인의 무의식적 경향"인 욕망 편향 또는 동기화된 추론, 그리고 정정 보도가 오히려 잘못된 인식을 증가시킬 수 있는 경우인 "역효과" 때문이다.[10] 더구나 인터넷 사용자는 자신이 설득력 있거나 재미있다고 생각하는 이야기를 정확성과 무관하게 유포한다.[11] 심지어 정확성이 중요함을 강조하고 '가짜 뉴스'를 정확하게 식별하는 사용자조차도 정확성에 초점을 맞추도록 자극받지 않으면 그런 이야기를 온라인에 공유한다.[12]

이러한 이유로 우리는 사실보다 감정이 훨씬 더 중요한 '탈-진실'[13]의 시대에 살고 있다고 한다. 그러나 '가짜 뉴스' 때

10. Adam J. Berinsky, "Rumors and Health Care Reform: Experiments in Political Misinformation," *British Journal of Political Science* 47, no. 2 (2017): 241–262, https://doi.org/10.1017/S0007123415000186; Brendan Nyhan and Jason Reifler, "When Corrections Fail: The Persistence of Political Misperceptions," *Political Behavior* 32, no. 2 (2010): 303–330, https://doi.org/10.1007/s11109-010-9112-2; David M. J. Lazer et al., "The Science of Fake News: Addressing Fake News Requires a Multidisciplinary Effort," *Science* 359, no. 6380 (2018): 1094–1096.
11. Silverman, *Lies, Damn Lies, and Viral Content*.
12. G. Pennycook, Z. Epstein, M. Mosleh, A. A. Arechar, D. Eckles, and D. G. Rand, "Shifting Attention to Accuracy Can Reduce Misinformation Online," *Nature*, March 17, 2021, https://rdcu.be/ciddj.
13. 옥스퍼드 영어 사전은 '탈-진실'(post-truth)을 2016년 올해의 단어로 선정했다. https://languages.oup.com/word-of-the-year/2016/.

문에 현재를 '탈-진실'이라 부르는 것은 진실, 사실, 진정성, 미디어 간의 역사적으로 복잡한 관계는 물론 미디어와 증거, 진정성과 정치 간의 관계에 대한 광범위한 연구를 무시하는 것이다.(3장에서 상세히 설명할 예정이다.) 사실과 진실은 서로 연관되어 있지만 서로 바꿀 수 있는 것은 아니다. '사실'(fact)이라는 단어는 라틴어 '팍툼'(factum, 행해진 것)에서 유래했으며, 이 단어의 근대 용법은 초기 상업 자본의 이중장부 관행과 관련이 있다.[14] '진실'(truth)은 어원적으로 '신뢰'(trust)와 관련이 있으며, '권위주의적'(authoritarian) 및 '저자'(author)와 뿌리를 공유하는 '진정성'(authenticity)은 역사적으로 극적인 자기-창의 및 수사와 관련이 있다.[15] 2016년 미국 대선은 "진정성 선거"이자 "가짜 뉴스"의 정상화로 묘사되었다.[16] 특정 정치인이 거짓말을 많이 할수록 그는 더 '진정성 있는' 것처럼 보였다.

역정보와 진정성의 이와 같은 결합을 단순히 비이성적이거나 우연적인 것으로, 분석의 걸림돌로 치부하는 대신, 형성

14. Mary Poovey, *A History of the Modern Fact: Problems of Knowledge in the Sciences of Wealth and Society* (Chicago: University of Chicago Press, 1998), 29–91.

15. 진실과 신뢰와의 관계에 대해서는 다음을 참조, Steven Shapin, *A Social History of Truth: Civility and Science in Seventeenth-Century England* (Chicago: University of Chicago Press, 1995), 3–41; 진정성, 진심(sincerity), 그리고 (특히 셰익스피어) 연극과의 관계에 대해서는 다음을 참조, Lionel Trilling, *Sincerity and Authenticity* (Cambridge, MA: Harvard University Press, 1972), 1–25.

16. Will Burns, "Donald Trump and Bernie Sanders Show Us the Value of Authenticity in Marketing Political Candidates," *Forbes*, August 12, 2015, https://www.forbes.com/sites/willburns/2015/08/12/donald-trump-and-bernie-sanders-show-us-the-value-of-authenticity-in-marketing-political-candidates/; Hunt Allcott and Matthew Gentzkow, "Social Media and Fake News in the 2016 Election," *Journal of Economic Perspectives* 31, no. 2 (2017): 211–236.

적이고 일반적인 것으로 간주한다면 어떨까? '사람들은 왜 주류 미디어를 의심하거나 불신하는가?'라고 질문하는 대신 '사람들은 왜 그리고 어떻게 어떤 형태의 미디어를 신뢰하게 되는가? CNN에 대한 불신이 왜 그리고 어떻게 음모론자에 대한 믿음으로 이어지는가?'라고 질문한다면 어떨까? 정보에 의문을 제기하는 것은 반민주적이지 않다. 민주적 교육의 근거는 비판적 사유이기 때문이다. 위험한 것은 불신이나 비판이 아니라 오히려 불신이 모호한 출처에 대한 깊은 믿음으로 변질되는 것이다.

이러한 질문에 답하기 위해서는 「매트릭스」에서 미 민권 운동의 중심성, 그리고 보수 논객 글렌 벡의 마틴 루서 킹 주니어에 대한 포용에서부터 팬데믹에 따른 사회적 거리두기 명령에 항의하는 분노한 백인 미국인을 "현대판 로자 파크스"[17]라고 부른 트럼프 백악관 고문에 이르기까지 보수 운동 내에서 민권 운동의 반향을 다루어야 한다.[18] 이 영화를 지배하는 주제는 노예제, 전투적인 민권 운동, 백인의 의무(White Man's Burden)다.[19] '타자'와의 일련의 동일시는 해방에 대한 음모적이고 보수적인 비전이 억압받는 사람들과의 '탈-동일시'(dis-identification)에 얼마나 의존하는지를 드러낸다.

17. 옮긴이—로자 파크스(Rosa Parks, 1931–2005)는 1955년 12월 1일, 앨라배마주 몽고메리에서 백인 승객에게 자리를 양보하라는 버스 운전사의 지시를 거부하였고 이로 인해 경찰에 체포된 이후 흑인 민권 운동의 어머니로 추앙받았다.
18. Young, "Becked Up"; Matt Stieb, "Trump Adviser Stephen Moore Compares Social-Distancing Protesters to Rosa Parks," *New York*, April 20, 2020, https://nymag.com/intelligencer/2020/04/trump-advisor-compares-corona-virus-protesters-to-rosa-parks.html.
19. 옮긴이—영국 작가 러디어드 키플링의 1899년 시 제목으로 백인의 유색인종 지배를 정당화하는 백인 우월주의 및 제국주의를 가리키는 관용어로도 쓰인다.

인종과 성별의 상상적인 교차-동일시는 「매트릭스」의 사명과 네오가 '절대자'로 변모하는 과정을 정당화하고 이를 동정적으로 표현한다. 네오는 모피어스에 의해 이상한 나라의 앨리스로, 배신자 사이퍼에 의해 캔자스를 떠나는 도로시로 묘사된다. 「매트릭스」는 AI로부터 인류를 해방시키겠다는 구호 속에서 흑인 해방 운동을 지속적으로 참조한다. 영화의 해방 임무를 이끄는 뮤즈인 오라클은 흑인 여성이며, 모피어스의 대원 중 유일하게 100퍼센트 인간(즉 수술로 이식한 노드가 없는)인 탱크와 도저 역시 흑인이다. 남은 유일한 인간 도시는 '시온'(깁슨의 「뉴로맨스」에 나오는 라스타파리안[20] 도시와 같은 이름)으로 불린다. 모피어스는 두 알약을 제공하기 전에 네오에게 그가 노예라고 설명한다. "다른 사람들과 마찬가지로 당신도 속박된 채로 태어났고 냄새를 맡거나 맛을 보거나 만질 수 없는 감옥에서 태어났어. 당신 마음의 감옥…." 애플의 「1984」 광고에서 노예가 된 백인 남성을 연상시키는 이 노예제 테마는 인류(human race)와 흑인 인종(black race)을 결합한다. 해커 네트워크를 보이지 않는 권력의 세계에 저항하는 보이지 않는 시스템인 '지하 철도'로 변환한다. 백인 요원 스미스는 모피어스와의 '대화'에서 후각과 미각에 대한 인종차별적 발언을 반복하면서 이러한 유사점을 분명히 드러낸다.

결정적으로 「매트릭스」에서 '깨닫는'다는 것은 타자와의 동일시뿐만 아니라 고정관념을 파괴하도록 고안된 순간에 달

20. 옮긴이—라스파타리 운동(Rasfatari movement)으로도 불리는 라스파타리안은 에티오피아의 황제 하일레 셀라시에 1세의 표지 라스 타파리(Ras Tafari)에서 유래된 이름으로 1930년대 자메이카에서 시작된 흑인 신흥 종교이며 모든 아프리카인을 고대 히브리인의 후손으로 여겼다.

려 있다. 트리니티를 처음 만났을 때 네오가 유명한 해커가 여자라는 사실에 깜짝 놀라자, 트리니티는 대부분의 남자들이 그렇다고 알려준다. 네오가 오라클을 처음 만났을 때 그녀는 "당신이 기대했던 것과는 다르죠?"라고 말한다. 하지만 이런 혼란은 오라클이 사는 낡은 공공주택이나 여성 해커를 바라보는 남성 해커의 시각 같은 고정관념에 의존한다. 이 때문에 「매트릭스」는 좋은 의도를 가지고 있지만 반인종주의적 사명에 실패하고 대신 미디어학자 루팔리 무커지, 세라 배닛-와이저, 허먼 그레이가 '인종주의 포스트-인종'(racism post-race)이라 부르는 것의 매개체로 전용된다.[21]

하지만 이 외견상의 실패는 시작에 불과하다. 편집증의 위험성은 저명한 퀴어 이론가 이브 세즈윅이 예리하게 주장했듯이, 뜻밖의 일이란 없음을 보증하기 위해 그것이 어떻게 나쁜 소식을 미리 예측하여 세계를 압류(foreclose)하려 하는가뿐만 아니라 그것이 어떻게 세계를 회복하려 하는가에 있다.[22] 환

21. Mukherjee, Banet-Weiser, and Gray, *Racism Postrace*.
22. Eve Kosofsky Sedgwick, "Paranoid Reading and Reparative Reading, or, You're so Paranoid You Probably Think This Essay Is about You," in *Touching Feeling: Affect, Pedagogy, Performativity* (Durham, NC: Duke University Press 2003), 123–151. 이 글은 편집증적 비판이론의 한계를 드러내고 '회복 이론'으로 나아가는 데 핵심적인 역할을 해왔다 [옮긴이—세즈윅이 프로이트와 멜라니 클라인, 프루스트 등을 경유하여 이 글에서 제안하는 '회복적 독해'란 현실을 집요하게 의심하고 질문하며 그에 내재된 억압과 폭력의 기제를 폭로하는 데 주력하는 '편집증적 독해'와 대비된다. 세즈윅에 따르면 회복적 위치에서의 독해는 "아무리 상상하기 어려운 공포라도 독자에게 새로운 것으로 다가오지 않을 것이라고 알고 있는, 불안하고 편집증적인 결의를 포기하는 것"이지만 다른 한편으로는 끔찍함과 좋음 모두를 포함한 "놀라움"(surprise)을 발견하고 포용하는 것이다. "희망은 종종 분열적이며, 심지어 트라우마적인 경험이 될 수 있지만, 회복적 위치에 있는 독자가 마주치거나 창조하는 조각들과 부분 대상들을 조직화하려는 에너지 중 하나다." *Touching Feeling*, 146] 퀴어넌의 부상, 그리고 샌디훅 초등학교 총기 난사 사건은 조작이라는 설 및 피자게이트(Pizzagate)와 같은 탄력적이고 잔혹한 음모론의 부상을 고려할 때

각 속의 회복 환각(reparative hallucination)으로서 사이버공간은 지배 집단이 희망적 무지를 통해 억압받고 전투적인 소수자로서 탈-동일시할 수 있게 한다. 한때 '다수 문화' 또는 '주류'였던 것이 동요하는 하위문화로 분열되고, 그럼에도 불구하고 이제 그 문화는 분노한 지배 이데올로기로 통합된다. 권력은 이제 역헤게모니(reverse hegemony)를 통해 작동한다. 즉 과

편집증적 지식에 대한 세즈윅의 비판은 예지력 있고 중요하다. 그러나 이러한 현상은 세즈윅의 분석에서 의외로 누락된 집단, 즉 반동적 음모 '부족'을 강조한다. 이러한 파벌은 세즈윅의 회복적 독해에 대한 요청에 영향을 받지 않는 것처럼 보인다. 4Chan이나 불쾌한 서브레딧에서 회복적 독해의 필요성을 설명하는 게시물에 쏟아질 조롱을 상상할 수 있다. 이는 단순히 이러한 공간이 가혹한 공간이기 때문만이 아니라 즐거운 공간이기 때문이다. 후자의 측면에 대해서는 다음 두 책을 참조하라. Gabriella Coleman, *Hacker, Hoaxer, Whistleblower, Spy: The Many Faces of Anonymous* (New York: Verso, 2014); Whitney Phillips in *This Is Why We Can't Have Nice Things: Mapping the Relationship Between Online Trolling and Mainstream Culture* (Cambridge, MA: MIT Press, 2015). 편집증적 독해는 회복적 독해를 부정하지 않고 오히려 다른 사람을 희생하고 괴롭힘으로써 자신의 세계를 복구하는 경우가 많다. 세즈윅은 망상, 정신병, 치매 전조증, 정신분열증을 분석의 범위 밖에 두었기 때문에 이러한 연관성을 놓치고 있다.(Sedgwick 2003, 129) 다니엘 파울 슈레버의 회고록을 읽은 프로이트가 말했듯이, "편집증 환자가 참으로 더 화려하지는 않지만 적어도 그가 다시 한번 그 안에서 살 수 있는 [세계]를 다시 구축하는 것"은 그의 망상 작업을 통해서다. "우리가 병리적 산물로 받아들이는 망상-형성은 실은 회복(*recovery*)의 시도, 재건의 과정이다. (…) 우리의 주의를 시끄럽게 하는 것은 회복의 과정이다. (…) 내부적으로 폐지되었던 것이 외부로부터 귀환하는 것이다." Sigmund Freud, *Three Case Histories*, ed. Philip Rieff (New York: Touchstone/Simon & Schuster, 1996), 147, 강조는 원저자. 한국어판은 『늑대 인간』, 김명희 옮김(파주: 열린책들, 2020). [옮긴이—피자게이트는 2016년 미국 대선을 앞두고 4Chan을 중심으로 유포된 음모론으로 힐러리 클린턴 등의 민주당 고위직들이 소아성애자 단체와 연관이 있다는 주장이다. 피자게이트라는 이름이 붙은 이유는 이러한 음모론이 'cheese pizza' 등의 단어가 아동 포르노(child pornography)의 은어로 사용된다는 점에 착안했기 때문이다. 한편 샌디훅 총기 난사 사건은 2012년 12월 14일 코네티컷주 뉴타운에 거주하던 당시 20세의 애덤 랜자가 자신의 어머니를 살해한 뒤 인근 샌디훅 초등학교에 난입해 1학년 어린이 스무 명과 교직원 여섯 명을 살해하고 스스로 목숨을 끊은 사건이다. 극우 성향의 가짜 뉴스 온라인 사이트 인포워스(Infowars) 설립자인 앨릭스 존스는 총기 규제를 원했던 당시 버락 오바마 행정부가 이 사건을 조작했다는 음모론을 퍼뜨렸다.]

거에는 헤게모니가 지배적인 세계관을 받아들이는 다양한 소수자들이 다수를 창출하는 것을 의미했다면(아테네의 가치를 받아들이는 대부분의 그리스 도시 국가들처럼),[23] 이제는 공유된 낙인을 중심으로 군집한 분노한 소수자들이 이른바 주류 문화에 대한 상호 반대를 통해 하나로 묶일 때 헤게모니적 다수가 등장할 수 있다. 이러한 헤게모니적 군집화의 목표는 '주류 미디어'를 욕하는 폭스 뉴스 시청자(폭스 뉴스가 미국의 기본 케이블 TV 서비스에서 가장 인기 있는 채널임에도 불구하고)부터 자신을 약자로 여기는 실리콘밸리의 사우론에 이르기까지 명백히 비규범적이다.[24] 중요한 것은 규범을 형성하더라도 결코 '규범인'이 되는 것이 아니라는 점이다.

이러한 분열을 추동하는 불평등에 단순히 대처한다면 어떨까? 민권 운동가들 및 운동을 염두에 두고 기리면서 이러한 행위자들의 경험과 말에 독이 되는 이 유독한 해방 선망을 물리친다면 어떨까? '부족지'(tribalography)를 '원주민'의 근절을 앞당기는 데 사용하는 것이 아니라, 창의적인 작가이자 토착민 연구자인 리앤 하우가 장려한 것처럼 "과거, 현재, 미래의 환경"을 연결하기 위해 사람, 대지, 캐릭터를 하나로 묶는 이야

23. Antonio Gramsci, *Selections from the Prison Notebooks of Antonio Gramsci*, ed. and trans. Quintin Hoare and Geoffrey Nowell Smith (New York: International Publishers, 1971), 56, 161. 한국어판은 『그람시의 옥중 수고 1: 정치편』. 이상훈 옮김(서울: 거름, 2006). Thomas R. Bates, "Gramsci and the Theory of Hegemony," *Journal of the History of Ideas* 36, no. 2 (1975): 351–366, https://doi.org/10.2307/2708933.
24. Joe Concha, "Fox News Prime-Time Lineup Delivers Highest Ratings in 24-Year History," *The Hill*, February 25, 2020, https://thehill.com/homenews/media/484592-fox-news-primetime-lineup-delivers-highest-ratings-in-network-history.

기를 말하는 데 사용한다면 어떨까?[25] 그 환경에 거주하기 위해서가 아니라 그 영웅들이 거주하고자 하는 세계를 함께 건설하기 위해 그들의 삶, 꿈, 경험에 관여한다면 어떨까?

25. LeAnne Howe, "On Prose and Poetry: Part of the Story of America: A Tribalography," *Tribal College* 27, no. 1 (2015): 31.

케임브리지 애널리티카 스캔들은 소셜 미디어가 민주적 제도와 절차에 위협이 될 수 있음을 여실히 보여주었다. 2016년 도널드 트럼프와 테드 크루즈 대선 캠페인이 고용하고 공화당 헤지펀드와 기계학습의 선구자 로버트 머서가 자금을 지원한 데이터 회사인 케임브리지 애널리티카는 그해 미국 대선과 영국의 브렉시트 국민투표 결과를 변경했다는 의혹을 받았다. 2016년 콘코디아 연례 회의 연설에서 이 회사의 CEO 알렉산더 닉스는 그해 예비선거에서 거둔 크루즈의 성공이 자신의 몫이라고 주장하며 이러한 의혹을 일부 부추겼다. 닉스의 설명에 따르면 크루즈는 예비선거 초반에는 대체로 비호감이었고 인지도가 낮았지만 케임브리지 애널리티카를 통해 행동과학(사이코그래픽스),[1] 시청 데이터 맞춤형 광고 기술, 빅 데이터를 수용하면서 꾸준히 상승세를 탔고 결국 트럼프에 이어 2위를 차지하게 되었다. 특히 "미국 내 모든 성인의 프로필"을 작성한 케임브리지 애널리티카는 '설득 가능한' 유권자를 목표 삼고 움직여 이들이 크루즈를 지지하도록 만들었다.[2]

빅 데이터에 대한 케임브리지 애널리티카의 찬사와 이 데이터 회사의 과장된 주장은 '빅 데이터의 세기'인 21세기의 첫 20년 동안 규범이었다. 『이코노미스트』는 데이터를 "디지털

1. 옮긴이—psychographics, 수요 조사 목적으로 소비자의 행동 양식, 가치관, 성향 등을 심리학적으로 측정하고 시각화하는 기법.
2. Alexander Nix, "Cambridge Analytica: The Power of Big Data and Psychographics," Concordia Summit presentation. YouTube, September 27, 2016, https://www.youtube.com/watch?v=n8Dd5aVXLCc.

시대의 석유"이자 "세계에서 가장 가치 있는 자원"이라 선언했고, IBM은 빅 데이터 분석이 "'무한한 통찰'을 제공할 것이라고 약속했다.[3] 폭스 뉴스는 이렇게 선언했다: "'빅 데이터'는 당신의 마음을 사로잡고 21세기를 바꿀 것입니다."[4] 블룸버그, 오러클 및 기타 수많은 조직에서 빅 데이터가 모든 것을 '교란'할 것이라 선언했다.[5] 2020년 넷플릭스 다큐멘터리 「소셜 딜레마」는 소셜 미디어 플랫폼이 빅 데이터를 통해 사용자들을 지배하고 꼭두각시로 만들었다고 주장했다.[6]

빅 데이터의 힘은 상관관계에 기반한다고 알려져 있지만, 이는 상관관계가 부상한 첫 번째 특별한 상황은 아니었다. 선형 회귀 및 기타 기초적인 통계학적 방법과 함께 상관관계는 더 나은 '인간 작물'을 재배하고자 열망했던 20세기 초 생체통계학(biometrician) 우생학자들이 개발했다. 빅 데이터와 우생학 사이의 역사적 관계를 조사함으로써 우리는 근본적으로

3. "The World's Most Valuable Resource Is No Longer Oil, but Data: The Data Economy Demands a New Approach to Antitrust Rules," *Economist*, May 6, 2017, https://www.economist.com/leaders/2017/05/06/the-worlds-most-valuable-resource-is-no-longer-oil-but-data; Caroline Ong (IBM), "Big Data Analytics: Insights without Limits," keynote speech, general session, 2019 CITA Telecommunication Showcase, Niagara Falls, Ontario, April 8, 2019.
4. "How 'Big Data' Will Blow Your Mind and Change the 21st Century," Fox News, November 27, 2015.
5. "Top Quants on Big Data and Disruption" (TV news program), Bloomberg, June 5, 2018, https://www.bloomberg.com/news/videos/2018-06-05/top-quants-on-big-data-and-disruption-video; Vicky Falconer, "Big Data as a Force for Disruption: Big Data Has the Potential to Create Entirely New Business Models, Services and Products; It Promises an Exciting Future," *Oracle*, UK (blog), n.d., accessed March 12, 2019, https://www.oracle.com/uk/big-data/features/bigdata-disruption/.
6. Jeff Orlowski, *The Social Dilemma*, Documentary drama (Exposure Labs, Argent Pictures, The Space Program, 2020).

중단 없는 미래라는 관점이 이 두 가지를 서로 연결한다는 점을 알게 될 것이다. 그러나 이 장의 뒷부분에서도 살펴보겠지만, 빅 데이터와 우생학 모두가 상관관계를 통해 고도로 선별적이고 차별적인 과거를 미래에 반복하려 했음에도 불구하고 (즉 실측 자료 = 딥페이크), 이 둘은 몇 가지 중요한 측면에서 차이가 있다. 우생학에서 데이터 분석으로 전환하는 과정에서 표적 집단은 국민국가에서 이웃/부족으로 이동했고, 목표는 희망에서 탈출로 전환되었으며, 동종선호(유사성이 연결을 낳는다는 개념)는 열망에서 공리로 바뀌었다.

인간을 배양하기

케임브리지 애널리티카의 성공 비결은 닉스가 콘코디아 회의 발표에서 주장했듯 "성격은 행동을 이끌고, 행동은 당신의 선거 방식에 분명히 영향을 미치기" 때문이었다.[7] 사이코그래픽스는 인구통계, 지리, 경제학을 "모든 여성은 성별로 인해 동일한 메시지를 받아들이게 된다는, 혹은 모든 흑인은 인종으로 인해, 모든 노인이나 부자나 젊은이는 인구통계에 따라 동일한 메시지를 받아들이게 마련"이라는 조잡한 가정으로 대치해 버렸다. 의미심장하게도 닉스가 실제로 크루즈를 위한 표적 집단으로 삼았던 백인 남성은 이 목록에서 누락되어 있다. 이 장에서 자세히 논의하겠지만, 닉스의 '모든 X'라는 공식은 정체성 기반 정치와 광고에 대한 그의 '해결책'이 이러한 인구통계학적 범주를 해체하는 것이 아니라 그 범주를 '성격'에 따라 더 세

7. Nix, "Cambridge Analytica." 이 절을 통틀어 직접 인용되거나 다른 말로 바꾸어 표현된 닉스의 언급은 그의 2016년 연례 회의 발표에서 따온 것이다.

분화하는 것임을 무심코 드러냈다. 케임브리지 애널리티카는 사람의 성격을 알아내기 위해 "성격에 영향을 미치는 기저 특성을 조사하기 위한 긴 형식의 정량적 도구"를 효율적으로 활용했다. 이 데이터 회사는 5요인으로 구성된 OCEAN[8] 모델을 사용하여 개인의 성격을 점수화했다.

닉스는 그 증거로 투표 가능성이 높은 아이오와 전당대회 참가자와 미국 수정헌법 제2조에 관한 확장된 예시를 들었다. 그는 "프로페셔널한 헤어스타일"의 한 백인 여성 이미지를 보여주며 "매우 신경증적이고 성실한 청중에게는" 이성적이면서도 공포에 기반한 메시지가 필요하다고 주장했다: "강도의 위협과 총기보험 제도는 매우 설득력이 있었습니다." 반면 그는 "폐쇄적이고 우호적인 청중들로 말하자면 이들은 전통과 습관, 가족과 공동체에 관심이 있는 사람들"이라고 설명하며, 웃는 중년 백인 남성의 이미지를 보여주면서 다음과 같이 덧붙였다. "[이 남성은] 아들에게 총 쏘는 법을 가르친 할아버지이자 장차 아들에게 총 쏘는 법을 가르칠 아버지가 될 수 있습니다. (…) 이러한 가치에 대해 이야기하면 당신의 메시지를 전달하는 데 훨씬 더 효과적일 것입니다."(그림 10) 누구를 타겟팅하고 어떤 광고를 제작할지 결정하기 위해 케임브리지 애널리티카는 각 주별로 '데이터 대시보드'(그림 11, 12)를 만들어 사람들을 정당과 투표 가능성별로 분류했다.

8. O는 개방성(openness, '새로운 경험에 얼마나 개방적인가'), C는 성실성(conscientiousness, '생활에서 질서와 습관 및 계획을 선호하는가'), E는 외향성(extroversion, '얼마나 사교적인가'), A는 우호성(agreeableness, '자신보다 다른 사람의 필요와 사회 및 공동체를 우선시하는가'), N은 신경증(neuroticism, '얼마나 걱정하는 경향이 있는가')을 가리킨다.

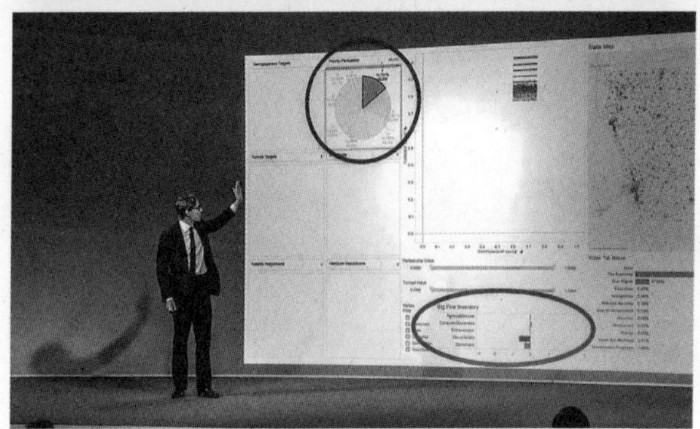

그림 10. 2016년 콘코디아 연례 회의 발표에서 닉스가 제시한 케임브리지 애널리티카의 사이코그래픽 메시지.

그림 11. 케임브리지 애널리티카의 아이오와주 데이터 대시보드.

그림 12. 케임브리지 애널리티카가 분석한 특정 유권자 집단 그래프.

이 데이터 대시보드에서 케임브리지 애널리티카는 크루즈에게 중요한 아이오와 주민 약 4만 5천 명으로 구성된 '설득' 집단을 추려냈는데, 이들은 분명 전당대회에 참석할 것이지만 크루즈를 지지하려면 "조금 더 오른쪽(우익)으로 이동"해야 하는 사람들이었다. 이 집단의 평균 성격 유형을 "신경증은 매우 낮고 개방성은 상당히 낮으며 약간은 성실"하다고 판단한 후, 이 회사는 미국에서 매우 분열적이고 감정적이며 자금 조달이 쉬운 이슈인 '총기 권리 대 총기 규제'에 관심이 있는 하위 집합을 추려냈다. 발표에서 닉스는 크루즈 후보의 캠페인이 이러한 통찰을 광고뿐만 아니라 선거운동 현장에서도 활용했다고 밝혔다. 이러한 광고는 실제 개인을 타겟팅할 수 있었는데, 이는 닉스가 자랑스럽게 말하기를 케임브리지 애널리티카가 "미국 내 모든 성인에 대한 4–5천 개에 가까운 데이터 포인트"를 보유하고 있었기 때문이었다. 닉스가 발표에서 언급하지 않았지만 나중에 『가디언』지의 캐럴 캐드월러드르와 에마 그레이엄-해리슨이 밝힌 바에 따르면, 그의 회사는 당시 케임브리지 대학교 연구원 알렉산드르 코건과 준합법적인 거래를 통해 '소유자' 몰래 5천만 개의 페이스북 프로필을 수집하여 데이터 대시보드를 제작했다.[9]

많은 연구자들이 강조했듯이, 케임브리지 애널리티카의 주장은 매우 세심하게 걸러서 받아들여야 한다. 2016년 미국 대통령 선거에 케임브리지 애널리티카가 실제로 어떤 영향을

9. Carole Cadwalladr and Emma Graham-Harrison, "Revealed: 50 Million Facebook Profiles Harvested for Cambridge Analytica in Major Data Breach," *Guardian*, March 17, 2018, https://www.theguardian.com/news/2018/mar/17/cambridge-analytica-facebook-influence-us-election.

미쳤는지에 대해서는 알려진 바가 많지 않다. 실제로 대선 이후 이 회사는 기자들에게 자신들의 주장을 검증하는 것이 불가능하다고 말했고, 단 한 건의 사례도 증거로 제시하지 못했다.[10] 설령 그들이 사례를 제시하고 우리가 2016년 대선을 증거로 받아들인다 치더라도, 그 단일 사례는 한 건의 표본 크기만을 대표할 뿐이다. 또한 페이스북과 다른 소셜 미디어는 OCEAN 이외의 계량분석(metrics)을 효과적으로 사용하여 사용자를 "준비시키기"(prime) 때문에 OCEAN 모델을 사용한 타겟팅 정치 광고의 효과에 대해서는 여전히 의문이 제기되고 있다.[11]

2016년 일반적으로 예상치 못한 도널드 트럼프의 승리를 케임브리지 애널리티카의 공으로 돌리려는 움직임 또한 역사를 다시 쓰고 있다. 선거 직전인 2016년 11월 4일까지만 해도 트럼프가 아닌 힐러리 클린턴이 빅 데이터를 선호하는 후보로 거론되었다. 수많은 기사들이 트럼프가 데이터를 무시하고 "직감을 따르는 것"을 선호한다고 보도했다. 『폴리티코』를 비롯한 여러 언론 매체는 클린턴의 데이터 전문가인 엘런 크리겔을 "정확하고 효율적이며 세심하고 효과적"이라고 칭찬했다.[12]

10. Nicholas Confessore and Danny Hakim, "Data Firm Says 'Secret Sauce' Aided Trump; Many Scoff," *New York Times*, March 6, 2017, https://www.nytimes.com/2017/03/06/us/politics/cambridge-analytica.html.
11. Elizabeth Gibney, "The Scant Science behind Cambridge Analytica's Controversial Marketing Techniques," *Nature*, March 29, 2018, 018-03880-84, https://doi.org/10.1038/d41586-018-03880-4.
12. Andrew Prokop, "Hillary Clinton's Swing State Firewall, Explained," *Vox*, November 4, 2016, https://www.vox.com/policy-and-politics/2016/11/4/13502350/hillary-clinton-polls-firewall; Shane Goldmacher, "Hillary Clinton's 'Invisible Guiding Hand'," *Politico*, September 7, 2016, https://www.politico.com/magazine/story/2016/09/hillary-clinton-da-

오바마 캠프에서 일한 적이 있는 크리겔은 "확보 가능한 대의원당 비용"을 산출할 수 있는 도구를 제작했다. 오바마와 클린턴과 함께 일했던 컨설턴트 제러미 버드에 따르면, 오바마는 격전지 주에서 전략을 결정할 때마다 크리겔과 상의했고, 엘런은 "틀린 적이 한 번도 없었다." 크리겔의 작업은 클린턴의 선거 캠페인에 더욱 정확했고, 따라서 클린턴은 반드시 승리할 거라고 장담했다. 『폴리티코』는 이렇게 추측했다. "트럼프가 예비선거 기간과 그 이후 데이터 분석에 거의 투자하지 않은 상황에서 크리겔의 작업은 클린턴의 캠페인에 힘을 실어줄 뿐만 아니라 캠페인 막바지에 중요한 전술적 이점을 제공하고 있다. (…) 앞으로 9주 동안 유권자들에게 수백만 통의 전화를 걸고, 대문을 두드리고, 광고가 방영되면서, 민주당이 최선이자 최고로 수용성 높은 유권자와 접촉할 가능성은 공화당보다 훨씬 높아질 것이다."[13]

맞다.

분명히 클린턴은 패배했고 트럼프는 승리했다. 우리는 알고 있다. 또한 돌이켜 보면 클린턴의 모델이 이전 대선 캠페인에 과도하게 적용되었다는 것도 알고 있다. 예를 들어 이 모델은 1996년 클린턴의 '심각한 약탈자'(superpredator) 발언 논란 이후에도 흑인 투표율이 상당히 높을 것으로 추정했다.[14] 즉

ta-campaign-elan-kriegel-214215.

13. Goldmacher, "Hillary Clinton's 'Invisible Guiding Hand.'"

14. 옮긴이—1996년 힐러리 클린턴은 1994년 제정된 강력범죄법(Violent Crime Control Act)을 지지하는 연설에서 위험한 환경에 노출된 흑인 청년들을 '심각한 약탈자'로 지칭하여 논란을 불러일으켰다. 빌 클린턴은 2016년 힐러리 후보를 위한 지지 유세 도중 이 표현을 다시 거론하며 연설을 방해한 '흑인의 목숨도 소중하다' 시위대와 언쟁을 벌이며 힐러리의 이 표현을 옹호하기도 했다.

유권자를 공식적으로 개념화하면서 경험과 구체적인 사건을 무시한 것이다.

그러나 케임브리지 애널리티카의 주장을 가짜 약 팔기로 일축하거나 선거 유권자 데이터를 분류하여 케임브리지 애널리티카의 '지적 재산'(special sauce)이 가졌던 실제 영향을 평가하는 것보다 시급한 과제는 다음 두 질문에 답하는 것이다.

케임브리지 애널리티카가 단순히 세상에 존재하는 것을 '식별'한 것이 아니라 그것을 만들어내려고 노력했다면 어느 정도까지 제대로 했을까?

그리고 케임브리지 애널리티카의 주장이 그럴듯해 보인다는 점에서 우리는 어떤 세상에 살고 있는가?

이 회사의 광고 목표는 사용자가 광고를 따라 '토끼굴로' 들어가는 변화의 경험, '빨간 알약' 경험을 만드는 것이었다. 여러 사이트에 걸쳐 신중하게 '탐색 경로를 남기고'(breadcrumbed) 친구나 다른 사람들이 '좋아요'를 눌러 확산되는 광고의 경험 말이다.[15] 동일시(identification) 또는 타겟팅은 프로그램 내에서 첫 번째 기능이었고, 다른 기능은 인식(상호 동일시)과 전환이었다.

케임브리지 애널리티카의 내부 고발자 크리스토퍼 와일리가 2018년 캐럴 캐드월러드르에게 설명했듯이, 미군의 '5차원 전투 공간'[16] 교리에서 영감을 받은 이 데이터 회사의 '정보

15. 케임브리지 애널리티카의 전략에 대해서는 넷플릭스 다큐멘터리 「거대한 해킹」(The Great Hack, 2019)을 참조.
16. 옮긴이—1995년 미군이 지상(land), 해양(sea), 공중(air), 우주(space)로 이루어진 전통적 4차원에 사이버공간을 '정보 작전'(information operations)의 대상으로 추가함으로써 정립한 개념.

작전'은 문화를 정치와 연관시켰다. 와일리(자칭 '스티브 배넌의 심리전 혹세무민 도구'를 만들게 된 캐나다 게이 채식주의자)는 이전에 패션 트렌드를 연구했다. 그는 2016년 대선 당시 트럼프 캠프의 최고 책임자였던 배넌에게 그간의 연구 결과를 바탕으로 "정치는 패션과 같다"고 말했다. 트럼프는 어그 부츠한 켤레나 마찬가지였고, 목표는 "'억… [이 부츠] 완전 못생겼어'라는 [사람들의] 생각을 모두가 신는 순간"으로 바꾸는 변곡점을 찾는 것이었다. 와일리는 배넌이 "정치는 문화의 하위개념이므로 정치를 바꾸려면 문화를 바꿔야 한다"는 브라이트바트 뉴스[17]의 교리를 고수했기 때문에 이 메시지를 믿었다고 설명한다.[18] 케임브리지 애널리티카는 문화를 바꾸려면 개인을 바꿔야 한다고 주장함으로써 이 교리를 한 단계 더 발전시켰다. 성격이 문화를 바꾸는 열쇠라는 것이었다.

아마도.

하지만 우리가 케임브리지 애널리티카에서 배운 것이 있다면, 클러스터를 찾아서 활용하는 것이 개인의 행동을 배양하고 변화를 만들어내는 데 핵심이라는 것이다. '개인화'(personalization)는 개별 행동, '잠재' 요인, '맞춤형' 네트워크 이웃 모두의 수준에서 동시에 작동한다. 3장에서 자세히 설명하겠지만, 특정 개인에 대한 추천과 소셜 미디어 '피드'는 해

17. 옮긴이―2007년 앤드루 브라이트바트가 설립한 미국 극우 성향의 인터넷 언론사로 배넌은 이 회사의 회장으로 있었다. 2016년 미국 대선에서 트럼프 지지자들의 온라인 결집 장소로 부상했다.

18. Carole Cadwalladr, "'I Made Steve Bannon's Psychological Warfare Tool': Meet the Data War Whistleblower," *Guardian*, March 18, 2018, https://www.theguardian.com/news/2018/mar/17/data-war-whistleblower-christopher-wylie-faceook-nix-bannon-trump.

당 개인의 이력에만 의존하지 않는다. 만약 거기에만 의존한다면 추천과 피드의 범위는 매우 제한적일 것이다. 인터넷 사용자에 대한 예측 데이터 분석은 모든 인터넷 사용자를 독특한 눈 결정체처럼 취급하는 것이 아니라 사용자들을 약간 이상하거나 일탈적인, 즉 '진정한'(authentic) 좋아요와 싫어요에 근거한 '이웃' 또는 페트리 접시[19]로 분리하는 방식으로 작동한다. 개인은 소위 이웃에 의해 형성되고 식별된다.[20] 케임브리지 애널리티카는 개인의 인종, 성적 성향, 정치적 성향 등을 드러내는 대리체를 발견했다고 주장했다. 예를 들어 미국 자동차를 선호하면 트럼프 유권자일 가능성이 높다는 것이다.[21] 이러한 대리체는 곡선이 새로운 방향으로 꺾이는 지점인 변곡점과 관련하여 찾아낸 것이다. '문화'(culture)는 단순한 명사가 아니라 동사이기도 하다. 문화는 배양하는(cultivate) 것이다. "인공적인 조건이나 영양소 배양액(medium) 내에서 번식, 성장 또는 발달"한다.[22] '문화', '식민지'(colony), '식민화'(colonization)는 모두 '경작하다(cultivate), 숭배하다'를 뜻하는 라틴어 colere에서 유래한 단어다. 콜로누스(colonus)는 정착민, 즉 외국이나 적대적인 영토에 배치되어 그 영토를

19. 옮긴이—세균 배양 등에 쓰이는 둥글고 넓적한 작은 접시.
20. Adrian Mackenzie, *Machine Learners: Archaeology of a Data Practice* (Cambridge, MA: MIT Press, 2017), 124.
21. Hannes Grassegger and Mikael Krogerus, "The Data That Turned the World Upside Down: How Cambridge Analytica Used Your Facebook Data to Help the Donald Trump Campaign in the 2016 Election," Vice: Motherboard, January 28, 2017, https://www.vice.com/en_us/article/mg9vvn/how-our-likes-helped-trump-win.
22. *Oxford English Dictionary*, 3rd ed. (Oxford: Oxford University Press, 2008), s.v. "culture, v."

둘러싸거나 정착하여 땅을 점령한 로마의 군인-농부였다. 문화는 침략적인 분리이며 그 분리에 의존한다.

케임브리지 애널리티카가 페이스북 좋아요를 이용해 성격을 알아내는 방법을 공개하지 않았지만, 전산 사회과학자인 미할 코신스키와 데이비드 스틸웰, 그리고 케임브리지 애널리티카의 연구에 일부 영감을 준 컴퓨터 과학자 토어 그레펠은 2013년 영향력 있는 연구 「개인의 특성과 속성은 인간 행동의 디지털 기록에서 예측 가능하다」에서 특정 유권자 집단에 대한 마이크로타켓팅 작동 방식을 설명한 바 있다.[23] 이 연구는 당시 공개적으로 사용할 수 있었던 페이스북 좋아요 데이터를 기반으로 "성적 성향, 민족, 종교 및 정치적 견해, 성격 특성, 지능, 행복감, 중독성 물질 사용, 부모 별거, 연령, 성별"과 같은 잠재적 사용자 속성(정체성 범주)을 예측하는 것이 얼마나 쉬운지 밝혀냈다. 나열된 속성에서 알 수 있듯이 코신스키 등은 다양한 특성을 추정할 수 있는 모델을 만들고자 했다. 5만 8천 명 이상의 페이스북 사용자가 연구진이 배포한 나의성격(myPersonality) 페이스북 설문에 응답했고, 이를 통해 연구진은 응답한 사용자의 프로필 정보에 접근할 수 있었기 때문에 그 과제를 수행할 수 있었다.

이 세 연구자는 먼저 '정치적 견해', '21세까지 함께 살았던 부모님', '민족적 배경', '지능' 등 경계를 만드는 특성을 상정하

23. Michal Kosinski, David Stillwell, and Thore Graepel, "Private Traits and Attributes Are Predictable from Digital Records of Human Behavior," *Proceedings of the National Academy of Sciences* 110, no. 15 (2013): 5802–5805, https://doi.org/10.1073/pnas.1218772110; 다음 또한 참조. Grassegger and Krogerus, "The Data That Turned the World Upside Down."

고, 5요인 OCEAN 모델, 지능 테스트, 사용자 프로필 및 온라인 설문조사 답변의 육안 검사 등 다양한 방법을 사용하여 이를 '측정'했다. 그런 다음 각 사용자와 관련된 모든 '좋아요'로 구성된 방대한 사용자-좋아요 희소행렬을 만들었다. 이어 데이터 포인트 행렬을 일련의 벡터로 축소하는 특이값 분해(single value decomposition, SVD)를 사용하여 이 행렬을 분해하고, 원래 데이터 집합을 얼마나 많이 설명하는지에 따라 순위를 매겨(이는 2장 뒤의 '대리체'에서 더 자세히 설명할 것이다) 가장 중요한 100개의 구성 요소를 결정했다. 그런 다음 이러한 가장 중요한 구성 요소를 사용하여 선형 회귀 모델(linear regression model)을 만들어 성격 및 연령과 같은 수치적 속성을 예측하고, 로지스틱 회귀 모델(logistic regression model)을 만들어 남성 대 여성 또는 기독교인 대 무슬림 같은 이분법적 값을 예측했다.(그림 13 및 14)

(이분법적 값을 예측하도록 설계된) 로지스틱 회귀 모델은 동떨어진 대립하는 이항적 범주(남성 대 여성, 기독교인 대 무슬림)가 존재한다고 가정했다. 그 모델에는 각각의 범주에서 두 개의 표본이 주어졌고 각 범주에 속하는 사람을 예측하는 능력에 따라 평가되었다.(그림 14 참조) 이 모델의 목표는 엄격한 양자택일 논리를 준수하여 모든 표본을 올바른 범주에 넣는 것이었다.

이러한 모델의 정확도는 매우 다양했으며 백인 대 흑인, 남성 대 여성에 대한 정확도가 가장 높았다.(그림 14) 당연히 고도로 구조화된 이분법적 값 모델이 가장 좋은 결과를 제공했다. 가장 정확도가 낮은 예측은 삶의 만족도, 성실성, 정서적 안정성, 우호성 등 수치적 속성(그림 13)과 관련된 예측이었

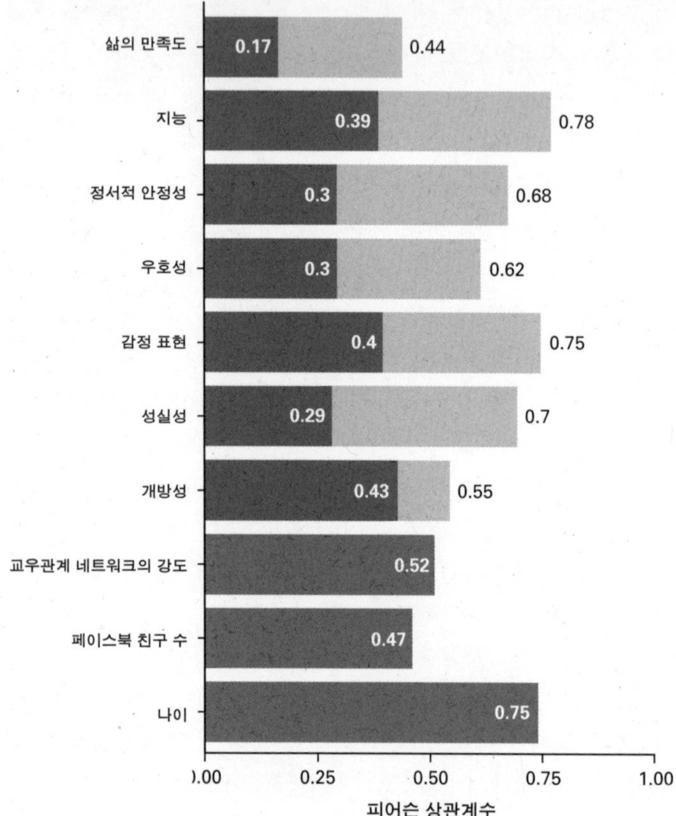

그림 13. 선형 회귀 모델의 예측 정확도. 출처: Michal Kosinski, David Stillwell, and Thore Graepel, "Private Traits and Attributes Are Predictable from Digital Records of Human Behavior," *Proceedings of the National Academy of Sciences* 110, no. 15 (2013): 5804.

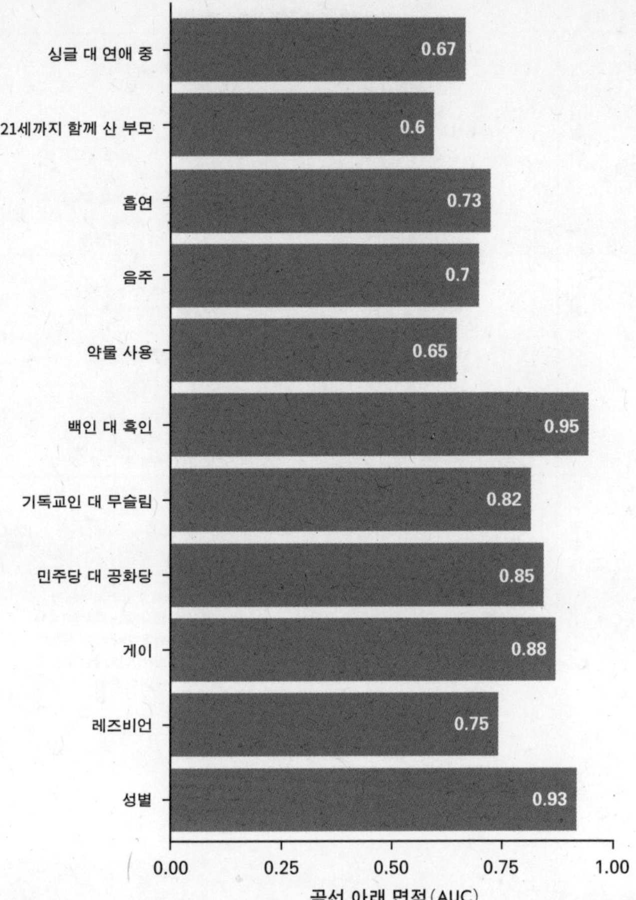

그림 14. 이분법적 로지스틱 회귀 모델의 예측 정확도. 출처: Kosinski, Stillwell, and Graepel, "Private Traits and Attributes Are Predictable," 5803.

특성		선별된 가장 많이 예측된 좋아요		
IQ	높음	「대부」	제이슨 알딘	낮음
		모차르트	타일러 페리	
		「토르: 천둥의 신」	세포라	
		「콜베어 르포」	치크(Chiq)	
		「모건 프리먼의 목소리」	브렛 마이클스	
		「더 데일리 쇼」	클라크 그리즈월드	
		「반지의 제왕」	비비 렉사	
		「앵무새 죽이기」	엄마가 되는 것이 좋아요	
		「사이언스」	할리 데이비슨	
		컬리후라이	레이디 앤터벨룸	
성적 지향	동성애 남성	No H8 캠페인	X(게임)	이성애 남성
		캐시 그리핀	나이키 농구화	
		커트 험멜(글리)	번지(비디오 게임)	
		휴먼 라이츠 캠페인(HRC)	WWE	
		맥(화장품 브랜드)	스포츠네이션	
		애덤 램버트	우탱 클랜	
		엘런 디제너러스	풋락커	
		쥬시 쿠튀르	샤킬 오닐	
		수 실베스터(글리)	브루스 리	
		「위키드」(뮤지컬)	낮잠에서 깬 후 혼란스러움	
	동성애 여성	「소년을 좋아하는 소년을 좋아하는 소녀들」	립톤 브리스크	이성애 여성
		「루폴의 드래그 레이스」	야후	
		No H8 캠페인	아디아스 오리지널스	
		동성 결혼	풋락커	
		휴먼 라이츠 캠페인(HRC)	WWE	
		「엘 워드」	받은 편지함 1에 불안해짐	
		가끔 침대에 누워 인생에 대해 생각함	뭔가를 생각하며 혼자 웃음	
		임신하지 않음	미숙함을 깨닫다니 나는 성숙해	
		동성 결혼	너 머리 잘랐어? 아니 짧아진 거야	
		테건 앤드 세라	나이키 우먼	

그림 15. 이분법적 범주에 대한 사후 예측된 '좋아요'. 출처: Kosinski, Stillwell, and Graepel, "Private Traits and Attributes Are Predictable," 표 S-1.

다.(이러한 수치적 속성은 피어슨 상관계수를 사용하여 평가되었는데, 이는 이후 앨릭스 바넷의 '상관관계' 그림 강의[그림 17]에서 설명한다.) 마지막으로 특정한 특성에 대해 가장 예측 가능한 '좋아요', 즉 가중치가 가장 높은 평균이나 가장 극단적인 빈도의 클래스를 가진 '좋아요'의 표를 만들었다.(그림 15)

코신스키, 스틸웰, 그레펠은 이를 바탕으로 '좋아요'를 몇 개만 알면 개별 사용자와 관련된 '친밀한' 특성을 알아낼 수 있다고 주장했다. 예를 들어 우탱 클랜에 대한 '좋아요'가 남성 이성애와 높은 상관관계를 보인다는 점을 고려할 때 우탱 클랜에 '좋아요'를 누르면 사용자의 성적 성향을 '드러낼' 수 있고, 이와 유사하게 높은 상관관계를 고려한다면 세포라(Sephora)에 대한 '좋아요'가 사용자의 낮은 IQ 점수를 '드러낼' 수 있다는 것이다. 연구진은 개인정보 침해 가능성에 대해 사용자에게 '경고'한다는 측면에서 자신들의 연구를 정당화했지만, 사용자의 '잠재적' 특성을 추정하기 위해 사용자를 군집화하는 방법을 명확하게 보여주었다. 또한 이 연구는 어떤 범주가 사용자를 예측 가능하게 나누는 데 가장 적합한지도 밝혀냈다. 연구진은 특정 범주에 대한 가장 의미 있는 '좋아요'가 해당 범주를 단순하게 또는 문자 그대로 반영하는 것이 아니라는 점을 강조했다. 남성 사용자들 사이에서 '브리트니 스피어스'는 '게이'(Being Gay)보다 '남성 동성애'를 더 '드러내는' 인기 있는 '좋아요'였다는 것이다. 분석 결과 하위문화적 스타일의 단서가 발견되었으며, 이러한 단서를 아는 사람들에게 집단 자격을 알리는 신호가 되었다.(이에 대한 자세한 내용은 4장을 참조)

결정적으로 예측들은 회귀 모델의 계수와 중요한 구성 요소를 모두 결정하는 신중하게 선별된 데이터로 학습되었다. 그런 다음 연구진은 이 세심하게 가지치기 된 과거를 회귀 모델이 예측할 수 있는 능력을 테스트했다. 이는 회귀 모델이나 이와 같은 유형의 다른 모델에만 국한된 것은 아니다. 심지어 '과적합'(overfitting)을 피하기 위해 더 높은 편향과 더 낮은 분산을 허용하는 보다 명시적인 예측 알고리듬마저도 과거를 올바르게 예측하는 경우 올바른 것으로 검증된다. 통상 이러한 알고리듬은 훈련 기간 동안 숨겨진 과거 데이터 또는 과거에서 유사하게 추출된 표본 외 데이터를 사용하여 교차 검증되기 때문이다.[24] 우 유유, 미할 코신스키, 데이비드 스틸웰은 2015년 후속 연구인 「컴퓨터 기반 성격 판단이 인간의 판단보다 더 정확하다」에서 이 교차 검증 테스트를 사용했다.[25] 첫 번째 연구와 달리 이 연구에서는 교차 검증의 중요성을 강조했다. 이 연구에서는 데이터의 90퍼센트를 훈련 집합으로 사용하여 성격 유형을 예측하는 선형 회귀 모델을 구축한 다음, 검증을 위해 나머지 10퍼센트 데이터로 그 모델을 테스트했다.(그림 16)

기계학습 알고리듬과 모델의 표준인 이러한 형태의 검증을 사용하면 포획되고(captured) 선별된 과거가 인종차별적이고 성차별적인 경우, 특히 표준 IQ 테스트와 같은 문제가 있는 측정에 의존하는 경우, 이러한 알고리듬과 모델이 성차별적이고 인종차별적인 예측을 하는 경우에만 올바른 것으로 검증

24. 설명적 모델과 예측적 모델 사이의 차이에 대해서는 다음을 참고. Galit Shmueli, "To Explain or to Predict?," *Statistical Science* 25, no. 3 (2010): 299–310, https://projecteuclid.org/euclid.ss/1294167961.
25. Wu Youyou, Michal Kosinski, and David Stillwell, "Computer-Based Personality Judgments Are More Accurate Than Those Made by Humans," *Proceedings of the National Academy of Sciences* 112, no. 4 (2015): 1036–1040, https://doi.org/10.1073/pnas.1418680112.

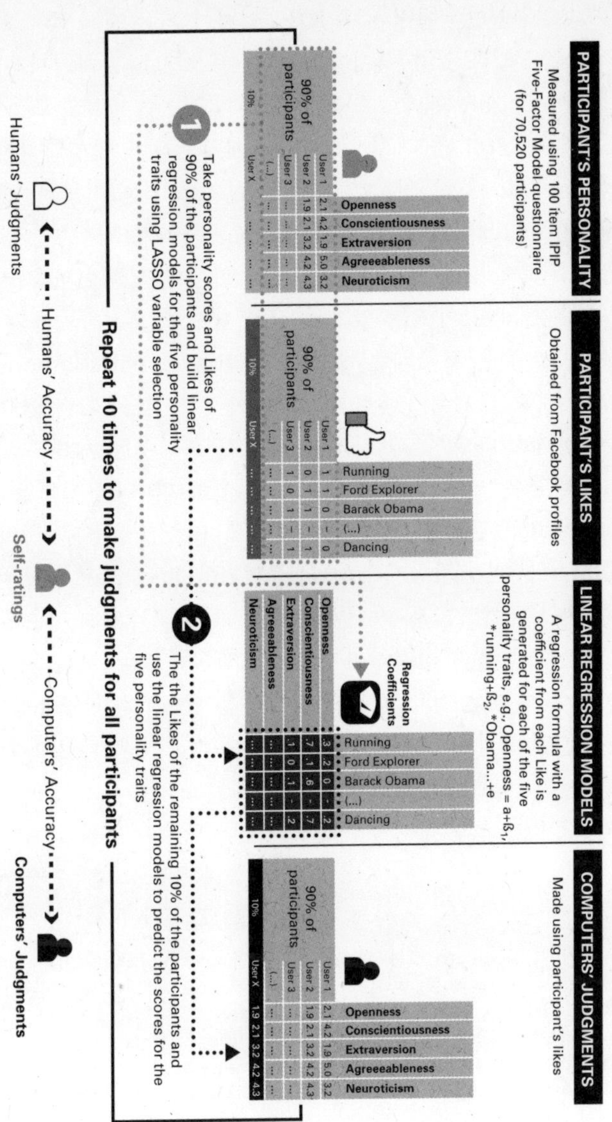

그림 16. 과거 데이터를 사용한 훈련 모델 테스트. 출처: Wu Youyou, Michal Kosinski, and David Stillwell, "Computer-Based Personality Judgments Are More Accurate Than Those Made by Humans," *Proceedings of the National Academy of Sciences* 112, no. 4 (2015): 1037.

된다. 2013년 연구에서 낮은 IQ는 '엄마가 되는 것이 좋아요'에 대한 '좋아요'와 높은 상관관계가 있는 것으로 밝혀졌다는 점은 매우 의미심장하다.

코신스키와 동료 연구자들 및 케임브리지 애널리티카가 사용한 방법, 즉 상관관계, 선형 및 로지스틱 회귀, 요인 분석(factor analysis)은 20세기 우생학에서 유래한 것이다. 5요인 OCEAN 모델은 찰스 스피어먼, 한스 아이젠크, 레이먼드 커텔과 같은 논란의 여지가 있고 불신을 받았던 우생학자들의 산물이다. 이들은 처음에는 주성분 분석(principal component analysis, 2장 뒤의 「대리체, 또는 미지의 것을 재구성하기」에서 앨릭스 바넷의 그림 37 참조)과 상관관계를 기반으로 다른 성격 특성 중에서도 지능에 따라 인종 및 성별 집단을 '분류'하는 요인 분석을 개발하여 사용했다.[26] '개방성'을 뜻하는 OCEAN의 'O'는 처음에는 '지적 능력'(intellect)으로 분류되었는데, 이는 "아버지로부터 아들까지: 우리 국가의 탄생으로부터"라는 크루즈의 수정헌법 2조 광고에 반응하는 사람들이 한때 "낮은 지적 능력"으로 분류되었음을 의미한다.[27] '5요인' 세계에서 성격 특성 또는 요인은 '생리적'으로 간주되었고 지금도 여전히 그렇다. 로버트 매크래와 헤이르트 호프스테더에 따르면, "5요인 모델"은 "특성이 오직 생물학적 기반만을 가지고

26. Lewis R. Goldberg, "The Structure of Phenotypic Personality Traits," *American Psychologist* 48, no. 1 (1993): 26–34, https://doi.org/10.1037/0003-066X.48.1.26.

27. Robert R. McCrae and Oliver P. John, "An Introduction to the Five-Factor Model and Its Applications," *Journal of Personality* 60, no. 2 (1992): 197–198, https://doi.org/10.1111/j.1467-6494.1992.tb00970.x.

있다고 주장한다는 점에서 독특한 모델"[28]로서, 연구자들이 이 모델을 사용하여 성격을 생체의 진화 도식 틀 안에 넣는 데 기초를 제공한 주장이다.[29]

성격에 따라 인간의 분류를 보다 세밀하게 '해결'하려는 이러한 시도는 인종적 경계를 강화한다. 실제로 케임브리지 애널리티카가 사이코그래픽 메시지에 사용한 이미지는 인종, 성별, 계급을 심하게 구분했다.(그림 10) 따라서 그림 10의 '설득 가능한' 사람들의 이미지는 모두 백인이었을 뿐만 아니라, "우리 국가의 탄생으로부터"라는 슬로건 또한 쿠 클럭스 클랜(KKK)을 찬양한 인종차별적 무성영화 「국가의 탄생」(Birth of a Nation, 1915, D. W. 그리피스 감독)에서 따온 것이다. 사이코그래픽스는 인종들 간의 연결이 아니라 오히려 그들 내부의 분열을 만들어냈다. 닉스는 성별에 따라 모든 여성이 동일한 메시지를 받거나 인종에 따라 모든 흑인이 동일한 메시지를 받는 것에 반대했지만, 성별이나 인종의 경계를 넘나드는 메시지를 주장하지는 않았다. 아이오와에서 그는 크루즈의 도전이 "경제와 수정헌법 2조를 지지하고 대부분 백인, 중년, 남성, 보수주의자인 대체로 동질적인 청중"에게 "크루즈의 목소리를 들려주는 것"이라고 인정했다.

크리스토퍼 와일리에 따르면, 사람들에게 더 효과적으로 영향을 미치기 위해 케임브리지 애널리티카는 인종 정체성에

28. Geert Hofstede and Robert R. McCrae, "Personality and Culture Revisited: Linking Traits and Dimensions of Culture," *Cross-Cultural Research* 38, no. 1 (2004): 74, https://doi.org/10.1177/1069397103259443.
29. William H. Tucker, *The Cattell Controversy: Race, Science, and Ideology* (Urbana: University of Illinois Press, 2009).

대한 '교차적'(intersectional) 접근 방식을 취했다. 와일리는 스티브 배넌이 유색인종 페미니스트, 특히 법학자이자 비판적 인종 이론가인 킴벌레 크렌쇼가 흑인 여성이 인종, 성별, 계급의 '교차로'에 놓인 상황을 설명하기 위해 개발한 방법론인 교차성 페미니즘 이론에 대해 이야기한 유일한 이성애자라고 설명했다. 크렌쇼의 분석은 여성 및 흑인과 같은 광범위한 정체성 범주가 흑인 여성을 얼마나 효과적으로 배제하는가, 그리고 정체성에 대한 연합적(coalitional) 이해가 이러한 배제를 어떻게 가장 잘 다룰 수 있는가에 초점을 맞추었다.[30] 케임브리지 애널리티카는 크렌쇼의 방법을 왜곡하여 인종적으로 등질적인 공간 내에서 가치와 '성격 특성'에 따라 실제와 인지 모두에 있어서 차이와 배제를 강화하려고 했다. 크렌쇼는 페미니즘과 흑인 역량 강화 운동이 흑인 여성의 필요와 우려를 다루지 못하는 방식(예를 들면 지원 센터를 위한 자금 마련 기관이 강간 피해자를 백인 중산층 여성이라고 가정하는 방식)에서 출발하여 이러한 문제를 극복하고자 했던 반면, 케임브리지 애널리티카는 개인을 더 잘 타겟팅하고 변화시키기 위해 '총을 든 백인 남성'과 같은 정체성 범주 내에서 '이웃'을 찾고자 노력했다.

가장 직설적으로 말하자면, 모든 의미의 공통성을 파괴하기 위해 분열과 적대감에 기반한 '공동체들'이 계획되고 구축되고 있다. 이러한 소셜 네트워크는 탈-인종, 탈-정체성 시대를 여는 대신 '기본' 변수와 공리를 통해 분노한 미시정체성(microidentity)을 영속화한다. 데이터 분석을 통해 개인의

30. Kimberlé Crenshaw, "Mapping the Margins: Intersectionality, Identity Politics, and Violence against Women of Color," *Stanford Law Review* 43, no. 6 (1991): 1241–1299, https://doi.org/10.2307/1229039.

차이와 유사성을 적극적으로 찾고, 형성하고, 도구화하여 사회적 군집을 포착하고 형성한다. 네트워크는 구조화되지 않은 덩어리도 아니고 잘라내거나 추적할 수 없는 끝없는 리좀(rhizome)도 아니다. 자신의 복잡성, 잡음, 지속적인 불평등으로 인해 네트워크는 관리, 가지치기, 예측을 위한 통제 기법을 유발한다. 패턴 판별 2.0이라 불리는 이와 같은 방법은 직접적 차별을 통한 기존의 결정론적 통제 방법 또는 고전적인 분석적 통제 방법을 무해한 것처럼 보이게 만든다.

신화적인 과거를 바탕으로 미래를 배양하기 위해 우생학적 방법을 통해 확산되는 분리된 이웃들의 무리짓기(swarming)에 온 것을 환영한다.

상관관계, 상관관계, 상관관계

> 우리 발 아래 땅이 흔들리고 있다. 오래된 확실성이 의심받고 있다. 빅 데이터는 의사 결정, 운명, 정의(正義)의 본성에 관한 새로운 논의를 요구한다. 원인들로 구성되었다고 생각했던 세계관이 상관관계의 우세에 의해 도전받고 있다. 한때 지식을 가졌다는 말은 과거를 이해한다는 뜻이었지만 앞으로는 미래를 예측할 수 있는 능력을 뜻하게 될 것이다.
>
> —빅토르 마이어-쇤베르거, 케네스 쿠키어, 2013년[31]

31. Viktor Mayer-Schönberger and Kenneth Cukier, *Big Data: A Revolution That Will Transform How We Live, Work, and Think* (Boston: Mariner Books, 2014), 190. 한국어판은 빅토르 마이어-쇤베르거·케네스 쿠키어, 『빅 데이터가 만드는 세상』, 이지연 옮김(파주: 21세기북스, 2013), 347, 번역 일부 수정.

> 나는 드레이크 시대[32]의 해적, "해적은 아니지만 해적 성향이 분명한" 남자들 부류 중 하나가 된 것 같은 기분이 들었다. (…) 나는 골턴이 인과관계보다 더 넓은 범주인 상관관계가 있고 인과관계는 상관관계의 한계에 불과하며 이 새로운 상관관계 개념은 심리학, 인류학, 의학, 사회학을 대부분 수학적 처리의 영역으로 끌어들였음을 뜻했다고 (…) 해석했다. 건전한 수학은 인과관계의 범주 속에 있는 자연 현상에만 적용될 수 있다는 편견에서 벗어나게 해준 것은 바로 골턴이었다. 여기서 처음으로 생명체의 영역, 무엇보다도 인간 행동의 영역에서 (당시 유효하다고 여겨진) 물리적 지식만큼이나 유효한 지식에 도달할 수 있는 가능성—확실성이라고 말하지는 않겠다—이 생겼다.
>
> —칼 피어슨, 1934년[33]

상관관계는 빅 데이터의 소위 혁명적 잠재력을 뒷받침하는 근거다. 『와이어드』의 편집자 크리스 앤더슨이 2008년 「이론의 종말」이라는 사설에서 악명 높게 선언한 것처럼, 빅 데이터는 "상관관계가 인과관계를 대신하며 일관된 모델, 통일된 이론, 정말로 어떤 기계론적 설명 없이도 과학이 발전할 수 있음을 증명했다."[34] 그보다는 덜 논쟁적이지만, 정책 연구원 빅토

32. 옮긴이—스페인 무적함대에 대항하고자 했던 영국 엘리자베스 1세에게 작위와 훈장을 받은 해적 프랜시스 드레이크(Sir Francis Drake, 1540–1596) 경을 말한다.
33. Karl Pearson, *Speeches Delivered at a Dinner in University College, London in Honour of Professor Karl Pearson, 23 April 1943* (Cambridge: Cambridge University Press), 22–23.
34. Chris Anderson, "The End of Theory: The Data Deluge Makes the Sci-

르 마이어-쇤베르거와 저널리스트 케네스 쿠키어는 2013년 대중적인 저서 『빅 데이터가 만드는 세상』에서 빅 데이터가 인과관계(causality)를 "단순한 상관관계"로 대체함으로써 "우리가 의사를 결정하고 현실을 파악하는 아주 기초적인 이해 방식에 도전한다"고 단언했다.[35] 실제로 '왜'를 '무엇'으로 대체함으로써 이들은 빅 데이터와 상관관계가 과거를 이해하는 것이 아니라 미래를 파악하는 것으로 지식의 방향을 바꾸었다고 주장한다.

놀랍지 않게도, 공식적으로 '데이터 분석'이라고도 불리는 빅 데이터는 '과대광고'(hype), 즉 기술-유토피아적(또는 디스토피아적) 유행의 최신판으로 즉각 무시당했다. 예를 들어 구글 독감 트렌드(Google Flu Trends)는 실제 사례를 두 배로 예측하는 등 매우 부정확한 것으로 나타났다.[36] 데이터 분석의 한계를 이해하는 것은 중요하지만, 단순히 이를 '과대광고'로 치부하거나 '빗나간' 예측들을 인간의 예측 불가능성을 보여주는 증거로 찬양하는 것은 위험하다. 예측과 실제 사이의 간극은 비웃을 만한 위안거리를 자아내서는 안 된다. 특히 자발적인 행동을 유발하기 위해 의도적으로 무작위의 또는 '다양한' 추천을 낳는 경우가 많기 때문이다.[37] 또한 빅 데이터는 한 번

entific Method Obsolete," *Wired*, June 23, 2008, https://www.wired.com/2008/06/pb-theory/.

35. Mayer-Schönberger and Cukier, *Big Data*, 7. 한국어판 19, 번역 일부 수정.
36. David Lazer et al., "The Parable of Google Flu: Traps in Big Data Analysis," *Science* 343, no. 6176 (2014): 1203–1205, https://doi.org/10.1126/science.1248506.
37. Alex Kulesza and Ben Taskar, "Determinantal Point Processes for Machine Learning," *Foundations and Trends in Machine Learning* 5, nos. 2–3 (2012): 123–286, https://doi.org/10.1561/2200000044.

만 읽을 수 있는 데이터를 어떻게 분석할 것인가라는 흥미로운 연산적 문제를 제기했고 지금도 제기하고 있으며, 빅 데이터가 기록하는 수많은 상관관계는 인과관계에 대한 근본적인 질문을 제기한다. 거의 모든 것이 사실로 보일 수 있다면, 거의 무엇이든 상관관계가 발견될 수 있다면, 무엇이 진실인지 어떻게 알 수 있는가? '빅 데이터 이전'의 '슈퍼볼 예측' 사례는 이러한 딜레마를 잘 보여준다. 미국 주식시장에서 '최고의'(가장 일관되게 정확한) 예측 중 하나는 슈퍼볼에서 어느 미식축구 콘퍼런스가 우승할 것인가 하는 것인데, 내셔널 풋볼 콘퍼런스(NFC) 소속 팀이 우승하면 상승장이 될 가능성이 크고, 아메리칸 풋볼 콘퍼런스(AFC) 소속 팀이 우승하면 하락장이 될 가능성이 높다는 것이다.[38] 게다가 새로운 기술을 '과대광고'라고 부르는 것은 별로 심도 있는 비판이 아니다. 과대광고는 신기술의 핵심 부분이며, 미래 기술에 대한 데모 버전은 일상적으로 경험하는 기존 기술보다 더 많은 찬양이나 비난을 이끌어내는 것처럼 보인다.(실리콘밸리는 데모에 따라 죽고 산다.)[39] 따라서 '데이터 홍수'의 영향을 이해하려면 빅 데이터를 찬양하거나 무시하는 것을 넘어 그 약속의 힘을, 더 정확하게는 그것이 약속의 약속을 훼손하는 방식을 이해하는 방향으로 나아가야 한다. 자크 데리다가 주장했듯이, "자동적으로 지켜지는"

38. Nate Silver, *The Signal and the Noise: Why So Many Predictions Fail-But Some Don't* (East Rutherford, NJ: Penguin Books, 2012), 185. 한국어판은 네이트 실버, 『신호와 소음: 확실성 시대, 미래를 포착하는 예측의 비밀』, 이경식 옮김(서울: 더퀘스트, 2014).
39. 과대광고와 새로운 기술 및 미래 기술에 대한 보다 많은 논의는 나의 『동일성 유지를 위한 업데이트』를 참조.

약속은 약속이 아니라 "컴퓨터, 연산"에 불과하다.[40] 그럼에도, 하지만 연산은 자동으로 실행되지 않으며, 경험을 통해 우리가 알다시피—놀랍게도 이론상으로는 그렇지 않지만—실제 컴퓨터는 항상 실패한다.

다시 말하지만, 상관관계가 혁명적인 것으로 예고된 것이 지금이 처음은 아니다. 100여 년 전, 우생학자인 프랜시스 골턴과 칼 피어슨은 유전을 규명하려는 시도에서 상관관계를 '발견'했다. 이 섹션의 두 번째 제명에서 인용한 것처럼, 피어슨은 상관관계가 인과관계를 넘어 지식을 확장하고 생명체와 인간 행동의 수학적인 이해를 약속해 주었기 때문에 약탈과 발견의 경계에 선 '해적'과 같은 기분이 들었다고 묘사했다. 피어슨의 과장된 수사는 21세기 빅 데이터의 과대광고를 예고한다. 상관관계의 우생학적 역사가 중요한 이유는 그 역사가 상관관계의 모든 활용을 우생학으로 향하게 만들기 때문이 아니라, 상관관계가 작동할 때 현재와 미래를 고도로 선별된 과거와 일치시킴으로써 그렇게 하기 때문이다. 우생학자들은 차별적인 추상화를 반복할 미래를 설계하기 위해 과거를 재구성했는데, 그들의 시스템에서 학습이나 양육(일생 동안 습득한 차이)은 '잡음'[41]

40. 데리다는 "곡해가능성(pervertibility)은 선한 것, 선한 약속의 핵심에 있어야 한다. 약속이 그 자체로 존재하기 위해서다"라고 말한다. "약속이 가능하기 위해서는, 가능함의 기회를 가지기 위해서는 약속이 아니게 될 수 있는 능력, 깨질 수 있는 능력이 있어야 한다. 이러한 위협은 나쁜 것이 아니라 약속의 기회다. 그 위협이 없다면 약속은 존재하지 않을 것이다. 약속이 자동적으로 지켜진다면 그것은 기계, 컴퓨터, 연산이 될 것이다. 약속이 기계적인 연산이나 프로그래밍이 되지 않으려면 배신될 수 있는 능력이 있어야 한다. 이 배신의 가능성은 가장 순수한 약속에도 반드시 존재해야 한다." Jacques Derrida, "A Certain Impossible Possibility of Saying the Event," *Critical Inquiry* 33 (2007): 459.

41. 옮긴이—여기서 잡음(noise)이란 데이터 분포에서 설명되지 않은 변동성 또는 비정규성을 가리키는 '통계적 잡음'(statistical noise)을 말한다.

이었다. 여기서 중요한 점은 상관관계에 기반한 예측은 진정한 동요(動搖, disruption)를 불가능하게 만들려고 하기 때문에 그토록 동요시킬 수 있다는 것이다.

이 장의 마지막 부분에서 자세히 설명하듯, 21세기 빅 데이터와 20세기 우생학의 차이점 또한 중요하다. 통계학에서 데이터 과학으로의 전환은 목적과 초점의 차이를 나타낸다. 과학 철학자 이언 해킹이 지적했듯이, '통계'(statistics)라는 용어는 '국가'(state)에서 유래했으며 국가 통계는 국가의 "문제, 상처, 갉아먹는 병폐"를 입증한다.[42] 반면 데이터 과학은 '네트워크 이웃' 또는 '군집'을 통해 기업과 국가의 통치 이익에 초점을 맞춤으로써 국가 인구로부터의 '동종선호적 탈출' 가능성을 나타낸다. 20세기 우생학자들에게 동종선호는 열망이었다. 그들은 비슷한(like) 사람이 비슷한 사람으로 자동적으로 재생산되는 세계를 만들고자 했다. 데이터 분석에서 동종선호는 기정사실이자 공리다. 분리된 '탈출'의 꿈과 지구 파괴의 악몽은 임박한 인종적 파멸의 서사를 대체했다. 그렇다면 우리는 어떻게 여기까지 왔으며, 상관관계란 대관절 무엇인가?

상관관계를 촉진하기

기본적으로 상관관계는 두 개 이상의 변수들이 서로 어떻게 변하는지를 측정한다. 그 변수들이 서로 보조를 맞추어 증가하거나 감소하면 높은 (양의) 상관관계가 있고, 서로 반대 방향으로 변화하면 음의 상관관계가 있는 것이다.(그림 17 참조)

42. Ian Hacking, *The Taming of Chance* (Cambridge: Cambridge University Press, 1990), 17. 한국어판은 『우연을 길들이다』, 정혜경 옮김(서울: 바다출판사, 2012).

따라서 상관관계가 높은 변수는 서로의 '대리체'로 간주된다. 즉 한 변수를 추적하면 다른 변수를 파악할 수 있는 것이다. 상관관계는 잠재 변수 또는 은닉 변수를 발견하는 데 가장 자주 사용된다. 2013년에 발표된 코신스키 등의 연구에서는 '엄마가 되는 것이 좋아요'에 대한 '좋아요'를 추적하여 지능을 파악한 것으로 추정된다. 이러한 상관관계 추적은 이론은 죽었다는 앤더슨의 주장이나 상관관계가 과거가 아닌 미래를 알려준다는 마이어-쇤베르거와 쿠키어의 주장에 근거를 제공한다.

데이터 기반 기법을 활용하는 많은 연구자들은 인과관계의 죽음에 대한 이러한 광범위한 선언에 단서를 달거나 이를 비판했다. 사회학자 조시 카울스와 랄프 슈뢰더는 상관관계나 인과관계 중 하나만 사용하는 것이 아니라 상관관계 탐색 실천과 인과관계 설명 연구를 결합한 '혼합 방법'이 필요하다고 설명한다.[43] 그 이유는 빅 데이터 방법을 방치할 경우 잘 알려진 잠재적 상관관계(앞서 언급한 예로 돌아가자면 특정 연령대의 많은 게이 남성들이 브리트니 스피어스를 좋아한다는 것)를 '발견'함으로써 그 전에 이미 알려진 것을 새삼스럽게 반복하거나, 중력이나 광합성과 같은 기본 개념을 무시하는 비논리적 상관관계를 과도하게 많이 만들어내기 때문이다. 또한 문제를 해결하기 위해 인과관계가 필요한 경우가 많다. 예를 들어 백신은 바이러스 구조와 행동에 대한 기계론적 이해에 의존한다.

또한 상관관계는 이른바 대답하는 것만큼이나 종종 많은 의문을 제기하기도 한다. 예를 들어 사회과학자 니컬러스 크리

43. Josh Cowls and Ralph Schroeder, "Causation, Correlation, and Big Data in Social Science Research," *Policy & Internet* 7, no. 4 (2015): 447–472, https://doi.org/10.1002/poi3.100.

미국에는 n=3,143개의 카운티 있으며, 이들에 대한 많은 공개 데이터가 있다.(여기서는 무료 통계 소프트웨어 'R'의 'openintro' 패키지에 포함된 'countyComplete' 데이터를 사용한다. 대부분의 데이터는 2010년 자료다.) 카운티에는 1(i=1)부터 3,143까지 번호가 매겨져 있다. 예를 들어 1은 앨라배마주 오토가 카운티다. x축에는 가구당 중간 소득을, y축에는 카운티 인구 중 흑인 비율을 표시한 그래프를 그려보자. 이는 다음의 '산점도'(散點圖)다:

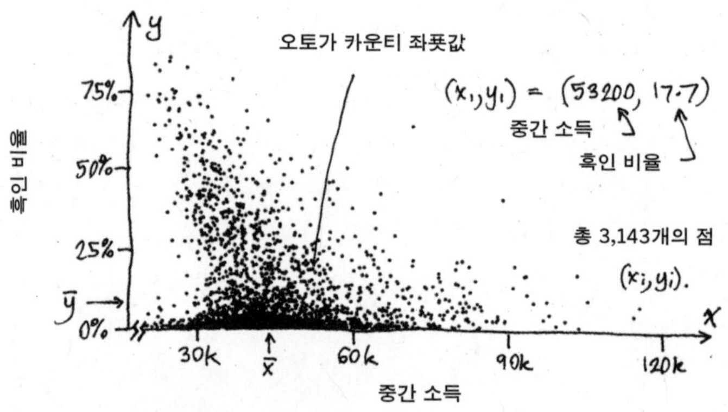

이 그래프는 무엇을 보여주는가?

· 인종과 빈곤 사이의 상관관계: 위쪽으로 이동할수록 점들이 왼쪽으로 기울어진다.(10% 증가 시 4천 달러 감소)

· 소득 7만 달러 이상인 카운티는 거의 모두 흑인 인구가 20% 이하다. 따라서 소득은 인종의 대리 변인이 될 수 있다.

· 빈곤한 카운티는 분리되어 있다: 소득 3만 달러 이하인 경우 분포는 '쌍봉'(bimodal) 분포로, 백인이 아주 많거나(3% 이하) 흑인이 많다.(30% 이상)

그림 17. 상관관계, 앨릭스 바넷.

따라서 산점도는 많은 이야기를 전달할 수 있다. 그러나 종종 피어슨의 '상관계수'(r)만 제공되며, 수학적으로 이는 다음 공식이다.

$$r = \frac{\sum_{i=1}^{n}(x_i - \bar{x})(y_i - \bar{y})}{\sqrt{\sum_{i=1}^{n}(x_i - \bar{x})^2}\sqrt{\sum_{i=1}^{n}(y_i - \bar{y})^2}}$$

이 (아마도 무서운) 공식은 두 가지 익숙한 양을 포함한다:

$\bar{x} = \frac{1}{n}\sum_{i=1}^{n} x_i$ 는 카운티별 소득의 평균이다.

$\bar{y} = \frac{1}{n}\sum_{i=1}^{n} y_i$ 는 백분율의 평균이다.

우리 데이터에서는 $\bar{x} \approx 44k$, $\bar{y} \approx 9\%$ 이며, 이 값들은 산점도에 표시된다.

r은 다음과 같은 예시 상관관계를 정량화하는 데 적합하다:

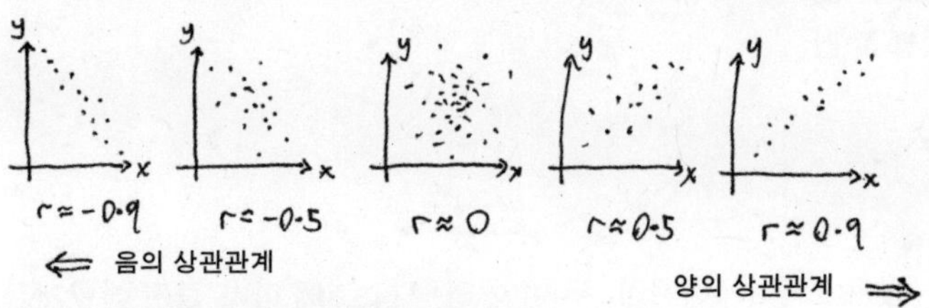

그러나 r이 무시하는 흥미롭고 유용한 '비선형적' 상관관계가 많이 있다.

각 경우 상관관계가 존재하지만, r은 이 사실을 알려주지 않는다! r은 쌍봉 분포(앞서 본 분리의 지표)에 대해 민감하지 않다.

카운티별 소득과 흑인 인구 비율 데이터로 돌아가자면, r은 무엇인가? 결과적으로는 r≈-0.22로 음수(산점도의 전체적인 하향 곡선에서 예상되듯이)지만, 매우 약한 것으로 해석될 것이다. 이는 상관계수의 한계를 보여준다: 산점도 전체를 한눈에 볼 때 드러나는 많은 측면을 포착하지 못한다. r을 신뢰하기보다는 데이터를 직접 살펴봐야 한다.

노트:

· r의 공식을 직접 계산할 필요는 없다. 모든 통계 소프트웨어에 내장되어 있다.

· r은 -1과 +1 사이의 값을 가지며, 선형적 상관관계의 강도를 나타낸다. 이는 효과의 강도와 혼동하지 않아야 한다.(r은 효과의 강도를 알려주지 않는다.)

예를 들면,

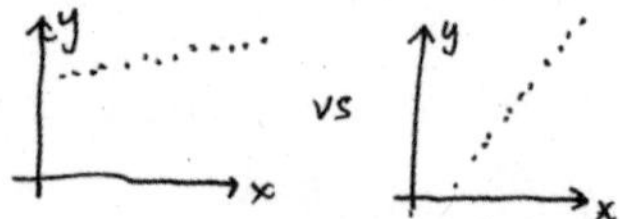

두 경우 모두 r≈1이지만, 두 번째 경우 y는 x에 따라 훨씬 빠르게 변한다.

· 산점도는 (x_i, y_i, z_i) 데이터와 함께 3차원, 혹은 더 높은 차원으로도 표시될 수 있지만, 시각화하기 어렵다!

· 카운티 데이터에 대한 더 나은 분석을 위해 각 점에 해당 카운티의 인구로 '가중치'를 부여할 수 있다.

· 비선형 상관관계(쌍봉 분포 등)는 x^2, x^3 등, 즉 변수의 제곱을 사용하여 찾을 수 있다.

스타키스와 제임스 파울러는 1971년에 시작된 프래밍엄 자손 연구(Framingham Offspring Study)[44]의 데이터를 재활용한 2007년 교우관계 데이터에 대한 자주 인용되는 논쟁적인 연구에서 어떤 사람이 비만이 될 가능성을 예측하는 데 있어 비만인 사람과의 물리적 근접성보다는 사회적 근접성이 가장 중요하다고 결론지었다.[45] 비만은 사회연결망을 통해 바이러스처럼 퍼져나간다는 것이다. 이 연구는 결론뿐만 아니라 비만과 바이러스를 혼동하고 바이러스 확산과 동종선호(동일한 맥락에서 서로 비슷한 개인들이 비슷하게 행동하는 경향)를 혼동했다는 점에서 비판을 받았다. 통계학자 코스마 샬리지와 앤드루 토머스가 지적했듯이, 습관과 전염을 분리하는 것은 수학적으로 어렵다.[46] 또한 모순적으로 보이는 다른 상관관계도 문서화되었다. 또 다른 연구는 우편번호와 자산 가치가 비만을 나타내는 강력한 대리체임을 밝혔다.[47] 또한 빅 데이터를 사용하여 얻은 비논리적 상관관계는 우연이 아니며, 실제로 수학적 이론을 바탕으로 이론 컴퓨터 과학자인 크리스티안 칼루데

44. 옮긴이—프래밍엄 위험 지수(Framingham risk score, FRS)는 한 개인의 10년 내 심혈관 질환 발생 위험을 예측하는 데 사용되는 지표로 나이, 성별, 혈압, 콜레스테롤 수치, 흡연 및 당뇨병 여부를 척도로 삼는다.

45. Nicholas A. Christakis and James H. Fowler, "The Spread of Obesity in a Large Social Network over 32 Years," *The New England Journal of Medicine* 357, no. 4 (2007): 370–379, https://doi.org/10.1056/NEJMsa066082.

46. Cosma Rohilla Shalizi and Andrew C. Thomas, "Homophily and Contagion Are Generically Confounded in Observational Social Network Studies," *Sociological Methods & Research* 40, no. 2 (2011): 211–239, https://doi.org/10.1177/0049124111404820.

47. Adam Drewnowski, Colin D. Rehm, and David Solet, "Disparities in Obesity Rates: Analysis by ZIP Code Area," *Social Science & Medicine* 65, no. 12 (2007): 2458–2463, https://doi.org/10.1016/j.socscimed.2007.07.001.

와 주세페 론고는 데이터의 규모로 인해 모든 빅 데이터 분석에 비논리적 상관관계가 가득하다는 점을 보여주었다.[48] 그리고 그 점에 대해서는 비논리적 상관관계가 소규모 데이터 집합에서도 많은데, 앞서 언급한 슈퍼볼 시장 지표가 대표적인 예다.[49]

전통적으로 인과관계는 정말 중요한 것을 찾기 위해 여러 상관관계를 거쳐간다. 양적 사회과학에서 정의하는 인과관계는 (1) 상관관계 (2) 결과에 선행하는 원인 (3) 상관관계를 설명할 수 있는 제3 변수의 부재라는 세 가지 조건에 의존한다.[50] 이 정의는 두 변수인 X와 Y가 인과관계가 있는지 판단하기 위해 계량경제학과 신경과학에서 함께 사용되는 보다 전문적인 위너-그레인저(Wiener-Granger)의 인과관계 테스트에서 유래한 것이다. Y가 통계적으로 유의미한 방식으로 X의 예측을 향상시키면 Y는 위너-그레인저 인과관계가 있다는 것이다.[51] 동기식 네트워크 모델에서 시뮬레이션과 간소함(parsimony)[52]

48. Cristian S. Calude and Giuseppe Longo, "The Deluge of Spurious Correlations in Big Data," *Foundations of Science* 22, no. 3 (2017): 595–612, https://doi.org/10.1007 /s10699-016-9489-4.
49. 비논리적 상관관계에 대해서는 다음을 참조. Tyler Vigen, *Spurious Correlations* (New York: Hachette Books, 2015), http://www.tylervigen.com/spurious-correlations.
50. Earl R. Babbie, *The Practice of Social Research*, 14th ed. (Boston: Cengage Learning, 2016), 94–95.
51. Steven L. Bressler and Anil K. Seth, "Wiener–Granger Causality: A Well-Established Methodology," *NeuroImage* 58, no. 2 (2011): 324, https://doi.org/10.1016 /j.neuroimage.2010.02.059.
52. 옮긴이–통계학과 데이터 과학에서 적용되는 간소함 원칙(parsimony principle)을 말한다. 간소함 원칙이란 철학에서의 '오컴의 면도날'과 연결되며, 필요 이상으로 실체를 늘리지 말라는 원칙을 의미한다. 따라서 이 원칙은 관찰된 데이터에 대한 다양한 설명이 있을 때, 가장 단순한 설명을 선호함을 뜻한다.

은 진리를 결정하는 데 활용된다.[53]

그러나 비논리성은 상관관계의 유일한 문제도, 심지어 주된 문제도 아니다. 캐시 오닐과 다른 연구자들이 보여주었듯이 상관관계는 불평등을 영속화할 수 있다. 오닐이 "수학 파괴 무기"라고 불렀던 것의 개발자들은 무지와 증거 부족을 보완하기 위해 상관관계와 대리체를 사용한다. 그들은 자신들이 가장 관심 있는 행동에 직접 접근할 수 없기 때문에 대리체를 대역으로 사용하는 것이다. 오닐은 다음과 같이 설명한다. "이들은 개인의 우편번호나 언어 양식, 그리고 대출금 상환 또는 직무 수행 가능성 사이의 통계적 상관관계를 도출한다. 이러한 상관관계는 차별적일 뿐 아니라 일부는 불법이다."[54] 즉 상관관계는 알려지지 않았거나 보호되는 범주, 즉 평등한 대우를 보장하기 위한 시도 내에서 의도적으로 숨겨지거나 기록되지 않는 범주의 대리체 역할을 할 수 있다.[55]

명백한 차별의 결과를 드러내는 대리체는 종종 효과가 있다. 이는 효과적으로 집단을 표적으로 삼는다. 오닐이 지적했듯이 "부자들은 크루즈 여행을 선호하고 BMW를 구입한다. 가난한 사람들은 고금리 단기 대출을 빈번히 필요로 한다." 이 때문에 "투자자들은 수천 명의 사람들을 올바른 버킷에 넣

53. David Liben-Nowell et al., "Geographic Routing in Social Networks," *Proceedings of the National Academy of Sciences* 102, no. 33 (2005): 11623, https://doi.org/10.1073/pnas.0503018102; Wei Pan et al., "Urban Characteristics Attributable to Density-Driven Tie Formation," *Nature Communications* 4 (2013), https://doi.org/10.1038/ncomms2961.
54. O'Neil, *Weapons of Math Destruction*, 17–18. 한국어판은 『대량살상 수학무기』, 39, 번역 일부 수정.
55. Barocas and Selbst, "Big Data's Disparate Impact," 695.

을 수 있는 과학적 시스템에 두 배로 투자한다. 이것이 바로 빅 데이터의 승리다."[56] 이 사례에서 알 수 있듯이 이러한 모델은 차별의 결과를 '발견'할 뿐만 아니라 그 결과를 자동화하고 영속화한다. 그 모델은 불평등을 치유하기는커녕 오히려 이를 악용하기 때문이다. 이러한 상관관계는 오닐보다 8년 앞선 2009년 커뮤니케이션 학자 오스카 갠디가 "합리적 차별의 기술"(technologies of rational discrimination)이라고 규정한 것의 핵심이다. 갠디는 차별하지 않겠다는 명확한 의지가 없다면 이러한 기술은 "기대 가치나 위험 측면에서 분석적으로 생성된 집단"을 만들고 비교함으로써 불평등을 영속화한다고 설명한다.[57] "효과가 있는" 이러한 집단들 및 상관관계를 동종선호가 추동하는 것은 우연이 아니다. 2장에서 살펴보겠지만, 역사적 추세와 행동에 기반한 동종선호는 실제로 일부 행동을 설명하며, 미래는 때때로 과거를 반복하기도 한다. 그러나 이것은 적어도 두 가지 흥미로운 질문을 제기한다. 변화가 지배하는 역동적인 세상 속에서 어떤 상황에서, 어떤 목적을 위해 어떤 일들이 반복되는 것처럼 보이는가? 그리고 우리의 습관적인 행동을 통해 어떻게 덧없는 것이 영속될 수 있는가?[58] 부처와 질 들뢰즈와 같은 다양한 철학자들과 분자생물학자들이 말했듯이, 우리는 끊임없이 변화하는 세계 속에 살고 있으며, 그

56. O'Neil, *Weapons of Math Destruction*, 146. 한국어판 245, 번역 일부 수정.
57. Oscar H. Gandy, *Coming to Terms with Chance: Engaging Rational Discrimination and Cumulative Disadvantage* (Farnham, UK: Ashgate, 2009), 52.
58. 옮긴이—이 질문은 웬디 희경 전의 이전 논문인 「영속적인 덧없음, 혹은 미래는 기억이다」(The Enduring Ephemeral, or the Future Is a Memory, 2008), 그리고 이전 저서인 『동일성 유지를 위한 업데이트』에서 파생되었다. 이들에 대해서는 옮긴이 해제에서 다룬다.

어떤 것도 똑같은 것은 없으며, 심지어 다른 순간에 있는 우리 자신조차도 똑같지 않다. 인식은 항상 과거에 알고 있던 것과 현재 또는 미래의 차이를 모호하게 만드는 오인을 수반한다.

다시 말하자면 상관관계는 단순히 특정 행동을 예측하는 데 그치지 않고 이를 형성하기도 한다. 서로 '비슷하다'는 것을 근거로 사람들을 범주로 묶는 상관관계는 역사적 불평등의 효과를 증폭한다. 수학 파괴 무기의 대표적인 특성은 "그 자체가 악순환에 기여하고 이를 유지하는 데 일조한다는 점"[59]이다. 『자동화된 불평등』에서 버지니아 유뱅크스는 펜실베이니아주 앨러게니 카운티에서 아동 학대와 방치의 위험을 판단하는 데 사용된 앨러게니 가정 선별 도구(Allegheny Family Screening Tool, AFST)를 대표적인 예로 든다.[60] 이 도구의 훈련 집합은 공공 서비스를 이용하는 가정에서 추출했기 때문에 공공 서비스 이용 자체가 위험 요인으로 분류되었다. 이는 시카고 경찰이 살인범과 피살자를 "살인 사건에 연루되었을 가능성이 있다"고 한데 묶은 우범자 명단과 마찬가지로 피해자와 가해자의 차이를 지워버렸다. 아동의 보호 서비스 이용 여부는 성인이 되어 자녀를 학대하거나 방치할 가능성이 있다는 증거가 되었다. 반면에 민간 보험에 가입했거나 치료사나 보모와 같은 민간 서비스를 이용한 가정은 훈련 데이터 집합에 포함되지 않았기 때문에 표시되지 않았다.[61] 오닐 또한 신용 등급

59. O'Neil, *Weapons of Math Destruction*, 27. 한국어판은 『대량살상 수학무기』, 54, 번역 일부 수정.
60. Eubanks, *Automating Inequality*, 127–173. 한국어판은 『자동화된 불평등』, 199–268.
61. 같은 책, 145–146, 156, 164. 한국어판은, 219–222, 237, 241.

이 채용 프로그램에 반영될 때 불공정한 영향을 미칠 수 있다고 지적한다. 허가된 기관과 비공식 데이터 브로커가 개인의 행동과 갈수록 더욱 사회적인 네트워크를 기반으로 생성하는 이러한 등급은 단순히 책임의 대리체가 아니다. 월급쟁이로 살아가는 사람들은 부유한 사람들과 달리 어려운 시기에는 신용 등급을 유지하는 데 어려움을 겪는다. 갠디가 자세히 탐구한 미국 금융 차별의 역사를 고려할 때, 미국의 신용 등급은 인종, 더 정확하게는 인종주의와 관계가 있다.[62] 정치학자 아이라 캐츠넬슨, 정책 연구원 리처드 로스스타인 및 다른 많은 사람들이 보여준 것처럼 뉴딜 정책, 사회보장 프로그램, 저렴한 모기지, G.I. 법안[63] 같은 미국 정부 정책은 미국 백인들의 손에 부를 집중했다.[64] 수학 파괴 무기는 기본 상관관계를 통해 과거의 불평등을 자동화하고 증폭한다.[65]

62. O'Neil, *Weapons of Math Destruction*, 149; Gandy, *Coming to Terms with Chance*.
63. 옮긴이—1944년 6월 22일 프랭클린 루스벨트 대통령이 서명한 법안으로 제2차 세계대전에 참전한 220여만 명의 군인들에게 사회에 적응하고 직장을 구할 수 있도록 재정과 교육을 제공하는 프로그램을 뒷받침했다.
64. 예를 들어 다음을 참조. Ira Katznelson, *When Affirmative Action Was White: An Untold History of Racial Inequality in Twentieth-Century America*, 1st ed. (New York: Norton, 2005); Richard Rothstein, *The Color of Law: A Forgotten History of How Our Government Segregated America* (New York: Norton, 2017).
65. 대리체에 근거한 상관관계는 또한 시스템을 조작할 수 있는 여지를 열어준다. "대리체(데이터)로 모델을 만들면 사람들이 모델을 조작하는 것이 훨씬 더 간단해진다. 대리체는 그것이 대표하는 복잡한 현실보다 조작하기가 더 쉽기 때문이다." O'Neil, *Weapons of Math Destruction*, 55. 한국어판은 101, 번역 일부 수정. 대리체가 알려지면 그것은 조작의 초점이 된다. 대표적인 예가 바로 교육 시험 점수 조작이다. 미국 내에서 표준화된 시험은 교사의 일자리와 승진, 학교 지원금이 이 점수에 따라 달라지는 등 교직과 학습의 성공 여부를 가늠하는 대리체가 되었다. 당연히 교사가 고의로 시험 점수를 조작하는 부정행위가 광범위하게 발생해 왔다. Alia Wong and Terrance F. Ross, "When Teachers Cheat: Rampant Conspiracies to Alter

그러나 상관관계의 문제는 새로운 것도 아니고 빅 데이터와 수학 파괴 무기에만 국한된 것도 아니다. 과거를 우생학적으로 재구성하고 미래를 압류하기 위해 배양된 상관관계는 그 안에 조작, 분리, 잘못된 재현의 씨앗을 품고 있다.

우생학적 미래의 재발견

영국의 우생학자들은 빅 데이터가 등장하기 최소 한 세기 전에 기계학습, 데이터 분석, 5요인 OCEAN 모델의 핵심인 상관관계와 선형 회귀를 개발했다. 두 변수를 연결하는 방법은 그 이전에도 있었지만, 골턴은 상관관계와 선형 회귀를 '발견'한 것으로 널리 알려져 있다. 그는 처음에 이를 "선형 복귀"(linear reversion)라 불렀다. 찰스 다윈의 6촌인 골턴은 5요인 모델의 창시자이자 우생학의 '아버지'로도 여겨진다. 칼 피어슨의 표현을 빌리자면 골턴은 우생학을 "신중한 교배뿐만 아니라 더 적합한 유형(strain)들에 더 좋은 기회를 주는 모든 영향을 통해 혈통을 개선하는 과학"으로 정의했으며, 케임브리지 대학 강연에서는 "사회적 통제하에 신체적 또는 정신적으로 미래 세대의 인종적 특성을 개선하거나 손상시킬 수 있는 대행체(agency)들에 대한 연구"라는 데 동의한 바 있다.[66] 상관관계

Kids' Scores, Including the One That Resulted in the Recent Conviction of 11 Atlanta Educators, Attest to the Dangers of High-Stakes Testing," *Atlantic*, April 2, 2015, http://www.theatlantic.com/education/archive/2015/04/when-teachers-cheat/389384.

66. Karl Pearson, *The Life, Letters and Labours of Francis Galton, vol. 3a, Correlation, Personal Identification and Eugenics* (Cambridge: Cambridge University Press, 1930), 221, 348. 골턴은 그의 저서 『인간 능력과 그 발달에 대한 탐구』(Inquiries into Human Faculty and Its Development, 1883)에서 '우생학'이라는 용어를 처음 사용하면서 이를 "인종 배양과 어느 정도 연관된 주제"라고 정의했다.

는 이러한 대행체들이 사회적이라기보다는 자연적이라는 것을 '증명'하는 데 핵심적인 역할을 했다. 상관관계는 단순히 유사성을 발견하는 데 그치지 않고 미래를 통제하기 위해 신체적 유사성을 배양하는 것이기도 했다. 상관관계는 우생학의 '보편 법칙'을 위한 기초를 제공했다.

루스 코완과 다른 과학사학자들이 밝혀낸 것처럼 골턴은 인간과 식물의 유전과 범죄자의 신원 확인을 연구하면서 회귀와 상관관계를 발전시켰다.[67] 케임브리지 대학에서 다양한 유명 가문의 자손들과 학부 시절을 함께 보내며 천재의 유전 여부에 매료된 그는 1869년에 처음 출간된 『유전적 천재』를 저술했다.[68] 골턴은 각 세대가 다음 세대에 기여하는 정도를 수학 공식으로 표현하는 '유전 법칙'을 개발했다. 그는 완두콩과 인간 부모와 자손 사이의 크기 변화를 연구하면서 선형 회귀 법칙을 처음 만들었다.

자손의 편차와 그 편차의 다음 세대로의 전달이라는 골

"즉 그리스어로 좋은 혈통(good in stock)을 뜻하는 유제네스(eugenes)[옮긴이—'좋은'을 뜻하는 'eu'와 '출생'을 뜻하는 'genos'의 결합]라고 불리는 것, 유전적으로 고귀한 자질을 부여받은 선천적 우수성에 관한 질문을 다루는 것이다. 이 단어와 연관된 단어인 유지니아(eugeneia) 등은 사람, 짐승, 식물 등에도 똑같이 적용된다. 우리는 신중한 짝짓기 문제에만 국한된 것이 아니라, 특히 인간의 경우 아무리 먼 거리에 있더라도 더 적합한 인종이나 혈통이 덜 적합한 인종이나 혈통보다 빠르게 우세할 기회를 얻을 수 있는 경향을 가진 모든 영향을 인식하는 후손 개량 과학을 간략하게 표현할 수 있는 단어를 매우 원한다. 우생학이라는 단어는 이 이념을 충분히 표현할 수 있으며, 적어도 내가 한때 사용하려고 했던 우량종육성(viriculture)보다 더 깔끔하고 일반화된 단어다."(17)

67. Pearson, *The Life, Letters and Labours of Francis Galton*, 3a: 2, 5. 다음도 참조. Ruth Cowan, "Francis Galton's Statistical Ideas: The Influence of Eugenics," *Isis* 63 no. 4 (1972): 509–528.

68. Francis Galton, *Hereditary Genius: An Inquiry into Its Laws and Consequences* (London: Macmillan, 1869).

턴의 최우선 관심사는 그림 18과 19에서 드러난다. 멘델주의자라기보다는 생체통계학자였던 골턴은 모든 형질이 유전자에 의해 결정되는 것이 아니라 집단 내에서 정규 곡선을 따라 분포한다고 믿었다.[69] 천재성과 같은 예외는 통계적 이상치(outlier)이므로 곡선의 끝, 즉 최저 사분위수[70]에 위치한다. 골턴은 '좋은' 편차를 보존하고 증폭시키고자 했기 때문에 그의 곡선은 표준(norm)으로부터의 편차가 한 세대에서 다음 세대로 넘어가면서 어떻게 변화하는지 추적했다.(그림 18) 자연선택의 효과를 설명하기 위해 그는 각도를 조절하여 다소 날카로운 종 곡선을 만들어 이상치를 더 많이 또는 더 적게 했다.(그림 19) 골턴에 따르면 그의 그래프는 자손이 선조의 평균으로 '복귀'(이후 "회귀"로 지칭)하고 있음을 증명했다. 그는 처음에는 자연선택을 통해 유도된 자발적인 편차(예컨대 '스포츠')만이 선조의 표준을 바꿀 수 있다고 생각했다. 원시 평균에 대한 이러한 개념은 범죄자, 알코올 중독자, 유대인 소년 등의 다중 노출 이미지를 중첩하여 이들 개인에 내재된 원형을 드러내는 그의 사진 실험에도 영향을 미쳤다.(그림 20, 자세한 설명은 4장 참조)

69. 골턴은 정신적 특성도 '오차 법칙'(law of error)을 따른다고 주장함으로써 인간의 신체적 특성이 정규적으로 분포함을 밝혀낸 아돌프 케틀레의 연구를 '진전'시켰다. Donald A. MacKenzie, *Statistics in Britain, 1865–1930: The Social Construction of Scientific Knowledge* (Edinburgh: Edinburgh University Press, 1981), 57. [옮긴이—아돌프 케틀레(Adolphe Quetelet, 1796–1874)는 천문학에서 오차를 평가하고 분석하는 데 활용되었던 통계학적 접근을 인간과 사회 영역으로 확장하여 인구집단의 신체적, 정신적 특성이 가진 경향을 설명하기 위해 '평균인'(average man) 개념을 고안했다. 여기에서 '오차 법칙'이란 평균이 참이고 어떤 개인 혹은 집단의 데이터가 평균에서 벗어날수록 오류라는 인식론적 가정을 말한다.]

70. 옮긴이—통계학에서 사분위수(quartile)란 통계 변량을 도수 분포로 정리하였을 때 적은 것으로부터 ¼, ¾ 자리의 변량 값을 말한다.

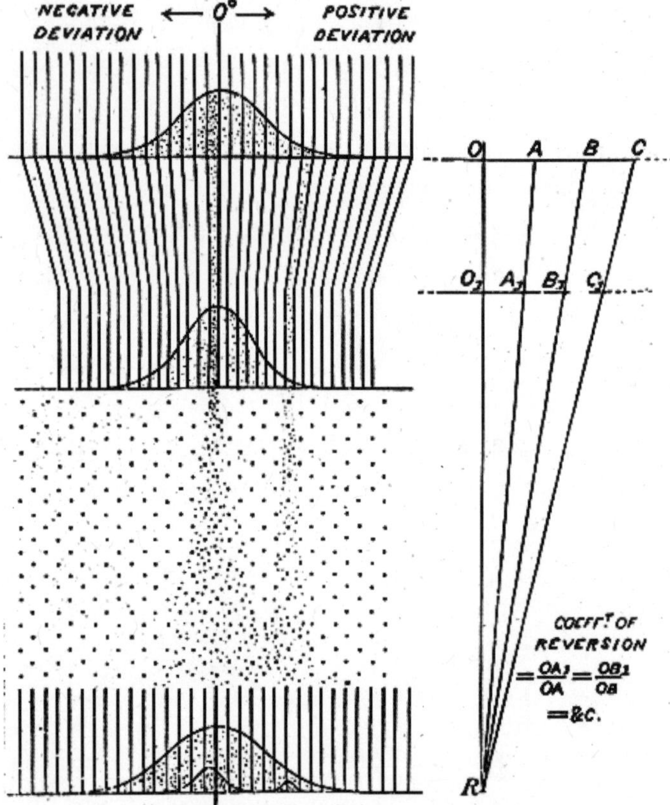

그림 18. 골턴의 선형 복귀 도표. 출처: Karl Pearson, *The Life, Letters and Labours of Francis Galton*, vol. 3a, *Correlation, Personal Identification and Eugenics* (Cambridge: Cambridge University Press, 1930), 9.

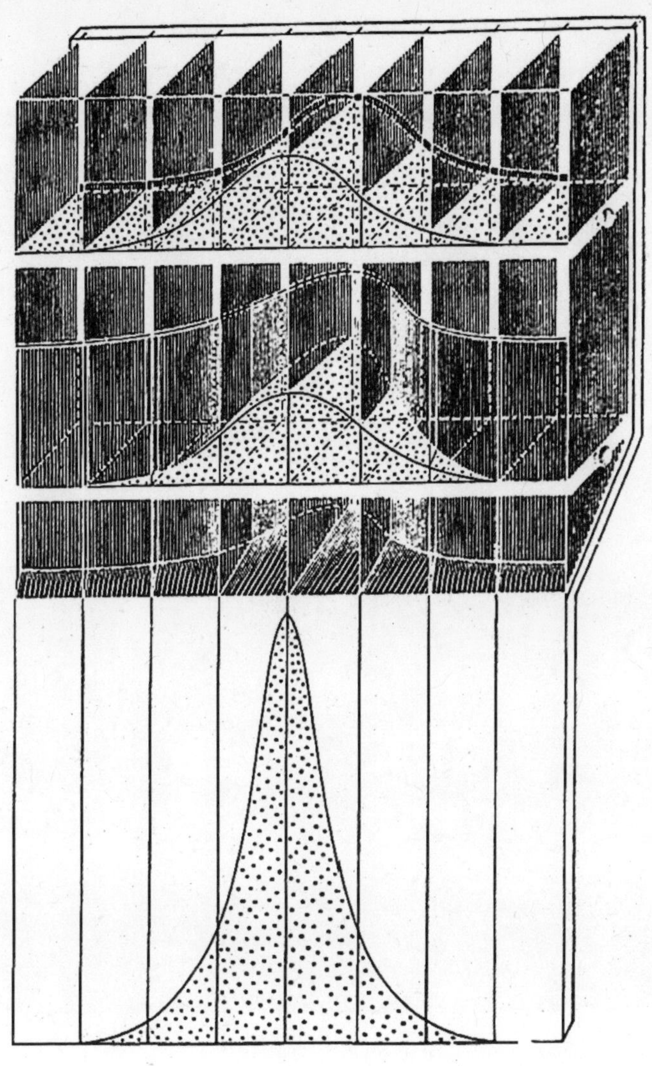

그림 19. 자연선택이 복귀에 미치는 영향을 설명하는 골턴의 도표. 출처: Karl Pearson, *The Life, Letters, and Labours of Francis Galton*, 3a:10.

그림 20. 골턴의 「범죄자 합성사진」(Criminal Composites), 1878년경. 출처: Plate XXVII from Karl Pearson, *The Life, Letters and Labours of Francis Galton*, vol. 2, *Researchers of Middle Life* (Cambridge: Cambridge University Press,1924), 286.

따라서 골턴의 선형 복귀는 현재의 표준 선형 회귀와는 매우 달랐다. 세대가 표준에서 어떻게 벗어나는지를 추적할 때 그의 목표는 '좋은' 편차를 최대화하는 것이었다. 이와 대조적으로 선형 회귀는 표준편차를 최소화하는 것을 목표로 하며 가장 간단하게는 $y = mx + b$ 방정식으로 표현되는데, 여기서 m은 x를 y에 매핑하는 선의 기울기이고(그림 21), y는 종속변수이며, x는 독립변수다.

앞서 설명한 코신스키 등 연구진의 2013년도 연구에서 y는 외향적인 정도이고 x는 유의미한 페이스북 '좋아요'(비어퐁,[71] 마이클 조던, 댄싱은 외향성과 가장 상관관계가 높은 좋아요들이었다)로 이루어진 특정한 특이값 분해 구성 요소이며 m은 해당 구성 요소에 부여된 가중치다. 선형 회귀는 일반적으로 산포된 점들의 집합 사이에서 최적의 선을 결정하는 데 사용되며, 여기서 '최적'이란 자료점(data point)들과 예측된 선 사이의 거리를 최소화하는 선을 의미한다.

골턴의 상관관계 개념은 범죄자를 식별하는 가장 좋은 방법에 대해 그가 프랑스 경찰 수사관 알퐁스 베르티용과 벌인 논쟁에서도 비롯되었다. 4장에서 자세히 설명하겠지만, 베르티용은 머그샷을 보완하기 위해 아홉 가지 측정 시스템을 개발했다. 골턴은 이 아홉 가지 측정치 중 사람의 팔 길이 및 다리 길이와 같은 일부가 서로 연결되어 있어 중복된다고 생각했다.[72] 이러한 측정치가 독립적이지 않다는 것을 증명하기 위해

71. 옮긴이—beer pong, 미국 젊은이들이 즐기는, 탁구공을 컵 안에 던져 넣는 술자리 게임.
72. Pearson, *The Life, Letters and Labours of Francis Galton*, 3a:55.

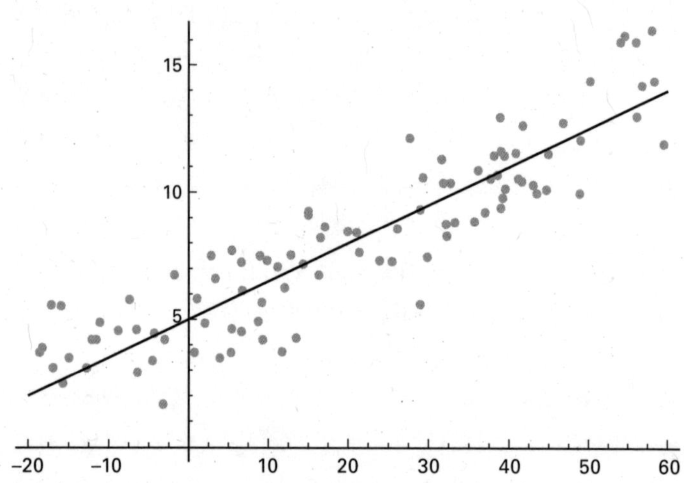

그림 21. 표준 선형 회귀. 도표: 조슈아 캐머런.

골턴은 이들 변수를 연결하는 계수를 만들었다.[73] 통계에서 더 일반적으로 사용되는 이러한 버전의 상관관계에서 상관관계는 '은닉된' 또는 잠재 변수를 밝혀내는 것이 아니라 관련된 변수의 수를 줄이기 위해 사용된다.

골턴의 수학적 재능은 직관적이지만 한계가 있었다. 그가 표준편차 대신 사분위수를 활용했다는 점이 이를 말해준다. 칼 피어슨은 골턴의 개념을 보다 수학적으로 정밀하게 만들었다. 오늘날에도 여전히 사용되고 있는 피어슨 상관계수(Pearson correlation coefficient)는 두 변수의 변화의 곱을 표준편차의 곱으로 나누어 상관관계를 −1에서 +1까지 측정한다.(바넷의 '상관관계' 참조, 그림 17) 피어슨은 세대가 선형적으로 달라졌더라도 선조가 자손에게 미치는 영향은 기하학적으로 감소한다고 주장함으로써 골턴의 조상 유전 법칙을 업데이트했는데,[74] 이는 세대에 걸친 신체적 형질의 전달과 쌍둥이 간의 차이를 연구하면서 내린 결론이었다. 비록 정신적 특성(trait)이 항상 신체적 형질(trait)과 일치한다고 확신하지는 않았지만(골상학에 심취하여 두개골 크기가 지능의 대리체고 믿었던 골턴과는 달리), 피어슨은 신체적 형질과 정신적 특성이 동일한 조상의 법칙을 따른다고 확신했다. 따라서 두개골 크기가 줄어든다고

73. 이와 관련하여 시어도어 M. 포터는 다음과 같이 주장했다. "상관관계는 생체 측정의 핵심이었다. 자연선택의 결과를 예측하려면 함께 변화하는 경향을 보이는 기관이나 형질의 상호 작용을 측정해야 했다. 한 개체의 다양한 기관 또는 여러 세대에 걸친 단일 기관 간의 이러한 상호작용을 연구하는 수학적 도구가 상관관계였다." Theodore M. Porter, *Karl Pearson: The Scientific Life in a Statistical Age* (Princeton, NJ: Princeton University Press, 2004), 257–258.
74. Karl Pearson, "The Theory of Ancestral Contributions in Heredity," *Proceedings of the Royal Society of London*, ser. B 81, no. 547 (1909): 219, https://doi.org/10.1098/rspb.1909.0018.

해서 지능이 줄어드는 것이 아니라 두개골 크기와 지능이 기하학적인 방식으로 유사하게 줄어든다고 생각했다.[75]

피어슨은 또한 자연선택과 인위적 선택 모두 미래 세대에 쉽고 지속적으로 영향을 미칠 수 있다고, 즉 과거와 미래는 선형적으로 연결되어 있다고 믿었다. 반면 멘델주의적 우생학자들은 퇴행적 형질이 언제든지 다시 나타날 수 있고 따라서 표현형(phenotype)[76] 기반 사육을 좌절시킬 수 있기 때문에 이러한 단순하고 진보적인 견해를 지지하지 않았다. 피어슨과 동시대인이었던 미국 멘델주의자인 찰스 대븐포트에 따르면, 악명 높은 막스 주크[77]처럼 '결함이 있지만' 생식 능력이 뛰어난 개인 한 명이 한 국가의 인구집단에 엄청난 영향을 미칠 수 있다고 한다.[78] 따라서 멘델주의적 우생학자들은 우성이든 열성이든 '바람직하지 않은' 형질이 제거된 '순수한' 혈통을 만들고자 했던 반면, 생체통계학자들은 인종 또는 국가 인구가 본질적으로 혼합되고 섞여 있다고, 즉 '순수한' 품종은 존재하지 않으며 긍정적인 편차를 보존하고 전파할 필요가 있다고 생각했다. 그러나 이 두 진영의 우생학자들 모두 개인의 행동이 국가

75. Karl Pearson, *The Groundwork of Eugenics* (London: Cambridge University Press, 1909), 31.
76. 옮긴이—표현형은 유전자형(genotype)과 대비된다.
77. 옮긴이—미국의 교육자인 앨버트 에드워드 윈쉽(Albert Edward Winship)은 19세기 말과 20세기 초에 걸쳐 예일대 총장을 역임한 조너선 에드워즈(Jonathan Edwards) 가문과 뉴욕 형무소 죄수 막스 주크(Max Juke) 가문의 혈통 및 인척을 추적하여 이들의 내력을 조사했다. 그 결과 에드워즈 가문은 한 명의 미국 부통령과 세 명의 상원의원, 세 명의 주지사 등을 배출한 반면, 주크 가문과 연관된 1,200여 명의 사람들은 300명이 가난으로 어린 시절에 사망했고 300명이 극빈자였으며 60여 명이 상습 범죄자였다.
78. Charles Benedict Davenport, *Eugenics, the Science of Human Improvement by Better Breeding* (New York: Henry Holt, 1910), 183.

에 도움이 될 수도 있고 해가 될 수도 있다는 점에서 개인에게 미래에 대한 책임이 있다고 생각했다.[79] 그리고 두 진영 모두 자연이 양육에 승리한다고 믿었기 때문에 우생학을 '더 나은' 국가의 미래를 위한 사육의 핵심으로 만들었다.

조상 유전의 기하학적 법칙에 대한 생체통계학자들의 믿음 덕분에 이들이 '더 나은' 미래를 육성하는 것이 멘델주의자들보다 훨씬 쉬웠다. 수십 년 후의 일을 고려할 때 불길하게도 1910년 피어슨은 사회가 "거의 모든 사회 문제의 최종 해결책"으로 나아가는 데 상관관계가 도움이 되었다고 주장했다. 그 이유는 상관관계가 어떻게 자연이 양육에 승리하는지, 어떻게 "부모 선택이 한 인종이 지속적으로 발전할 수 있는 과학에 알려진 유일한 효과적인 과정"인지 밝혀냈기 때문이다.[80] 이러한 결론은 그들의 방법론에 비추어보면 놀라운 것이 아니다. 생체통계학자들은 모든 유사성을 '유전적'으로 분류하고 모든 차이를 '환경적'으로 분류했다.[81] 공통점이 차이점보다 더 중요하기 때문에 피어슨은 "자연과 양육 사이에는 진정한 비교가 없으며, 본질적으로 인간이 환경을 만드는 것이지, 환경이 인간을 만드는 것이 아니다"[82]라고 주장했다. 지능의 측면에서 그는 다음과 같이 주장했다 "지능은 도움을 받고 훈련할 수 있지만 (…) 어떤 훈련이나 교육으로도 지능을 만들 수 없다. 지능

79. Philippa Levine and Alison Bashford, "Introduction: Eugenics and the Modern World," in *The Oxford Handbook of the History of Eugenics*, ed. Alison Bashford and Philippa Levine (New York: Oxford University Press, 2010), 8.
80. Karl Pearson, *Nature and Nurture, the Problem of the Future* (London: Dulau, 1910), 29; Pearson, *The Groundwork of Eugenics*, 20.
81. Pearson, *Nature and Nurture*, 22–23.
82. 같은 책, 27.

은 낳아져야(bred) 한다."[83] 따라서 영국 노동계급의 끔찍한 상황을 완화하고 교육 및 의료 지원을 제공하기 위한 프로그램은 이런 주장에 비춰보면 시간과 돈 낭비였다. 공공연한 사회주의자였던 피어슨은 이렇게 선언했다. "모든 사람에게 교육 시설을 제공하고, 노동 시간을 하루 8시간으로 제한하고, 일주일에 두 번의 축구 경기를 볼 수 있는 여가를 제공하고, 최저 임금을 지급하고, 무료 의료 서비스를 제공해도 실업자와 타락자, 신체적 정신적 약자는 줄어들기는커녕 오히려 늘어날 것이다."[84] 더욱이 이러한 사회적 향상 프로그램은 자연선택의 작용을 중단시킴으로써 영국 인종을 파괴할 위협을 가했는데, 이를 통해 '부적합한 자'(unfit)는 '적합한 자'(fit)의 희생으로 증식했다.[85]

83. Karl Pearson, "The Huxley Memorial Lecture," *Science* 18, no. 463 (1903): 636.
84. Pearson, *Groundwork of Eugenics*, 21.
85. 피어슨은 "빵과 서커스, 즉 실업자를 위한 임금과 시간 죽이기용 공공 축구 경기는 예나 지금이나 선택이 중단되고 있다는 신호"라며 "이러한 중단은 의심할 여지없이 적합한 자들을 희생시키면서 부적합한 자들을 빠르게 증식시키는 것을 의미한다"고 주장했다. Pearson, *The Groundwork of Eugenics*, 21. 도널드 매켄지가 기록한 것처럼 우생학은 영국의 전문직 중산층이 영국의 쇠퇴와 국가 경쟁, 그리고 존경과 경제적 성공에 대한 위태로운 집착에 사로잡혀 있던 시기에 등장했다. MacKenzie, *Statistics in Britain, 1865–1930*, 15–50. 영국은 1899–1902년의 보어 전쟁에서 굴욕적인 패배를 겪었고, 여전히 경제 불황에서 회복 중이었다. 피어슨과 다른 우생학자들은 대영제국의 쇠퇴가 이전 문명의 쇠퇴와 마찬가지로 "선택 과정의 유지 또는 중단"에서 그 원인을 찾을 수 있다고 믿었다. "유능한 자와 검소한 자의 투쟁이 벌어지는 곳, 둔하고 게으른 사람이 자신의 종족을 번식할 기회가 없는 곳에서는 비록 땅이 불모지이고 환경이 친화적이지 않으며 교육 시설이 작더라도 국가는 진보할 것이다." Pearson, *The Groundwork of Eugenics*, 20–21. 따라서 영국 중산층 전문직들에 따르면 보어 전쟁은 노동자 계급에서 뽑힌 신병들의 '부적합한' 특성 때문에 패배한 전쟁이었다. 특히 골턴은 "많은 사람들, 특히 여성들의 추레하고, 힘들고, 비천한 모습을 목격하는 것이 괴로웠다. (…) 그들의 삶의 상황은 그들의 체질(constitution)에 비해 너무 힘들어 보인다"라고 썼다. 이러한 상황으로 인해 그는 "국가적 우생학" 실험실을 요청했다. Galton, *Hereditary Genius*, 340.

생체통계적 우생학에 대한 민족주의적 관점에서 볼 때 모든 시민은 모두 연결되어 있었다. 자연선택과 인위적 선택은 국민국가 차원에서 작동했기 때문이다.

나치 독일이 패배하고 홀로코스트의 참상이 드러난 후 우생학은 사라지거나 유전학으로 변모하는 듯 보였지만, 많은 이들이 보았듯이 선천적 결손증에 대한 유전자 검사, 인공 수정, '디자이너 베이비'의 형태로 다시 등장했다. 20세기 후반 생물학 역사가 닐스 롤-한센은 당대의 분자 유전학 지식의 발전을 바탕으로 한 "불가피한 우생학"을 설명했고,[86] 사회학자 트로이 더스터는 인종에 대한 생물학적 정의가 현대에 부활하면서 "우생학으로의 뒷문"이 만들어졌다고 주장했다.[87] 반면 사회학자 니컬러스 로즈는 우생학은 개인이 아닌 인구집단에 초점을 맞추기 때문에 개인의 유전적 '개선'은 우생학적이지 않다고 주장했다.

21세기 생체 측정의 재등장을 강조하기 위해 이 장과 이 책은 생체 측정의 부활에 관한 재클린 워니몬트와 같은 뉴미디어 연구자들의 연구와 대화하면서 다음과 같은 질문을 던지며 이 논쟁에 뛰어든다. 우생학은 단순히 유전자 검사와 조작의 확산을 통한 직접적인 방식뿐만이 아니라 생체 측정 방법과 예측을 통해 어느 정도까지 다시 등장—만약 그렇다면—했는가?[88] 그리고 데이터 분석과 기계학습이 차별적인 과거, 현

86. Nils Roll-Hansen, "Eugenics and the Science of Genetics," in *The Oxford Handbook of the History of Eugenics*, ed. Alison Bashford and Philippa Levine (New York: Oxford University Press, 2010), 93.
87. Troy Duster, *Backdoor to Eugenics* (New York: Routledge, 1990).
88. Nikolas Rose, "The Politics of Life Itself," *Theory, Culture & Society* 18, no. 6 (2001): 22, https://doi.org/10.1177/02632760122052020; Nikolas S. Rose,

재, 미래가 일치하는 수정된 형태의 우생학을 설립하는 데 어떻게 이용되었는가? 다시 한번 분명히 말하지만, 나는 생체통계적 우생학자들이 개발한 방법이 본질적으로 우생학이라고 주장하는 것이 아니다. 다음 장에서 살펴보겠지만, 상관관계는 지구 기후변화를 설명하는 모델을 개발하는 데 핵심적인 역할을 해왔으며 이데올로기 및 이데올로기 비평 연구에서도 반영되고 있기 때문이다. 오히려 나는 다음과 같이 묻고 싶다.

미래를 여는 열쇠라는 상관관계에 대한 작금의 설명은 상관관계에 대한 20세기의 찬양과 우생학적 해결책에 대한 확신을 어느 정도 반영하고 있는가?

이러한 반영을 이해하면 이러한 설명에서 비롯된 방법을 기반으로 하는 데이터 분석 및 기계학습의 세계가 왜 그리고 어떻게 그렇게 작고 폐쇄적으로 느껴지는지 해명하는 데 어느 정도나 도움이 될 수 있을까?

그리고 학습이 일어날 수 없다고 믿었던 세계관, 즉 지능은 오직 낳아질 수만 있다고 믿었던 세계관이 어떻게 기계학습의 기초가 되었는가?

다시, 우리의 우생학적 미래

상관관계를 본질적으로 예측 가능한 것으로 취급하는 것 외에도, 20세기 우생학과 21세기 데이터 분석 사이에는 많은 유사점이 있다. 둘 다 데이터 수집과 감시, 특히 빈곤층 인구에 대

Politics of Life Itself: Biomedicine, Power and Subjectivity in the Twenty-First Century (Princeton, NJ: Princeton University Press, 2006), 51; Jacqueline Wernimont, *Numbered Lives: Life and Death in Quantum Media* (Cambridge, MA: MIT Press, 2018).

한 감시를 강조하고, 세계를 실험실로 취급하며, 분리를 조장한다.

우생학과 빅 데이터는 특히 빈민들에 대한 감시에 의존한다. 피어슨, 골턴, 대븐포트는 모두 우생학의 미래가 국가 통계 수집에 달려 있다고 주장했다. 우생학은 "어떤 행동 방침이 얼마나 많은 해를 끼치고 있는지, 다른 행동 양식이 얼마나 많은 이익을 가져오는지, 사회적 관행이 국가의 미래 활력과 얼마나 밀접하게 연관되어 있는지"[89]를 보여주는 것을 목표로 했기 때문에 인구집단에 대한 상세한 감시가 필요했다. 따라서 우생학자들은 데이터를 수집하여 형질(예컨대 범죄성)의 전파를 기록한 차트를 만들었다. 그들의 목표는 '적합한' 사람의 재생산을 촉진하는 데 필요한 '지식'을 축적하고, 자발적이든 비자발적이든 '부적합한' 사람의 재생산을 저해하는 것이었다. 우생학자들은 일반적으로 중산층과 부유층을 '구원'하기 위해 빈민들을 연구했다. "부정적 형질"의 전파를 연구함으로써 중산층은 "지능적으로 결혼"하는 방법, 그리고 "부적합한 자"와 자신들을 분리하는 방법을 배울 수 있었기 때문이다.[90] 이 우생학

89. 골턴의 말. 다음에서 인용. Pearson, *Life, Letters, and Labours of Francis Galton*, 3a:348.

90. 찰스 대븐포트는 "자연을 제어하는 다른 측면에서는, 자랑스러운 인간(people)으로서의 우리가 연간 1억 달러가 넘는 비용을 들여 약 50만 명의 정신이상자, 심신미약자, 간질 환자, 맹인, 청각 장애인, 8만 명의 수감자, 10만 명의 극빈자를 지원해야 한다는 것은 우리의 지능에 대한 모욕"이라고 주장했다. Davenport, *Eugenics*, 4. 따라서 대븐포트의 연구는 결혼 선택과 주 법률에서 "적합성"을 안내하기 위해 "부정적인" 형질의 전파에 초점을 맞추었다. 그는 "우생학자의 일반적인 프로그램은 (…) 젊은이들이 보다 합리적인 결혼 배우자를 선택하도록, 즉 지능적으로 사랑에 빠지도록 유도하여 인종을 개선하는 것"이며 "이는 또한 정신적 무능력자의 번식을 국가가 통제하는 것도 포함된다"(4)고 주장했다. 빈민들을 분리하는 것이 우생학 프로그램의 핵심이었다.

자들이 설립한 연구 센터, 의장직, 학술지, 특히 콜드 스프링 하버 연구소, 국립 우생학 골턴 의장(현재 골턴 인간 유전학 교수), 『우생학 연보』[91] 학술지는 모두 유전학에 주로 관여하지만 여전히 존재한다.

유뱅크스는 20세기 우생학과 21세기 데이터 분석 및 기계 학습을 그들의 감시 관행을 통해 연결했다. 그는 우생학이 "최초의 빈민 데이터베이스를 만들었으며"[92] 공공 서비스 프로그램을 자동화하는 동시대의 프로그램은 빈민들을 가두고 처벌했던 19세기의 물리적 빈민가와 너무나 유사한 디지털 빈민가를 탄생시켰다. "소외 집단은 공적 혜택에 접근하거나, 치안 유지가 잘 되는 지역을 거닐거나, 의료보험 제도 안으로 들어가거나, 국경을 넘을 때 더 높은 수준의 데이터 수집에 직면"하며, 이는 "불평등의 피드백 순환반복"(feedback loop of injustice)[93]으로 귀결된다. 앞서 언급한 앨러게니 가정 선별 도구의 예에서 알 수 있듯이, 표면적으로는 공공 서비스의 효율화를 돕기 위해 고안된 이러한 데이터 수집은 이러한 서비스가 지원해야 하는 사람들의 상황을 통상 더 어렵게 만들고 이들을 추가적인 감시에 놓이게 한다.

유뱅크스는 데이터 분석 방법론이 빈곤층에만 국한되지 않는다고 경고한다. '훈련'이라는 용어에서 알 수 있듯이, 기계 학습 프로그램은 일단 '완성'되면 일반 대중에게 마음대로 활용될 수 있다. 그의 한 정보원은 다음과 같이 경고했다. "가난한 여성들이 감시 기술의 시험 대상이에요. (…) 우리한테 일어

91. *Annals of Eugenics*, 현재는 『인간 유전학 연보』(*Annals of Human Genetics*).
92. Eubanks, *Automating Inequality*, 22. 한국어판은 45.
93. 같은 책, 6–7. 한국어판은 23, 번역 일부 수정.

나는 일에 주의를 기울이는 게 좋을 거예요. 다음은 당신들 차례니까."[94] 정책 분석가 나탈리 마레샬은 2015년 연구 「빈자들에게 처음으로 온 감시: 논란의 여지가 없는 관행으로서의 복지 수급자 감시」에서 에드워드 스노든의 폭로와 9.11 테러 이후 감시를 1950년대, 1960년대, 1970년대 초에 걸쳐 방첩 프로그램(코인텔프로, COINTELPRO)에 의한 아프리카계 미국인 커뮤니티, 민권 운동가, 반전 단체에 대한 조직적인 침투 및 감시의 사례와 나란히 놓으며 이러한 '진보'를 분석했다.[95] 실제로 그 '진보'는 통제 기술의 역사적 확산의 일부다. 역사학자 찬닥 센굽타가 밝힌 것처럼 지문 채취는 식민지 인도에서 영국인들이 '원주민'을 통제하고 구별하기 위한 수단으로 시작되었고, 시각 연구자 니컬러스 미르조프와 흑인 및 감시 연구자 시몬 브라운이 자세히 설명한 것처럼 시간표는 남부 플랜테이션

94. 같은 책, 9. 한국어판은 27.

95. Nathalie Maréchal, "First They Came for the Poor: Surveillance of Welfare Recipients as an Uncontested Practice," *Media and Communication* 3, no. 3 (2015): 56–67, https://doi.org/10.17645/mac.v3i3.268. 마레샬은 "국가 감시의 특정한 표적은 다양하지만, 나머지 사회로의 전염을 막기 위해 인식된 위험의 원천을 감시, 통제, 격리한다는 논리는 동일하게 유지된다"고 말한다.(56) 유뱅크스와 마찬가지로 그는 다음과 같이 쓴다. "저소득층 미국인들은 법적으로 받을 수 있는 혜택을 받기 위해 사생활에 대한 침습적인 모니터링에 복종해야 한다. 이는 수십 년 동안 지속되어 왔으며, 사용 가능한 기술 어포던스의 발전과 함께 감시의 폭과 깊이가 확장되고 있다."(57) 또한 유뱅크스와 마찬가지로 마레샬은 이러한 상황을 부유층과 대조한다. 유뱅크스는 부유층이 동일한 서비스에 접근할 수 있지만 민간 기관을 통해 감시 없이, 따라서 불이익 없이(예를 들어 보모를 이용하는 것은 '위험 요인'으로 식별되지 않았다) 이용할 수 있다고 지적하는 반면, 마레샬은 "세금 환급 형태의 혜택을 받기 위해 필요한 서류가 거의 없으며, 일반적으로 부유층에게 혜택이 더 많고 총액도 훨씬 크다"(57)고 지적한다. 유뱅크스와 마찬가지로 그는 미국 대중의 상당수가 공감하지 못하는 복지 수급자를 표적으로 삼은 것은 우연이 아니며, "이러한 대규모 사생활 침해는 전산화된 복지 시스템이 자신에 대해 무엇을 알고 있는지 또는 이 정보가 어떻게 획득되는지에 대해 막연한 생각만 가지고 있는 많은 수급자를 포함하여 미국 대중의 광범위한 지지를 받고 있다"(57)고 지적한다.

에서 시작되었다.[96] 많은 사례 중 두 가지만 예로 들자면 말이다. 탈식민화와 민권을 위해 투쟁했던 사람들이 이러한 시스템과 가장 먼저 싸웠기 때문에 21세기의 반동적인 대중이 민권 운동에서 '파생'될 것이라는 점은 예상할 수 있는 일이다.

우생학과 빅 데이터는 모두 인간을 대상으로 실험하기 위해 감시를 사용한다. 우생학자들은 더 나은 '인간 작물'을 사육하려는 목표를 정당화하기 위해 축산업과 농업의 역사에서 영감을 얻었다. 우생학은 인간도 다른 모든 동물과 같은 하나의 종이며, 다른 동물과 식물에 적용되는 것이 따라서 인간에게도 적용된다는 골턴의 다윈적인 깨달음에서 시작되었다. 자연이 양육보다 우월하다는 우생학자들의 통찰은 '지적인 농부와 정원사'의 작업에서 나온 것으로 알려져 있다. 골턴의 말을 빌리자면, "모든 지적인 농부와 정원사가 좋은 품종을 중요하게 여긴다는 것이 더 넓은 범위로 확대될 수 있음을 인식했다. (…) 이제 유전에 대해 진지하게 탐구하는 모든 사람들은 좋은 영양과 좋은 교육을 통해 얻은 자질이 결코 유전으로 내려오지 않고 개인과 함께 사라지는 반면 타고난 자질은 전달된다는 것을 알고 있다. 따라서 좋지 못한 품종을 좋은 품종과 동등한 수준으로 끌어올리기 위해 세심하게 먹이를 주거나 가꾸기를 통해 개량을 시도하는 것은 노동력 낭비다."[97] 이 작물 또는 가축

96. Chandak Sengoopta, *Imprint of the Raj: How Fingerprinting Was Born in Colonial India* (London: Macmillan, 2003); Simone Browne, *Dark Matters: On the Surveillance of Blackness* (Durham: Duke University Press, 2015); Nicholas Mirzoeff, *The Right to Look: A Counterhistory of Visuality* (Durham: Duke University Press, 2011).
97. 골턴의 말. 다음에서 인용. Pearson, *The Life, Letters and Labours of Francis Galton*, 3a:348.

의 은유는 우생학자들 자신에게로도 연장되었다. 피어슨은 우생학자들이 비윤리적인 실험에 관여한다고 비난하는 비평가들에게 우생학자들은 농부나 농장주가 아니라 "무리(herd)의 일원"이라고 설명했다. 우생학 바깥에는 어떤 인간도 없었다. '상위 유형'의 의료 전문가들과 마찬가지로 우생학자들은 동료 인간들을 조작하기보다는 이미 시행 중인 실험을 추적하기 위해 그들을 감시했다. 우생학이 가능했던 것은 "우생학자에게는 직접적으로 불가능한" 재생산 실험에 인간 스스로가 참여했기 때문이다. "이 혈통은 6대에 걸쳐 친족과 결혼하고, 그 부모는 과다한 술에 절고, 그곳에서 결핵과 광기가 만난다. 여기서 천재적인 남자는 자신의 계급과 결혼하고, 저기서는 보통 집안 여자를 얻는다." 이러한 방식으로 세계를 관찰하고 프레임을 구성함으로써 우생학자들은 "어떤 행동 양식이 육성되고 어떤 양식이 국가 복지를 견제하는지 예측"할 수 있는 근거를 제공하기 위해 "[한 사람의] 사회적 발달을 지배하는 생물학적 법칙에 대한 분석적 기록"을 형성했을 뿐이라고 주장했다.[98]

마찬가지로 데이터 및 네트워크 과학자들은 자신의 연구를 실험을 통해 인간 정신의 내부 작용을 밝히는 것으로 설명한다. 저명한 네트워크 과학자이자 작가인 얼베르트라슬로 버러바시는 네트워크 과학이 "점점 더 침투하는 디지털 기술"과 결합하여 우리를 "규모, 복잡성, 세부 면에서 과학이 지금까지 접했던 모든 것을 능가하는 거대한 연구 실험실"에 놓고, "탐구하고 예측할 수 있으며 의심 없이 이용될 수 있는 인간 행동의 더 깊은 질서에 대한 증거로서 삶의 리듬을 드러낸다"라고

98. Pearson, *The Groundwork of Eugenics*, 3, 4.

주장했다.[99] 20세기 우생학자들이 인간을 실험한다는 비난에 맞서 자신들의 연구를 옹호했다면, 21세기 데이터 과학자들은 실험을 공개적으로 수용한다. 데이터 과학자이자 저널리스트인 세스 스티븐스-다비도위츠는 2017년 빅 데이터를 통해 "신속하고 통제된 실험을 수행할 수 있다"고 공개적으로 선언했다.[100] 이러한 실험은 단순한 A/B 테스트에서 사용자의 이전 상호 작용을 기반으로 콘텐츠를 '최적화'하는 모든 기법인 맥락 강도[101]와 강화학습으로 발전했다.[102] 20세기 네트워크 과학자들은 21세기 후계자들과 마찬가지로 기술의 중요성을 강조했는데, 디지털 미디어는 기술적으로 풍부한 페트리 접시 안에 인간 실험을 배치함으로써 '정상적인' 인간 실험을 가속화한다.

99. Albert-László Barabási, *Bursts: The Hidden Pattern behind Everything We Do* (New York: Dutton, 2010), 11. 한국어판은 『버스트: 인간의 행동 속에 숨겨진 법칙』, 강병남·김명남 옮김(서울: 동아시아, 2010). [옮긴이—국내에 소개된 버러바시의 다른 책으로는 『링크: 21세기를 지배하는 네트워크 과학』, 강병남 외 옮김(서울: 동아시아, 2002); 『포뮬러: 성공의 공식』, 홍지수 옮김(서울: 한국경제신문, 2019)이 있다.]
100. Seth Stephens-Davidowitz, *Everybody Lies: Big Data, New Data, and What the Internet Can Tell Us about Who We Really Are* (New York: Dey Street Books, 2017), 54. 한국어판은 『모두가 거짓말을 한다』, 이영래 옮김(서울: 더 퀘스트, 2022).
101. 옮긴이—contextual bandit. 통제된 탐색과 피드백을 통해 사용자 선호도를 발견하는 강화학습 알고리듬으로 여기서 '강도'라는 용어는 카지노에서 돈을 딸 확률이 높은 슬롯머신을 찾는 과정에서의 문제를 다룰 때 슬롯머신을 '한팔 강도'(one-armed bandit)라고 지칭하는 데서 유래했다. 이는 원래 야후의 개인화 뉴스 추천 시스템에 사용된 알고리듬으로, 온라인 동영상 사이트에서 사용자의 과거 시청 경험뿐만 아니라 사용자를 둘러싼 다양한 환경 요소를 포함하여 추천 콘텐츠를 예측하는 데 활용되어 왔다.
102. 이에 관해서는 다음을 참조. Liang Tang, Romer Rosales, Ajit Singh, and Deepak Agarwal, "Automatic Ad Format Selection via Contextual Bandits," *Proceedings of the 22nd ACM International Conference on Information & Knowledge Management*, 2013, 1587–1594, https://doi.org/10.1145/2505515.2514700.

20세기의 우생학과 21세기의 데이터 분석은 모두 분리(segregation)를 조장하거나 상정한다. 역사학자들은 우생학과 인종 분리(segregation) 사이의 밀접한 관계를 밝혀냈다. 우생학은 인종 분리주의자들의 과학이었고 인종 분리는 우생학자들의 전략이었다.[103] 실제로 우생학자들과 상당수의 비우생학자들은 불임 시술에 대한 보다 '인도적인' 대안으로 인종 분리를 지지했지만, 그럼에도 불구하고 불임 시술은 1970년대 후반까지 미국의 일부 주에서 아프리카계 미국인과 기타 소수자들의 동의 없이 이들에게 정규적으로 시행된 바 있다.[104] "정신적으로 낙후된 자"의 강제 분리는 영국 우생학자들의 유일한 입법적 성공이었다.[105] 우생학자에 따르면, "부적합한 자", 특히

103. Gregory Michael Dorr, *Segregation's Science: Eugenics and Society in Virginia* (Charlottesville, VI: University of Virginia Press, 2008); Nikolas S. Rose, *The Psychological Complex: Psychology, Politics, and Society in England, 1869–1939* (Boston: Routledge & Kegan Paul, 1985).

104. 대븐포트는 불임 시술에 대한 "비용이 많이 드는" 대안으로 인종 분리를 아주 명시적으로 열거했다.(*Eugenics*, 259) 또 다른 우생학 및 통계학의 아버지인 로널드 A. 피셔의 옹호자이자 찰스 다윈의 막내아들인 레오나드 다윈은 분리가 열등한 유형을 제거하기 위한 더 인도적인 방법이라고 믿었다. 인종 혼합에 대한 우생학의 반응은 우생학의 불안과 모순, 그리고 우생학의 수행적 역량을 드러내기도 한다. 골턴과 다른 우생학자들은 식민지화에 대한 원주민의 '반응'을 근거로 '열등한 인종'은 자연적으로 소멸할 것이라고 믿었다. 미국 내 우생학자들은 아프리카계 미국인에 대해서도 같은 믿음을 가지고 있었으며, '혼종'은 특히 정신이 박약하고 사망률이 높다고 믿었다. 멜리사 노블이 『시민권의 그림자: 인종과 현대 정치의 인구조사』(Shades of Citizenship: Race and the Census in Modern Politics, 2000)에 기록한 것처럼, 이 시기 미국 인구조사에서는 이러한 믿음에 따라 다양한 '유형'의 혼혈인을 추적했다. 미국 보험 회사들도 위험을 계산하고 아프리카계 미국인의 생명보험 가입을 거부하기 위해 이러한 통계를 '추적'했다. '위험'의 이런 오랜 역사는 오스카 갠디가 "합리적 인종주의"라고 부르는 기술의 부상과 차별적 알고리듬 내에서 위험의 역할을 이해하는 데도 중요한 열쇠가 된다.

105. Nancy Stepan, *The Idea of Race in Science: Great Britain, 1800–1960* (Hamden, CT: Archon Books, 1982), 121.

"정신박약자"와 같이 신체적으로는 "적합한" 부류의 부적합자들은 일반 인구집단에서 제거되어야 했으며, "부적합한" 남성과 여성은 국가의 퇴보를 막기 위해 서로 떼어두어야 했다.[106]

미국 내에서는 남북전쟁이 가져온 평등화 및 해방의 결과에 대응하기 위한 수단으로 인종 분리가 받아들여졌다. 역사학자 그레이스 엘리자베스 헤일이 자세히 설명했듯이, 인종 분리는 남북전쟁 이후 "절대적인 인종 차이의 신화"를 확립하기 위한 주요 전략이 되었다.[107] 기차나 호텔 같은 공공장소에서 아프리카계 미국인의 부유함이 공개적으로 드러나는 것에 대응하여 인종 분리는 "인종이 공간에 의존"하게 함으로써 백인 우월주의를 강화했다. 인종 분리는 인종 정체성을 억누르고 불평등 강화를 추구했기 때문에 "'유색인종'이라고 표시된 공간에서 움직이는 사람들이 아프리카계 미국인이며, 그 차이(즉 흑인 공간의 열등함)가 또 다른 차이(흑인은 물론 심지어 '거의 백인'의 열등함)을 표시하도록 했다."[108] 인종 분리는 "차이의 기반을 훈련"[109]했고, 이를 통해 그 차이를 받아들이고 기대하는 세계를 만들려고 했다. 인종 분리는 인종주의를 위한 훈련

106. Davenport, *Eugenics*, 259.
107. Grace Elizabeth Hale, *Making Whiteness: The Culture of Segregation in the South, 1890–1940* (New York: Vintage Books, 1999), 21.
108. 같은 책, 228, 131.
109. 같은 책, 125. 헤일은 인종 분리가 "인종과 계급의 정체성을 다시 연결할 수 없었고, 중산층 흑인들이 옷을 제대로 입지 못하고, 교육도 제대로 받지 못하고, 말도 제대로 하지 못하게 할 수도 없었고, 따라서 모든 계층의 백인들이 이들을 열등한 존재로 더 쉽게 인식하게 만들 수 없었다"고 지적하지만, 그 장기적인 목표는 정확히 그렇게 하는 것, 즉 흑인 중산층의 기회를 박탈하는 것이었다.(131) 캐럴 앤더슨이 자신의 책에서 주장한 것처럼, 인종 분리는 린치와 경찰의 폭력을 유발한 '백인 분노'와 연결된다. Carol Anderson, *White Rage: The Unspoken Truth of Our Racial Divide* (New York: Bloomsbury, 2016).

프로그램이었으며, 지금도 마찬가지다.

또한 분리는 사용자가 '비슷한 사람들'로 채워진 이웃으로 군집화되는 네트워크 이웃 내의 기본값이다. 네트워크에서는 유사성이 연결을 낳는다. 당연하게도 미국의 주거지 분리는 이러한 군집화를 정당화하기 위해 자주 사용되며, 2장에서 살펴볼 것처럼 동종선호와 미국의 주거지 분리 사이에는 깊은 관계가 있다. '동종선호'라는 용어는 분리되고 분리하는 미국 주택 공급 프로젝트에 대한 사회학자 폴 라자스펠드, 로버트 K. 머튼, 퍼트리샤 웨스트, 마리 야호다의 연구에서 등장했다. 그러나 분리된 이웃이 네트워크와 데이터 과학에 들어오는 방식은 동종선호만이 아니다. 기계학습은 K-최근접 이웃(K-nearest neighbor), K-평균 테스트, 서포트 벡터 머신(support vector machine, SVM)과 같은 패턴 인식에 사용되는 '이웃' 방법으로 가득 차 있다. K-최근접 이웃 알고리듬은 근접성을 기반으로 자료점 간의 경계를 그리며, 지리적으로 또는 지형적으로 서로 가장 가까운 자료점들이 동일한 클래스라고 가정한다. K-평균 테스트도 마찬가지로 근접도를 사용해 군집 또는 이웃의 존재를 직관적으로 파악한다. 4장에서 설명하겠지만, 자료점 간의 경계를 결정하는 고차원적 방법인 서포트 벡터 머신은 두개골 크기와 같은 특성 내의 인종 및 종 차이를 판별하기 위해 통계학자이자 우생학자 로널드 A. 피셔가 개발한 선형 판별 함수(linear discriminant function)를 기반으로 한다. 이러한 점을 고려할 때, 네트워크 과학이 폭로한 "어두운 비밀"이 종종 인종차별이라는 것은 놀라운 일이 아니다.[110]

110. 스티븐스-다비도위츠의 『모두가 거짓말을 한다』에 따르면, 구글 검색은 미국 내

20세기 초 우생학과 21세기 초 데이터 분석의 차이점은 중요하다. 사회학자 도널드 맥켄지가 지적했듯이 근대의 통계학은 우생학에서 진화했을지 모르지만 둘 다 사회적, 역사적 산물이다.[111] 국가에서 이웃으로 이동하고 강제 분리에서 동종선호로, 즉 차별에서 인식(recognition)으로 이동하면서 방정식도 바뀌었다. 압축된 기간(인간 세대부터 사용자 클릭까지)은 현재, 과거, 미래가 서로 얽히는 방식에도 변화를 가져왔다. 또한 데이터 분석을 통해 소수자는 알고리듬 거버넌스를 결정하기 위해 감시되고 사용될 뿐만 아니라, 특정 데이터베이스에서 제외되어 일반적으로 사법 제도와 관련된 특정 데이터베이스에서는 과대 대표되는 반면 다른 데이터베이스에서는 과소 대표되기도 한다.

그러나 가장 중요한 것은 우생학자들의 열망, 즉 같은 것으로 같은 것을 재생산하고 선택한다는 것이 이제 공리가 되었다는 점이다. "미국과 영국에 만연한 자유로운 배우자 선택의 관습"[112]을 감안할 때, 우생학자들 앞에는 어떻게 하면 같은 것으로 같은 것을 낳게 할 수 있을 것인가 하는 과제가 놓여 있었다. 피셔도 마찬가지로 우생학적 미래를 재생산하기 위해 성적

인종주의의 만연함을 드러냈고 트럼프의 당선을 예견했다.(7)

111. MacKenzie, *Statistics in Britain*, 226.

112. Davenport, *Eugenics*, 8. 대븐포트는 공식적인 중산층 짝짓기의 '무계획적' 본성을 비난했다. "많은 동식물의 번식이 과학으로 환원되어 온 반면 결혼이 여전히 번식 실험에 불과해야 한다는 것은 비난의 근거가 된다"(강조는 원저자, 7). 대븐포트의 우생학/결혼 매뉴얼은 성적 선택의 긍정적인 작용을 인정하면서 다음과 같이 말한다. "모든 신분의 사람들에게서 조잡한 선택이 있었다는 증거가 있다. 다윈이 보여준 것처럼 야만인조차도 용모의 아름다움에 대한 강한 감각을 가지고 있으며 결혼 배우자 선택은 이 사실에 영향을 받는다."(7)

선택을 강화하는 데 초점을 맞췄다.(4장 참조) 그러나 동종선호가 기본값이 되면, 이제 과제는 더 이상 같은 것으로 같은 것을 낳게 하는 방법이 아니라 이 '자연적' 성향을 사용하여 인간의 행동을 예측하고 형성하는 방법이다. 사실 20세기 중반까지만 해도 동종선호는 당연한 것이 아니었기 때문에 21세기 초반 동종선호의 정상화는 놀랍다. 2장에서 자세히 설명하겠지만, 라자스펠드와 머튼이 '동종선호'(같은 개인이 서로 어울리고 유대감을 느끼는 경향)라는 용어를 만들 때 그들은 '이종선호'(heterophily, 다른 개인이 서로 어울리고 유대감을 느끼는 경향)라는 용어도 함께 만들었는데, 이들은 동종선호가 '자연적으로' 존재한다고 상정하지 않았다. 오히려 그들은 이렇게 물었다. "가치의 유사성 또는 대립이 친밀한 교우관계의 형성, 유지, 파괴를 만드는 역동적인 과정은 무엇인가?"[113] 많이 인용되지만 거의 읽히지 않는 1954년 연구 「사회적 과정으로서의 교우관계」에서 동종선호는 교우관계 형성의 한 사례에 불과하다.

동종선호의 이러한 정상화는 20세기 우생학과 21세기 데이터 분석의 또 다른 주요 차이, 즉 개인 선호라는 개념을 통한 국가에서 이웃으로의 이동을 주도한다. 다시 말하지만 로즈는 21세기 유전학이 국가가 아닌 개인과 공동체에 초점을 맞추기 때문에 우생학이 아니라고 주장했다. 그는 우생학이 개인의 건강보다는 국가 인구의 진화적 적합성을 탐구하고 "가족과 공동체의 길들여진 공간"보다는 국가를 영토로 삼으면서 "인구,

113. Paul Lazarsfeld and Robert K. Merton, "Friendship as Social Process: A Substantive and Methodological Analysis," in *Freedom and Control in Modern Society*, ed. Morroe Berger, Theodore Abel, and Charles Page (New York: Van Nostrand, 1954), 28.

자질, 영토, 국가, 인종 사이에 수립된 연관성"을 강조했다고 주장했다.[114] 반면 21세기 생명정치는 인종의 '청결'을 의무화하는 것이 아니라 개인의 위험을 관리하는 데 초점을 맞춘다.[115]

이 장의 첫 번째 부분, 그리고 많은 연구들 중 갠디의 연구에서도 알 수 있듯이 위험과 개인으로의 이동은 인종차별을 강화하고 다시 새긴다. 인종은 동종선호 내에서 '경계'로 인정되며, 개인으로의 전환은 20세기 말과 21세기 초의 우생학자들이 지지한 것이었다. 1984년 인터뷰에서 레이먼드 커텔[116]은 일하는 여성과 부유층에 세금을 부과하는 것을 "비우생학적"(dysgenic)이라고 묘사하며 이민을 중단하고 학생들에게 지능적으로 결혼하는 방법, 즉 우생학적으로 결혼하는 방법을 가르칠 것을 요청했다. 커텔은 또한 우생학이 개인에 초점을 맞출 것을 주장했는데, 이를 통해 우생학자들은 "인종적 차이에 대한 논의에서 발생하는 모든 감정적 동요에 휘말리는 것을 피할 수 있다"고 강조했다.[117]

서론에서 설명한 '자주적 개인'을 향한 움직임은 국가로부터의 탈출 논리를 가능하게 하는데, 이는 20세기 우생학자들이 원하지도 예견하지도 않았던 것이었다. 생체통계학자들의 세계에서는 인종적으로 동질적이라고 가정된 국가 인구의 구성원이 서로 불가분의 관계로 얽혀 있었기 때문에 한 사

114. Rose, *Politics of Life Itself*, 62, 64.
115. 같은 책, 70, 60.
116. 옮긴이—레이먼드 커텔(1905–1998)은 영국에서 태어나고 미국에서 활동한 심리학자로 개인의 성격 및 인지적 능력에 대한 심리측정적(psychometric) 연구로 명성을 얻었다.
117. Marian Van Court, "Interview with Raymond B. Cattell," *Eugenics Bulletin*, Spring-Summer 1984, https://www.eugenics.net/papers/eb7.html.

람의 운명이 다른 사람의 운명에 영향을 미치고, 따라서 자신을 돕기 위해 다른 사람을 제한해야 할 필요성이 있었다. '자주적 개인'의 세계에서는 출구가 최고로 지배한다. 국가주의(nationalism) 대신 "영토적 경계가 없는 (…) 공동체와 충성도가 존재하기 때문이다. 동일시[는] (…) 진정한 친밀감, 공유된 신념, 공유된 관심사, 공유된 유전자를 정확히 표적으로 삼는다."[118] 개인과 인구집단의 관계는 여전히 중요하지만, 이제 관련 집단은 '네트워크 이웃', 즉 평등 개념보다는 동류의식(kinship)과 특수한 이해관계에 기반한 집단들인 동종선호적 군집이다.[119]

조디 버드가 "부족 2.0"이라고 부른 부족 수사의 부활과 개정은 이러한 전환을 입증한다.[120] 골턴과 피어슨은 '국가'(원시 부족 = 원시 국가)와 관련하여 "부족"(tribe)이라는 용어를 사용했다.[121] 마찬가지로 피셔는 성적 선택과 자연선택이 일치했던, 그 자신이 미래 영국 사회가 지향해야 한다고 생각했던 이상적인 과거 상태를 설명하기 위해 "부족", 특히 "야만인"을 사용했다.[122] 21세기에는 오닐과 같은 데이터 과학자들이 국민

118. Davidson and Rees-Mogg, *The Sovereign Individual*, 270.
119. 평등과 민주주의 간의 필연적 관계에 대한 논의로는 다음을 참조. Jacques Rancière, *Hatred of Democracy*, trans. Steve Corcoran (London and New York: Verso, 2006). 한국어판은 『민주주의는 왜 증오의 대상인가』, 허경 옮김(고양: 인간사랑, 2011); Astra Taylor, *Democracy May Not Exist, But We'll Miss It When It's Gone* (New York: Metropolitan Books, 2019).
120. Byrd, "Tribal 2.0."
121. 예를 들어 피어슨은 "흑인 지문"에 대한 골턴의 논의와 관련하여 "골턴은 이 문제를 특히 '인도의 힐 부족, 호주 흑인 및 기타 다양한 소위 원주민 인종 사이에서' 더 추적해야 한다고 생각한다"라고 말한다. Pearson, *The Life, Letters and Labours of Francis Galton*, 3a:25.
122. R. A. Fisher, *The Genetical Theory of Natural Selection* (Oxford: Oxford

국가 또는 대규모 인구집단 내의 행동하는 부족을 강조한다. 그는 다음과 같이 경고한다. "전자 점수의 거침없는 성장 덕분에 우리는 비밀 공식에 따라 일괄 처리되고 특정한 버킷에 담겨지며, 그중 일부는 오류로 점철된 포트폴리오에 의해 공급된다. 우리는 개인이 아니라 부족의 구성원으로 간주되며, 그 부족의 꼬리표에 걸려 꼼짝하지 못하게 된다."[123] 라자스펠드와 머튼은 피어슨의 짝짓기 연구와 인류학자 브로니슬라브 말리노프스키의 '야생적인 트로브리안드족'에 대한 민족지 연구에서 '동종선호'와 '이종선호' 용어를 도출해 냈다.[124]

그 자체로 깊은 인종적 함의와 배음을 지닌 부족 수사의 부활이 국가의 개입이나 국가적 정체성을 완전히 훼손한 것은 아니지만, 이는 국가의 개입이 안토니오 그람시가 '헤게모니'라고 진단한 것의 기능적 등가물을 통해—비록 그와 반대로 형성되지만—일어남을 뜻한다. 그러나 과거에 '헤게모니'가 지배적 세계관을 받아들이는 다양한(아테네의 가치를 수용하는 그리스 도시 국가들 같은) 소수들이 다수를 창출하는 것을 의미했다면, 이제 다수는 분노하거나 정서적으로 격앙된 소수들이 모여서 형성된다. 케임브리지 애널리티카와 표적 정치 광고의 사례에서 알 수 있듯이, '통합'을 통한 다수의 지지를 구축하기 위해 격앙된 작은 군집들을 생산하고 유지하는 것이 목표다.

그러나 이웃(neighbor)은 이웃 주민들(neighborhood)[125]

University Press, 1999), 249.

123. O'Neil, *Weapons of Math Destruction*, 159–160. 한국어판은 266–267, 번역 일부 수정.

124. Lazarsfeld and Merton, "Friendship as Social Process," 23.

125. 옮긴이—이 책에서 neighborhood는 neighbor와 마찬가지로 대부분 '이웃'으로 번역되지만 여기서는 동종선호 네트워크로 구축되는 군집으로서의 이웃이 인근 장

이 아니며, 부족을 부른다고 해서 항상 '원주민'을 지워야 하는 것도 아니다. 그 대신, 리앤 하우가 주장하듯 부족지는 "부족의 모든 요소, 즉 사람, 땅, 인물, 그리고 그들의 모든 표현과 계시를 한데 모아 과거, 현재, 미래의 환경 속에서 이들을 연결"하는 변혁적인 토착적 창조 이야기를 만들어낸다. 우리의 과제는 이러한 이야기를 따르고 증폭시키는 것이다. 하우의 말처럼 "우리가 여기서 어디로 갈지는 우리의 상상력에 의해서만 제한된다."[126]

소에 물리적으로 거주하는 주민들로서의 이웃들과는 동일하지 않다는 의미로 쓰였기 때문에 '이웃 주민들'로 번역했다.

126. Howe, "On Prose and Poetry," 42; LeAnne Howe, "Tribalography: The Power of Native Stories," *Journal of Dramatic Theory and Criticism*, 14, no. 1 (1999), 124.

'빨간 알약을 투여받았다'와 역헤게모니는 개인의 반항과 차이가 자유의 근거가 된다는 개념인 위반적 가설(transgressive hypothesis)에 근거한다. 미셸 푸코의 '억압적 가설'(repressive hypothesis)과 운율을 같이하는 위반적 가설은 다음과 같이 설명할 수 있다.

> 오랫동안 우리는 매스미디어 체제를 지지해 왔고, 우리는 오늘날에도 여전히 그 체제의 지루한 효과를 느끼고 있다. 유순하고 조작된 대중 주체의 이미지는 우리의 불안한 개성에 새겨져 있다.
>
> 혁명의 시대였던 18세기에는 민주적 참여와 자유가 여전히 중요했고, 언론은 자유롭고 공정했다고 한다. 사람들은 마을 광장과 시장에서 제한 없이 토론을 벌였다. 하지만 이 여명은 곧 황혼이 되었다. '황색' 신문이 여론을 오염시키고 스캔들과 소문, 거짓말을 '대중'에게 퍼뜨렸다. 분노는 이익과 전쟁을 부추겼다. 퓰리처와 허스트가 '1센트 신문'을 장악하기 위해 벌인 전쟁에서 부분적으로 비롯된 스페인-미국 전쟁과 같은 것 말이다.
>
> 라디오는 개인을 세뇌하여 대중으로 주조하고 나치즘과 기타 전체주의 체제의 토대를 마련했다. 이러한 체제는 매스미디어를 이용해 음모론을 퍼뜨리고 '황색 저널리즘'이 퍼뜨리는 가증스러운 이야기를 무기화했다. 철학자 한나 아렌트의 말처럼, 근대 대중은 더 이상 "자신 스스로가 경험한 현실"은 물론 "자신의 눈과 귀도" 믿지 않고

"오직 자신의 상상력만" 믿게 되었다. 이들을 설득한 것은 사실이 아니라 논리적으로 일관된 공포였으며, 이는 모든 개인을 구별할 수 없는 노드로 취급하는 이른바 "자연적이고도 역사적인 법칙"을 통해 세계를 자신의 이미지로 재구성했다.[1] 전체주의는 상식, 정상적인 인간관계 및 인간적 관심의 결여로 표류하는 원자화되고 외롭고 무관심하고 냉담하며 불필요한 개인들을 하나의 대중으로 밀어붙였다.[2]

민주주의 사회도 이에 자유롭지 못했다. 루스벨트 미국 대통령의 천상의 목소리는 세계를 파괴하는 폭력에 대

1. Hannah Arendt, *The Origins of Totalitarianism* (New York: Harcourt Brace, 1976), 346. 한국어판은 한나 아렌트, 『전체주의의 기원』, 박미애·이진우 옮김, 전2권(파주: 한길사, 2006). 또한 아렌트에 따르면 전체주의는 세계를 형성하기 위해 공포를 사용한다는 점에서 다른 비전체주의 이데올로기와 구별된다. 스탈린하에서 실업이 "존재하지 않는다"고 선언되면 실업자 보험이 필요 없으므로 어떤 것도 제공하지 않아야 한다. 또는 이러한 '수행적 논리'의 최근 사례로 우편 투표가 '부정'(fraudulent)이라고 선언되면 개표할 필요가 없으므로 개표하지 않기 위한 모든 노력을 기울여야 한다. 아렌트에게 '모든 것이 가능하다'는 전체주의적 '논리'의 대표적인 예는 인간을 "인간의 얼굴을 한 섬뜩한 마리오네트"로 만든 실험실인 강제수용소였다. (341, 437, 455)

2. '대중'을 구성하는 노동자들은 상호 교환 가능하다는 의미에서만 '사회적'이었고, 우생학자들이 통제하고자 했던 '무리'였다. 아렌트가 『인간의 조건』(The Human Condition, 1989)에서 설명했듯이, 산업 자본주의와 근대 가족의 종말과 함께 등장한 '사회적 영역'은 사적인 문제를 공론화함으로써 사적 영역과 공적 영역의 고전적인 분리를 위반했다. 그 영역은 "행위"(action)를 "행동"(behavior)으로 대체하고 "구성원들을 '정상화'하고, 행동하게 만들며, 자발적인 행동이나 뛰어난 성취를 배제하고자 했다."(40. 한국어판은 112, 번역 일부 수정) 사적 영역과 공적 영역을 모두 박탈당한 "대중"은 "노숙자"로서 "공동의 공적 세계"로부터 숨을 수 있는 사적 소유의 장소가 없었고, 인간의 다원성과 자유의 공간으로부터 배제되었다.(71. 한국어판 146) 아렌트는 또한 『전체주의의 기원』에서 '대중'은 특정 계급, 정당, 직업 조직 또는 노동조합에 소속되어 있지 않아 서로에게 압박을 가할 뿐 공동의 이해관계를 공유하지 않았다고 주장한다. 실제로 아렌트는 대중을 '무관심한', 즉 이해관계가 없는 것으로 정의했다. 즉 이들은 자신들이 압박하는 다른 사람들과 관계를 맺을 수 없었다.(315)

한 지지를 불러일으켰다. 그리고 텔레비전 방송과 대량 생산은 자유 세계를 모든 집, 모든 자동차, 모든 개인이 똑같은 지극히 평범한 교외로 변모시켰다. 주류 미디어와 정치적 올바름은 케이블과 인터넷이 참된 토론과 이념들의 참된 시장을 열 수 있다는 약속을 약화시켰다. 대담한 시민 사상가 대신 사방에서 서로에게 얽매여 있는 '범생이들'(normies)이 1984년을 살아가고 있었다.(그림 2와 3)

중앙 집중과 기업 통제가 문제라면, 그 해결책은 '진정한 위반', '대안 미디어'처럼 세상을 새롭게 만들 수 있는 것이어야 한다고 우리는 들었다. 음악부터 학교, 공동체 구조에 이르기까지 모든 '대안'은 '진보적'이었다. 그 해결책은 프레드 터너가 말한 개인주의와 반항을 조장하는 "민주적 환경",[3] 독립 미디어, 그리고 스스로 일하는 것이었다. 목표는 신화적 공론장인 연단을 되찾는 것이었다. 자신이 자유롭다는 것을 증명하기 위해서는 '다르게 생각'함으로써 '진정함'(authentic)을 보여야 했다. 저항하고, 저항하고, 저항하라. 위반하기, 즉 대중 매체와 대중사회를 비난하고 음모와 거짓을 폭로하는 것은 자유로워지기 위한 것이었다.

제2차 세계대전 이후 나치의 우생학과 스탈린주의에 대한 반발로 주류가 된 위반적 가설은 민주주의를 비규범적 구조 및 행동, 즉 전체주의의 원동력이었던 순응이 결코 아닌 모든 것과 등치했다. 이 가설의 적은 국가 우생학과 대중사회의 기반

3. Turner, *The Democratic Surround*.

인 '무리'였고, 그 해결책은 '다르게 생각하기'와 뉴미디어였다.

그러나 민주주의의 '자동화'와는 매우 달라야 한다는 이 끊임없는 요청, 즉 억압적 규범에 대한 저항의 주류화는 대신 포퓰리즘, 편집증, 양극화, 새로운 생체 측정 우생학을 조장하는 결과를 낳았다. '주류 미디어'의 잔재에 대한 불신이 만연하면서 스스로 생각하는 것이 '빨간 알약을 투여받는' 수동적인 행위가 되어버린 상황으로 이어졌다. 이는 권위주의적 권력자들을 무너뜨리기는커녕 오히려 지지하는 결과를 낳았다. 「매트릭스」(그림 22)에서처럼 이는 전체주의적 세계관을 대체하기는커녕 모방하는 상황으로, 즉 '자연적이고도 역사적인 법칙'으로 이루어진 '숨겨진' 진정한 우주를 위해 눈에 보이는 세계를 허구로 치부하는 상황으로 이어졌다.[4]

'억압적 가설'과 운율이 맞는 위반적 가설은 미셸 푸코의 탁월하고 영향력 있으며 논란의 여지가 있는 테제로, 18세기 '계몽주의' 이래 성과 섹슈얼리티는 결코 억압되지 않았다는 가설이다. 푸코는 성에 대한 검열이 근대 서구 사회를 규정하지 않았으며, 대신 성을 "비밀"로서 끝없이 분석하라는 명령, "다형적이고 규제된 담론에 대한 선동"이 존재해 왔다고 설명한다. 성은 끝없이 탐구되고, 이야기되고, 문서화되는 "비밀"이며, 감시와 저항을 통해 "영속적인 나선과 권력과 쾌락"을 수

4. 아렌트에 따르면 모든 이데올로기는 일관성을 위해 분투한다. 그들은 사실을 "공리적으로 받아들여진 전제에서 시작하여 다른 모든 것을 추론하는 절대적으로 논리적인 절차"로 정돈한다. "즉 그 절차는 현실의 영역 어디에도 존재하지 않는 일관성을 가지고 진행한다." Arendt, *The Origin of Totalitarianism*, 471. 이데올로기는 "모든 역사적 사건, 과거에 대한 총체적 설명, 현재에 대한 총체적 지식, 미래에 대한 신뢰할 수 있는 예측을 설명"할 것을 약속한다. 그렇게 함으로써 전체주의자들은 "모든 경험으로부터 독립적[이고] (…) 우리가 오감으로 지각하는 현실로부터 해방된 (…) 더 진실한"(470) 은폐된 현실을 주장한다.

그림 22. 코드 보기. 「매트릭스」 스틸.

립한다. 실제로 성이 억압된다는 주장은 모든 반대 증거에도 불구하고 자유와 반항을 연상시키기 때문에 성에 대해 공개적으로 말하는 사람들에게 이득이 된다. 푸코는 "성이 억압된다면, 즉 금지, 부재, 침묵에 처하게 된다면, 성에 대해 말하고 있다는 사실만으로도 고의적인 위반의 외양을 띠게 된다"라고 설명한다. "그러한 언어를 사용하는 사람은 권력의 손이 닿지 않는 곳에 자신을 어느 정도 놓는다. 그는 기존의 법을 뒤엎고, 도래할 자유를 기대한다."[5]

에이즈 이후 세계와 폭력과 도덕적 이기심으로 가득 찬 미국에서 미디어 해방은 성적 해방과 운율을 같이 한다. 그리고 미디어 억압에 대해 끝없이 공개적으로 이야기하는 것은 자유를 연상시킨다. 그것이 우리를 포획과 저항, 추적과 회피라는 고양이와 쥐의 게임 속에 가두더라도 말이다.

그렇다면 '자연적 법칙'과 행동주의로부터 인류를 '구원'하려는 시도는 어떻게 이런 것들을 강화하게 되었을까? 미디어의 다양화는 우리 스스로 '주류'에서 해방되고자 하는 외침을 어떻게 증폭시켰는가?

이러한 질문에 대한 답은 약속된 자유의 결핍, 공적 공간의 이상화, 그리고 위반적 가설의 근간이 되는 증오의 기묘한 '지우기'에 있다. 사이버공간이나 뉴미디어를 결코 자신이 지적한 문제에 대한 '해답'으로 보지 않았을 아렌트는 그럼에도 불구하고 인간 행동과 '새로운 시작'의 약속을 찬양하며 자신

5. Michel Foucault, *The History of Sexuality: An Introduction*, trans. Robert Hurley (New York: Vintage Books, 1988), 34, 45, 6, 강조는 원저자. 한국어판은 미셸 푸코, 『성의 역사 1: 지식의 의지』, 이규현 옮김(파주: 나남, 2020).

의 걸작 『전체주의의 기원』을 마무리한다.[6] 아렌트에게 인간의 자유는 역사상 모든 종말이 약속하는 "인간의 재탄생"과 근본적으로 연결된다.[7] 그러나 행동과 발언의 이러한 자유는 타인의 복종에 의존하기 때문에 모두가 누릴 수 있는 것은 아니었다. 고대 그리스의 폴리스는 여성과 노예를 절대적으로 배제하고 지배함으로써만 동등한 시민(남성 및 자유 시민) 간의 영웅적 경쟁을 가능하게 했다. 자유인임을 어떻게 증명했는가? 여성과 노예를 사적으로 지배함으로써 "길든 동물"로 만들었고, 따라서 그들의 탄생은 새로운 것의 전조가 아니었다.[8] 이러

6. 아렌트에 따르면 희망은 역사의 모든 종말이 "필연적으로 새로운 시작을 포함한다"는 사실에서 비롯되며, "이 시작은 종말이 만들어낼 수 있는 유일한 '메시지'인 약속이다. 시작은 (…) 인간의 최고의 능력이며, 정치적으로는 인간의 자유와 동일하다." Arendt, *The Origins of Totalitarianism*, 478–479.
7. 아렌트는 『인간의 조건』에서 정치적 행위와 말을 통해 "우리는 인간 세계에 참여(insert)한다"고 주장한다. "참여는 제2의 탄생과 비슷하다. (…) 행위한다는 것은 '선수를 치다'(to take an initiative), '시작하다'를 (…) 뜻한다."(176–177. 한국어판 265) 아렌트는 행위가 어떻게 우리를 역사의 족쇄에서 자유롭게 할 수 있는지 설명하기 위해 망각에 대한 프리드리히 니체의 찬사를 인용한다. 망각하고 순간순간 행위하는 능력은 "냉혹한 일상적 삶의 자동적 과정"을 중단시킨다. 행한 것을 원상태로 돌리고 제어할 수 있는 이 능력이 없다면 "우리는 생성의 항상 회귀하는 순환 속에서 영원히 움직일 운명에 처하게 될 것이며, 냉혹한 법칙의 모든 징표를 지닌 자동적인 필연성의 희생자가 될 [운명에 처할] 것이다."(246. 한국어판 343, 번역 일부 수정) 이에 관해서는 다음 또한 참조. Friedrich Nietzsche, "On the Uses and Disadvantages of History for Life," in *Untimely Meditations* (Cambridge: Cambridge University Press, 1997), https://doi.org/10.1017/CBO9780511812101.007. 한국어판은 프리드리히 니체, 『비극의 탄생, 반시대적 고찰』, 이진우 옮김(서울: 책세상, 2005), 57–124.
8. 아렌트에게 자유는 필연성으로부터의 자유와 동일하다. 노예이기 때문에 자유로울 수 없는 사람들, 즉 "길든 동물들"은 "행동하지 않는" 말 없는 존재가 될 운명이었다. Arendt, *The Human Condition*, 84. [옮긴이—이 부분과 관련된 아렌트의 원문은 다음과 같다. "노동하는 것은 필연성에 의해 노예가 되는 것을 의미한다. 그리고 이런 노예화는 삶의 조건에 내재한다. 사람은 살아가는 데 필요한 것들의 지배를 받기 때문에 필연성에 종속된 노예들은 강제로 지배해야 자유를 얻을 수 있다. 노예를 길든 동물과 비슷한 존재로 변형시키기 때문이다."(83–84. 한국어판 160–161)]

한 예속은 우연이 아니라 필연이었다고 아렌트는 주장했다. 지배와 불평등 없이는 자유가 있을 수 없는데, 이것이 명목상 평등한 체제가 대중을 낳지 못할 것임을 보장했기 때문이다. 아렌트의 평가에 따르면, 프랑스 혁명이 실패한 반면 미국의 혁명은 빈곤과 사회적 불평등을 시정하려고 하지 않았기 때문에 성공했다. 인종에 기반한 노예제도가 그러한 연민을 불가능하게 만들었기 때문이다.[9]

역사학자 키스 웨일루가 지적했듯이, '사이버공간'에 대한 찬양을 또한 뒷받침하는 이상화된 공적 공간에 대한 비전은 고대 그리스까지는 아니더라도 미국의 시장에서 거래되었던 여성과 노예의 경험을 지워버린다.[10] 철학자 캐스린 가인스, 작가 랠프 엘리슨, 정치 이론가 대니엘 앨런과 같은 논자들이 지적했듯이, 자유, 정치, 민주주의가 사적 불평등에 기초한다는 정식화와 미국 내 인종 관계에 대한 순진한 해석은 정치에 관한 아렌트 스스로의 주장을 훼손한다.[11] 이 자유 아닌 자유는 역사

9. Hannah Arendt, *On Revolution* (New York: Penguin Books, 2006), 61–62. 한국어판은 한나 아렌트, 『혁명론』, 홍원표 옮김(파주: 한길사, 2004). 아렌트가 사회적 평등의 필요성을 무시한 것도 마찬가지로 민권 운동이 단지 사회적 이익에만 초점을 맞추고 있다는 비판을 추동했다. 그는 인종 간 혼인 및 출산 금지법(anti-miscegenation laws)을 뒤집기 위한 싸움이 학교 분리 정책을 위한 싸움보다 더 중요하다고 생각했다. 이에 대해서는 다음을 참조. Kathryn T. Gines, *Hannah Arendt and the Negro Question* (Bloomington: Indiana University Press, 2014). [옮긴이—인종 간 혼인 및 출산 금지법은 1691년 메릴랜드주에서 처음 제정되고 1863년 이름을 가지게 된 법률로 백인과 다른 인종 간의 결혼 및 출산을 금지했으며, 1967년 연방대법원 판결 전까지 16개 주에서 존속했다.]

10. Keith Wailoo, "Ethics and Accountability in High Tech," presented at The Future of the Humanities@Google, online, October 16, 2020.

11. 엘리슨은 민주 사회에서 희생의 중요성을 다음과 같이 강조했다: "[미국 흑인들의] 경험이 갖는 의미에 대한 중요한 단서 중 하나는 희생의 이상이라는 이념에 있다고 믿는다. 아렌트는 남부 흑인들 사이에서 이 이상의 중요성을 이해하지 못했기 때문에 「리틀 록에 대한 성찰」(Reflections on Little Rock)에서 사안의 핵심을 파악

아닌 역사로 예속을 정당화한다. 특히 문학평론가이자 아프리카계 미국인 연구자인 사이디아 하트만이 지적했듯이, 역사는 그것이 억압하는 사람들의 존재와 목소리를 정기적으로 지워버린다. 노예제 기록보관소는 폭력으로 가득 차 있어 노예들의 목소리와 이야기를 '되찾을' 수 없는 경우가 너무 많다.[12] 공포는 역사의 "죽은 확실성"의 근간을 이룬다.[13] 탈식민주의를 기초한 이론가 가야트리 스피박은 서발턴은 말할 수 없다고 주장한다.[14] 간단히 말해, 아렌트는 역사의 '족쇄'에서 우리를 해방

하지 못한 의견을 제시하게 되었다." 다음에서 재인용. Danielle Allen, *Talking to Strangers: Anxieties of Citizenship since Brown v. Board of Education* (Chicago: University of Chicago Press, 2009), 27. 물론 아렌트의 자유에 대한 비전은 희생을 수반했지만, 그 희생은 주인을 대신한 노예의 강압적인 희생이었다. 혁명에 대해 글을 쓰면서도 아렌트는 피지배자들이 자신과 다른 사람들이 자유로워지기 위해 자신을 희생할 것이라고는 상상할 수 없었다. 보니 호닉이 주장한 것처럼, 아렌트의 세계관은 근본적으로 정치와 말이 여성과 노예의 손이 닿지 않는 곳에 있다는 견해에 의해 제한되었다. Bonnie Honig, *Political Theory and the Displacement of Politics* (Ithaca, NY: Cornell University Press, 1993). [옮긴이—아렌트의 「리틀 록에 대한 성찰」은 1959년 그가 『디센트』(Dissent)지에 기고한 글로 1960년대 민권 투쟁에 불을 지핀 리틀 록 위기(Little Rock Crisis)에 대한 아렌트의 논평이었다. 교육시설의 인종 분리를 위헌으로 명시한 1954년 브라운 대 교육위원회(Brown versus Board of Education) 사건의 연방대법원 판결 이후인 1957년 아칸사스주 리틀 록 중앙고등학교에 아홉 명의 흑인 학생(Little Rock Nine)들이 입학했으나, 이들이 교정에 들어갈 때 백인 폭도가 이들을 공격했고 이후 이들은 연방군의 호위를 받아야 했다. 캐스린 가인스에 따르면(그리고 엘리슨의 비판이 밝히듯), 이전에는 백인만 다닐 수 있었던 학교에 자신의 자녀들이 다니기를 소망했던 아프리카계 미국인들을 '출세주의자'로 묘사함으로써 아렌트는 평등 교육의 정치적 가치는 물론 사회적 불평등과 정치적 불평등이 불가분의 관계에 있음을 이해하지 못했다.]

12. Saidiya V. Hartman, "Venus in Two Acts," *Small Axe: A Caribbean Journal of Criticism* 12, no. 2 (2008): 1–14, https://doi.org/10.1215/-12-2-1.

13. 같은 글, 9.

14. Gayatri Chakravorty Spivak, "Can the Subaltern Speak?," in *Marxism and the Interpretation of Culture*. ed. Cary Nelson and Lawrtence Grossberg (Basingstoke, UK: Macmillan, 1988), 271–313. 한국어판은 로절린드 C. 모리스 편, 『서발턴은 말할 수 있는가?』, 태혜숙 옮김(서울: 그린비, 2013), 42–139.

시키기 위해 '새로운 것'을 추구할 정도로 자유에 대한 자신의 관점이 너무나 협소하기 때문이다.

그렇다면 어떻게 해야 하는가?

결정적으로, 반전체주의 사회를 위한 잠재력은 식민적 진보의 공포와—그것이 '새로운 것'으로 표현하는 세계들을 비우는 것과—연결된 '새로운 것'에 있지 않다. 이러한 공포에 맞서기 위해 미디어 및 문화이론가 아리엘라 아이샤 아줄레이는 "우리 세계의 역사화된 한계에도 불구하고 존속하는 다양한 세계들을 되찾고 재구성하며 설명하기 위해 노력하는 잠재적 역사"를 제안했다.[15] 이 역사는 사람들을 역사적 '원천'으로 보는 대신 과거, 현재, 미래의 엄격한 분리를 거부하는 세계에서 동반자로서 사람들과 함께 살아갈 수 있게 한다. 따라서 잠재적 역사는 "폭력이 역전되어야 하는 공간이며, 한때 제거되었던 다양한 선택지가 제국주의적 진보의 움직임을 늦추는 방법으로서 다시 활성화되는" 공간이다.[16] 사디이아 하트만은 "재조합적 내러티브"를 창조하기 위해 이야기의 기본 요소를 재배열하는 글쓰기 방식인 "비판적 이야기 꾸미기"(critical fabulation)를 주장해 왔다.[17] 그와 같은 이야기 꾸미기가 이야기의 목소리를 찾을 수는 없지만, 우리는 이를 통해 숫자와 출처를 넘어서는 시각을 가질 수 있다.

다시 말해, 우리에게 필요한 것은 "행동하는 인간"의 재탄생이나 통제하기 위해 잊으라는 그런 인간의 명령이 아니다. 우리가 자유가 아닌 자유에 대한 두려움과 집착을 진정으로 넘

15. Azoulay, *Potential History*, 289.
16. 같은 책, 43.
17. Hartman, "Venus in Two Acts," 11, 12.

어서려면, 즉 인류 대다수의 멸종이 다가오는 것을 중단하려면 우리가 너무 쉽게 '과거'라고 무시하는 것들의 풍요로움에 관여해야 한다. 과거와 미래가 유사하다면 그것은 둘 다 미지의 것이기 때문이며, 과거와 미래에 대한 우리의 (재)구성으로는 그것들의 풍요로움을 건드리기 시작할 수 없기 때문이다. '훈련집합'(training sets)으로 치부해 버린 것을 그야말로 다시 살펴보고 새롭게 상상한다면 어떤 잠재력을 발견할 수 있을까?

```
if homophily == true
    neighbor := self
    self.love := other.hate
    neighbor.love := self.love
    ethics := narcissism
    society := nul
endif
```

21세기 초에 이르러 인터넷의 상상계는 사이버공간이라는 광활한 별세계에서 치안이 좋은 빗장(gated) '이웃들'의 길들여진 경관으로 결정적으로 이동했다. 이것은 변화라기보다는 변동이었다. 미국 정착민의 식민주의와 인클로저(enclosure)는 이웃과 사이버공간의 비전 모두의 밑바탕에 깔려 있었다. 폐쇄된 공간의 입구를 장식하는 정교한 파사드인 '포털'로 묘사되던 사이버공간은 정보학자 폴 에드워즈가 "폐쇄된 세계"라고 불렀던 전형적인 예로서, 항상 미국의 군사-학술 네트워크 안에 갇힌 지평이었다.[1] 두 비전 모두 어떤 특징들을 인터넷에 '내재된' 것으로 묘사했지만, 단지 이들에 대한 평가가 달랐을 뿐이다. 월드와이드웹의 '탈중심화된' 속성과 사용자 참여의 확장은 민주주의를 보장하는 요소에서 폭동과 악용의 온상, 즉 민주주의의 가장 큰 위협으로 바뀌었다. 이와 관련된 사태로

1. Paul N. Edwards, *The Closed World: Computers and the Politics of Discourse in Cold War America* (Cambridge, MA: MIT Press, 1996).

서 인터넷 문화의 '대안적' 측면은 유사 사회주의에서 유사 파시즘으로 움직였다. 소셜 미디어 연구자인 리베카 루이스가 지적했듯이, 유튜브의 대안 세계들은 그들이 끊임없이 비판해 온 주류 정보원에 대항하는 동시에 이와 병행하는 지식과 권위의 체계를 수립했다.[2]

결정적으로, 인터넷에 대한 양분화된 반응인 민주주의의 구현과 민주주의의 파괴는 20세기 중반 매스미디어에 대한 반응과 긴밀하게 병행한다. 커뮤니케이션학자인 엘리후 카츠와 사회학자 폴 라자스펠드는 1955년 저서 『퍼스널 인플루언스』에서 20세기 매스미디어의 부상이 (1) 매스미디어가 "'주민 회의'의 특징이었던 정보에 입각한 여론을 대표할 것"이라는 믿음과 (2) "방어력이 없는 독자와 청취자의 정신에 이념들을 고무도장 찍듯이 주입"[3]함으로써 민주주의 사회를 파괴할 것이라는 상반되지만 상호 연결된 두 가지 믿음을 낳았다고 지적한다. 이 두 가지 믿음은 모두 청중을 분화되지 않은 '대중'으로 가정하고, 메시지가 모든 청중에게 동등하고 직접적으로 영향을 미친다는 전제를 깔고 있었다고 이들은 지적한다.

그렇다면 왜 우리는 지금 이전과 동일한 질문에 직면하고 있는가? 그리고 무엇이 달라졌을까? 이러한 질문에 답하기 위해 이 장에서는 '대중'을 '이웃들'로 융해시키는 수단으로서 소

2. Rebecca Lewis, *Alternative Influence: Broadcasting the Reactionary Right on YouTube* (New York: Data and Society Research Institute, 2018), https://datasociety.net/output/alternative-influence/.
3. Elihu Katz and Paul F. Lazarsfeld, *Personal Influence: The Part Played by People in the Flow of Mass Communications* (1955; reprint, New York: Routledge, 2017), 15, 16. 한국어판은 엘리후 카츠·폴 F. 라자스펠드, 『퍼스널 인플루언스: 매스 커뮤니케이션 흐름에서 인간의 역할』, 백영민·김현석 옮김(서울: 한나래, 2020).

셜 네트워크의 출현을 살펴본다. 동종선호의 역사와 이론에 초점을 맞추며 나는 반향실 효과가 운이 나쁜 오류가 아니라 의도적인 목표임을 드러낼 것이다. 동종선호는 공통의 혐오 대상에 대한 분노에 찬 유사성과 압도적인 매력으로 인해 서로를 밀어내고 서로를 접착하는 개인들의 동요하는 군집을 창출하는 데 사용된다. 결정적으로 동종선호는 20세기 중반 두 인종이 공존하는 공공주택에 대한 미국 백인 거주자들의 태도를 분석한 결과에서 비롯되었다. 동종선호가 사회적 관계를 어떻게 왜곡하고 제작하는지를 강조하기 위해 나는 라자스펠드와 머튼의 기초적이고 널리 인용되지만 거의 읽히지 않는 1954년 연구 「사회적 과정으로서의 교우관계」, 그리고 이 장의 기반이 되는 연구이자 끝내 출간되지 않은 머튼, 퍼트리샤 웨스트, 마리 야호다의 「사회생활의 패턴」을 다시 한번 살펴볼 것이다. 이 연구들과 이들과 관련하여 기록된 흔적을 종합해 보면 동종선호와 분리 사이의 유대뿐 아니라 우리가 다름 안에서 함께 살아갈 수 있는 복잡하고 양가적인 방식도 드러난다.

'대중'을 자기화(磁氣化)하기

'대중'(the masses)이라는 수수께끼를 풀기 위해 카츠와 라자스펠드는 확산 연구(사회학자 가브리엘 타르드의 "전염" 연구)와 결정 연구(라자스펠드의 초기 연구)를 결합한 "2단계 흐름" 시스템을 제안했다.[4] 이들이 보기에 대중(the public) 구성원

4. 예를 들어 다음을 참조. Gabriel Tarde, *Gabriel Tarde on Communication and Social Influence: Selected Papers*, ed. Terry Nicholas Clark (Chicago: University of Chicago Press, 2010); Paul F. Lazarsfeld, *The People's Choice: How the Voter Makes Up His Mind in a Presidential Campaign*, 3rd ed. (New York: Co-

은 정보를 비대칭적이고 비동기적이며 선택적으로 수신한다. 즉 "영향력 있는 사람"(influentials) 또는 개인적 편향이 정보의 흐름을 필터링하는 것이다. 따라서 매스미디어의 영향을 추적하기 위해 연구자들은 먼저 '영향력 있는 사람' 또는 '여론 주도자'가 누구인지 파악해야 했다. 아내의 투표 선택에 중요한 영향을 준 남편, 남편의 견해를 형성한 직장에서의 '영향력 있는 사람' 등 말이다. 그러나 카츠와 라자스펠드는 이러한 '영향력 있는 사람'이 누구인지 즉시 명확하거나 직관적으로 알 수 있는 것은 아니라고 강조했다. 『퍼스널 인플루언스』의 서문에서 여론조사원 엘모 로퍼는 미국 인구를 다음의 여섯 집단으로 분류했다 (1) 알베르트 아인슈타인과 같은 뛰어난 개인인 "뛰어난 사상가" (2) 10여 명의 전국적인 "뛰어난 사도들" (3) 조지프 매카시 상원의원 같은 1천 명 정도의 "뛰어난 전파자" (4) 1만 5천-5만 명의 지역 노동 지도자와 같은 "하위 전파자" (5) 정기적으로 투표하고 선거운동에 기부하고 대표자에게 편지를 보내는 1천-2,500만 명의 "참여 시민" (6) "정치적으로 둔감(inert)"하다고 분류한 대다수의 미국인.[5] 여론 주도자를 발견하기 위해 카츠와 라자스펠드는 일리노이주 디케이터에 거주하는 주부 집단을 대상으로 한 패션 및 소비에 대한 집중 인터뷰와 다른 그룹 연구의 재분석을 바탕으로 외견상 수평적 시스템 내의 수직적 흐름을 드러내는 프로그램을 개발했다.[6]

lumbia University Press, 1968).

5. Elmo Roper, foreword to Katz and Lazarsfeld, *Personal Influence*, xxix–xxxiii.

6. Elihu Katz, introduction to the Transaction (2017) edition in Katz and Lazarsfeld, *Personal Influence*, xxiv–xxv.

카츠와 라자스펠드에게 가장 중요한 것은 변화였다. 이들은 "매스미디어 캠페인"이 영향을 미치는, "매우 단기적으로 의견과 태도에 변화를 일으키는"[7] 효과를 측정하고자 했다. 이 점을 고려할 때, 이들은 자신들의 연구 결과가 이데올로기의 중요성을 강조하는 장기 연구의 결과와 다를 수 있다는 점을 인정했다. 카츠와 라자스펠드는 의도적으로 '캠페인'이라는 단어를 사용하여 정치적 결정을 패션이나 스타일의 선택과 연결시켰는데, 이는 크리스토퍼 와일리와 케임브리지 애널리티카보다 수십 년 앞선 것이었다.

또한 카츠와 라자스펠드는 이러한 선택이 통제된 실험실의 조건에서 이루어진 선택과 유사하다고 주장했다. 이들은 사회적으로 유도된 순응에 대한 자신들의 연구 결과를 심리학자 무자퍼 셰리프의 유명한 '자동-운동'(auto-kinetic) 효과 실험과 비교했는데, 이 실험의 참가자들은 작은 빛점이 얼마나 멀리 움직이는지에 대한 평가를 동료들의 (조작된) 대답에 따라 바꾸고 자신의 최초 지각과 경험을 다시 추측했다. 이 비교의 타당성에 의문을 제기하는 사람들에게 카츠와 라자스펠드는 "셰리프의 실험은 개인이 (1) 전혀 알지도 못하고 (2) 전혀 관심도 없는 것에 대한 (3) 결정을 강요받는 상황에서만 정당하게 일반화될 수 있다"라고 인정했다. 그러나 이는 미국 대통령 선거에서의 투표도 유사하게 사람들이 "사회적 압력으로 인해 그들이 (1) 전혀 알지도 못하고 (2) 전혀 관심도 없는 두 후보 사이에서 (3) 그런 상황이 없다면 내리지 않을 결정을 내리

7. Katz and Lazarsfeld, *Personal Influence*, 19.

도록 강요받는 상황"[8]이라는 비유를 뒷받침하는 것일 뿐이다. 카츠와 라자스펠드의 분석은 '포스트-진실'의 세계에서 문제는 신뢰의 부족이 아니라 자기 의심과 그에 따른 집단 신뢰임을, 즉 문제는 사람들이 주류 미디어를 의심하는 것이 아니라 오히려 이를 의심하는 가운데 더 의심스러운 다른 출처를 신뢰하게 된다는 것임을 암시했다.(자세한 내용은 4장을 참조)

카츠와 라자스펠드는 셰리프의 실험을 통해 "재미"로 생산성을 저해하는 웨스턴 일렉트릭 공장의 '불량' 여성 노동자 집단, "집단 충성"의 중요성을 강조하는 미군, 기혼 학생 기숙사에서 "친구가 있는" 여성들이 그렇지 않은 사람들보다 "일차 집단"의 규범을 더 잘 따르는 경우와 같이 대규모 집단에 내재된 비공식 집단("일차집단")의 힘을 이해하고자 했다. 이들의 분석을 통해 "대량 생산, 전투 사기, 계급 지위와 이동성, 커뮤니케이션 행동에서"[9] 친구와 동맹의 중심성이 드러났다. 2005년 『퍼스널 인플루언스』 50주년 기념판 서문에서 카츠는 자신과 라자스펠드의 연구가 이념이 '이웃에 대한 이웃'의 상호작용을 통해 천천히 대중에 침투했기 때문에 매스미디어가 '여론'에 뚜렷한 영향을 미치지 않는 것처럼 보였음을 입증했다고 주장했다.[10]

카츠와 라자스펠드가 네트워크 과학에 미친 영향은 사회측정학(인간 집단 내 대인관계를 연구하고 측정하는 학문)을 넘어선다. 이들의 연구는 로퍼의 용어를 빌리자면 "정치적으로

8. 같은 책, 56. 다음도 참조, Muzafer Sherif, *The Psychology of Social Norms* (New York: Harper & Brothers Publishers, 1936), 95–109.
9. Katz and Lazarsfeld, *Personal Influence*, 41–42.
10. Katz, introduction to the Transaction (2017) edition, xxii–xxix.

둔감한" 다수가 불안정하고 역동적이게 되는 변화의 순간을 증폭했다. 로퍼는 "정치적으로 둔감한" 집단을 "지역사회 내에서 거의 활동하지 않고", 대체로 침묵하며, "이념의 세계에 그다지 익숙하지 않다"라고 묘사했지만, 카츠와 라자스펠드와 마찬가지로 "이들이 자극되고 충분히 투표한다면 언젠가 도래할 정치적, 경제적, 사회학적 전망을 근본적으로 결정할 수 있기"[11]에 이 집단이 중요하다고 생각했다. 따라서 모든 캠페인은 "이웃에서 이웃"으로의, 영향력 있는 집단에서 둔감한 집단으로의 관여를 통해 이 집단의 구성원들을 깨우는 것을, 즉 선동하고 양극화하는 것을 추구했다. 이 장에서는 다음과 같이 질문한다. 어느 정도까지 이 설명(description)은 연대는 아니더라도 다수의 양가적 견고함을 약화시켜 다수를 분열적으로 정치화하는 처방전(prescription)이 되었는가?[12] 양극화를 분산

11. Roper, foreword to Katz and Lazarsfeld, *Personal Influence*, xxxii.
12. 서론에서 언급했듯이 보드리야르는 침묵하는 다수의 힘에 대해 가장 도발적으로, 어쩌면 도착적으로 언급했다. 그는 '대중'의 침묵을 해결해야 할 문제로 보기보다는 이 무응답을 저항의 한 형태라는 틀로 보았다. 즉 무응답은 선택과 합리성에 대한 전략적 거부, 해방되고 계몽된 주체가 되라는 요구에 대해 반작용하는 소멸이다. 보드리야르는 "대중은 불투명하지만 마찬가지로 반투명한 실재"라고 주장했다.(Baudrillard, *In the Shadow*, 1) 대중은 익명적이고, 무수히 많으며, 이름을 붙일 수 없다. 비록 끊임없는 호소와 자극과 촉구의 (그리고 조사와 측정의) 대상이지만, '대중', 즉 다수는 블랙홀과 같아서 근본적으로 미지이고 알 수도 없다고 보드리야르는 말한다. "그들은 방출하지 않는다. (…) 국가, **역사, 문화, 의미**의 외딴 성좌에서 방출되는 모든 방사선을 흡수한다. 대중은 둔감함, 둔감함의 힘, 중립의 힘이다."(2) 보드리야르에게 이러한 흡수, 즉 무관심은 긍정적인 전략이다. 침묵은 주체가 되기를 거부하는 것이기 때문에 '대중'이 소외되는 것은 불가능하다. 보드리야르는 침묵이 "절대적인 무기"이고 "아무도 침묵하는 다수를 대표한다고 할 수 없으며, 그것이 바로 다수의 복수"(22)라고 주장한다. '사회적인 것'이 내파된 매체 그 자체인 '대중'의 힘은 검증 가능한 수용이 그들에게 결여되어 있다는 것, 즉 목소리를 내는 참여의 결여와 대표성의 거부에 있었다.

나는 『동일성 유지를 위한 업데이트』에서 보드리야르의 주장에 동의하든 동의하지 않든—특히 무관심과 침묵의 혼용(축구 경기를 보는 '대중'은 거의 침묵하지 않

시키고 민주적 정치의 가능성을 위한 토대를 마련하기 위해 양가성을 어느 정도까지 사용할 수 있는가?

'대중'의 '각성'은 양극화, 즉 둔감한 집단의 노드를 '격앙된' 요소의 군집들로 변화시키는 '이웃'의 창조에 달려 있다. 이 과정은 불활성의(inert) 철가루 덩어리가 자기화(자기 분극)되어 군집화된 네트워크로 끌어당겨지는 고전적인 물리학의 시연을 떠올리게 한다. 양쪽 극에 모인 비슷한 극성의 철가루는 서로 밀어내지만 반대쪽 극으로의 압도적인 견인력으로 인해 서로 달라붙게 된다.(그림 23) 일반적으로 비자성 물질에서 이러한 자기 분극을 유지하려면 자석이나 일정한 전류가 필요하다.(그림 24 및 25)

소셜 미디어의 '이웃들'은 자기적으로 극성을 띤 철가루의 군집들과 같아서, 비슷한 극성을 띤 철가루가 서로 밀어내고 반대쪽 극으로의 압도적인 견인력을 통해 서로 달라붙는다. 페미니스트이자 퀴어 이론가인 사라 아메드가 주장했듯이, '나'를 '위협받는' '우리'로 함께 묶기 위해 혐오는 타자를 필요로

는다)과 관련하여 동의하지 않는 부분이 많지만—인터넷과 소셜 미디어는 '대중'을 포착할 수 없다고 보드리야르가 일축했던 끊임없는 측정을 통해 조롱 전략으로서의 침묵을 불가능하게 만들었다고 주장했다. 이제 모든 행동이 추적될 뿐만 아니라 '당신과 같은'(like you) 사람들에 의해 침묵이 끊임없이 배신당하기 때문에 침묵은 불가능해졌다. 1장에서 살펴본 케임브리지 애널리티카 및 코신스키와 동료들의 논문에 비추어볼 때, 연구자들이 개인의 소셜 데이터를 수집할 뿐만 아니라 소위 친구나 소셜 네트워크 이웃이 직간접적인 유출자 역할을 하기 때문에 개인은 더 이상 침묵하지 않는다. 뉴미디어, 즉 'n(you) 미디어'는 '당신'의 기능이며, 뉴미디어는 이를 끊임없이 강조한다. 유튜브닷컴은 "무슨 생각을 하고 있나요?"(What's on your mind?), "당신"은 "올해의 인물입니다"를 내세운다. '매체'는 더 이상 '대중'이 아니라 '당신'인 것이다. 영어에서 'you'는 단수형과 복수형이 모두 가능하지만 복수형일 때에도 여전히 개인을 개인으로 지칭하는 등 특히 변화무쌍하게 변한다. 'n(you) 미디어'는 근본적으로 유출적이다.

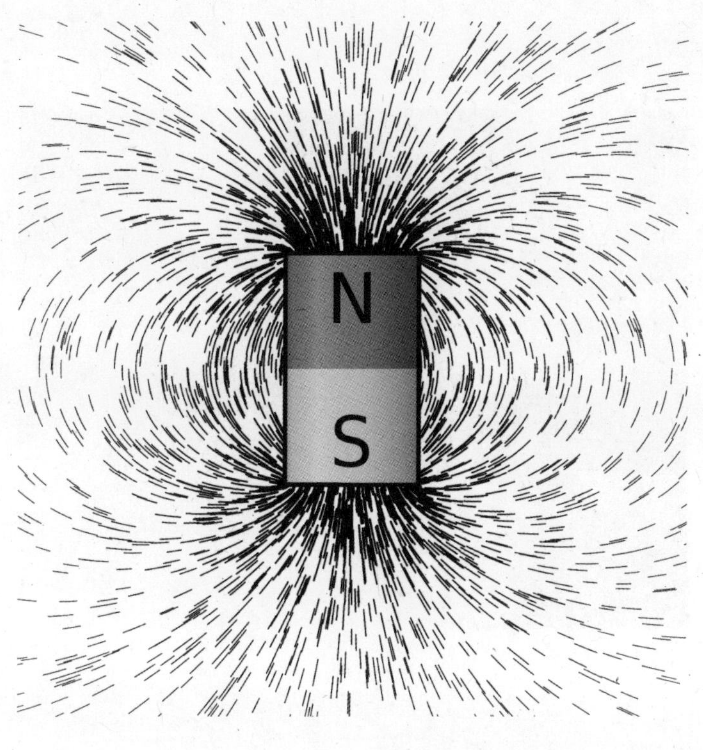

그림 23. 자성으로 양극화된 철가루. 출처: 위키미디어 커먼즈,
https://commons.wikimedia.org/wiki/File:Ironfilings_cylindermagnet.svg.

그림 24. 인접한 사슬은 반대쪽 극에 달라붙을 때 서로를 밀어낸다. 출처: 위키미디어 커먼즈.

자기 분극(즉 자석화)

여기 자석화되지 않은 덩어리, 예를 들어 철가루가 있다: 이는 외부 자기장에 어떻게 반응하는가?

(a) 먼저 덩어리가 없는 상태에서 적용된 자기장을 스케치해 보자: 역선(力線)들은 균일하게 분리되어 있으며, 이는 일정한 자기 벡터 장($\vec{B}$)을 나타낸다.

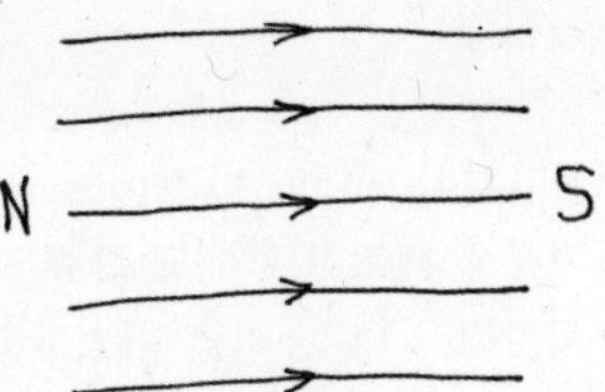

(b) 위의 적용된 자기장에 덩어리를 넣으면 추가(새로운) 자기장이 생긴다: 덩어리는 그 자체의 N극과 S극을 생성하며, 그 결과로 생기는 자기장 패턴은 '쌍극자'(dipole)라 불린다. 적용된 $\vec{B}$가 너무 크지 않다면, 덩어리의 자석화는 $\vec{M}=X\vec{B}$ 이며, 여기서 X는 덩어리의 '자화율'이다. 철(강자성체, ferromagnet)의 경우 X는 매우 크지만, 대부분의 다른 물질에서는 작다.(때로는 음수다.)

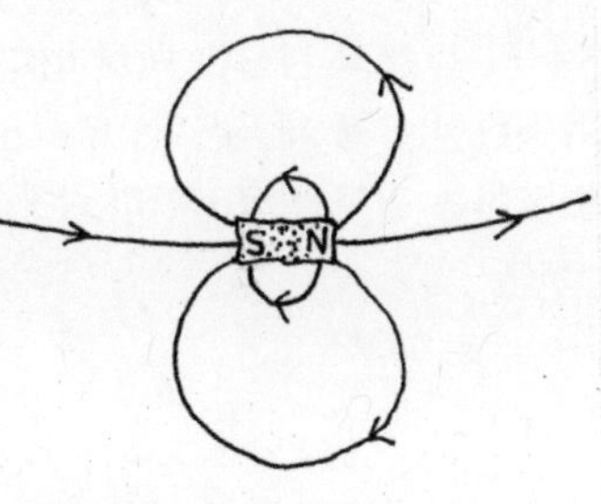

(c) 총(물리적) $\vec{B}$장은 이전 두 그림 벡터 장의 합이다: 장선이 가장 가까이 모이는 두 개의 고자기장 영역을 주의하라.

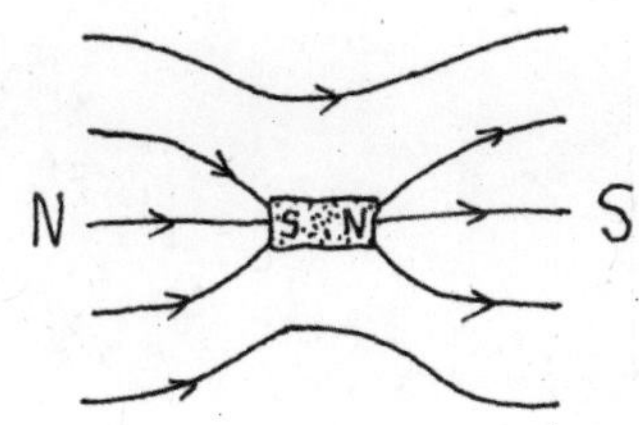

그림 25. 앨릭스 바넷, '자기 분극'

(d) 에너지를 최소화하면 두 번째 덩어리가 이러한 고자기장 영역으로 끌려가게 되며, 이는 적용된 자기장 내에서 '연쇄적으로 연결되는' 경향을 설명한다:

(e) 미시적 도메인 반전(domain flipping)*으로 인해 철은 적용된 자기장을 제거한 후에도 잔류 자석화(위 b 패턴의 약화된 버전)를 유지한다. 나침반 바늘처럼, 이러한 덩어리는 적용되는 새로운 자기장과 정렬되도록 회전하는 경향이 있다.

· 위의 각 분극 현상은 외부 미디어 환경 내의 인간에 대한 유익한 비유를 제공한다: 우리는 미디어 자기장에 반응하고 이를 변조하는 강자성 덩어리다.

* 옮긴이—물질 내에서 자발적으로 분극 방향이 일치하는 영역인 도메인의 구조를 반전시키는 것.

한다.[13] 놀랍게도 이러한 혐오는 '사랑'으로, '동종선호'로 바꾸어 표현된다.[14] 예를 들어 근대 백인 우월주의자들은 타인을 혐오하는 것이 아니라 그들 자신을 '사랑'한다고 주장한다. 그러나 그들은 타인을 미워함으로써 자신의 사랑을 증명하는데, 그 타인의 세계를 고통과 해를 통해 망치고자 한다.[15] 무관심, 즉 카츠와 라자스펠드와 로퍼가 "둔감함"이라고 부르는 것은 사랑과 혐오의 반대다.[16] 4장에서 설명하듯, 혐오를 '사랑'으로 대체하면 너 자신을 사랑하는 것처럼 이웃을 사랑하라는 윤리적 의무가 너 자신을 혐오하는 것처럼 이웃을 혐오하라는 요청으로 변질된다. 동일성의 공간은 위안을 주면서도 쫓아버리는 분노 위에서 번성한다.

동종선호는 이론상으로는 평면적이고 확산적인 소셜 네트워크 내의 경계를 드러내고 창출하며, 동등하다고 여겨지는 노드들을 구별하고 차별하며, 편향과 불평등을 발견하고 '편안함', 예측 가능성, 상식이라는 이름으로 이를 영속화하기 위한 도구다. 현재 구성된 네트워크 과학과 데이터 분석은 동종선호를 통해 이들이 무심코 발견한 차별을 영속화한다. 그렇다면 네트워크 과학이란 무엇인가? 그리고 이러한 '영속화'는 어떻게 일어나는가?

13. Sara Ahmed, *The Cultural Politics of Emotion*, 2nd ed. (Edinburgh: Edinburgh University Press, 2014), 51. 한국어판은 사라 아메드, 『감정의 문화정치』, 시우 옮김(파주: 오월의봄, 2023).
14. 같은 책, 42.
15. 같은 책, 58.
16. David Holbrook, *The Masks of Hate: The Problem of False Solutions in the Culture of an Acquisitive Society* (Oxford: Pergamon Press, 1972), 36.

소셜 네트워크와 신자유주의적 연결의 과학

가장 기본적인 수준에서 네트워크 과학은 연결을 포착—분석하고, 표현하고, 부과하고, 도구화하고, 정교화—한다. 그래프 이론과 게임 이론을 결합하여 비용, 이익, 효율성 측면에서 인간의 상호작용을 모델화한다. 그래프 이론은 세계를 개별 '노드'와 '에지'[17]로 축소하여 자본주의에서 '전염'에 이르는 광범위한 현상을 명확히 설명한다. 동시에 네트워크 과학은 집적된 행동이 동일한 집단행동들에서 비롯된다고 상정하지 않는다는 점에서 비규범적이다. 또한 '사회적 자본'과 같은 개념을 통해 이는 민주화하는 것으로 여겨지는 소셜 네트워크 내의 불평등을 설명하고 정당화하는 데 도움을 줄 수 있다.

네트워크 과학자인 울리크 브란데스와 동료들이 『네트워크 과학』 창간호에서 정의한 대로 "네트워크 과학은 관계형 데이터의 수집, 관리, 분석, 해석, 표현에 대한 연구"[18]다. 이 분야

17. 옮긴이—그래프 이론에서 노드(node, 교점)는 변수이며 에지(edge, 간선)는 노드 간의 관계를 드러내는 연결선이다.

18. Ulrik Brandes et al., "What Is Network Science?," *Network Science* 1, no. 1 (2013): 2, 강조는 원저자, https://doi.org/10.1017/nws.2013.2. 이 학술지의 편집인들은 창간호 서문(4–12)에서 다음과 같은 주장을 펼쳤다:

주장 1: 네트워크 과학은 네트워크 모델의 연구다.

주장 2: 네트워크 표현(representation)에 관한 이론과 현상에 관한 네트워크 이론이 있으며, 이 두 가지가 모두 네트워크 이론을 구성한다.

주장 3: 네트워크 과학은 전적으로 경험적인 것은 아니더라도 일관되게 경험적이어야 하며, 다른 표현들과 견주어 그 가치를 평가해야 한다.

주장 4: 네트워크 데이터를 차별화하는 것은 그 도메인의 발생 구조[옮긴이—incidence structure. 그래프에서 정점(vertex)과 간선(edge) 간의 관계로 이루어지는 구조]다.

주장 5: 네트워크 과학의 핵심은 변수들 사이 및 변수들 내에서의 의존성이다.

주장 6: 네트워크 과학은 그 자체로 수학적 과학으로 진화하고 있다.

주장 7: 네트워크 과학은 빅뱅에서 확장된 패러다임이라기보다는 그 자체로 진화하는 네트워크의 과학이다.

는 연결성과 자본주의의 점증하는 세계화에, "현대 사회의 복잡한 '연결됨'에 대한 대중의 매혹 증가"[19]에 대응하기 위한 것이다. 이는 "연결된 시대"[20]를 매핑하고 탐색하는 데 매우 중요하다. 네트워크 과학은 문화이론가 프레드릭 제임슨이 한때 "인지적 지도제작"(cognitive mapping)이라고 불렀던 것을 모방한다. 개인과 그들이 살고 있는 총체성(totality)과의 연결고리를 밝혀 포스트모더니즘의 안개를 걷어내기 때문이다.[21] 제임슨에 따르면 포스트모더니즘은 주체를 "부르주아 사생활의 여전히 살아남은 공간에서부터 글로벌 자본 자체의 상상할 수 없는 탈중심화에 이르는 다양한 프레임을 가진 근본적으로 불연속적인 현실들의 다차원적 집합 속에 잠기게 했다."[22] 이 때문에 이러한 주체들은 아렌트의 "대중"처럼 자신의 국지적(local) 경험(진정성)을 포괄적(global) 시스템(진실)과 연결하지 못한 채 근본적으로 방향 감각을 상실하게 되었다. 이러한 상황을 해결하기 위해 제임슨은 아직 상상할 수 없는 사회주의 예술의 한 형태인 인지적 지도제작을 요구했는데, 이는 "새로운 기관을 성장시키고 우리의 감관(sensorium)과 신체를 어

19. David Easley and Jon Kleinberg, *Networks, Crowds, and Markets: Reasoning about a Highly Connected World* (New York: Cambridge University Press, 2010), 1.
20. 네트워크 과학 분야의 저명한 학자인 덩컨 와츠가 설명했듯 "세계 역사에서 이 특별한 시기를 한 가지 간단한 방식으로 특징지어야 한다면, 그 이전 어느 때보다 더 고도로, 더 전 세계적으로, 더 예기치 않게 연결된 시기라고 할 수 있을 것이다." Duncan J. Watts, *Six Degrees: The Science of a Connected Age* (New York: Norton, 2004), 13–14.
21. Fredric Jameson, "Cognitive Mapping," in *Marxism and the Interpretation of Culture*, ed. Cary Nelson and Lawrence Grossberg (Champaign: University of Illinois Press, 1990), 347–360.
22. 같은 글, 351.

면 새로운, 아직 상상할 수 없는, 어쩌면 궁극적으로 불가능한 차원으로 확장시켜야 한다는 명령에 해당한다."[23] 기업의 네트워크 과학은 새로운 기관을 성장시키는 대신 세계를 소수의 사람들만 접근할 수 있는 지도로 축소함으로써 이러한 혼란을 해결한다. 3장에서 자세히 설명하듯, 이는 인공적 지능의 진실로 형성된 '진정성'의 양식을 생산한다.

네트워크 과학은 근본적으로 물리학, 생물학, 경제학, 사회심리학, 사회학, 인류학 등 다양한 학문을 한데 모은 학제 간 학문이다. 그러나 정량적 사회과학과 물리 및 컴퓨터 과학을 혼합하는 과정에서 네트워크 과학은 재현(representation)과 연결망(network)에 대한 이론이 풍부한 분야인 질적 사회과학과 인문학을 우회한다. 1장에서 언급했듯이, 선도적이고 통찰력 있는 소셜 네트워크 과학자인 버러바시는 "점점 더 침투하는 디지털 기술"을 통해 네트워크 과학이 "규모, 복잡성, 세부 면에서 과학이 지금까지 접했던 모든 것을 능가하는 거대한 연구 실험실"을 만들었다고 주장했다. 이 실험실은 "탐구하고 예측할 수 있으며 의심 없이 이용될 수 있는 인간 행동의 더 깊은 질서에 대한 증거로서 삶의 리듬을 드러낸다."[24] 네트워크 과학은 디지털 미디어라는 어항 속에 갇혀 있는 방대한 집단 무의식을 풀어내며, 이것이 바로 컴퓨터 과학 학위가 심리학보

23. Jameson, *Postmodernism, or, The Cultural Logic of Late Capitalism* (Durham, NC: Duke University Press, 1991), 39. 한국어판은 『포스트모더니즘, 혹은 후기자본주의 문화 논리』, 임경규 옮김(서울: 문학과지성사, 2022).

24. Barabási, *Bursts*, 11. 네트워크 과학과 디지털 기술이 우리를 "거대한 연구 실험실"에 자리하게 했다는 버러바시의 주장은 인공지능과 최고의 카우보이 해커가 "거리의 춤에서 (…) 패턴"(Gibson, *Neuromancer*, 259)을 감지하여 한낱 인간이 파악할 수 없는 사건들을 예측할 수 있는 것으로 가정하는 사이버펑크 소설을 떠올리게 한다.

다 더 관련 있는 이유이기도 하다. 3장 다음에 나오는 「이데올로기의 상관관계」에서 설명하듯이, 이데올로기는 정신분석의 사생아라고 해도 과언이 아닐 정도다. 결백한 말실수란 없는 것이다. 각각의 행동은 더 큰 패턴이나 증상의 일부다. 목표는 답할 수 없는 다음의 질문에 답하는 것이다. 여성/남성은 무엇을 원하는가?

이를 위해 네트워크 과학은 현실 세계의 현상을 일련의 '노드'와 '에지'로 축소하고, 이를 재생하여 교우관계에서 금융위기에 이르기까지 겉으로 보기에 서로 전혀 다른 행동의 원인을 밝혀낸다. 이러한 '발견된' 관계는 네트워크 이론의 각 단계, 즉 초기 추상화 또는 재현에 이어 수학적 모델링을 통해 그 고유한 유형의 추상화를 만들어내는 방대한 단순화의 방대한 단순화다.[25] 브란데스와 동료들은 첫 번째 단계가 "응용적"이고 "인식론적"이라고 설명한다. 즉 이 단계는 "주어진 연구 영역에서 현상을 사회연결망으로 추상화하는 방법을 제안하고 설명한다. 예를 들어 무엇이 개별 개체 또는 관계를 구성하는가, 유대의 강도를 어떻게 개념화하는가 등이 여기에 포함된다." 간단히 말해, 이 단계에서는 무엇이 '노드'이고 무엇이 '에지'이며 이들을 어떻게 매핑해야 하는지를 결정한다. 두 번째 단계

25. 이에 관해 와츠는 이렇게 말한다. "사실 실제 과학의 대부분은 매우 복잡한 현상의 매우 단순한 표현(representation)이다. 단순한 것에서 시작하는 것은 복잡한 것을 이해하는 데 필수적인 단계이며, 단순한 모델에서 파생된 결과는 종종 강력할 뿐만 아니라 매우 매혹적이다. 복잡한 세상의 혼란스러운 세부 사항을 제거하고 문제의 핵심을 찾음으로써 우리는 직접 연구해서는 결코 짐작할 수 없는 연결된 시스템에 대한 것들을 종종 배울 수 있다. 하지만 우리가 사용하는 이러한 방법은 종종 추상적이고, 그 결과를 실제 응용 사례들에 직접 적용하기 어렵다는 대가를 치른다. 하지만 이는 우리가 진정으로 진보를 원한다면 피할 수 없는 필연적인 대가다"(*Six Degrees*, 15).

는 "순수" 네트워크 이론으로, "차수 분포, 폐쇄(closure), 커뮤니티 등과 같은 네트워크 재현의 형식화된 측면과 이들이 서로 어떻게 연관되는지를 다루기 때문이다. 이러한 순수 네트워크 과학에서 해당 이론은 수학적인 것, 즉 네트워크 이론이다."[26] 이 두 번째 단계에서는 첫 번째 단계에서 산출된 추상화를 재생산하는 모델을 구축한다. 처음의 매핑을 반복하는 것은 무엇이든 참이거나 인과적이다. 아렌트가 지적한 것처럼 이러한 수학적 또는 논리적 체계 내의 진리(truth)는 일관성이다.(이 장 앞의 「위반적 가설」 참조)

이 두 단계의 과정은 네트워크 과학이 세계의 추상적 재현을 시뮬레이션하고 이러한 추상성을 재생산하는 것이 '진리'라고 주장할 때 경험주의와 모델링 사이에서 줄타기함을 강조한다. 이 두 단계의 과정은 포획 시스템(capture system)을 보다 일반적으로 정의한다. 전직 AI 연구원이자 정보학자인 필립 아그리가 밝힌 것처럼, 소포와 같은 물품을 추적하고 배송을 최적화하는 데 사용되는 것과 같은 포획 시스템은 데이터를 포획하는 동시에 자신의 연구 대상을 완벽하게 모방하는 모델을 창조함으로써 데이터 포획을 불필요하게 만드는 것을 꿈꾼다.[27]

네트워크 과학은 규범적이지 않다. 행위자를 상호 교환 가능한 노드로 축소하더라도 모든 행위자가 동일하게 행동한다고 상정하지 않는다. 집단 순응(mass conformity)이 집적된 행동을 추동하지 않는다. 네트워크 과학은 이전에는 '필터링'

26. Brandes et al., "What Is Network Science?," 5.
27. Philip E. Agre, "Surveillance and Capture: Two Models of Privacy," *Information Society* 10, no. 2 (1994): 101–127, https://doi.org/10.1080/01972243.1994.9960162.

되거나 통제되었던 상관관계에 관여함으로써 국지적 규모와 포괄적 규모, 미시적 규모와 거시적 규모 등의 불연속적인 규모를 연결한다. 브란데스와 동료들은 네트워크 과학이 의존성과 구조를 긍정적으로 평가한다는 점에서 다른 과학과 다르다고 설명한다. "의존성은 골칫거리가 아니라 실제 연구 관심사를 구성하는 경우가 많다."[28] 이러한 관계는 행위자 속성 변수 내의 상관관계(예를 들면 소득과 나이의 관계 또는 팔과 다리 길이의 관계)를 넘어 연결 여부에 따라 가치가 부여되는 쌍으로 정의되는 전체 네트워크 변수 집합을 포괄한다. 이러한 변수는 차례로 서로 영향을 미친다. "중요한 점은 한 유대의 존재가 다른 유대의 존재에 영향을 미칠 수 있다는 것이다. (…) 유대 간의 의존성이 없다면 새로운 네트워크 구조도 생겨나지 않는다."[29] 모든 수준에서 네트워크는 역동적이고 상호의존적이다. 중요한 것은 유대를 이해하고 창조하는 것이다.

이러한 상호의존성을 모델링하기, 즉 포괄적 사건을 개별적 상호작용과 묶는 작업은 그래프 이론과 게임 이론 또는 기타 행위자-기반 모델링 규약(protocol)과의 결합을 수반한다. 경제학자 데이비드 이즐리와 컴퓨터과학자 존 클라인버그의

28. Brandes et al., "What Is Network Science?," 8. 브란데스와 동료들이 네트워크 과학과 통계학의 차이에 대해 제시한 예는 매우 이해를 돕는다. "속성의 범위는 구조화되어 있지만, 대부분의 과학에서 변수들이 정의되는 영역은 구조가 없는 것으로, 즉 단순한 집합으로 가정된다. 그럴 만한 이유가 있을 수 있다. 예를 들어 연령에 대해 통제된 교육과 소득 간의 연관성에 관심이 있다면, 실제로 우리는 그 연관성을 조절하는 개인 간의 관계가 존재하지 않기를 원한다. 사실 통계의 대부분은 이러한 관계를 감지하고 제거하는 것과 관련이 있다. 이것이 적어도 일부 변수의 영역이 구조를 갖도록 명시적으로 설정되어 있는 네트워크 과학과의 가장 중요한 차이다. 잠재적으로 초래되는 종속성은 성가신 것이 아니라 실제 연구 관심사를 구성하는 경우가 더 많다."(8)
29. 같은 글, 10.

협업은 이러한 생산적 결합을 예시한다. 코넬 대학교에서 함께 진행한 수업(2016년에는 수학자이자 컴퓨터 과학자인 에버터르도시와 함께 인기 있는 에덱스 무크[EdX MOOC] 수업이 되었다)을 기반으로 한 고전적 교과서인 『네트워크, 군중, 시장』(2010)에서 이즐리와 클라인버그는 네트워크를 이해하는 데 있어 다음 두 가지 수준의 유대가 핵심이라고 주장했다. "누가 누구와 연결되어 있는지를 가리키는 구조 수준에서의 연결성과 (…) 행동 수준에서의 연결성, 즉 각 개인의 행동이 시스템 내 모든 사람의 결과에 암묵적인 영향을 미친다는 사실."[30] 포괄적 관심사는 국지적 결정에 영향을 미치고 국지적 효과는 종종 포괄적 규모에서만 나타난다.[31] 따라서 네트워크 과학은 "거시적 효과가 어떻게 국지적 상호작용의 복잡한 패턴에서 발생하는지"[32]를 드러낸다. 『네트워크, 군중, 시장』은 그래프 이론과 게임 이론을 결합하여 정보 폭포(information cascade)[33]와 같은 '비합리적'으로 보이는 현상을 설명한다.

게임 이론으로의 전환에서 알 수 있듯이, 시장 기반 논리가 네트워크 과학 모델에 스며들어 있다. 실제로 네트워크 과학과 포획 시스템은 포스트모던적 병폐에 대한 신자유주의적

30. Easley and Kleinberg, *Networks, Crowds and Markets*, 4, 강조는 원저자.
31. 이즐리와 클라인버그는 이렇게 말한다. "네트워크 환경에서는 고립된 상태에서 자신의 행동을 평가하는 것이 아니라 세상이 자신의 행동에 반응할 것이라는 기대를 가지고 평가해야 한다." 같은 책, 5
32. 같은 책, 6.
33. 옮긴이—행동 경제학과 네트워크 과학에서 1990년대 중반 제안된 개념으로 개별 의사 결정자가 개인적으로 확보한 정보에 기초하여 의사를 결정하기보다는 다른 사람들의 의사 결정을 따르는 현상을 가리킨다. 이에 따르면 사람들은 자신 나름의 정보 이외에도 다른 사람들의 결정을 관찰하면서 얻은 정보를 바탕으로 순차적으로 의사 결정을 하게 된다. 이 개념은 사회적 압력이 클 경우와 같은 특정한 상황(즉 정보 홍수의 상황)에 행위자들이 비합리적인 결정을 하게 되는 상황을 설명하기도 한다.

'치료제'라 할 수 있다.[34] 분명히 말하지만, 이는 신자유주의 때문에 네트워크 과학을 비난하는 것도 아니고, 네트워크 과학자들이 본질적으로 신자유주의적이라고 주장하는 것도 아니다. 오히려 네트워크 과학의 많은 통찰이 이들이 전제하는 경제 시스템과 얽혀 있다는 사실을 강조하기 위한 것이다. 데이비드 하비가 말하듯 신자유주의는 "강력한 사유재산권, 자유 시장, 자유무역을 특징으로 하는 제도적 틀 안에서 개인의 기업가적 자유와 기술(skill)을 해방함으로써 인간의 복지가 가장 잘 증진될 수 있다고 제안하는 정치적 경제 실천 이론"[35]으로, 노동자가 자신의 노동뿐만 아니라 자신의 신체도 '인적 자본'으로 소유하는 역량 강화 담론에 초점을 맞춘 이론이다. 시카고학파 경제학자 밀턴 프리드먼과 같은 신자유주의자들은 신자유주의가 고전적 자유주의 경제 이론을 소생시키고 있을 뿐이라고 주장하지만, 푸코는 "시장 경제가 실제로 국가의 원리, 형식, 모델이 될 수 있다"[36]는 입장을 취한다는 점에서 신자유주의가 고전적 자유주의와 다르다고 강조한다. 하비는 신자유주의가 심각하고 광범위한 소득 격차를 조장함으로써 대부분의 사람들에게 경제적으로 해를 끼치고 있지만 일반적인 "동의의 문화"를 형성함으로써 번성했다고 주장한다. 특히 신자유주의

34. 네트워크 과학과 포획 시스템을 치유로 보는 견해에 대한 보다 자세한 내용은 나의 『동일성 유지를 위한 업데이트』를 참조.
35. David Harvey, *A Brief History of Neoliberalism* (Oxford: Oxford University Press, 2009), 2. 한국어판은 데이비드 하비, 『신자유주의: 간략한 역사』, 최병두 옮김(파주: 한울, 2009).
36. Michel Foucault, *The Birth of Biopolitics: Lectures at the Collège de France, 1978–79*, ed. Michel Senellart, trans. Graham Burchell (Basingstoke, UK: Palgrave Macmillan, 2008), 117. 한국어판은 『생명관리정치의 탄생: 콜레주 드 프랑스 강의 1978–79년』, 심세광·전혜리·조성은 옮김(서울: 난장, 2012).

는 정부에 대한 1960년대의 진보적인 불만을 통합하는 동시에 이러한 불만을 자본주의와 기업에 대한 비판과 분리했다.

신자유주의 사회에서 시장은 하나의 윤리가 되었으며, 모성에서 교육에 이르기까지 모든 인간 상호작용이 경제적 '거래'로 논의되고 비용 편익의 관점에서 평가되도록 모든 곳에 퍼져 있다. 푸코는 시장이 모든 것에 대한 "이해 가능성의 격자"(grid of intelligibility)[37]가 되었다고 주장한다. 평등의 관점에서 표현되더라도 신자유주의는 불평등과 "금융화된 인적 자본"에 근거한다고 정치 이론가 웬디 브라운은 말한다. "우리가 하는 모든 일과 모든 장소에서 우리가 인적 자본으로 형상화될 때, 평등은 서로에 대해 우리가 당연한 것으로 여기는 자연스러운 관계가 더 이상 아니다."[38]

네트워크 과학과 포획 시스템은 이러한 시장 기반 논리를 더욱 일반적으로 확산하고 증폭시킨다. 아그리는 포획 시스템에 대한 초기의 선구적인 분석에서 "생산적 활동의 전체 세계가 경제적 행위자들 사이의 극도로 수많은 교환의 에피소드로 선험적으로 개념화될 수 있다고 전제"[39]하는 세계 내에 존재하는 이러한 시스템이 정보를 상품화하고 포착된 인간관계의 거래 비용을 줄임으로써 시장 관계를 확장한다고 밝혔다. 가장 간결하게 요약하자면 포획 시스템은 모든 인간 상호작용을 시장 기반 교환으로 전환하고 변형시켜 컴퓨터화가 신자유주의를 실현한다는 것이다. '비용'의 언어와 이를 낮출 필요성은 아

37. 같은 책, 252.
38. Wendy Brown, *Undoing the Demos: Neoliberalism's Stealth Revolution* (New York: Zone Books, 2015), 179.
39. Agre, "Surveillance and Capture," 121, 120.

그리의 분석과 보다 일반적인 네트워크 과학의 분석 모두에 스며들어 있다. 집단행동과 임계 질량(critical mass)을 모델링하려는 시도부터 여성과 소수자에 대한 변별적인 네트워킹 기법을 매핑하는 시도, 사회연결망에서 영향력이 있거나 취약한 구성원의 영향을 식별하려는 시도부터 이민자 연결망 내에서 사회적 자본의 '보상'을 분석하는 시도에 이르기까지 말이다.[40]

이러한 시장 기반 논리는 사회학자 피에르 부르디외가 집단 구성원 자격 및 승인과 연관시킨 개념이자 부르디외의 연구 정신과 달리 지속적인 불평등을 정당화하는 데 중요한 역할을 하는 '사회적 자본'의 존재를 상정한다.[41] 현재 문헌에서 사회적 자본은 교육 및 기술의 차이처럼, '인적 자본' 내의 개별적

40. Damon M. Centola, "Homophily, Networks, and Critical Mass: Solving the Start-up Problem in Large Group Collective Action," *Rationality and Society* 25, no. 1 (2013): 3–40, https://doi.org/10.1177/1043463112473734; Herminia Ibarra, "Personal Networks of Women and Minorities in Management—A Conceptual Framework," *Academy of Management Review* 18, no. 1 (1993): 56–87, https://doi.org/10.2307/258823; Sinan Aral and Dylan Walker, "Identifying Influential and Susceptible Members of Social Networks," *Science* 337, no. 6092 (2012): 337–341, https://doi.org/10.1126/science.1215842; Emi Ooka and Barry Wellman, "Does Social Capital Pay Off More within or between Ethnic Groups?: Analysing Job Searches in Five Toronto Ethnic Groups," in *Inside the Mosaic*, ed. Erik Fong (Toronto: University of Toronto Press, 2006), 199–226.

41. 부르디외는 '사회적 자본'을 "상호 친분(acquaintance)과 인정(recognition)이라는 다소 제도화된 관계의 지속 가능한 네트워크의 소유, 즉 집단의 구성원 자격과 연결된 실제 또는 잠재적 자원의 총합"으로 정의했다. Pierre Bourdieu, "The Forms of Capital," in *Handbook of Theory and Research for the Sociology of Education*, ed. John G. Richardson (New York: Greenwood, 1986), 248–252. 사회적 자본은 상호적이고 연결망적인 승인(acknowledgment)과 교환에 의존하는 신용 또는 자격 증명의 한 형태다. 부르디외는 이러한 형태의 자본이 "실질적인 상태, 이를 유지하는 데 도움이 되는 물질적 및/또는 상징적 교환 속에서만 존재한다"고 강조한다.(248–249) 즉, 유대는 역동적이며 끊임없이 제정된다.

인 '능력주의적' 차이로 설명할 수 없는 성공의 격차를 설명한다. 사회학자 로널드 S. 버트에 따르면, 사회적 자본은 "사람들이 자신의 이익을 추구하기 위해 다양한 상품과 아이디어를 교환하는 시장으로 간주되는" 사회 내에서 "우위에 대한 은유"이다. 하지만 버트에 따르면 그 사회는 "더 잘하는 사람들이 어떻게든 더 잘 연결되어 있는" 사회로, "교환의 (…) 구조 내에서 특정한 위치를 차지하는 것은 그 자체로 자산이 될 수 있다. 그 자산은 사회적 자본이며, 본질적으로 차별화된 시장에서 위치 효과(location effect)의 개념이다."[42] 사회적 자본은 자본의 관계적 형태로, "어떻게든 더 잘 연결"되고 사회적 관계에 투자하는 사람들에게 이점을 부여한다. 즉 그것은 '신뢰', 의무, 그리고 무엇보다도 위치를 이용한다.

사회학자 마리옹 푸르카드와 키런 힐리는 "다양한 점수, 등급, 순위 지정 방법에 따른 자신의 위치 및 궤적"[43]과 연결된 자본의 한 형태인 '초-자본'(über-capital)이라는 개념을 통해 사회적 자본 개념을 구체화했다. 고용주나 임대인이 지원자의 '신뢰성'에 대한 대리체로 사용하는 개인화된 신용 점수는 이 개념을 잘 예시한다. "über라는 용어는 '이 자본의 메타적, 일반화된 또는 초월적인 본성'을 나타낸다. 또한 이 용어는 세상과 다른 사람들 위에 서 있는 비범한 어떤 것 또는 사람을 함축한다."[44] 서론에서 논의한 '자주적 개인'은 초-자본과 일치한다.

42. Ronald S. Burt, "Structural Holes versus Network Closure as Social Capital," in *Social Capital: Theory and Research*, ed. Nan Lin, Karen Cook and Ronald S. Burt (New York: Routledge, 2017), 31–32.
43. Marion Fourcade and Kieran Healy, "Seeing like a Market," *Socio-Economic Review* 15, no. 1 (2017): 14, https://doi.org/10.1093/ser/mww033.
44. 같은 글, 14, 강조는 원저자.

이러한 형태의 자본은 상품과 소비자가 잘 어울리게 만들기 위해 소비자의 '습관'에 근거하여 소비자를 범주화한다. 기업이 사용하는 범주는 인종, 젠더, 계급을 명시적으로 참조하지 않기 때문에(이 범주는 '불변하는' 특성이 아니라 행동이나 관계에 근거한다), 개별 소비자는 모두 마땅히 받아야 할 것을 받는다고 여겨진다.[45] 이런 점을 감안할 때, "다양한 형태의 예측 분석에 의한" 개별화된 평가는 "상징적이고 물질적인 계층화의 강력한 행위자로 계속 작용하고 있음에도 불구하고 정치적으로 이의를 제기하기 어려워진다." 따라서 초-자본은 "불운한 상황과 무정한 사회 구조를 도덕적으로 평가 가능한 행동 속에 흡수한다."[46] 다시 말해, 초-자본은 자기 안에 담긴 타자들의 조각인 습관을 통해 집단의 이점을 세탁한다.[47]

결정적으로 네트워크 과학과 포획 시스템은 스스로 모델링하거나 '발견'하는 활동을 재구성한다.[48] 인간 활동을 언어로 은유함으로써 이들은 포획된 데이터를 분석하는 것에서 포획된 활동의 존재론적 모델을 구축하는 것으로 이동하면서 규범적인 '행동의 문법'을 부과한다. 서론에서 언급했듯이, 시카고 경찰의 우범자 명단은 살인 사건의 감소로 이어지지 않았고, 오히려 명단에 오른 주체들이 "일치하는 다른 사람들보다 총격 사건으로 체포될 가능성이 2.88배 더 높았다."[49] 이 명단은

45. 기업, 초-자본, 소비자에 대한 자세한 논의는 합리적 차별에 대한 갠디의 논의를 참조. Gandy, *Coming to Terms with Chance*.
46. Fourcade and Healy, "Seeing like a Market," 25.
47. 나의 『동일성 유지를 위한 업데이트』를 참조.
48. 네트워크 과학과 포획 시스템이 '스스로 모델링하는 활동을 재구성하는' 방식에 대해서는 다음을 참조. Agre, "Surveillance and Capture."
49. Saunders, Hunt, and Hollywood, "Predictions Put into Practice," 364.

또한 더 많은 살인 사건으로 귀결할 수 있었다. 경찰의 연락을 받은 사람들은 이웃에게 '밀고자'로 인식될 것을 두려워했기 때문이다.[50] 사회연결망은 자신이 상상하는 현실을 창조하고 낳음으로써 자기 충족적 예언이 된다.[51] 효율성에 기반한 사회연결망은 성과주의 원칙이 지배하는 모든 시스템과 마찬가지로 정의의 문제를 우회한다.[52] 사회연결망은 공공의 삶을 "문제 해결과 프로그램 실행, 즉 정치, 갈등, 공통 가치나 목적에 대한 숙고를 괄호로 묶거나 제거하는 배역 선정(casting)"으로 축소한다.[53] 이 장에서 계속 설명할 동시대 네트워크 과학은 합의, 균형, '편안함'을 중요시 여긴다.

네트워크 과학은 분리를 개인의 선택으로 암묵적으로 인증하고 제도적, 경제적 제약을 지움으로써 의도치 않게 인종주의적 의제를 강화한다. 이는 분리된 이웃을 확산시켜 사회를 파괴하려는 신자유주의와 자주적 개인의 계획을 뒷받침한다. 네트워크는 개별적인 행동과 더 큰 집단적 습관 패턴과의 상관관계를 구축함으로써 선제하고 예측한다. 버러바시의 주장처럼 "미래를 예측하기 위해 먼저 과거를 알아야 한다"면, 정보기술로 인해 과거를 밝혀내는 것이 이전보다 훨씬 쉬워졌다면,

50. Gorner, "Chicago Police Use 'Heat List.'"
51. "자기충족적 예언"으로서의 소셜 네트워크에 대한 자세한 논의는 『동일성 유지를 위한 업데이트』와 다음을 참조. Kieran Healy, "The Performativity of Networks," *European Journal of Sociology* 56, no. 2 (2015): 175–205, https://doi.org/10.1017/S0003975615000107.
52. Jean-François Lyotard, *The Postmodern Condition: A Report on Knowledge* (Minneapolis: University of Minnesota Press, 1984), 63. 한국어판은 장프랑수아 리오타르, 『포스트모던의 조건』, 유정완 옮김(서울: 민음사, 2018).
53. Brown, *Undoing the Demos*, 127. [옮긴이—casting을 '배역 선정'으로 번역한 이유는 이 부분이 리얼리티 TV와 진정성의 알고리듬적 구축 간의 관계를 분석하는 3장과도 포괄적으로 호응하기 때문이다.]

이는 단순히 개인의 감시를 통해서가 아니라 개인들이 '함께 뭉쳐' 정서적으로 강렬한 '우리'가 출현할 수 있도록 하는 메커니즘인 동종선호를 통해서도 가능해졌다. 동종선호는 아메드가 "감정의 문화정치",[54] 즉 자본의 한 형태로서 감정의 순환이라고 진단한 것에 매우 중요한 역할을 한다.

동종선호: '우리의' 과거를 세탁하기

소셜 미디어 네트워크의 핵심에는 "유사성이 연결을 낳는다"[55]는 동종선호의 자명한(axiomatic) 원리가 있다. 동종선호는 군집을 생성하여 네트워크를 구조화한다. 이를 통해 동종선호는 네트워크를 검색 가능하고 예측 가능하게 만든다.[56] 그러나 더 중요한 것은 원인과 결과 사이에서 미끄러지는 '상식적인' 개념으로서 동종선호가 분리를 가정하고 창출한다는 점이다. 동종선호는 개인을 자연스럽게 '같은'(like them) 사람들과 함께 살고 싶어 하는 '이웃'으로 바꾸고, 합의가 유사성에서 비롯된다고 가정함으로써 비규범적으로 가정된 체계에 규범성을 도입하며, 분리를 기본으로 만든다. '자발적' 행동을 중시함으로써 동종선호

54. Barabási, *Bursts*, 204; Ahmed, *Cultural Politics of Emotion*.
55. Miller McPherson, Lynn Smith-Lovin, and James M. Cook, "Birds of a Feather: Homophily in Social Networks," *Annual Review of Sociology* 27, no. 1 (2001): 415.
56. Peter V. Marsden, "Homogeneity in Confiding Relations," *Social Networks* 10, no. 1 (March 1988): 57–76, https://doi.org/10.1016/0378-8733(88)90010-X; Matthew O. Jackson, "Average Distance, Diameter, and Clustering in Social Networks with Homophily," in *Internet and Network Economics, 4th International Workshop, WINE 2008, Shanghai, China, December 17–20, 2008, Proceedings, Lecture Notes in Computer Science*, vol. 5385, ed. Christos H. Papadimitriou and Shuzhong Zhang (Berlin: Springer, 2008), 4–11.

는 역사적 우연성, 제도적 차별, 경제적 현실을 지워버린다. 최악의 경우, 동종선호는 혐오를 '사랑'으로 포장하여 그것이 매핑하는 불평등을 정당화하는 역할을 하기도 한다. 인종차별이나 성차별이 아닌 동종선호가 불평등의 근원이 될 때 불의는 '자연스러운' 또는 '생태적인' 것이 되고, 상충되는 의견, 다른 인종 간의 관계, 양가성, 심지어 이성애도 비정상적인 것이 된다.

사회학자 밀러 맥퍼슨, 린 스미스 러빈, 제임스 쿡은 2001년 동종선호를 정의하는 논평에서 "동종선호 원리는 (…) 결혼, 교우관계, 업무, 조언, 지원, 정보 전달, 교환, 공동 멤버십, 그리고 다른 유형의 관계 등 모든 유형의 네트워크 유대를 구조화한다"고 설명한다. 그 결과, "사람들의 개인 연결망은 많은 사회인구학적, 행동적, 개인 내적 특성과 관련하여 동질성을 띠게 된다." 이들은 동종선호를 역사적으로 우연적인 것으로 규정하기보다는 자연스럽고 시대를 초월한 것으로 묘사한다. 실제로 이들은 유사성이 우정과 사랑을 결정하는 방식에 대한 아리스토텔레스와 플라톤의 인용으로 논평을 시작한다.(각주에서 이들은 아리스토텔레스와 플라톤도 반대되는 것에 끌린다고 주장했으므로 오해의 소지가 있다고 인정한다.) 이들이 보기에 동종선호는 '인간 생태'[57]의 결과이자 한 요인이다.

동종선호는 사회연결망의 구조와 개인의 행위성 사이의 접점에 위치한다. 맥퍼슨, 스미스-러빈, 쿡은 동종선호를 "바

57. McPherson, Smith-Lovin, and Cook, "Birds of a Feather," 415, 416. [옮긴이—해당 논문에서 저자들은 『파이드로스』에서 플라톤의 말("유사성이 친구 관계를 낳는다")과 『니코마코스 윤리학』에서 아리스토텔레스의 말("사람들은 자신과 같은 이들을 사랑한다")을 인용하며 서구 사유의 전통에서 동종선호의 기원을 정립하고자 한다.(416)]

탕선(baseline) 동종선호"("잠재적인 유대 풀[pool]에 대한 인구 통계에서 생성되는 동종선호 효과")와 "근친교배 동종선호"("기회집합 이상으로 명시적으로 측정된 동종선호"), 뿐만 아니라 라자스펠드와 머튼의 범주인 "지위 동종선호"("인종, 민족, 성별, 연령 등 타고난 특성과 종교, 교육, 직업, 행동 패턴 등 후천적 특성을 포함하여 사회를 계층화하는 주요 사회인구학적 차원")와 "가치 동종선호"("미래 행동을 향한 우리의 지향성을 형성하는 것으로 상정되는 다양한 내면의 상태"에 근거한)로 구분했다.[58] 세 저자는 논평에서 인종과 민족이 "오늘날 미국에서 사회연결망 내의 분명 가장 큰 분열"[59]이며, 이러한 분열은 바탕선 및 근친교배 동종선호로 인한 것이라고 지적한다. 이들은 동종선호의 원인으로 지리("동종선호의 가장 기본적인 원천은 공간이다"), 가족 유대, 조직의 초점, 가정에서의 역할 및 직업적, 비공식적 역할, 인지 과정, 선택적 유대 해체 등을 나열한다.[60] 이 목록에서 개인 또는 제도적 인종주의와 차별, 경제 및 역사는 눈에 띄게 누락되어 있다. 네트워크의 세계에서는 증오가 아닌 '사랑'이 분리를 추동한다. 이 '사랑'의 '증거'는 타자를 배척하는 것이기도 하지만 말이다.

동종선호라는 개념 자체가 분리에 대한 연구에서 비롯되었다는 점을 고려할 때, 가장 분열시키는 요인으로 인종을 '발견'한 것은 그리 놀라운 일이 아니다. 이 장의 뒷부분에서 자세히 살펴보겠지만, 라자스펠드와 머튼의 1954년 연구 「사회적 과정으로서의 교우관계」는 "뉴저지의 약 7백여 [백인] 가구를

58. 같은 글, 419.
59. 같은 글, 420.
60. 같은 글, 429–435.

대상으로 한 프로젝트인 크래프트타운과 펜실베니아 서부의 약 8백여 백인/흑인 가구를 대상으로 한 저가 임대 프로젝트인 힐타운"[61]에서의 주택공급 프로젝트 내의 교우관계 패턴을 분석했다. 그들은 1940년대 중후반 이 주택공급 프로젝트를 연구하면서 거의 모든 가구의 구성원 한 명을 긴 질문지를 사용하여 인터뷰했다. 앞서 언급했듯이, 그들은 동종선호를 근거 원칙으로 가정하지 않았고, 동종선호가 '자연스럽게' 발생한다는 것을 발견하지도 않았다. 오히려 이들은 다음과 같이 질문했다. "가치의 유사성 또는 대립이 친밀한 교우관계의 형성, 유지, 파괴를 만드는 역동적인 과정은 무엇인가?"[62]

라자스펠드와 머튼은 '동종선호'라는 용어 외에도 차이를 기반으로 한 교우관계인 '이종선호'라는 용어를 고안했다. "부족적", 성적 선택이 이 용어에 영감을 주었는데, 특히 이들은 "적어도 자기 집단 내의 교우관계와 사회권 밖의 교우관계를 구별하는 토착어를 가진 야생적인 트로브리안드족"에 대한 말리노프스키의 민족지학적 분석과 칼 피어슨과 의사 겸 우생학자 해블록 엘리스의 동형 및 이형배우자에 대한 연구를 인용했다.[63] 표면적으로는 교우관계 패턴에 관심이 있었지만, 라자스펠드와 머튼은 실질적 분석과 방법론적 분석을 모두 포함하는 그들의 연구를 "이론적 진술, 경험적 데이터와 방법론"[64]을 통합하는 모델의 틀에 넣었다. 컬럼비아 대학 사회학자 로버트 매키버의 삶과 업적을 기념하기 위한 모음집인 『현대 사회

61. Lazarsfeld and Merton, "Friendship as Social Process," 21.
62. 같은 글, 28.
63. 같은 글, 23.
64. 같은 글, 21.

의 자유와 통제』(Freedom and Control in Modern Society, 1954)를 위해 라자스펠드와 머튼이 쓴 이 논문은 사회적 과정과 문화적 가치 사이의 관계 및 분석 방법에 대한 매키버의 관심에 찬사를 보냈다.

라자스펠드와 머튼은 「사회적 과정으로서의 교우관계」에서 '동종선호'와 '이종선호'를 모두 사용했지만, 이들은 거의 전적으로 힐타운 내에서 동종선호를 측정하고 설명하는 데 초점을 맞췄다. "(힐타운/크래프트타운 거주 여부와 관계없이) 가장 친한 친구 세 명이 누구인지 말해줄 수 있습니까?"라는 질문에 대한 주민들의 응답을 표로 만든 결과, 이들은 각 공동체 내에서 친한 친구에 대한 지위 동종선호의 정도는 "같은 인종과 성별을 가진 사람들 사이의 친밀한 교우관계를 거의 완전히 제한하는 것에서부터 교육적 지위 측면에서 완전히 무시할 수 있는 선택성에 이르기까지"[65] 매우 다양했음을 보고했다. 또한 이들은 공동체가 서로 다른 것을 관찰할 수 있었다. "크래프트타운의 보다 응집력 있는 공동체"는 일관되게 낮은 수준의 지위 동종선호를 보였는데, 이는 "개인 스스로의 선택이나 성취에 따른 후천적 지위일 가능성이 높았다."[66] 이러한 후천적 지위에 대한 평가로 인해 크래프트타운은 성공적으로 민주적인 공동체로 표시되었다. 반면 힐타운의 주민들은 타고난 지위에 근거한 선택성을 더욱 뚜렷하게 보였다. 흥미롭게도 라자스펠드와 머튼은 이것이 "지역에서 성취하거나 후천적으로 획득한 지위에 주민들의 관심을 집중시키는 매우 중요한 공동체

65. 같은 글, 22.
66. 같은 곳, 강조는 원저자.

의 목적"이 부족했기 때문이라고 추측했다. 즉 이 장의 뒷부분에서 자세히 설명하겠지만 공통의 위기와 목적이 부족했기 때문이다.[67] 그들의 가설은 이들이 관찰한 지위 동질성 패턴의 기저에 가치 동종선호가 있다는 것이었다.[68] 가치 동종선호는 '명시적'(manifest) 지위 동종선호를 이끄는 '잠재적'(latent) 요인이었다.[69]

이러한 주장을 뒷받침하고 힐타운의 잠재적 가치 동종선호와 명시적 지위 동질성 사이의 관계를 밝히기 위해 라자스펠드와 머튼은 힐타운 백인 거주자들의 인종적 태도를 조사하고 모델링했다. 그들은 다음 두 가지 질문에 대한 답변을 분석했다. "유색인종과 백인이 주택공급 프로젝트에서 함께 살아

67. 같은 곳.
68. 같은 글, 25. "친구 관계에 대한 연구를 통해 관찰된 지위 동종선호의 패턴, 즉 친한 친구들의 지위 간 긍정적인 상관관계는—어느 정도 중요하지만 알려지지 않은 범위에서—친구들이 품고 있는 가치들 사이의 근본적인 합의의 산물이라고 잠정적으로 가정해 왔다"(25)라고 라자스펠드와 머튼은 말한다. 이들은 더 나아가 이렇게 말한다. "반체제적 가치를 공유하는 상대적으로 자족적인 하위집단이 존재할 때만 극명하게 반대되는 가치를 계속 유지할 수 있다. 두 경우 모두 가치 동종선호의 구조적 경향이 있다. 반체제적 구성원들은 다수 의견에 순응하거나, 혹은 반체제적 의견에 편안한 '집'을 제공하는 하위집단을 발견할 경우 그 동료들이 유지하는 가치에 순응하게 된다."(34, 강조는 원저자)
69. 라자스펠드와 머튼은 "따라서 친구 관계를 형성, 유지 또는 파괴하는 데 있어 이러한 [기저] 가치의 유사성 및 차이가 가진 역동적 역할을 그 자체로 주목할 필요가 있다"고 말한다.(같은 책, 25) 3장 뒤의 「이데올로기의 상관관계」에서 자세히 설명하겠지만, 머튼은 '잠재적' 요인과 '명시적' 요인에 대한 프로이트의 공식화, 프로이트 분석의 타당성을 정기적으로 거부함에도 불구하고 기능적 사회학 및 심리학의 형태에서 여전히 존재하는 구별을 직접적으로 차용했다. 머튼은 이후 이를 다음과 같이 설명했다. "명시적 기능"은 "특정한 단위의 조정이나 적응에 기여하고 그렇게 의도된 객관적인 결과"를, "잠재적 기능"은 "동일한 질서의 의도되지 않고 인식되지 않는 결과"를 가리켰다. Robert K. Merton, *On Theoretical Sociology: Five Essays, Old and New* (New York: Free Press, 1967), 115, 117. 머튼은 나아가 사회공학이 표면적 기능과 잠재적 기능을 모두 다룰 때에만 성공할 수 있다고 주장했다.(135)

야 한다고 생각하십니까?" "전반적으로 [힐타운] 마을의 유색 인종과 백인 주민이 잘 어울린다고 생각하십니까, 아니면 그렇지 않다고 생각하십니까?" 이 질문에 대한 답변을 바탕으로 이들은 백인 주민들을 세 가지 진영으로 나누었다. "'유색인과 백인이 주택 프로젝트에서 함께 살아야 한다'고 믿으며, 힐타운에서 두 인종 집단이 서로 '꽤 잘 어울린다'고 말함으로써 이러한 믿음을 지지하는 (…) 리버럴들(liberals)", "두 인종이 주거적으로 분리되어야 한다는 입장을 견지하고, 두 인종이 같은 프로젝트에 살고 있는 힐타운에서는 서로 잘 어울리지 못한다고 주장함으로써 이러한 견해를 정당화하는 (…) 비리버럴들(illiberals)", 그리고 "힐타운에서 두 인종이 어쨌든 잘 어울린다는 것은 인정해야 하지만 같은 프로젝트에 두 인종이 살도록 해서는 안 된다고 믿는 (…) 양가적 입장을 가진 자들(ambivalents)"이다.[70]

라자스펠드와 머튼은 힐타운에 거주하는 흑인들의 응답을 무시했다. 이들은 흑인들의 응답을 가치 동종선호에 대한 자신들의 분석에서 제외하면서 "힐타운에 친구를 둔 비리버럴이거나 양가적인 흑인이 너무 적기 때문"이라고 그 이유를 들었다.(의미심장하게도, '비리버럴' 친구를 선택한 '비리버럴' 백인들의 수도 비슷하게 적었지만, 이들은 이 숫자를 가치 동종선호의 공식화에 사용했다.) 따라서 가치 동종선호의 핵심에는 인종적 분리, 즉 가치가 인종의 경계를 넘지 않거나, 설령 넘더라도 동일 인종 내 합의나 갈등보다 덜 중요하다는 암묵적 가정이 자리하고 있다.(따라서 1장에서 논의한 케임브리지 애널

70. Lazarsfeld and Merton, "Friendship as Social Process," 26.

리티카의 인종 분리 사례는 놀라운 일이 아니다.) 라자스펠드와 머튼은 흑인 거주자의 응답을 제외하면서 '리버럴'은 다른 '리버럴'을 43퍼센트 과다선택했고 '비리버럴'은 다른 '비리버럴'을 30퍼센트 과다선택했으며, '리버럴'은 가까운 친구로서 '비리버럴'를 53퍼센트 과소선택했고 '비리버럴'은 리버럴을 39퍼센트 과소선택했으며, '양가적 입장을 가진 자'들은 과소선택이나 과다선택을 하지 않았다고 주장했다.[71] 그러나 이 장에서 자세히 설명하겠지만, 표본의 적은 숫자를 고려할 때 다른 '비리버럴'에 대한 '비리버럴'의 과다선택은 연구팀 스스로도 인정했듯이 통계적으로 유의미하지 않았다.

사실에 '갇히지' 않기 위해 라자스펠드와 머튼은 공개적으로 추측을 하기도 했다. 사회측정학이 시작되고 양적 사회과학이 탄생할 당시에는 상상 속의 시나리오가 존재했다. 라자스펠드와 머튼이 연구를 위해 끌어온 인터뷰는 단 한 번만 진행되었다. 두 사람 모두 역동적인 사회적 과정으로서의 교우관계에 관심이 있었지만, 이 정적인 정보는 극복하기 어려운 도전을 제기하는 것처럼 보였다.[72] 이 도전을 극복하고 과다 및 과소선택을 유발하는 역동적인 과정을 모델링하기 위해 라자스펠드와 머튼은 "사실의 틀에 갇힐" 여유가 없었기에 "입증된 사실을 인정된 추측을 위해" 남겨두었다. 구체적으로 그들은 하나의 보상-좌절(reward-frustration) 모델을 상정했는데, 이 모델 내에서 "공통의 가치는 사회적 상호작용을 보상적인 경험

71. 같은 글, 27–28.
72. "다시 말하지만, 우정을 형성, 유지 또는 파괴하는 데 있어 이러한 가치의 유사성 및 차이가 가진 역동적인 역할은 그 자체로 주목할 필요가 있다"라고 라자스펠드와 머튼은 설명한다.(같은 글, 25)

으로 만들고, 그 만족스러운 경험은 공통의 가치 형성을 촉진한다."[73] 인종적 '리버럴'과 '비리버럴'이 같은 의견을 가진 사람들과 만나 친구가 되는 이유는 이들이 이런 만남에서 "두 배의 보상"을 느끼기 때문이다. 즉 이들은 "마음속 깊은 곳에 있는 감정을 표현"하게 되고 "다른 사람들이 이러한 의견을 지지"[74]함으로써 만족을 얻는다. 반면 '리버럴'과 '비리버럴'은 서로의 가치가 충돌하기 때문에 피하는 경향이 있다. 라자스펠드와 머튼은 가치관이 다른 거주자들 간의 교우관계를 "불안정한" 것으로 보았는데, 이는 인종적 태도가 드러나기 전에 형성된 것으로 추정했다. 이 연구에서는 인종적 태도가 백인 거주자 간의 교우관계를 결정하는 "공공연한 비밀"로 드러났다.

이 분석에서는 흑인 거주자의 반응과 다른 인종 간 가치 연대의 가능성뿐 아니라 백인 거주자의 가장 큰 범주를 구성하는 양가적 입장을 가진 백인들의 반응도 사라졌다. 카츠와 라자스펠드의 『퍼스널 인플루언스』에서와 마찬가지로, 「사회적 과정으로서의 교우관계」의 방법론 섹션은 기능적으로 "정치적으로 둔감함"에 해당하는 '양가적 입장을 가진 자들'을 불안정하고 일시적인 범주로 변모시켰다. 라자스펠드와 머튼은 '양가적 입장을 가진 자들'이 '균형' 또는 '편안함'을 유지하기 위해서는 '리버럴' 혹은 '비리버럴'이 되어야 한다고 가정했다. 이 가정을 바탕으로 이들은 가상의 숫자를 사용해 교우관계 형성의 논리적 연쇄를 만든 다음, 그 연쇄를 1차 시기와 2차 시기의 추측된 상태 측면에서 범주화하고 분석했다.(그림 26)[75]

73. 같은 글, 29, 36.
74. 같은 글, 30.
75. 라자스펠드와 머튼은 기계론적 분석의 기초를 마련하기 위해 '체계 평

분석의 첫 번째 부분을 뒷받침하는 실제 데이터는 약속과 달리 발표되지 않았다. 그 분석에 달린 각주는 로버트 머튼, 퍼트리샤 웨스트, 마리 야호다의 「사회생활의 패턴」이라는 근간 예정이었으나 영원히 출간되지 않은 보고서를 암시했다.[76] 각주 7에는 다음과 같이 적혀 있다. "각 인종 집단 내에서 개인적 유대의 이러한 극단적인 집중은 **가장 친밀한 교우관계**를 통해서만 얻을 수 있다는 점을 강조해야 한다.(이 데이터는 거주자의 **가장 친한** 친구 세 명을 대상으로 한 것임을 기억해야 한다.) 그러나 이러한 가장 친밀한 애착적 관계 외에도 힐타운에서는 전체 보고서인 「사회생활의 패턴」에서 볼 수 있듯이 인종의 선을 넘는 수많은 개인적 관계가 발달해 왔다."[77]

일반적으로 「사회적 과정으로서의 교우관계」에서 라자스펠드와 머튼의 각주는 삭제된 부분을 드러내고 가능한 대안적 결론을 암시하기 때문에 매우 흥미롭다. 각주 14는 흑인 거주자의 응답을 제외하기로 한 저자들의 결정을 전달하며 다음과 같이 말한다. "더 자세한 통계는 「사회생활의 패턴」에서 찾을 수 있으며, 이 통계의 일부 요약만으로도 현재 목적에 충분하다."[78] 각주 6은 저자들이 "거주민들에게 우연히 같은 지역

형'(system equilibrium)이라는 개념과 경험의 보다 정교한 시계열(time series), 단절과 연결을 설명하는 새로운 변수를 소개했다.

76. Robert K. Merton, Patricia S. West, and Marie Jahoda, "Patterns of Social Life: Explorations in the Sociology of Housing," 미발표 원고, Columbia University Bureau of Applied Social Research (BASR), 1938–1977, MS 0166, Box 9, and Robert K. Merton papers, 1928–2003, MS 1439, boxes 210–211. Rare Book and Manuscript Library, Columbia University. 이 미공개 보고서 원고의 장과 부록에는 독립적으로 페이지 번호가 매겨져 있다. 이후 「사회생활의 패턴」 인용문에서 페이지 번호 앞에 1장, 3장 등으로 표시하거나 부록으로 표시한다.

77. Lazarsfeld and Merton, "Friendship as Social Process," 22, 강조는 원저자.

78. 같은 글, 27.

1차 시기			2차 시기		
	F A + +	F A + −	F A − +	F A − −	
F A					
+ +	50	20	10	20	100
+ −	30	20	0	50	100
− +	50	0	40	10	100
− −	20	10	0	70	100
	150	50	50	150	

그림 26. 시간 경과에 따른 가설적 차이에 기반한 표. 첫 번째 기호는 둘 사이의 교우관계(friendship) 유무를, 두 번째 기호는 동의(agreement) 또는 동의하지 않음을 나타낸다. 출처: Paul Lazarsfeld and Robert K. Merton, "Friendship as Social Process: A Substantive and Methodological Analysis," in *Freedom and Control in Modern Society*, ed. Morroe Berger, Theodore Abel, and Charles Page (New York: Van Nostrand, 1954), 40.

사회에 사는 친밀한 친구들만을 지정하도록 요청하는 익숙한 사회측정 장치를 채택하지 않았다"고 설명하는데, 만약 그렇게 했다면 "가장 친밀한 친구"의 범주가 "희석"[79]되었을 것이기 때문이다.(물론 우정의 희석은 소셜 미디어 내에서의 동종선호 연구에서 현재 표준적 관행이다.) 결정적으로 각주 10은 동종선호와 이종선호가 개인에 뿌리를 두고 있지 않다고 설명한다. "이 두 용어를 설명하는 문구에서 '경향성'(tendency)이라는 단어는 개인에게 뿌리를 둔 것으로 추정되는 어떤 성향을 가리키지 않는다. 오히려 친구들의 지정된 속성 간에 관찰된 상관관계, 즉 어떤 경우에는 긍정적이고 어떤 경우에는 부정적인 상관관계를 가리킨다. 다시 말하자면, 동종선호와 이종선호는 해석적 개념이 아니라 기술적(descriptive) 개념이다."[80]

「사회적 과정으로서의 교우관계」에서 제시된 조건(qualification)과 맥락은 21세기 초의 네트워크 과학의 형태에서 지워졌다. 동종선호는 더 이상 문제나 의문이 아니라 해결책이 되었다. '대표'(representation)에서 '모델'로의 전환에서 동종선호는 더 이상 설명되어야 할 것이 아니라 명목상 평등한 시스템 내에서 불평등의 존속을 '자연스럽게' 설명하고 정당화하는 것이 되었다. 이는 공리적이고 상식적인 원칙이 되어 네트워크 과학의 범위와 가능성을 제한하고 있다.[81] 이 분야에

79. 같은 글, 21, 강조는 원저자.
80. 같은 글, 23.
81. 1977년에 이미 동종선호는 그 문제에도 불구하고 사회의 공리적인 측면으로 받아들여졌다. 초기의 주요 텍스트인 『불평등과 이질성: 사회 구조의 원시 이론』(Inequality and Heterogeneity: A Primitive Theory of Social Structure, 1977)에서 머튼의 제자이자 주택공급 프로젝트 조사에 참여했던 피터 M. 블라우는 접촉이 통합을 만든다는 이론, 즉 '접촉 이론'의 윤곽을 설명했다. 카를 마르크스와 게오르크 지멜의 정신으로 쓰인 책이자 '거시사회학 이론'의 로드맵을 만들려는 야심찬 시

서 가장 통찰력 있고 중요한 두 학자인 이즐리와 클라인버그는 다음과 같이 설명한다. "사회연결망의 구조를 지배하는 가장 기본적인 개념 중 하나는 **동종선호**, 즉 우리는 친구와 유사해지려는 경향이 있다는 원리다." 이 점을 설명하기 위해 그들은 "당신 친구"의 분포를 지적한다.

> 일반적으로 친구들은 근본적인 인구집단의 무작위 표본처럼 보이지 않는다. 집합적으로 볼 때, 당신의 친구들은 일반적으로 인종과 민족의 차원에서 당신과 비슷하며, 나이도 비슷하고, 사는 장소 직업, 부의 수준, 관심사, 신념, 의견 등 어느 정도 가변적인 특성에서도 비슷하다. 물론

도였던 이 책은 사회 내 불평등에 맞서기 위해 "약한 유대"와 이질성의 중요성을 주장했다. 블라우는 차별화와 통합을 "상호보완적 대립"으로 보았고(11), "불평등은 너무 많지만 이질성은 너무 많을 수 없다"고 주장했다.(x) 블라우는 "개인의 자유와 이동성을 제한하고 엄격성과 편견을 유지"하는 "강한 내집단(ingroup) 유대"를 "친밀하지는 않지만 관용을 증진하고 기회를 개선하며 큰 사회의 통합에 필수적인 (…) 다양한 집단 간(intergroup) 관계"(85)로 대체할 것을 촉구했다. 포스트모더니즘과 '인지적 지도제작'의 가능성에 대한 제임슨의 설명을 떠올리게 하는 용어로 블라우는 다음과 같이 쓴다. "친족과 이웃 공동체에서 광범위한 강한 유대의 상실은 의심할 여지없이 개인에게 깊은 소속감과 뿌리를, 깊은 안전감을, 불안감의 결여를 빼앗아 갔다. 이는 현대사회를 그 모든 심각한 결함에도 불구하고 원시 부족과 봉건적 질서와 구별 짓는 더 큰 관용과 기회에 대해 우리가 지불해야 하는 대가다. 현대사회에서 개인의 사회적 통합은 더 이상 특정 내집단과의 강한 유대에만 의존하는 것이 아니라, 더 약한 사회적 유대로 이루어진 더 넓은 연결망의 여러 지원에 의존하고 몇 가지 친밀한 유대로 보완된다."(85) 이 통찰력 자체는 네트워크 과학의 또 다른 초기 선구자인 마크 그래노베터의 연구에서 비롯된 것으로, 그는 "약한 유대"가 정보 확산과 성공에 필수적이라고 주장한 바 있다. Mark Granovetter, "The Strength of Weak Ties," *American Journal of Sociology* 78, no. 6 (May 1973): 1360–1380, 포스트모던적 혼란을 해소하는 소셜 네트워크의 역할과 관련하여 이 연구에 대한 자세한 내용은 『동일성 유지를 위한 업데이트』를 참조. 블라우의 주장은 집단-내 상호작용이 집단 간 상호작용보다 더 강력하다는 것을 가정하고 실제로 공리처럼 받아들인다. 또한 "연령, 인종, 교육, 사회경제적 지위"와 같은 구조적 매개변수를 기준으로 개인을 분류하는데, 블라우는 이 중 일부를 "선천적인"(6) 것으로 간주한다.

> 우리 대부분에게는 이러한 모든 경계를 넘나드는 특별한 교우관계가 있지만, 전체적으로 볼 때 사회연결망의 링크는 서로 비슷한 사람들을 연결하는 경향이 있다는 것이 만연한 사실이다.[82]

동종선호는 사회연결망의 구조를 지배하는 "만연한 사실"이다. "편안함"과 가변적이고 불변적인 특성에 대한 가정을 근거로 한 자연스러운 거버넌스의 한 형태인 동종선호는 네트워크 모델의 기초를 제공하며, 당연히 인종차별이 아닌 분리도 "발견"한다.[83]

이즐리와 클라인버그 같은 많은 연구자들은 동종선호가 "종종 그 자체로 종착점이 아니라 더 깊은 질문의 출발점"이라

82. Easley and Kleinberg, *Networks, Crowds and Markets*, 77–78, 강조는 원저자.
83. 또는 레노어 뉴먼과 앤 데일이 말하듯 "우리는 가상 공동체에서도 자신과 같은 사람들에게 더 편안함을 느낀다." Lenore Newman and Ann Dale, "Homophily and Agency: Creating Effective Sustainable Development Networks," *Environment, Development and Sustainability* 9, no. 1 (2007): 84, https://doi.org/10.1007/s10668-005-9004-5. 동종선호에 관한 다른 많은 텍스트와 마찬가지로 데이먼 센톨라와 동료들의 분석에서는 동종선호의 이유 중 하나로 "비슷한 문화적 배경을 공유하는 다른 사람들과 상호작용할 때 더 편안함을 느낀다"는 점을 들고 있다. Damon Centola et al., "Homophily, Cultural Drift, and the Co-Evolution of Cultural Groups," *Journal of Conflict Resolution* 51, no. 6 (2007): 906. 센톨라와 동료들은 라자스펠드와 머튼의 연구를 인용하여 "문화적 역학 내에서 동종선호가 그토록 강력한 힘인 이유"를 다음과 같이 설명한다. "심리적으로, 우리는 종종 같은 신념을 공유하는 다른 사람들에 둘러싸여 있을 때 자신의 의견이 정당하다고 느끼는데, 이를 라자스펠드와 머튼(1954)은 '가치 동종선호'라 부른다. (…) 또한 비슷한 배경(즉, 지위 동종선호)을 공유하는 다른 사람들과 상호작용할 때 더 편안함을 느낀다."(906) 이들은 문화적 추세의 영향을 모델링하면서, 즉 세계화가 단일 문화를 강요하지 않는 이유를 설명하면서 공통의 문화적 특성이 없는 이웃은 존재할 수 없다고 주장한다. 따라서 "동종선호에 대한 우리의 설명에서 사회적 상호작용의 연결망은 고정된 것이 아니라 (…) 오히려 개인의 행동과 함께 진화한다."(908) 당연히 센톨라와 동료들은 동종선호가 문화적 틈새를 만든다는 점을 "발견"한다.(926)

고 주장하지만, 이를 가정하면 분리는 "발견"되고 또한 정당화된다.[84] 동종선호를 최우선으로 상정하면 소셜 네트워크의 모델화에 사용되는 데이터베이스가 제한된다. 이러한 모델을 사용하는 많은 연구 또한 전국 청소년 건강 장기 변화 연구(Add Health) 또는 페이스북이나 마이스페이스(Myspace)와 같은 동일한 데이터베이스/플랫폼에서 도출되는데, 이러한 사이트는 이미 '교우관계'를 추적하기 때문이다. 동종선호는 또한 네트워크 군집화(clustering)를 강조한다. 때때로 동종선호와는 다른 구조적 원인으로 간주되기도 하지만, 삼원 폐쇄(triadic closure) 역시 동종선호적 조화와 합의를 전제한다. 삼원 폐쇄는 "A가 B와 C 모두와 시간을 보내면 결국 서로를 알게 되고 잠재적으로 친구가 될 가능성이 높아진다"고 가정하는데, 이는 부분적으로는 "A가 B와 C와 친구인 경우 B와 C가 서로 친구가 아니라면 이러한 관계에서 잠재적 스트레스의 원천이 되기 때문"[85]이다. 페이스북과 같은 소셜 네트워크는 '삼원 폐쇄'와 '사회적 균형'의 효과를 증폭한다. 친구의 친구를 공개하고 교우관계는 상호적이어야 함을 고수함으로써 페이스북은 삼원 폐쇄를 자신의 알고리듬 중 일부로 활용하고 있으며, 이는 단순히 예측적일 뿐만이 아니라 규범적이기도 하다. 사회학자 안드레아스 비머와 케빈 루이스는 2010년 연구 「인종적 동종선호의 너머와 아래」에서 페이스북의 상호성 요구가 동종선호 효과를 낳는다고 지적한다.[86] 네트워크 과학에서는 비연결을

84. Easley and Kleinberg, *Networks, Crowds and Markets*, 83.
85. 같은 책, 45.
86. Andreas Wimmer and Kevin Lewis, "Beyond and below Racial Homophily: ERG Models of a Friendship Network Documented on Facebook,"

지속 불가능한 것으로, 스트레스의 원인으로 상정한다. 유대로서의 갈등이나 무관심은 감지하거나 생각하기 어렵다.

동종선호는 갈등을 지울 뿐만 아니라 차별을 자연화하기도 한다. 이즐리와 클라인버그는 "가장 쉽게 감지되는 동종선호의 효과 중 하나는 도시에서 민족적, 인종적으로 동질적인 이웃들의 형성"[87]이라고 매우 명확하게 설명한다. 이를 설명하기 위해 이들은 변별적인 두 가지 유형의 행위자(X와 O)의 이동을 격자 안에 매핑하는 시뮬레이션인 셸링 분리 모델(Schelling model of segregation)을 활용한다. "이 모델을 구동하는 근본적인 제약 조건은 각 행위자가 적어도 그와 같은 유형의 다른 행위자(n)를 이웃으로 가지기를 원한다는 것이다."[88] n=3(즉 한 행위자에게 같은 유형의 이웃이 3명이고 다른 유형의 이웃이 5명인 상황)에 대한 시뮬레이션 결과를 보여주면서 이즐리와 클라인버그는 공간 분리가 여전히 나타난다고 지적한다. 이에 대해 이들은 다음과 같이 설명한다.

> 분리는 그 모델에 미묘하게 내장되어 있기 때문에 우연히 발생하지 않는다. 행위자들이 기꺼이 소수에 속하고, 통합된 패턴으로 신중하게 배치될 수만 있다면 이들 모두 만족할 수 있을 것이다. 문제는 무작위로 시작하면 행위자들의 무리(collection)에서 이러한 통합된 패턴을 찾기가 매우 어렵다는 것이다. (…) 장기적으로 이 과정은 보다 통

American Journal of Sociology 116, no. 2 (2010): 583–642, https://doi.org/10.1086/653658.
87. Easley and Kleinberg, *Networks, Crowds and Markets*, 96.
88. 같은 책, 97.

합된 영역을 희생시키면서 분리된 영역을 커지게 하는 경향을 보인다. 전체적인 효과는 개별 행위자의 국지적 선호도가 반드시 의도되지 않은 전반적 패턴을 만들어내는 것이다. (…) 분리의 토대는 개인들이 자신의 지역에서 너무 극단적인 소수가 되는 것을 피하고자 하는 시스템에 이미 존재한다.[89]

이 설명을 길게 인용하는 이유는 미국 내 인종에 기반한 노예제도의 역사와 유산뿐만 아니라 민권 운동에 있어 분리 폐지의 중요성을 지우는 동종선호의 위험성을 드러내기 때문이다. 무작위의 초기 조건이란 없다. 법학자 제닌 벨이 『이웃을 증오하라: 미국 주택에서 입주 폭력과 인종 분리의 존속』에서 기록한 불법 부동산 계약, 인종차별적 대출법, 조직적인 "블록버스팅",[90] 입주 폭력 등이 미국의 이웃들 내에서 발견되는 "초기 조건들"의 기저에 있다.[91] 소수집단이 되고 싶지 않고, 소수집단이 되면 이사를 가고 싶은 욕망은 분리 종식에 대한 대응인

89. 같은 책, 101.
90. 옮긴이–블록버스팅(blockbusting)은 실제적이거나 예상되는 이웃 구성의 변화를 활용해 공포감을 조성하는 부동산 중개 행위다. 예를 들어 주택 판매를 원하지 않는 백인 소유주에게 중개인이 찾아와 이 동네에 흑인이 집을 사려 한다거나 샀다면서 앞으로 집값이 떨어질 전망이니 집을 팔고 다른 곳으로 이사하기를 권유하는 판매 행위를 가리킨다. 이와 유사한 차별적 중개 행위인 스티어링(steering)은 잠재적 구매자에게 인종, 성별, 민족, 계급 등에 따라 특정 지역에서만 부동산을 구매하거나 구매하지 않도록 영향을 끼치는 행위(예를 들어 흑인 구매자에게는 이 동네에는 흑인이 없다며 흑인 거주 지역에 집을 구매하도록 유도하는 행위)를 말한다. 미국 주택공정거래법은 이들을 차별 행위로 금지하고 있다. 해당 각주는 다음을 참조했다. https://news.koreadaily.com/2012/06/07/society/opinion/1422013.html.
91. Jeannine Bell, *Hate Thy Neighbor: Move-in Violence and the Persistence of Racial Segregation in American Housing* (New York: New York University Press, 2013).

백인 교외 이주와 맞닿아 있다. 다시 말하지만, 타자를 배척하는 것은 '사랑'을 증명한다. 나아가 젠트리피케이션에 대한 설명으로 받아들인다면, 동종선호는 도시 빈곤층이 더 저렴하고 종종 덜 선호되는 지역으로 이동하는 것을 임대료와 세금 상승의 결과가 아니라 '자발적'인 것으로 묘사한다. 마지막으로 동종선호는 이웃을 통합하려는 일부의 욕망을 지우는 동시에 상정하기도 한다. 셸링 모델이 분리에 대한 책임이 제도에 있지 않음을 발견하는 것은 제도적 조치를 효과적으로 무시하기 때문이다.

경제학자 토마스 C. 셸링의 원래 논문은 제도적 조치와 경제 조건의 이러한 지워짐, 그리고 백인 교외 이주(또는 '이웃 티핑')[92]의 중심성을 명확히 드러낸다. 지금은 고전이 된 논문 「동적 분리 모델」은 그가 하버드 대학교 케네디 행정대학원 교수로 재직 중이던 1971년, 민권 운동이 한창이고 강제적인 학교 분리 폐지 정책이 시작되던 시기에 발표되었다.[93] 셸링은 "경제적 분리가 어느 정도의 초기 분리를 통계적으로 설명할 수 있다"고 인정하면서도 조직적 행동(따라서 이 논문은 노예제도와 법적으로 강제된 분리의 역사를 언급조차 하지 않는다)과 경제적 분리라는 두 가지 주요 분리 과정을 의도적으로

92. 옮긴이—'이웃 티핑'(neighborhood tipping)이란 인종이 혼합된 특정 지역 사회 내에서 비백인 인구의 거주가 일정 비율(즉 특이점)을 넘어설 때 백인들의 이주(white flight)가 기하급수적으로 늘어나는 현상을 말하며 1970년대 미국 사회과학에서 주요 연구 주제가 되었다.

93. Thomas C. Schelling, "Dynamic Models of Segregation," *Journal of Mathematical Sociology* 1, no. 2 (1971): 143–186, https://doi.org/10.1080/0022250X.1971.9989794. 1972년 민권운동 단체 NAACP(National Association for the Advancement of Colored People)는 보스턴 교육위원회를 상대로 집단 소송을 제기했다.

배제했다.[94] 그러나 그의 모델은 모든 수준에서 경제적 동기를 내포하고 있다. 경제학과 진화에 대한 의도적인 유추는 그가 조직화되지 않은 개인 행동의 놀라운 결과라고 특징짓는 분석의 기초를 형성한다.[95] 셸링은 경제적 언어를 사용하여 그가 공개적으로 "차별적 행동"이라 부르는 것을 설명한다.[96] 셸링 모델의 핵심에는 불변하는 차이가 있는데, 이는 다음을 가정하기 때문이다.

> 인구는 철저하게 두 그룹으로 나뉘며 모든 사람의 회원 자격은 영구적이고 인식 가능하다. 모든 사람은 자신이 함께 사는 사람들의 피부색에 관심을 갖고 한 영역을 차지하는 흑인과 백인의 수를 관찰할 수 있다고 가정된다. 모든 사람은 언제든지 특정한 위치를 가지고 있으며, 자신이 있는 곳의 피부색 혼합이 불만족스러우면 누구나 이동할 수 있다. 흑인과 백인의 수, 이들의 피부색 선호, '이웃들'

94. 같은 글, 145.
95. 같은 글, 180. 나아가 셸링은 다음과 같이 말한다. "경제학자들은 개인이 의도하지도, 인식할 필요도 없는 총체적인 결과를, 때로는 개인 수준에서의 인식 가능한 원인이 없는 결과를 초래하는 시스템에 대해 익숙하다. 상업 은행 시스템에 의한 화폐 창출이 그중 하나라면, 저축 결정이 불황이나 인플레이션을 일으키는 방식은 또 다른 예다. 마찬가지로 생물학적 진화는 많은 분류와 분리의 원인이지만, 짝짓기와 번식, 먹이를 구하는 작은 생물은 자신이 종의 분리, 영역 분류 또는 종의 멸종을 가져온다는 사실을 알면 놀랄 것이다."(145) 셸링은 또한 "인센티브"라는 용어를 사용하여 선호에서 회피, 경제적 제약에 이르기까지 분리를 설명한다.
96. 셸링은 다음과 같이 설명한다. "동적 분리 모델은 판별적인(discriminatory) 개인 행동으로 인해 발생할 수 있는 분리, 즉 나뉨 또는 분류의 종류에 관한 것이다. 여기서 '판별적'이란 의식적이든 무의식적이든 성이나 연령, 종교 또는 피부색 등 분리의 근거가 되는 것에 대한 인식을, 어디에 살지, 누구와 함께 앉을지, 어떤 직업에 종사하거나 피할지, 누구와 놀거나 누구와 대화할지의 결정에 영향을 미치는 인식을 반영하는 것을 의미한다." 같은 글, 144.

의 크기는 조작될 수 있다.[97]

이러한 가정은 문제가 많았고 지금도 문제가 된다. 이 가정은 흑인 시민의 주택 구입을 거의 불가능하게 만든 반면 백인 시민의 주택 구입을 도왔던 레드라이닝(redlining)[98] 및 기타 정부 승인 프로그램의 역사를 완전히 가린다.[99] 이 가정은 인종을 불변하고 즉시 인식 가능한 특징으로 만들어 일부 주에서 인종 분리의 기초를 형성했고 흑백 정체성을 눈에 보이는 차이에 대한 것이 아니게끔 실질적으로 만든 '한 방울 규칙'(one-drop rule)[100]과 같이 미국 내에서 인종 정체성의 유동성을 '고정'하려는 노력의 효과를 보이지 않게 만든다.[101] 모든 사람이

97. 같은 글, 149.
98. 옮긴이 — 1930년대 미국 정부가 후원한 주택 소유자 대출 기관에서 담보대출에 적합한 지역을 분류하며 주로 흑인이 거주하는 빈곤층 지역을 빨간색으로 표시한 것에서 유래했으며, 빈민 및 유색인종 거주 지역에 보험 및 금융 서비스를 제한했던 차별적 관행을 말한다.
99. 다음을 참조. Rothstein, *The Color of Law*.
100. 옮긴이—부모가 백인일지라도 조상 중 비백인계의 혈통이 있으면 비백인으로 보는 규칙으로 18–19세기 미국의 여러 주에서 혼혈인 중 일정 수준 이하의 피가 섞인 흑백 혼혈만을 백인으로 간주한 법에 적용되었으며, 1967년 버지니아주의 관련법이 미국 헌법재판소에서 위헌 판결을 받으면서 완전히 폐지되었다.
101. 소셜 네트워크 모델 내에서 인종, 젠더, 섹슈얼리티에 대한 역사와 질적 이론이 지워지면서 인종과 젠더의 '불변성'에 대한 문제가 있는 가정이 재생산되고, 이는 분리를 자연화하는 근간을 이룬다. 젠더 및 섹슈얼리티 연구 분야에서 젠더 수행성에 대한 주디스 버틀러의 결정적인 분석은 다른 퀴어 이론 연구와 결합하여 많은 분야에서 젠더 가변성을 기본 가정으로 만들었다. Judith Butler, *Gender Trouble: Feminism and the Subversion of Identity* (New York: Routledge, 2007). 한국어판은 『젠더 트러블』, 조현준 옮김, 3판(파주: 문학동네, 2024). 사회적으로 구성된 인종에 대한 비판은 홀로코스트의 참혹함 이후 널리 받아들여졌으며, 다음의 세심한 역사적, 경험적, 이론적 연구가 이를 더욱 강화했다. 사회학자 마이클 오미와 하워드 위넌트의 정전적 연구, 사회학자 알론드라 넬슨의 유전학과 인종에 대한 분석, 역사학자 폴 길로이의 논쟁적이고 도발적인 책, 그리고 절대적인 인종 차이의 남부 신화에 대한 역사학자 그레이스 엘리자베스 헤일의 철저한 고찰이 그러한 연구들이다. Michael

이웃의 인종에 관심을 갖고 이러한 배려적인 관계를 바탕으로 이동할 수 있으며 이동할 것이라고 상정한다. 다시 말하지만, 동종선호는 증오를 '사랑'으로 매핑한다. 그렇다면 동일자에 대한 '사랑'을 어떻게 보여줄 수 있는가? 타자가 나타나면 도망치는 것이다.

그렇다면 어떻게 해야 하는가?

첫째, 수행성(performativity)은 단순히 세계를 "이론에 맞게" 재조직하는 것이 아니라는 점을 기억해야 한다.[102] 주디스 버틀러와 자크 데리다의 주장처럼 수행적 발화는 반복성(iterability)과 공동체에 의존한다.[103] 특히 버틀러는 불변하고 안정적으로 보이는 범주에 내재된 가변성을 드러냈다. 그는 젠더가 "수행되는 범위 내에서만 실재한다"[104]고 주장했다. "자연적" 또는 "본질적" 정체성은 "일련의 지속적인 행위를 통해

Omi and Howard Winant, *Racial Formation in the United States: From the 1960s to the 1990s*, 2nd ed. (New York: Routledge, 1994); Alondra Nelson, *The Social Life of DNA: Race, Reparations, and Reconciliation after the Genome* (Boston: Beacon Press, 2016); Paul Gilroy, *Against Race: Imagining Political Culture beyond the Color Line* (Cambridge, MA: Harvard University Press, 2000); Hale, *Making Whiteness*. 이 텍스트들은 다른 더 많은 연구들과 결합하여 계몽주의 시대 근대적 인종 개념의 부상, 식민지화와 노예제도에 있어 그 개념의 중심성, 우생학 시대에 정점에 달했던 그러한 인종 개념, 제2차 세계대전 이후 그 개념의 변화, 유전학에서 '보이지 않는' 표식으로서의 그 인종 개념의 부활을 기록했다. 이 모든 연구는 '인종', '젠더' 및 기타 차이를 '노드의 특성'(node characteristics)으로 공고히 하고 21세기의 반향실 효과와 정치를 형성하는 데 도움을 준 네트워크 과학에서 효과적으로 무시되었다.

102. Healy, "Performativity of Networks," 175.

103. Judith Butler, *Gender Trouble: Feminism and the Subversion of Identity* (New York: Routledge, 1999); Jacques Derrida, "Signature Event Context," in *Limited Inc* (Evanston, IL: Northwestern University Press, 1988), 1–24.

104. Judith Butler, "Performative Acts and Gender Constitution: An Essay in Phenomenology and Feminist Theory," *Theatre Journal* 40, no. 4 (1988): 527.

제조되고, 신체의 젠더화된 양식화를 통해 배치된다. (…) 우리가 우리 자신의 '내적' 특징이라고 생각하는 것은 특정한 신체적 행위를 통해, 극단적으로는 자연화된 몸짓들의 환각적 효과를 통해 예상하고 생산하는 것이다."[105] 이러한 몸짓과 지속적인 행위는 언짢지만 "편안한" 것으로 추정되는 고정된 정체성으로 응집되면서 지워지거나 망각된다. 아메드가 도발적으로 표현했듯이, "규제적 규범들은 '반복성 긴장 장애'와 같은 방식으로 기능한다."[106]

그렇다면 사회연결망의 수행성을 비난하는 대신 거기에 참여한다면 어떤 일이 벌어질까? 우리의 침묵하는, 아니 침묵하지 않는 행동이 어떻게 등록되는지 이해함으로써 새로운 행동의 문법을 만든다면 '사회연결망'이라는 이 무언극은 어떻게 달라질 수 있을까? 우리가 여러 분야에 걸쳐 협력하여 신기하게도 우리의 '선호'(preferences)라고 불리는 이 '기본값'에 내재된 공동체와 다시 거주하기 위해 노력한다면?

'이웃 보호구역'

'같은 깃털을 가진 새들이 실제로 함께 모이는가'라는 질문에 대해 '심각하게 오해의 소지가 있음'을 설명한 연구인 「사회적 과정으로서의 교우관계」는 아이러니하게도 사회연결망 동종선호에 대한 가장 중요한 인용 논문 중 하나가 되었다. 이 연구는 '같은 깃털을 가진 새들' 개념의 적절성에 대한 아리스토텔레스의 의구심을 반복하며 동종선호와 이종선호를 결합한

105. Butler, *Gender Trouble*, xv–vi.
106. Ahmed, *The Cultural Politics of Emotion*, 145.

다.[107] 또한 이 연구는 동종선호가 설명적(explanatory)이기보다는 기술적이고 개인적이기보다는 사회적이라는 점을 강조한다. 머튼은 1952년 브라운 대 교육위원회 사건에서 분리 종식을 지지하는 사회과학 성명서에 서명했으며, 퍼트리샤 S. 웨스트, 마리 야호다와 공동 작업한 미발표 보고서 「사회생활의 패턴」(1948)은 1950년대 이웃 인종 분리의 '자연성'과 바람직함에 의문을 제기하는 데 사용되었다.[108] 그렇다면 어떻게 동종선호가 공리적 개념이 되었는가?

동종선호에 대한 학술적 언급은 20세기 말과 21세기 초에 증가했다. 동종선호의 정전화는 추천 검색엔진('추천자')과 협업 필터링의 등장과 일치했다. 이러한 현저한 증가를 이끈 세 가지 학제는 컴퓨터 과학, 사회학, 행동과학이었다.(그림 27)

3장에서 살펴보겠지만, 사용자를 흥분된, 따라서 보다 쉽게 주조된 집단으로 묶는 동종선호 군집화는 '개인화된' 추천뿐만 아니라 '진정성', 분리, 동요를 작동화할 수 있는 기반을 제공한다. 동종선호 군집화에 관여하는 사람들은 국가 후원 주택공급, 기혼 학생 주택공급, 일본인 포로수용소 등 20세기 중반의 '계획 공동체'를 분석하여 개발한 사회공학적 방법을 사용한다. 따라서 동종선호는 다른 많은 경우와 마찬가지로 '피부양자들'(dependents)을 분석하여 개발된 '이해'이자 통제 메커니즘이다.

107. Lazarsfeld and Merton, "Friendship as Social Process," 22, 37.
108. Kenneth B. Clark, Isidor Chein, and Stuart W. Cook, "The Effects of Segregation and the Consequences of Desegregation: A (September 1952) Social Science Statement in the Brown v. Board of Education of Topeka Supreme Court Case," *American Psychologist* 59, no. 6 (2004): 495–501, https://doi.org/10.1037/0003-066X.59.6.495.

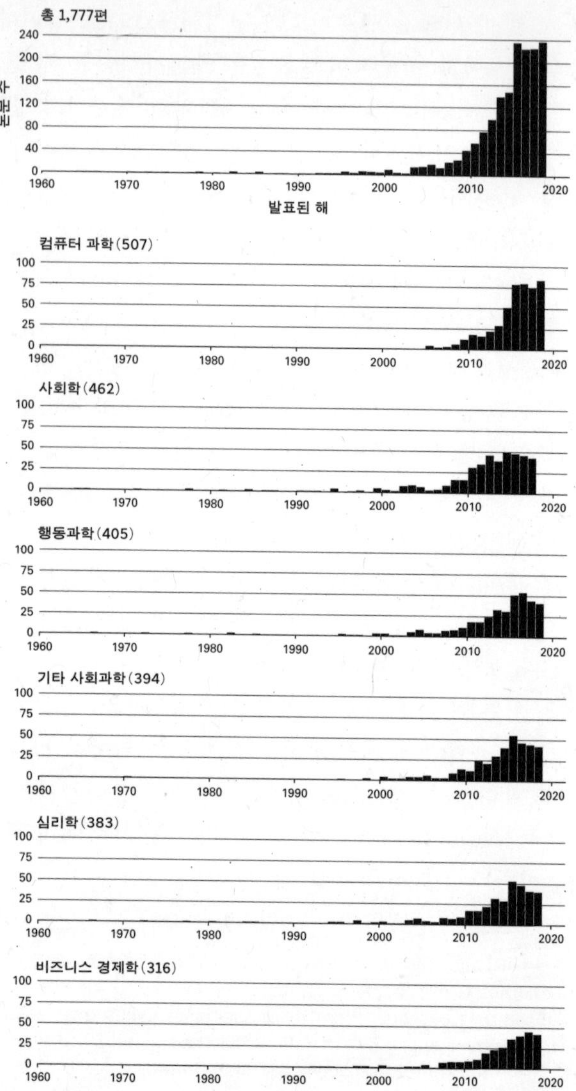

그림 27. '동종선호'는 1954년 이후 1,777편의 학술 논문 주제였으며, 주로 컴퓨터 과학, 사회학, 행동과학, 기타 사회과학, 심리학 및 비즈니스 경제학 분야에서 자주 다뤄졌다. 출처: Laura Kurgan, Dare Brawley, Brian House, Jia Zhang and Wendy Hui Kyong Chun, "Homophily: The Urban History of an Algorithm," *e-flux architecture*, October 2019, https://www.e-flux.com/architecture/are-friends-electric/289193/homophily-the-urban-history-of-an-algorithm/.

이 섹션에서는 동종선호와 그 대안을 이해하기 위해 머튼, 웨스트, 야호다가 작성한 컬럼비아 대학교 응용사회연구국(BASR) 보고서 「사회생활의 패턴」과 머튼이 설립한 응용사회연구국 아카이브에 보관된 기타 관련 데이터를 다시 살펴본다.[109] 「사회적 과정으로서의 교우관계」 출간 6년 전인 1948년에 완성된 이 보고서는 존재할 수 있었던 과거, 현재, 미래를 엿볼 수 있게 한다. 이 보고서는 아줄레이가 『잠재적 역사』에서 아카이브를 '공통의 것'으로서 훌륭하게 읽은 것처럼, 여전히 우리와 함께하고 있는 이웃들을 전면에 내세운다.

미국 내 주택 부족이 심각하고 기록적인 소득 압착(즉 소득과 부의 측면에서 상대적으로 평등했던)의 시기였던 제2차 세계대전 직후에 완성된 이 보고서는 압도적으로(70퍼센트) 저소득층 공공주택 공급을 지지하던 미국 인구가 직면한 도전, 가능성, 한계를 "[백인] 세입자 사기(morale)"라는 기준을 사용하여 조사했다.[110] 1944년 초에 시작된 BASR의 주택공급 프로젝트 연구는 주택 부족에 대한 최선의 해결책을 두고 벌어진 공공주택 프로젝트 대 민간주택 프로젝트, 사유 주택 대 협동조합 소유 주택에 대한 격렬하고 당파적인 논쟁에 개입했다.[111]

109. 아카이브 조사는 로라 커건 및 컬럼비아 대학교 공간연구센터의 연구원들과 협력하여 수행했으며, 아인슬리 맹코트의 도움을 받았다. 데이터에 대한 추가 분석은 사이먼 프레이저 대학교 디지털 민주주의 연구소의 카리나 알브레히트와 협력하여 수행했다.
110. Merton, West, and Jahoda, "Patterns of Social Life," chapter 14: "The Environment of Opinion: Public Images of Public Housing," 4.
111. 머튼에 따르면, 주택공급 프로젝트를 조사하기 위해 현장 조사를 다니면서 그는 "주택 계층의 모든 수준에서 (…) 민간 및 공공주택의 주요 인사들이 (…) 주택 공동체의 사회생활에 대한 체계적인 연구의 전망에 대해 광범위하고 깊은 관심을 갖고 있는 것을" 발견했다. 이 연구는 민간주택 개발과 공공주택 개발을 지지하는 사람들 사이의 열띤 논쟁과 그들이 자신의 논점을 주장하기 위해 사용했던 의미 많은 고

(머튼, 웨스트, 야호다의 미발표 보고서는 공동 소유가 가져오는 차이를 명시적으로 다루지 않았으며 흑인이 소유하거나 여러 인종이 소유한 협동조합의 전망도 포함하지 않았다.) 이 논쟁의 결과와 여파는 잘 문서화되어 있다. 리처드 로스스타인의 『법의 색』(The Color of the Law)과 아이라 캐츠넬슨의 『소수집단 우대조치가 백인의 것이었을 때』(When Affirmative Action Was White)에서도 알 수 있듯이, 미국 정부가 보험을 제공하고 부분적으로 '적색 공포'(Red Scare)[112]에 의해 추동된 백인 미국인을 위한 민간 담보대출을 향한 이후의 결정적인 조치는 인종 간 소득과 부의 격차를 더욱 공고히 하고 확대하는 결과를 낳았다.[113] 2019년에도 뉴저지주 윈필드(크래프트타운)는 여전히 협동조합으로 운영되고 있었으며, 25년 동안 가입 대기자 명단을 보유하고 있었고, 현재 매우 가치 있는 토지를 매입하겠다는 외부의 많은 제안을 지속적으로 거절해 왔다.[114]

「사회생활의 패턴」은 '크래프트타운'과 '힐타운'이라는 암호명을 가진 두 개의 주택공급 프로젝트를 분석했다. 아카이브

정관념을 고려할 때 필요했다. Robert K. Merton, "Memorandum: A Proposed Research in Housing Committees," November 15, 1944, Columbia University Bureau of Applied Social Research, 1938–1977, MS0166, Box 9, Folder B-0230, Rare Book and Manuscript Library, Columbia University Library, 2.

112. 옮긴이—볼셰비키 혁명 이후 1917–1920년, 그리고 매카시즘이 지배했던 제2차 세계대전 이후부터 1950년대 후반까지 미국 사회에 만연했던 반공주의적 공포.

113. 일각에서는 머튼, 웨스트, 야호다가 「사회생활의 패턴」에서 성공적이라고 칭찬한 뉴저지주 윈필드의 핵심 주택협동조합인 '크래프트타운' 주민들을 '공산주의'라는 비난으로부터 보호하기 위해 보고서가 공개되지 않았다고 추측하기도 한다.

114. Aria Bendix, "A Tiny New Jersey Community Is Renting Homes for as Little as $690 a Month—but There's a 25-Year Waiting List to Get In," *Business Insider*, June 11, 2019, https://www.businessinsider.in/a-tiny-new-jersey-community-is-renting-homes-for-as-little-as-690-a-month-but-theres-a-25-year-waiting-list-to-get-in/articleshow/69732563.cms.

문서들이 드러내듯이 '크래프트타운'은 윈필드 협동조합 소유의 백인 전용 주택공급 프로젝트로, 2차 세계대전 중 단명했던 래넘법(Lanham Act, 개인 부동산 소유의 재정적 위험을 감당할 수 없던 국방 노동자들을 위해 협동조합 소유 주택공급 프로젝트를 개발하는 뉴딜 프로그램)에 따라 (부실하게) 건설되었다.[115] 윈필드는 처음에는 "스스로 비용을 지불"하는 "독특한" 재정 계획으로 각광 받았는데, 이는 "임차인의 소득에 비례하여 임대료를 책정하는 보조금 계약에 따라 건설된 이전의 많은 국방 주택공급 프로젝트의 실망스러운 추세"[116]에 반하는 것이었다. 크래프트타운은 20에이커의 숲을 포함한 110에이커에 낮은 인구밀도(에이커당 20명)를 보였다. 그곳의 모든 주택에는 개인 잔디밭과 울타리가 없는 뒷마당이 있었고 공동 운동장도 있었다. '힐타운'은 펜실베이니아주 피츠버그의 힐 구역에 슬럼가 정리 프로그램으로 건설되어 1940년에 세입자에게 개방된 비례 임대료제 기반 공공주택 프로젝트인 애디슨 테라스(Addison Terrace)였다. 그곳의 인구집단은 '체커보드'[117] 계획에 따라 백인과 흑인으로 균등하게 나뉘었으며, 층별로 백인과 흑인을 분리하는 한 개의 건물을 제외하고는 테라스 및/또는 건물별로 인종이 분리되었다.[118] 애디슨 테라스(800가구)는 윈필드(700가구)와 인구가 거의 같았기 때문에 선택되었지만,

115. Merton, West, and Jahoda, "Patterns of Social Life," chapter 1: "Moving In," 25.
116. "Not for Rent, Not for Sale," *Time*, June 2, 1941, 70–72.
117. 옮긴이—검은색과 흰색 사각형이 교차하며 배열된 체스판처럼 흑인과 백인 거주자를 배치하는 주택공급 계획을 말한다.
118. Merton, West, and Jahoda, "Patterns of Social Life," chapter 9: "The Dynamics of Race Relations in Hilltown," 5, 14.

50에이커에 걸쳐 펼쳐져 있고 흑인이 주로 거주하는 혼합 인종 이웃사회 안에 포함되어 있었다.

보고서를 작성하기 위해 머튼, 웨스트, 야호다와 고용된 연구원들은 거의 모든 세대의 개별 주민에게 4시간에 걸친 인터뷰 동안 100개 이상의 질문을 던졌다. 주민들의 응답을 기록하는 것뿐만 아니라 연구진은 세대의 청결 상태와 인터뷰에 임하는 주민들의 태도를 정성적으로 평가했고, 세대와 세대 간 도보 및 차량 통행에 대한 지도도 제작했다. 또한 연구진은 이 두 프로젝트에서 몇 달 동안 거주했다.

「사회생활의 패턴」은 「사회적 과정으로서의 교우관계」에서 나중에 많이 인용된 가치 동종선호에 관한 연구 결과의 중요성을 크게 입증했다. 머튼, 웨스트, 야호다는 "우리가 이러한 데이터에 대해 적절한 관점을 유지하려면 (…) 이미 자주 참조된 지점을 다시 한번 반복할 필요가 있다"고 강조했다. "친구 선택에 대한 이러한 수치는 상대값으로, 과소 또는 과다선택에 대한 비율만을 나타낸다. 그러나 반대되거나 다른 가치와 태도를 가진 사람들 사이의 교우관계에 대한 절댓값은 이러한 상대적 비율만큼이나 혹은 그 이상으로 지역사회의 사회생활에서 중요하게 작용할 수 있다." 따라서 라자스펠드와 머튼의 많이 인용되는 1954년 연구는 백분율이나 가설적인 수치만 제공함으로써, 힐타운(애디슨 테라스)에 백인 '비리버럴'보다 '리버럴'이 훨씬 더 많기 때문에 "실제로는 리버럴들이 비리버럴들보다 양가적인 주민들과 더 많은 수의 교우관계를 맺고 있다"[119]는 이전 연구의 결과를 덮어버렸다. 또한 1948년 연구

119. 같은 글, chapter 8: "Selective Processes in Friendship," 11, 강조는 원저자.

에서 연구진은 힐타운(애디슨 테라스)의 '리버럴'과 '비리버럴', '비리버럴'과 '리버럴', '비리버럴'과 '비리버럴' 사이의 교우관계에 대해 언급하면서 "관찰된 교우관계는 15개 미만이므로 과다 및 과소선택에 대한 신뢰할 만한 추정 근거가 너무 미약함"을 드러냈다.[120] 그럼에도 불구하고 이러한 관계들에 대한 상관적(relational) 수치는 「사회적 과정으로서의 교우관계」에 포함되었다. 실제 수치의 차이는 극히 적었는데, '비리버럴'들의 '비리버럴' 과소선택의 경우 실제 교우관계 12개 대 기대 교우관계 9개로 3개 차이가 났다. 그림 28과 29에 제시된 절댓값들은 또한 흑인 집단을 추가 연구 대상에서 제외하는 데 사용된 숫자들이 실제로 백인 집단 내의 가치 동종선호에 관한 일부 주장에 사용된 숫자들보다 많다는 것을 보여준다. 즉 '리버럴'의 '양가적 입장을 가진 자'와의 교우관계는 28개였고 '양가적 입장을 가진 자'의 '리버럴한 교우관계'는 22개였다.[121]

미발표된 「사회생활의 패턴」 보고서의 이러한 모든 조건들은 출간된 「사회적 과정으로서의 교우관계」 연구에서 사라

120. Note on "Chart 1: Racial Values of Close Friends Among White Residents of Hilltown," Merton, West, and Jahoda, "Patterns of Social Life," chapter 8, 9. 이 표는 머튼 아카이브의 8장 버전에는 포함되어 있지 않다. 이 표는 다음에서 발견할 수 있다. Columbia University, Bureau of Applied Social Research, 1938–1977, MS0166, Box 09, Rare Book and Manuscript Library, Columbia University Library.

121. 실제로 연구자들은 「사회생활의 패턴」에서 주택 프로젝트 거주자들의 상대적 비율만이 중요하다고 주장했는데, 그 이유는 그 비율이 "양가적 입장을 가진 거주자들과 친구 관계를 형성하는 데 있어 비리버럴들이 자신들의 적은 수의 이점을 활용하는 것보다 리버럴들이 자신들의 많은 수의 이점을 덜 활용한다는 것을 분명히 보여주기 때문"이었다. "취약한 것으로 추정되는 주민들과 친구 관계를 형성하는 데 있어 리버럴들이 그들의 큰 '자원'을 활용하는 것보다 비리버럴들이 그들의 적은 '자원'을 더 충분히 활용한다." Merton, West, and Jahoda, "Patterns of Social Life," chapter 8, 11, 강조는 원저자.

졌으며, 아카이브의 문서에 따르면 현장 조사에서 주도적인 역할을 수행한 웨스트와 야호다는 저자로 등재되지도 않았다.

흥미롭게도 미공개 보고서는 '리버럴'과 '비리버럴'의 절댓값뿐 아니라 앞서 언급했듯이 「사회적 과정으로서의 교우관계」에서 사라진 집단인 '양가적 입장을 가진 자'의 행동도 강조했다. 아카이브에 따르면 애디슨 테라스 전체 인구집단과 백인 하위 집단은 압도적으로 '양가적 입장을 가진 자'이거나 '리버럴'로 나타났다.(그림 28과 29) 백인 거주자의 79퍼센트는 두 인종이 잘 어울린다고 믿었다. 결정적으로 아카이브에는 흑인과 백인 거주자를 '리버럴', '비리버럴' 또는 '양가적 입장을 가진 자'로 분류한 표가 없었음을 고려할 때 연구진이 가치를 교차-인종적으로 분석하지 않았음을 알 수 있다. 실제로 대부분의 질문에 대한 응답은 두 개의 열로 나뉘어져 있다. '흑인'과 '백인'을 나타내는 N열과 W열 말이다. 데이터 수집과 분석은 거의 항상 인종 분리를 상정했다.

이러한 수치 외에도 아카이브와 「사회생활의 패턴」 보고서를 자세히 살펴보면, BASR의 연구자들이 인정하거나 인정하지 않았던 인종 또는 민족 차별과 배제의 골격이 그들의 연구를 뒷받침하고 있음을 알 수 있다. 윈필드가 타운십[122]으로 통합된 이유는 인접한 클라크와 린든 타운십이 [윈필드에 거주하는] 조선소 노동자들이 그들의 학교에 몰려들어 서비스를 압도하는 것을 원치 않았기 때문이었다.(초기에 윈필드는 소아마비 발병으로 인해 격리되었고 그 주변의 타운십은 자녀를 그곳 학교에 보내는 윈필드의 부모들에게도 세금을 부과했다.)

122. 옮긴이—township. 미국에서 카운티(county) 바로 아래의 행정구역 단위.

질문 25. 유색인종과 백인이 주택공급 프로젝트에서 함께 살아야 한다고 생각하나요?

45열 단답		N	W
네	1	318	109
아니오	2	37	241
모름	3	1	1
해당 없음	4	1	4

질문 26. 전반적으로 마을에서 유색인종과 백인이 잘 어울려 지낸다고 생각하나요, 아니면 그렇지 않다고 생각하나요?

	III 27열	N	W
매우 잘 어울려 지낸다	0	96%(344)	79%(280)
잘 어울려 지내지 않는다	x	2%(9)	18%(66)
모름	y	1%(2)	2%(6)
무응답	거부	1%(2)	1%(5)
		(357)	(357)

그림 28. 25번과 26번 질문에 대한 응답. 출처: Merton, "Addison Terrace Codebook," 1947, Robert K. Merton papers, 1928–2003, MS 1439, Box 207, folders 10–11, Rare Book and Manuscript Library, Columbia University Library.

Table D-10. Attitude toward "Other Race" (Index)

(Respondent)	HILLTOWN NEGROES			HILLTOWN WHITES		
	Liberal	Ambivalent	Illiberal	Liberal	Ambivalent	Illiberal
Friend:						
Liberal	87% (190)	79% (22)	(1)	45% (37)	34% (37)	20% (10)
Ambivalent	13 (28)	21 (6)	-----	45 (37)	48 (52)	56 (28)
Illiberal	----	-----	-----	10 (8)	18 (19)	24 (12)
Total Cases	(218)	(28)	(1)	(82)	(108)	(50)
% in Population	89%	10%	1%	31%	50%	19%

그림 29. PJS, 「표 D-10, '다른 인종'(지표)을 향한 태도」에서 '유레카'의 순간. 출처: "Outline Memo on Friendship—Section D: 'Factors Influencing the Selection of Friends'," July 1948, Robert K. Merton papers, 1928–2003, MS 1439, Box 209, folder 4, Rare Book and Manuscript Library, Columbia University Library.

처음부터 윈필드에는 일련의 위기가 닥쳤다. 부지가 넓고 애디슨 테라스에 비해 사생활이 보장되는 주택이 많았지만, 건물 자체가 "닭장"을 닮았고 너무 부실하게 지어져 처음에는 가스, 전기, 수도가 부족했고 지붕과 지하실에 물이 새어 고인 물이 모기떼를 키웠고, 벽난로를 작동할 수 없었으며, 포장된 보도가 없고 흙길이 너무 부실하게 건설되어 비가 올 때마다 트럭과 자동차가 진흙에 갇히는 등 살 수 없는 곳이었다.[123] 머튼이 "개척자"라고 불렀던 최초의 주민들은 건축업자들을 고소했고 주택을 규정에 맞게 만들기 위해 끊임없이 싸웠다.('개척자'라는 용어는 인종적 배제가 이 '노동자 공동체'의 기반에 있었음을 흥미롭게 암시한다.) 윈필드는 1941년 6월 『타임』지의 기사 「매매도 임대도 안 돼」(Not for Sale, Not for Rent)에 언급된 초기 견적보다 훨씬 더 많은 비용이 들었다. 이러한 어려움에도 불구하고, 그리고 실제로 이러한 어려움 때문에 컬럼비아 대학 연구진이 윈필드를 선택했다. 한 주민의 표현에 따르면 "정규 국제연맹"과 같은 높은 민주적 참여와 높은 수준의 종교 및 민족 집단 통합을 갖춘 "성공 사례"였기 때문이었다.[124] 윈

123. "Truman Committee Exposes Housing Mess," *Life*, November 30, 1942, 45, 52.

124. Merton, West, and Jahoda, "Patterns of Social Life," appendix, 74. 크래프트타운(윈필드)의 성공은 초창기를 지배했던 위기와 그로 인해 유발된 집단적 대응이라는 측면에서 일관되고 반복적으로 해석되었다. 크래프트타운(윈필드)은 힐타운(애디슨 테라스) 및 다른 주택공급 프로젝트와 다른 점이 있었는데, 그 이유는 크래프트타운(윈필드)의 개척자들이 "사적인 문제가 아니라 집단에 공통된 문제, 즉 제퍼슨이 '사람들로 하여금 만나도록 움직이게 하는 특별한 경우'라고 언급한 상황을 만들어내는 즉각적인 문제들의 지속적인 흐름"에 직면했기 때문이었다. "Patterns of Social Life," chapter 10, "Grass Roots Politics: Civic Action and Civic Apathy," 35, 강조는 원저자. 이러한 문제들은 "지역사회의 모든 개인에게 구체적이고 직접적인 영향을 미치기 때문에" 이전의 모든 경계나 특권을 무너뜨렸고, "이사 가지

필드는 당시 직장에서의 인종 불평등을 크게 지지했던 노동조합의 지원을 많이 받기도 했다.[125]

애디슨 테라스는 윈필드보다 9개월 후에 연구 대상으로 선정되었는데, 이는 거의 전적으로 인종적 구성 때문이었다. 계획상 주민의 50퍼센트가 흑인, 50퍼센트가 백인이었다. 백인 주민은 가톨릭, 개신교, 유대교가 거의 균등한 숫자로 분포되어 있었다. 인종에 대한 가장 중요한 관심은 인터뷰와 이에 대한 기록 작업을 구성했다. 각 인터뷰 대상자의 인종이 기록되었고, 인터뷰 담당자는 '민족 문제'에 대한 인터뷰 대상자의 태도를 파악하기 위해 질문했다. 컬럼비아 대학 연구진은 이 연구를 통해 다음과 같은 질문을 제기하고 이에 대한 답을 찾고자 했다고 밝혔다. "[인종 간] 명백한 갈등이 없는 것이 만족스러운 관계 또는 적대적인 관계의 징후인가? 인종이 섞인 이웃사회에서 살았던 경험이 있는 사람들은 그런 경험이 없는 사람들과 다른 태도를 보였는가? 크래프트타운[윈필드]보다 눈에 띄게 낮은 힐타운[애디슨 테라스]의 세입자 참여율이 프로젝트의 인종 혼합 구성과 관련이 있었는가? 나이가 많은 사람들이 젊은 사람들보다 힐타운[애디슨 테라스]에 더 편안함을

않는 한 아무도 그 영향력에서 물러날 수 없었다."(36) 또한 이 문제들은 삶의 기본적인 욕구와도 관련이 있으며 집단행동을 통해서만 해결될 수 있었다. 핵심은 평등과 출구의 부재였다. 따라서 근본적인 질문은 이러한 평등주의적 집단 정체성이 인종의 경계를 넘어 나타날 수 있는가 하는 것이었다.

125. 연구자들이 1947년 3월 루이스 메이슨(Louis Mason)과의 인터뷰에서 언급했듯이, 피츠버그 미국노동연맹(American Federation of Labor, AFL) 노조 지도자들은 특히 "기계공, 보일러 제작자, 전기공, 화가, 배관공"의 분리 관행을 지지한다는 이유로 어번 리그[옮긴이—Urban League. 1910년 뉴욕에서 창설된 흑인의 사회경제적 정의를 위한 민권 운동 단체]의 지지자 명단에 포함되지 않았다.

느낀다는 인상은 정당한 것이었는가?"[126]

백인이든 흑인이든 거의 모든 주민에게 애디슨 테라스는 실질적인 물리적 업그레이드를 의미했다. 애디슨 테라스의 책임자는 다음과 같이 말했다. "이 사람들은 완전히 새로운 집으로 이사했고, 특히 흑인들에게는 소설 같은 일이었어요. 완전히 새로운 집 말이죠."[127] 애디슨 테라스는 세 개의 테라스 위에 지어진 3층짜리 아파트 건물들로 구성되어 있었다. 각 테라스에는 공용 안뜰이 있었고 건물 지하에는 공동 세탁 시설이 있었다. 각 아파트에는 실내 욕실, 온수, 가스레인지, 전기냉장고 등 대부분의 입주자들이 아직 경험하지 못한 "미국 문화의 산물들"이 갖춰져 있었다. 이 프로젝트는 인종 혼합임에도 불구하고 통합되지 않았고, 연구진은 "[그] 인종을 하나로 모으기 위한 여러 회의에서 당황스러움"이, 적어도 흑인 이웃보다 임시 거주자가 더 많았던 백인 거주자의 입장에서 느낀 당황스러움이 만연했다고 보고했다.[128] 소득이 일정 금액을 넘으면 이사를 가야 했는데, 당시 직장 내 차별과 흑인에 대한 연방 보험 담보대출의 사실상 금지로 인해 백인 주민들은 애디슨 테라스를 빠르게 순환하는 반면, 흑인 주민들은 그대로 머물러 있었다. 교육을 많이 받은 한 흑인 여성 거주자는 이렇게 말했다. "우리는 차라리 사유 주택을 갖고 싶지만 토지사용제한법

126. Merton, West, and Jahoda, "Patterns of Social Life," appendix, 87; chap. 2, "Two Towns," 5–7.
127. Clarence Stein, "Meeting of Clarence Stein and A. Z. Pittler at Addison Terrace," December 17, 1946, Columbia University, Bureau of Applied Social Research Papers, MS0166, Box 08, Rare Book and Manuscript Library, 2.
128. Merton, West, and Jahoda, "Patterns of Social Life," chap. 2, 20; appendix, 73.

(zoning law) 때문에 좋은 이웃사회에 있는 사유 주택에 살 수 없어요. 그래서 이게 우리가 할 수 있는 최선이죠."[129] 윈필드가 이상적인 현장으로 먼저 선정된 후 애디슨 테라스가 이에 대한 대조 지점으로 추가되었다는 점을 고려할 때, 1954년 발표된 연구의 초점이 윈필드가 아닌 애디슨 테라스가 된 것은 호기심을 자아낸다.

애디슨 테라스는 '세입자 사기'에 관한 연구자들의 연구 결과에 기초를 제공했다. (백인) 세입자 사기의 관점에서 인종은 필수적인 요소가 되었다.[130] 주택공급 프로젝트에 대해 프레드 L. 라반버그 재단에[131] 보낸 연구 제안서에서 머튼은 세입자 사기가 "**주거 공동체 생활의 다른 모든 측면을 뒷받침하는 기초가 되고 대부분을 지배한다**"고 주장했다. 건물 및 부지 유지 관리 문제부터 단체 생활, 민주적 조직, 세입자-관리자 관계에 이르기까지 모든 문제의 기저에는 사기가 있었다. 그 이유는 무엇인가? 주택공급 프로젝트의 세입자들은 일반 미국인들

129. 같은 글, chap. 14, 13. 힐타운(애디슨 테라스)이 "흑인 전용" 주택공급 프로젝트가 되지 않도록 하려는 욕망이 "의도하지 않은" 인종차별을 낳았다고 이들은 지적한다. 1948년까지 백인 거주자의 60퍼센트가 신청 후 3개월 이내에 입주한 반면, 흑인 거주자는 28퍼센트에 불과했다.(chap. 9, 11) 흑인들은 1948년에 도착했기 때문에 "후발주자"로 불렸다. 흑인 거주자 중 가장 많은 비율인 44퍼센트는 1년 이상 기다려야 했다. 머튼, 웨스트, 야호다는 다음과 같이 썼다. "행동의 결과는 그 시스템의 성격에 따라 형성된다. 이 사례에서 스틸 시티[피츠버그]의 흑인들은 일반적으로 소득 수준이 낮고 기회가 적었기 때문에 사회 구조적으로 흑인 세입자들의 이직률이 낮았고, 결국 흑인들이 힐타운[애디슨 테라스]에 정착하기까지 기다리는 기간이 길어졌다. 그 결과는 의도하지 않았음에도 불구하고 실제적인 것이었다."(chap. 9, 13)

130. 프레드 터너가 『민주적 환경』에서 주장했듯이 20세기 중반 미국에서 국민의 사기는 민주주의 사회를 유지하는 데 중요한 요소로 여겨졌다.

131. 옮긴이—프레드 L. 라반버그 재단(Fred L. Lavanberg Foundation)은 주택 마련에 어려움을 겪는 저소득 유자녀 가구를 위한 비영리 주택공급 회사로 1920년대 맨해튼과 1960년대 브롱크스에서 주택공급 사업을 진행했으며 2011년 문을 닫았다.

과 "갈림길"에 있는 조건들 속에서 살고 있다는 사실에 어려움을 겪어야 했기 때문이다. 이러한 프로젝트는 사람들을 계급별로 집단화했고, 평등의 맥락에서 인종을 혼합했으며, 사적 활동을 정부의 통제하에 두었고, 협동 생활을 위한 경제 계획을 제공했으며, 다른 방법으로는 감당할 수 없던 물리적 편의시설을 공급했다.[132] 따라서 이것들은 일반적으로 기존의 현상 유지를 파괴했다.(물론 '평범한' 이웃사회도 계급별로 사람들을 분명히 집단화했지만.) 이러한 요인 때문에 '프로젝트'라는 용어는 중립적이지 않았다고 연구진은 지적했다. 일부에게는 소중하게 여겨지고 부러움을 사는 물리적, 사회적 환경을 의미했지만 다른 사람들에게는 낮은 경제적 지위와 개인의 부적절함을 의미했다.[133] 각 입주자 앞에 놓인 질문은 다음과 같았다. "내가 이 프로젝트에서 사는 것이 세상의 눈에 이익인가, 아니면 손해인가?"[134] 머튼은 주택공급 프로젝트의 성공에 필수적인 요소로 다음과 같은 감정을 꼽았다.

1. 주거 공동체에서의 생활과 결부된 자부심 또는 낙인감.
2. 일시적 또는 영속적이라는 감정.
3. 적절한 사생활 또는 사생활 침해('집' 대 '기관')에 대한 감정
4. 연대감 또는 자발성에 대한 감정.
5. 공동 거주자에 대한 동일시의 감정 또는 적대감('소속

132. Merton, "Memorandum," 3, 강조는 원저자; Merton, West, and Jahoda, "Patterns of Social Life," chap. 14, 5.
133. 같은 글, chap. 1, 5.
134. 같은 글, chap. 1, 1–2.

감' 대 '배제').

6. 더 큰 지역사회에 대한 동일시의 감정 또는 적대감 ('소속감' 대 '배제').
7. 관리 결정에 대한 신뢰감 또는 불안감.
8. 공동체 생활의 적절성, 부적절성 또는 과잉에 대한 감정.
9. 물리적 환경이 제공하는 갑갑함 또는 편안함.
10. 개별 집단이 직면한 문제에 대한 수동적 무력감 또는 능동적 통제력의 감정.
11. 성격이 성장하고 있다는 감정(새로운 관점) 또는 정체되었다는 감정.[135]

인종주의와 차별은 이러한 '감정들'의 가치를 결정하는 데 핵심적인 요소였다. 낙인이나 자부심과 관련하여 머튼은 제안서의 부록에서 일부 백인 주민들이 외부 지역사회의 일부가 인종 혼합 공공주택 프로젝트를 비난할 수 있기 때문에 자존감을 잃을 수 있다고 명시적으로 언급했다. 반면 연구진은 흑인 주민들에게 애디슨 테라스에 사는 것이 자부심의 원천이라고 주장하며 그곳에 거주하는 다양한 인종의 주민들이 가진 애디슨 테라스의 '의미'에 대해 한 장 전체를 할애했다. 애디슨 테라스의 물리

135. Merton, "Memorandum," 4, 강조는 원저자. 입주자의 사기를 파악하기 위해 머튼은 다음 요소와 관련하여 이러한 감정을 조사할 것을 제안했다(5):

A. 건축적 요인(위치, 부지, 디자인 등)
B. 관리 관행 및 정책
C. 주택공급 프로젝트에 대한 보다 큰 지역사회의 태도
D. 거주자의 이전 태도 및 기대치
E. 세입자의 사회적 조직
F. 기관 정책(예: 연방공공주택국[FPHA: Federal Public Housing Authority], 메트로폴리탄 라이프[Metropolitan Life] 등)

적 편의시설은 모든 주민에게 개인적인 이익을 대표했지만, 아프리카계 미국인 주민들은 애디슨 테라스가 미국 정부가 평등이라는 미국의 신조와 불평등이라는 현실 사이의 간극을 좁히기 위해 마침내 노력한다는 신호를 보냈기 때문에 이를 인종 전체의 이익으로 보았다.[136] 그러나 세 연구자는 또한 평등에서 불평등으로 넘어가는 과정에서 두 영역 모두에서 평등에 대한 요구를 불러일으킬 수 있기 때문에, 즉 좋은 주택이 직장 내 차별을 일상적으로 상기시키는 역할을 할 수 있다는 점에서 '평등한' 공공주택이 더 큰 불만을 초래할 수 있다고 지적했다.[137]

「사회생활의 패턴」 보고서와 머튼-BASR 아카이브에 있는 관련 자료를 읽어보면 공공주택의 세입자 사기 문제는 애디슨 테라스에서 거의 독점적으로, 그리고 처음부터 백인 세입자의 사기 문제였다는 것이 분명해진다. 저자 리처드 라이트가 선언했듯이, "흑인 문제"는 없으며 "백인 문제"만 있을 뿐이다.[138] 「사회생활의 패턴」에서 윈필드가 애디슨 테라스보다 더 성공적이었다는 주장은 흑인 응답과 백인 응답의 지속적인 분리, 흑인 거주자를 "예외"로 규정하는 지속적인 프레임, 수집된 데이터로 반박된 몇 가지 당혹스러운 결론에 의존했다.[139]

136. Merton, West, and Jahoda, "Patterns of Social Life," chapter 3: "The Meanings of Hilltown for Negroes and Whites," 179.
137. 같은 글, chapter 3, 26.
138. Richard Wright, *Conversations with Richard Wright*, ed. Kenneth Kinnamon and Michael J. Fabre (Jackson: University Press of Mississippi, 1993), 99.
139. 예를 들어, 다음 표에 표시된 데이터를 바탕으로 머튼, 웨스트, 야호다는 크래프트타운(윈필드)이 정치적 지역사회인 반면, 힐타운(애디슨 테라스)은 세입자 중 일부만 정치에 관심이 있다고 주장한다. 혹자는 이 표의 숫자는 그 정반대, 즉 더 많은 힐타운(애디슨 테라스) 주민이 지역 정치에 훨씬 더 관심이 많다는 것을 보여준다고 주장할 수도 있다. 출처: Merton, West, and Jahoda, "Patterns of Social Life," chapter 10, 10.

예를 들어 두 프로젝트의 주민들은 정치적으로 적극적이었다. 윈필드와 애디슨 테라스 모두 주변 지역사회보다 훨씬 높은 투표율을 보였다. 1944년에는 두 프로젝트의 전체 주민 중 84퍼센트가 투표에 참여했고, 1945년에는 애디슨 테라스 주민의 70퍼센트와 윈필드 주민의 63퍼센트가 투표에 참여했다.[140] 또한 애디슨 테라스에서는 흑인 주민의 55퍼센트와 백인 주민의 29퍼센트가 "프로젝트에 발언권이 있는지 여부"가 중요하다고 생각했고,[141] 흑인 주민의 70퍼센트와 백인 주민의 43퍼센트가 이전 거주지보다 더 많은 참여 기회가 있다고 느꼈다. 연구자들이 지적했듯이, "수치상으로는 [애디슨 테라스에서] 주택공급 프로젝트가 제공하는 기회를 인식하고 그 기회에 관심을 갖는 흑인의 비율이 크래프트타운 주민[윈필드 거주자]의 비율과 동일하다."[142] 이를 감안하면 '문제' 또는 예외는 흑인보다는 오히려 애디슨 테라스의 백인 거주자인 것으로 보인다.[143]

	크래프트타운의 관심 강도			힐타운의 관심 강도		
	매우 크다	보통	전혀 없다	매우 크다	보통	전혀 없다
낮은 사기	33%	55%	72%	36%	35%	39%
높은 사기	67%	45%	28%	64%	65%	61%
사례 수(100%)	54	192	134	152	358	199

140. Merton, West, and Jahoda, "Patterns of Social Life," chap. 10, 19.
141. 같은 글, chap. 10, 25.
142. 같은 글, chap. 10, 26.
143. 두 주택공급 프로젝트의 백인 거주자들은 인종 간 위원회에 참여하기를 특히 꺼렸는데, 흑인 거주자의 61퍼센트가 이러한 위원회에 참여한 경험이 있는 반면, 백인 거주자는 39퍼센트만이 참여한 경험이 있었다. 같은 책, chap. 11: "Patterns of Popular Participation," 36. 인터뷰 대상자 중 한 명으로, 인종 간 위원회에서 활발히 활동하며 다른 인종과 좋은 교우관계가 있다고("그들의 입장을 잘 안다고") 주장

머튼, 웨스트, 야호다는 백인 주민들의 낮은 사기가 애디슨 테라스와 윈필드 외곽에 사는 사람들(백인)의 의견에서 비롯되었다는 가설을 세웠다. 이들은 사회가 주민들에게 무임승차자라는 낙인을 찍음으로써 "물리적 주택이라는 선물을 주었지만, 그 심리적 가치를 빼앗았다"[144]고 주장했다.(이 규칙의 예외는 애디슨 테라스에 거주하는 흑인 인구집단이었는데, 이들은 '주류'의 낙인에 자부심을 가지고 대응했다.) 애디슨 테라스에 거주하는 한 백인 주민은 인터뷰 진행자에게 이렇게 말했다. "사람들은 이곳을 철거해야 한다고 생각해요. 흑인들이 납세자의 돈으로 사는 것을 싫어하죠. 그리고 누군가가 제가 하고 싶은 대로 다 한다고 생각하면 기분이 별로 좋지 않아요."[145] 공공주택 위원회는 애디슨 테라스 예비 및 실제 백인 거주자들의 두려움을 완화하기 위해 건물의 인종 분리와 같은 여러 가지 양보를 했다. 한 관리 직원에 따르면, 인종을 고르게 나누기 위해서는 백인에게 "미끼"를 줘야 한다는 말을 들었다

한 'X'인 스컬리언 부인은 이렇게 말했다. "어떤 사람들은 루비(부지점장)가 Y이기 때문에 Y가 더 나은 대우를 받고 자녀를 멀리한다고 생각해요. 하지만 그건 옳지 않아요. X에게도 Y만큼이나 많은 기회가 주어지지만 어떻게든 Y가 항상 다수를 차지하죠. 왜 그런지는 모르겠지만 아마도 공동체 일에 더 관심이 많기 때문이겠죠. 하지만 X와 Y가 모두 있는 집단이 시작되면 X가 빠지기 시작하고 결국에는 Y만 남게 되죠." PLK, "Interview with Mrs. Scullion (X)," November 29, 1946, Columbia University, Bureau of Applied Social Research Papers, MS0166, Box 08, Rare Book and Manuscript Library, Columbia University Library, 8, 5. 흑인 신문에 인종 간 위원회에 남은 유일한 백인 위원으로 소개된 스컬리언 부인은 질문자의 말을 빌리자면 "유대인에 대한 주제에 열광했다.(비록 그가 위원회에서 유대인이 얼마나 골칫거리인지 설득력 있게 말해서 나 자신도 반유대주의자라는 인상을 갖고 떠났지만)"(1) 그녀는 또한 새로 이주한 백인 거주자들의 느슨한 도덕성과 무관심을 심하게 비판했으며, 유대인 이웃에 대한 그녀의 주요 불만은 재정적인 문제, 즉 그들이 관리진에게 소득을 보고할 때 "속임수를 쓴다"는 인식이었다.(7)

144. Merton, West, and Jahoda, "Patterns of Social Life," chap. 14, 31.
145. 같은 글, chap. 14, 36.

고 한다. "그래서 그 [특정] 테라스는 온통 백인 구역으로 지정되었어요. 실수였어요. 만약 이 일을 다시 해야 한다면 저는 백인 구역과 흑인 구역으로 분리해야 한다고 주장할 겁니다." 직원은 이어서 훈증 소독 지연으로 인해 한 건물이 통합되었다고 설명했다. "우리가 할 수 있는 일은 아무것도 없었고, 그들[새로 들어오는 백인 주민들]에게 원한다면 그 건물에 있는 아파트를 가져가도 된다고 말했고, 그들은 그렇게 하겠다고 했어요. 그곳에서는 아무런 문제가 없었어요."[146] 이 평가는 공간적 근접성과 접촉 빈도가 교우관계 형성에 가장 중요한 요인이라는 머튼, 웨스트, 야호다의 결론을 뒷받침했다.[147] 따라서 물리적 분리는 인종 간 교우관계를 어렵게 만들었다.[148] 또한 분리는 현재와 미래의 교우관계에 모두 영향을 미쳤다. 세 연구자는 여러 질문에 대한 응답을 토대로 여러 상관관계를 통해 이전의 인종 혼합 주택 경험이 백인 세입자 사기의 핵심임을 드러냈다.[149]

결정적으로, 「사회생활의 패턴」 보고서와 머튼-BASR 아카이브에 있는 관련 자료에는 "절대적인 인종적, 젠더 동종선호"라는 서사의 구조를 이루는 실마리가 내장되어 있다. 젠더 동종선호는 커플과 가족 구성원이 "가까운 친구"로 입증되지 않는 경우에만 "절대적"이었다.[150] 또한 연구진이 인정한 것처럼, 거주 지역에 관계없이 "가장 가까운 친구 3명"을 선택한 것은 교

146. 같은 글, chap. 9, 14.
147. 같은 글, chap. 7: "Patterns of Selection in Interpersonal Relations," 33.
148. 같은 글, chap. 5: "Networks of Interpersonal Relations," 28.
149. 같은 글, appendix, 104. 이들은 다양한 요인들의 상관관계를 통해 이러한 경향을 발견할 수 있었다고 설명한다.
150. 같은 글, chap. 7, 16.

우관계를 설명하는 일반적인 방식과 어긋났다.(흥미롭게도 주민들은 가장 친한 친구 3명이 누구인지 묻는 질문에 발끈했는데 이는 주민들이 가장 많은 질문을 던진 부분이기도 했다.)[151]

다른 많은 질문에 대한 응답을 통해 힐타운(애디슨 테라스)에서 다른 인종 간 접촉이 어느 정도 이루어지고 있는지를 알 수 있었다. 그림 30은 두 인종의 주민 대다수가 힐타운(애디슨 테라스)에서 다른 인종의 지인을 가진 적이 있다는 것을 보여주며, 그림 31은 두 인종의 주민 대다수가 이전에 다른 인종의 지인을 가진 적이 있다는 것을 보여준다. 그림 32는 흑인 거주자의 대다수(76퍼센트)와 백인 거주자의 거의 1/4(24퍼센트)이 다른 인종의 친구를 가진 적이 있음을 보여준다. 또한 빙고의 밤(재정 비리로 인해 중단된), 바느질 클럽과 같은 특정 이벤트와 클럽이 두 인종 주민 모두를 위해 통합되었다.

이 수치는 양가성과 '약한' 정서가 더 강한 정서를 위해 끊임없이 지워지는 것을 드러낸다. 이러한 지우기를 통해 실제보다 더 인종적으로 이분법적인 상황이 묘사된다. 만약 가장 친한 친구 3명에 관한 숫자가 아니라 친구와 지인에 관한 숫자가 연구진 분석의 기초가 되었다면 어떤 결과가 나왔을까? 인종 간 동종선호에 대한 어떤 개념이 등장했을까? 이 수치와 인터뷰를 통해 드러나는 것은 머튼과 라자스펠드가 "리버럴함"이라고 부르는 태도의 기저에 깔려 있는 "합법적 무관심"(enabling indifference)이다. 통합 주택을 지지한 흑인 거

151. PJS and JAM, "Report of Meeting of Adult Program Committee of Addison Terrace," February 19, 1947, Columbia University, Bureau of Applied Social Research Papers, MS0166, Box 08, Rare Book and Manuscript Library, Columbia University Library, 2.

질문 42. (타 인종) 마을 주민 중 (유색인종) (백인) 지인, 대화를 나눌 만큼 잘 알고 있지만 친구라고 부르지 않는 사람을 사귀어본 적이 있습니까?

III 25열	N	W
네 1	285(81)	220(62)
아니오 2	68	135
모름, 무응답 3	3	3
	356	358
	IR	IDP

그림 30. 애디슨 테라스에 있는 다른 인종의 지인들. 출처: Merton, "Addison Terrace Codebook."

질문 12. (타 인종) 학교를 떠난 후, 대화할 만큼 잘 알고 있지만 친구라고 부르지 않는 (유색인종) (백인) 지인이 있었나요?

	III 7열	N	W
네	9	318	235(69)
아니요	0	30	118

질문 12(b). (타 인종) 학교를 떠난 후 (유색인종) (백인) 친구가 생긴 적이 있나요?

	III 7열	N		W	
네	1	271		86	

당신이 그들 집을 방문하거나
그들이 당신 집을 방문한 적이 있나요?

		N		W	
네	2	210	3 미처리	44	3 미처리
아니오	3	56		39	
모름	4	—		—	
무응답	5	2		—	
아니오	6	84	1 미처리	268	
모름	7	—		—	
무응답	8	1		1	

그림 31. (졸업 후) 다른 인종 지인들. 출처: Merton, "Addison Terrace Codebook."

그림 32. 다른 인종 친구들. 출처: Merton, "Addison Terrace Codebook."

주자들은 "모든 사람은 평등하며" 잘 살 수 있는 기회를 동등하게 가져야 한다고 믿었기 때문에 그렇게 했다. 한 흑인 여성 거주자의 말처럼, "백인이 이곳에 오고 싶어 한다면 환영하지만, 내가 나서서 그들을 이곳으로 오게 하지는 않을 거예요."[152] 무관심과 양가성은 '불안정한' 범주가 아니라 오히려 함께 거주하는 방식과 수단이었다. 해결해야 할 문제가 아니라 공동체의 기반이 되는 공간이었다.

교우관계 제작하기

교우관계가 이 보고서와 그 이후의 연구에서 매우 중요했던 이유는 사회공학의 형태로서 주택공급 프로젝트의 성공과 실패를 드러냈기 때문이다. 머튼은 자신들의 연구를 정당화하기 위해 미국 주택공급의 시급한 문제뿐만 아니라 "좋은" 사회공학을 이해하고 실행해야 할 필요성을 언급했다.[153] 머튼, 웨스트, 야호다는 후속 보고서에서 공공주택 프로젝트를 습관이 파괴되고 형성되는 "새로운 사회 세계"로 묘사하며, 연구와 실험에 이상적인 폐쇄적인 공동체라고 설명했다.[154] 그들은 "사회학자의 세계 실험실"을 "물리학자와 화학자의 더 고립된 실험

152. JGB, "Tenant: Helen Brown," December 19, 1946, Columbia University, Bureau of Applied Social Research Papers, MS0166, Box 08, Rare Book and Manuscript Library, Columbia University Library, 5, 4.
153. 맨해튼의 저소득층 비영리 주택 건설을 담당하는 '중립적' 기관인 라반버그 재단에 자금 지원을 요청하면서 머튼은 다음과 같은 보고서를 작성하겠다고 제안했다: "(1) 기술적으로 능숙하고, (2) 훈계하지 않고 사실에 근거하며 (3) 관련성, 즉 주택공급 담당자가 직면한 문제를 중심으로 하고, (4) 사회공학의 지침이 될 만큼 충분히 상세해야 한다." Merton, "Memorandum," 2.
154. Merton, West, and Jahoda, "Patterns of Social Life," chap. 1, 30.

실" 과 비교했다.[155] 이들은 당연하게도 인디언 보호구역, 일본인 포로수용소, 기혼 학생 주거 아파트에 대한 이전 연구를 인용했다. 심지어 그들은 이웃사회, 특히 백인 노동계급 여성의 이웃사회를 "보호구역"이라고 부르기도 했다.[156] '원시인'을 연구하는 민족지학자처럼, 즉 '야생적인 트로브리안드족'에 대한 연구에서 '동종선호'와 '이종선호'를 '차용'한 것처럼, 연구진은 자신들의 관찰이 이러한 지역사회에 미칠 영향을 예민하게 인식하고 있었고 따라서 그 영향을 최소화하려고 노력했다.[157]

공공주택 프로젝트는 근본적으로 파괴적이기 때문에 실험과 평가를 위한 이상적인 공간이었다. 머튼, 웨스트, 야호다는 환경의 변화가 과거, 현재, 미래 사이의 정상적인 관계에 의문을 제기한다는 사실을 인정하는 것으로 보고서를 시작한다. 새 집으로 이사하는 것은 "일상생활의 틀에 박힌 습관에 영향을 미치기 때문에" 이사하는 이들에게 특히 파괴적이다. "새 방의 모양과 크기가 이전과 다르고, 가구를 낯선 위치로 옮겨

155. 머튼, 웨스트, 야호다가 「사회생활의 패턴」 부록에서 "나바호족 보호구역에 비해 백만장자 클럽 연구에는 엄청난 장애물이 있다"(79)는 관찰과 더불어 여러 번 지적한 것처럼, 부유층보다 가난한 사람들을 연구하는 것이 더 쉬웠다. 부록 48쪽에서 이들은 "개인 행동의 법칙"(6)을 이해하기 위해 일본인 포로수용소를 연구한 알렉산더 H. 레이턴의 책을 인용한다. Alexander H. Leighton, *The Governing of Men: General Principles and Recommendations Based on Experience at a Japanese Relocation Camp* (Princeton, NJ: Princeton University Press, 1945).
156. PJS, "Outline Memo on Friendship-Section C," July 1948, Robert K. Merton papers, 1928–2003, MS 1439, Box 209, folder 4, Rare Book and Manuscript Library, Columbia University Library, 1–4.
157. 머튼, 웨스트, 야호다는 연구의 '수행적' 측면을 잘 알고 있었다. "폐쇄적인 공동체에서는 인터뷰 진행자의 실수 하나가 많은 것에 영향을 미친다." Merton, West, and Jahoda, "Patterns of Social Life," appendix, 39. 그들은 또한 부록(43)에서 관리진의 승인이 필요하지만 신뢰도가 손상될 수 있으므로 관리진과 너무 가깝게 지낼 수 없다는 사실에 민감하다고 말한다.

야 하며, 출근길은 물론 친구나 집단 활동으로 가는 길도 달라지기 때문이다. (…) 이웃이 투박하거나 속물적일 수도 있고, 맞을(right) 수도 있는데 이는 자신과 같은 사람들이 있을 수도 있음을 뜻한다. 이럴 때는 성격과 사회적 상황에 따라 거부감과 희망적인 기대감이 다양한 정도로 뒤섞인다."[158] 공공주택 프로젝트에 입주한 사람들은 새로운 사회로 진입하고 새로운 지위를 얻는다는 점에서 더욱 불안하다고 이들은 주장했다. 새로운 입주자들이 친구를 사귀었는지 여부는 이러한 프로젝트가 실제로 새로운 형태의 공동체를 제작(engineer)하는 정도를 측정했다.

파괴, 교우관계, 이웃, 사회공학 및 실험에 대한 이러한 가치 평가는 공공주택 프로젝트에 대한 이러한 초기 연구를 '새로운 생체 측정 우생학'을 갖춘 21세기 소셜 미디어와 연결한다. 소셜 미디어 이전의 동종선호 연구가 학교에 초점을 맞추고 소셜 미디어 사이트가 대학 캠퍼스를 자신의 건축적, 사회적 모델로 삼은 것은 우연이 아니다. 새로운 교우관계를 만들고 차이를 강조하기 위해, 즉 '정치적으로 둔감한 이들'이나 '양가적 입장을 가진 자들'을 동요된 열성 지지자들로 변화시키기 위해 습관을 끊임없이 파괴하는 것은 주택공급 프로젝트에 대한 컬럼비아 대학 연구진의 설명과 공명한다. '대중'에서 새로운 것으로의 이동은 '양가적 입장을 가진 자'를 불안정하게 만드는 데 달려 있다. 그것은 '진정성'의—'잠재적'이고 '표면적'인 특징의—논리, 그리고 '은밀한' 인종적 태도를 드러낼 수 있는 '편안한' 공간의 논리에 달려 있다. 그러나 「사회생활의 패턴」

158. 같은 글, chapter 1, 1.

연구는 또한 무관심의 억압이 아니라 오히려 무관심의 포용을 통해 다른 미래가 출현할 수 있었고, 지금도 출현할 수 있음을 드러낸다.

앞서 우리는 대리체가 어떻게 차별을 옹호하고 정당화하는 역할을 할 수 있는지 살펴봤다. 상관관계는 대리체를 낳는다. 통계와 경제학에서 대부분의 대리체는 숨겨진 변수 또는 알려지지 않은 변수와 선형적으로 대응하고 연관된다. 대역 또는 대리인 역할을 효과적으로 수행하는 대리체는 인종, 성별과 같은 보호 대상 범주를 우편번호나 '최초 체포 연령'과 같이 색맹인 것처럼 보이거나 대행체 기반으로 보이는 범주 속에서 드러낸다. 옥스퍼드 영어 사전에 따르면 '대리체'라는 단어는 "관리자, 감독관, 대리인, 간사, 지방의 재정 관리자, 변호사"를 의미하는 고전 라틴어 procurator에서 유래했지만, 고전기 이후의 시대에는 "교회 재판소의 감독관 (…) [그리고] 대학 교직원"이 되었다. 시간이 지나면서 대리체는 직접적이고 동등한 대리권을 보장하여 한 사람이 다른 사람을 대표하고 그를 위해 행동할 수 있도록 권한을 부여했으며, 기독교 교회에서는 "현직 주교나 그 대리인을 부양하거나 접대하는 대신에 (…) 재임자가 매년 지불하는 것"이 되었다.[1] 따라서 대리체는 처음에는 인간 대타 또는 대리인이었고, 이후에는 서비스 대신 지불되는 대가가 되었다. 하지만 대리체는 대리인(agent)보다 덜 독립적인 것처럼 보였기 때문에 부정을 저질러서도 한몫을 챙겨도 안 된다.

1. Oxford English Dictionary, 3rd ed. (Oxford: Oxford University Press, 2007), s.v. "proxy, n." and s.v. "procurator, n.1," 대리체에 대한 논의들로는 다음을 참조. Wendy Hui Kyong Chun, Boaz Levin, and Vera Tollmann, "Proxies," in *Uncertain Archives: Critical Keywords for Big Data*, ed. Nanna Bonde Thylstrup et al. (Cambridge, MA: MIT Press, 2021), 388–394; and Dylan Mulvin, *Proxies: The Cultural Work of Standing In* (Cambridge, MA: MIT Press, 2021).

캐시 오닐이 주장했듯이, "수학 파괴 무기"를 만드는 사람들은 관심은 있지만 직접 접근할 수 없는 행동을 대리체를 사용하여 추론한다. "이들은 개인의 우편번호나 언어 양식, 그리고 대출금 상환 또는 직무 수행 가능성 사이의 통계적 상관관계를 도출한다. 이러한 상관관계는 차별적일 뿐 아니라 일부는 불법이다."[2] 그간 차별금지법의 (문구는 아니더라도) 정신을 위반하는 대리체를 폭로하는 데 많은 노력이 투여되어 왔다. 의심할 여지없이 중요한 일이지만, 이것으로 충분할까?

인종차별을 이유로 인종에 대한 대리체를 탓하는 것은 인종주의가 당연히 눈에 보이는 차이에서 비롯된다는, 즉 인종만 추적하지 않으면 인종주의가 사라질 것이라는 가정을 전제로 한다. 그러나 많은 연구와 이 책의 전반부에서 분명히 밝혀진 바와 같이, 인종주의는 사라지지 않을 것이며 실제로 이러한 색맹적인 추정, 즉 희망적 무지는 위험하다.[3] 여기서 세 가지 질문이 떠오른다. 인종, 성별, 그리고 차이로부터 자유로워 보이는 모델이 어떻게 차별을 영속화하는가? 차별을 영속화하는 데 도움을 주는 대리체는 무엇을 참조하고 무엇을 하는가? 그리고 이러한 모델의 결과를 '정반대'로, 즉 어떻게 차별적 관행의 증거로서 사용할 수 있을까? 비슷한 이력서에도 불구하고 여성 지원자보다 남성을 더 선호했던 아마존의 AI 채용 프로그램은 아마존의 과거 채용 데이터를 사용하여 학습되었다. 기술업계 내의 차별적인 채용 관행을 문서화하고 이해하려면 그 모델을 어떻게 사용해야 할까?

2. O'Neil, *Weapons of Math Destruction*, 17–18.
3. 예를 들어 다음을 보라. Bonilla-Silva, *Racism without Racists*.

이러한 모델과 다른 모델을 지구 기후변화 모델과 마찬가지로 취급한다면 어떤 일이 일어날까? 기후 모델은 과거와 현재의 행동을 고려할 때 세계에서 가장 개연성이 높은 미래를 예측하지만, 그 모델이 예측하는 미래를 운명론적으로 받아들이기 위해서가 아니라 그 미래가 일어나는 것을 막기 위해 필요한 모든 일을 하기 위해서다.[4] 가장 협소한 의미에서 정확하기 위해, 즉 예측을 검증하기 위해 탄화수소를 계속 생산하도록 장려하는 것은 요점이 아니다. 우리가 신뢰할 만한 충분한 이유가 있는 지구 기후변화 모델이 지구 기온이 섭씨 2도 상승할 것이라고 예측한다면, 물론 우리가 지구 기후변화 부정론자가 아니라면, 우리는 그러한 변화를 예측한 모델이 아니라 세상을 고치려고 노력해야 한다.

지구 기후변화 모델에 대한 이러한 비유는 모델과 설명의 한계를 드러내기도 한다. 기후변화와 그 증가하는 파괴적인 영향에 대한 압도적인 과학적 합의와 증거가 있음에도 불구하고 이에 대한 결정적인 행동은 지금까지 부족하다. 미주리주 퍼거슨의 치안 차별에 관한 종합 보고서를 접한 활동가들과 지역사회 구성원들은 이 보고서가 "세인트루이스 지역에서 일어나야 할 변화에 대해 이미 수년 동안 많은 사람들이 목소리를 높여 온 내용을 문서화했지만 문제를 파악하는 것과 문제를 해결하는 것은 별개"라고 지적했다.[5] 또한 명백한 것을 파악하는 것

4. 기후변화 모델과 "예측된 미래가 일어나는 것을 막는" 그 모델의 역할에 대해서는 다음을 참조. Wendy Hui Kyong Chun, "On Hypo-Real Models or Global Climate Change: A Challenge for the Humanities," *Critical Inquiry* 41, no. 3 (2015): 675–703, https://doi.org/10.1086/680090.

5. Monica Davey, "Panel Studying Racial Divide in Missouri Presents a Blunt Picture of Inequity," *New York Times*, September 14, 2015, https://www.

도 무행위에 대한 핑계가 될 수 있다. '은밀'하다고 보기 어려운 치안 차별을 밝혀내기 위해 정말 더 많은 모델이 필요한가? 아마존의 채용 알고리듬의 경우, 기술 업계가 여성을 차별한다는 사실은 누구를 위한 뉴스인가?

지구 기후변화 모델의 예는 대리체에 대한 비판을 더욱 복잡하게 만든다. 즉 이 사례는 대리체의 필요성과 대리체가 필연적으로 불러일으키는 정치적 투쟁 모두를 가리킨다. 따라서 나는 소셜 네트워킹 알고리듬을 지구 기후변화 모델 옆에 배치하여, 우리의 일반적인 가정과 결론을 흔들고 특히 대리체에 대한 포괄적인 비판을 재고하고자 한다.

실재의 시각화

21세기 초반의 세계가 기후변화를 겪고 있다는 사실은 논쟁의 여지가 없어 보인다. NASA가 2020년에 지적했듯이, 기록된 가장 따뜻한 해 중 19년이 2000년 이후였고 2016년과 2020년은 기록상 가장 따뜻한 해로 동률을 이뤘다.(그림 33 참조)

이러한 점을 고려할 때 지구 기후변화에 미치는 인간의 영향에 대한 논쟁은 많은 사람들, 특히 미국 이외의 지역에 거주하는 사람들을 혼란스럽게 한다. 문제는 개인적 경험과 전지구적 현상 사이의 간극을 좁히고, 사람들이 쉽게 경험할 수 없는 그 무엇인 기후가 변화하고 있다는 사실을 너무 늦기 전에 사람들에게 설득하는 데 있어 보인다. NASA의 기후학자 제임스 핸슨과 동료들은 다음과 같이 말한다. "인간이 만든 기후

nytimes.com/2015/09/14/us/panel-studying-racial-divide-in-missouri-presents-a-blunt-picture-of-inequity.html.

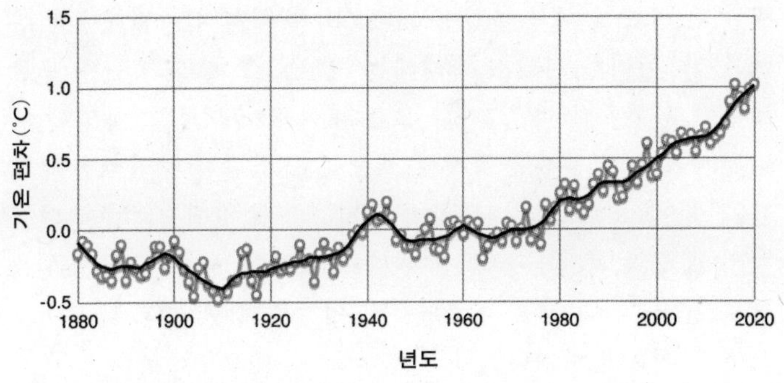

그림 33. 지구 육지-해양 온도 지수. 출처: NASA: Global Climate Change: Vital Signs of the Planet, https://climate.nasa.gov/vital-signs/global-temperature.

변화에 대한 대중의 인식을 가로막는 가장 큰 장벽은 아마도 지역 기후의 자연적인 변동성일 것이다. 지역 날씨와 기후의 하루 단위 또는 연단위의 악명 높은 변동성을 고려할 때 어떻게 장기적인 기후변화를 식별할 수 있을까?"[6] 2015년 워싱턴 DC의 추운 겨울날, 짐 인호프 미국 상원의원은 동료 의원들에게 지구 온난화가 사기라는 냉엄한 증거로서 눈덩이를 제공한 것으로 악명 높았다.[7]

기후 과학자, 언론인, 시민 단체는 경험할 수 없는 것을 시각화하기 위해 빙산이 녹고 북극곰이 굶주리는 사진부터 역사적 기온 상승에 대한 과학적 그래프까지 시각적 대리체에 의존해 왔다. 이러한 시각적 대리체는 지구 온도 상승의 대역 또는 대변인 역할을 한다. 그러나 모든 대리체가 그렇듯, 동일한 이미지가 믿음과 불신을 동시에 조장할 수 있다는 양면성을 지닌다. 『내셔널 지오그래픽』에 공개된 서머셋섭에서 "얼음 없는 땅의 굶주린 북극곰을 담은 가슴 찢어지는 영상"(그림 34)을 예로 들면, 전 지구적 기후변화의 영향에 대한 분노를 불러일으키며 빠르게 퍼져나갔다.[8]

6. James Hansen, Makiko Sato, and Reto Ruedy, "Perception of Climate Change," *Proceedings of the National Academy of Sciences* 109, no. 37 (2012): E2415, https://doi.org/10.1073/pnas.1205276109.
7. Phillip Bump, "Jim Inhofe's Snowball Has Disproven Climate Change Once and for All," *Washington Post*, February 26, 2015, https://www.washingtonpost.com/news/the-fix/wp/2015/02/26/jim-inhofes-snowball-has-disproven-climate-change-once-and-for-all/.
8. 이 대리체 북극곰 영상의 배경과 이에 대한 언급과 관련해서는 다음을 참조. Sarah Gibbens, "Heart-Wrenching Video Shows Starving Polar Bear on Iceless Land," *National Geographic*, December 7, 2017, https://www.nationalgeographic.com/news/2017/12 /polar-bear-starving-arctic-sea-ice-melt-climate-change-spd/.

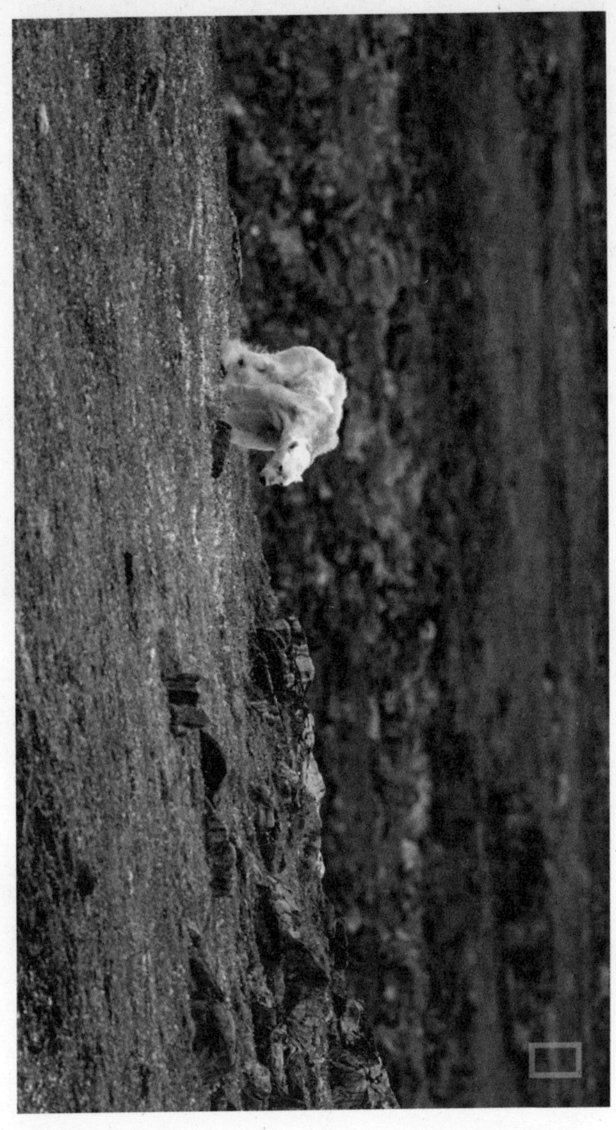

그림 34. 얼음 없는 땅의 굶주린 북극곰을 담은 가슴 찢어지는 영상 스틸. 출처: *National Geographic*, December 7, 2017. Footage: Paul Nicklen for SeaLegacy, https://www.nationalgeographic.com/science/article/polar-bear-starving-arctic-sea-ice-melt-climate-change-spd.

이에 대해 보수적인 뉴스 매체와 북극곰 인터내셔널 같은 의심스러운 야생동물 '보호' 사이트는 곰의 상태에 대한 설명을 경쟁적으로 퍼뜨리고 '비극 포르노'를 유포한다는 이유로 해양 보존 비영리 단체인 시레거시(SeaLegacy)를 비난했다.[9] 이미지가 더 설득력 있고 인기가 있을수록 그것은 더욱 많은 논란과 분석, 음모론을 흡수하고 확산시킨다. 대리체는 불확실성을 줄이면서 동시에 불확실성을 불러일으킨다. 알 수 없거나 부재하는 것을 재현함으로써 알 수 없는 것의 유령을 불러일으키기도 한다.

현재 진행 중인 기후변화 논쟁에서 만, 브래들리, 휴스의 '하키 스틱'(그림 35)보다 더 논란의 여지가 많은 이미지는 없을 것이다. 카리스마 넘치는 거대 동물과 극적인 자연 환경이 관심과 논쟁을 불러일으키지만, 지구 기후변화를 가장 영향력 있게, 그리고 논쟁적인 방식으로 재현한 것은 선 그래프였다. 기후학자 마이클 만, 레이먼드 브래들리, 맬컴 휴스는 1400년부터 1995년까지 북반구의 평균 기온 변화를 보여주는 그래프를 1998년 『네이처』에 처음 발표했고, 이듬해에는 1000년부터 1998년까지를 포함한 업데이트 버전을 『지구물리학 리서치 레터』에 발표했다.[10]

9. David Leafe, "Are These Photos REALLY Proof That Polar Bears Are Being Killed by Climate Change? Doubts Raised over Claims after It Emerges That No Post Mortem Was Carried Out," *Daily Mail*, December 29, 2017, http://www.dailymail.co.uk/news/article-5221939/Are-polar-bears-killed-climate-change.html.

10. Michael E. Mann, Raymond S. Bradley, and Malcolm K. Hughes, "Global-Scale Temperature Patterns and Climate Forcing over the Past Six Centuries," *Nature* 392, no. 6678 (1998): 779–787, https://doi.org/10.1038/33859; Michael E. Mann, Raymond S. Bradley, and Malcolm K. Hughes, "Northern

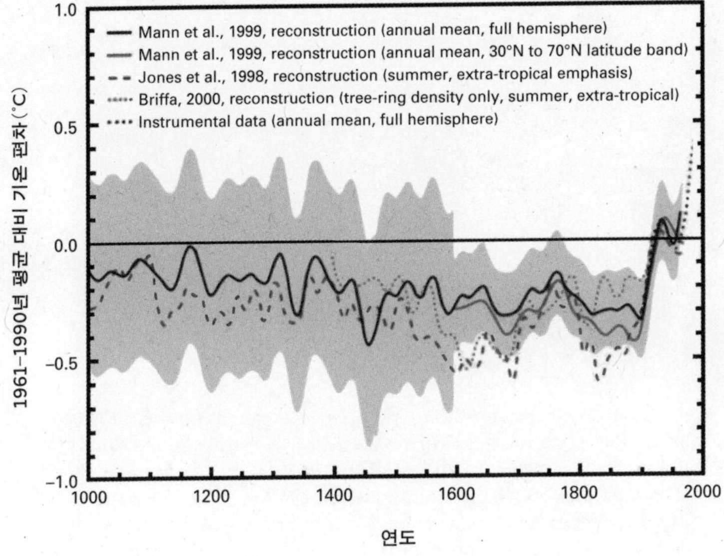

그림 35. 마이클 E. 만의 다음 책에 수록된 그림 4.2를 수정한 '하키 스틱'. 출처: Michael E. Mann, *The Hockey Stick and the Climate Wars: Dispatches from the Front Lines* (New York: Columbia University Press, 2012), 55.

2001년 기후변화에 관한 정부 간 협의체(IPCC) 보고서는 '정책 입안자를 위한 요약' 섹션에 연구진의 1999년 그래프를 실었고, 빌 클린턴 대통령과 앨 고어 부통령 등 정치인들은 이 그래프를 사용하여 인간의 화석 연료 소모가 기후에 미치는 영향을 드러냈다. 동시에 이 이미지는 사회과학자들과 기후변화를 부정하는 물리학자들로부터 공격을 받았고, 『월스트리트 저널』, 『MIT 테크놀로지 리뷰』와 같은 언론 매체와 보수 정치인들이 이들의 공격을 포착했다.[11] 또한 만은 '나쁜 과학'의 대리인(proxy)으로서 개인적으로 공격을 받았다. 그와 그의 가족은 살해 위협을 받았고, 그의 학술 기록은 공화당 의원들에 의해 불운하게 소환당했으며, '기후 게이트'(Climate-gate)의 일환으로 그의 이메일이 해킹을 당했다.[12]

하나의 단순한 그래프가 어떻게 이렇게 많은 분노와 논란을 불러일으킬 수 있었는가?

Hemisphere Temperatures during the Past Millennium: Inferences, Uncertainties, and Limitations," *Geophysical Research Letters* 26, no. 6 (1999): 759–762, https://doi.org/10.1029/1999GL900070.

11. Antonio Regalado, "In Climate Debate, the 'Hockey Stick' Leads to a Face-Off: Nonscientist Assails a Graph Environmentalists Use, And He Gets a Hearing," *Wall Street Journal*, February 14, 2005, https://www.wsj.com/articles/SB110834031507653590; Richard Muller, "Global Warming Bombshell: A Prime Piece of Evidence Linking Human Activity to Climate Change Turns Out to Be an Artifact of Poor Mathematics," *MIT Technology Review*, October 15, 2004, https://www.technologyreview.com/s/403256/global-warming-bombshell/.

12. Michael E. Mann, "I'm a Scientist Who Has Gotten Death Threats. I Fear What May Happen under Trump," *Washington Post*, December 16, 2016, https://www.washingtonpost.com/opinions/this-is-what-the-coming-attack-on-climate-science-could-look-like/2016/12/16/e015cc24-bd8c-11e6-94ac-3d324840106c_story.html.

만, 브래들리, 휴스의 하키 스틱이 미래에 대한 예측을 하지 않는다는 점(1999년 그래프에 포함된 마지막 해가 1998년임)을 고려할 때 이 논란은 기이해 보인다. 연구자들의 모델은 예측이라기보다는 설명적인 것으로 보인다. 만은 고기후학(古氣候學) 전문가다. 따라서 하키 스틱은 일반적인 순환 모델을 사용하여 미래 기후 추세를 예측하지 않고, 통계적 방법과 나무 나이테 및 얼음 코어 측정과 같은 대리 데이터를 사용하여 과거 기후를 재구성했다. 하지만 만, 브래들리, 휴스는 1998년 논문에서 다음과 같이 언급했다. "지난 몇 세기 동안의 기후변화의 공간적, 시간적 패턴을 모두 아는 것은 산업화 이후 기후에 대한 가능한 인위적(anthropogenic) 영향을 평가하는 데 여전히 핵심이다."[13] 다시 말해, 재구성된 과거는 현재 화석 연료 사용의 영향을 드러낼 수 있다.

연구진의 1999년 그래프는 유럽, 중국, 호주, 북미 일부 지역에서 비정상적으로 높은 기온을 경험했던 이른바 중세 온난화 기간('중세 기후 이상'이라고도 함)인 1000년부터 1400년까지 북반구의 평균 기온을 재구성한 것이어서 논란이 많았다. 도널드 트럼프 대통령의 초대 에너지부 장관을 지낸 릭 페리 같은 기후변화 부정론자들은 이러한 이상 현상을 근거로 기후변화가 인간이 아닌 해양과 자연 환경에 의해 주로 발생한다고 주장했다.[14] 그 주장은 다음과 같이 전개된다. 과거에도 지구가

13. Mann, Bradley, and Hughes, "Global-Scale Temperature Patterns," 779.
14. Steven Mufson, "Rick Perry Just Denied That Humans Are the Main Cause of Climate Change," *Washington Post*, June 19, 2017, https://www.washingtonpost.com/news/energy-environment/wp/2017/06/19/trumps-energy-

비슷한 온난화 기간을 겪었다면 현재의 온난화에 대해 인간을 비난할 수 없다는 것이다. 그러나 하키 스틱 그래프에 따르면 20세기 동안의 온난화(스틱의 날 부분)는 이전의 기온 상승을 왜소하게 보일 만큼 훨씬 컸다. 현재와 그 당시의 주요 차이점이 인간이 화석 연료를 태운 것임을 감안할 때, 지구 평균 기온의 훨씬 더 큰 상승에 대한 책임이 인간에게 있음은 틀림없다.

만, 브래들리, 휴스에 대한 '과학적' 공격은 대리체와 통계적 방법의 사용에 초점을 맞췄다. 만은 이전의 고기후학자들처럼 시간적, 공간적으로 불균일하게 표본 추출된 나이테 측정, 얼음 코어, 얼음 용융, 지역 기상 기록 등 많은 다양한 유형의 온도 대리체를 활용했다. 특히 2012년 저서에서 만이 설명한 것처럼 "지구의 한정된 지역인 중위도 대륙만을 나타내는" 나이테 데이터는 압도적으로 풍부하다. 산호, 얼음 코어, 호수 퇴적물에서 추출한 데이터 등 이에 비해 덜 풍부한 온도 대리체는 극지방, 해양, 열대 지방 등 다른 지역의 광활한 지역을 대표한다. 이러한 모든 온도 대리체를 동등하게 취급한다면, "엄청난 양의 나이테 데이터가 다른 대리체 기록들의 덜 풍부한 정보를 압도할 것이다. [따라서] 중위도 대륙에 대한 우리의 결과에 가중치를 두게 될 것이다."[15] 만, 브래들리, 휴스는 이러한 다양한 대리체 간의 "공정한 싸움"을 위해 물리학자 루돌프 프라이젠도르퍼가 기상학과 해양학에 도입한 방법인 주성

secretary-just-denied-that-man-made-carbon-dioxide-is-the-main-driver-for-climate-change.

15. Michael E. Mann, *The Hockey Stick and the Climate Wars: Dispatches from the Front Lines* (New York: Columbia University Press, 2012), 43.

분 분석(PCA)과 특이값 분해(SVD)를 사용했다.[16] 1장에서 언급한 바 있고 4장에서 자세히 설명하겠지만, 주성분 분석은 원래 20세기 초에 현대 통계학의 '아버지'이자 생체통계학자이자 우생학자인 칼 피어슨이 개발했다.[17]

주성분 분석은 상관관계 행렬의 '고유벡터'(eigenvector)를 결정하여 상관관계가 있을 수 있는 자료점(data point) 집합(중복 요인을 포함할 수 있는 관측치)을 선형적으로 상관관계가 없는 직교 '주성분' 집합으로 분해한다.(그림 36 및 37 참조)

주성분 분석은 데이터를 일군의 벡터로 분해하여 의미 있는 패턴을 드러낸다. 대부분의 데이터가 해당 주성분의 축에 놓여 있으므로 첫 번째 주성분은 가장 큰 변동을 설명하고, 두 번째 주성분은 그 다음으로 큰 변동을 설명하는 식이다. 간단히 말해, 주성분과 고유벡터 분석은 데이터를 새로운 축들의 집합에 다시 집중시키기 때문에 수학적 계산이 훨씬 쉬워진다.

만, 브래들리, 휴스는 주성분 분석을 (1) 데이터를 공간적으로 '균등화'하고 (2) 보다 논쟁적으로는 더 큰 데이터 집합에서 주요 변동 패턴을 파악하는 데 사용했다. 이렇게 생성된 각 고유벡터는 공간적 구성 요소, 즉 '경험적 직교 함수'와 시간에 따른 주성분으로 분해되었다.(그림 38)

만, 브래들리, 휴스에 따르면, 지구 평균 기온 변동성의 88퍼센트와 반구 평균 기온 변동성의 73퍼센트를 설명한 첫 번

16. Rudolph W. Preisendorfer, *Principal Component Analysis in Meteorology and Oceanography* (Amsterdam: Elsevier Science, 1988).
17. Karl Pearson, "LIII. On Lines and Planes of Closest Fit to Systems of Points in Space," *London, Edinburgh, and Dublin Philosophical Magazine and Journal of Science* 2, no. 11 (1901): 559–572, https://doi.org/10.1080/14786440109462720.

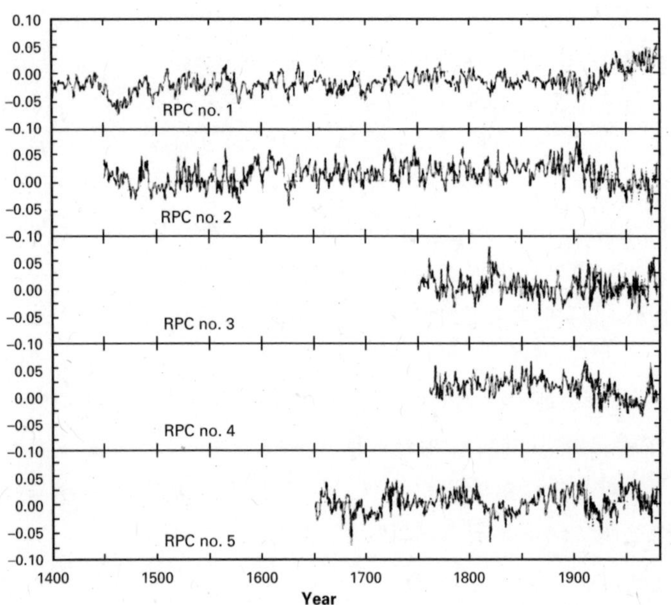

그림 36. 지배적인 주성분. 출처: Michael E. Mann, Raymond S. Bradley, and Malcolm K. Hughes, "Global-Scale Temperature Patterns and Climate Forcing over the Past Six Centuries," *Nature* 392, no. 6678 (1998): 783, figure 5a, https://meteor.geol.iastate.edu/classes/ge515/papers/Mann_et_al_Nature1998.pdf.

주성분 분석

주성분 분석(PCA)은 데이터 분석에서 가장 널리 사용되는 '차원 축소' 도구다. 예를 들어 넷플릭스 챌린지 데이터 집합을 사용해 보자. 이 데이터 집합은 약 1만 8,000편의 영화에 대해 50만 명이 1에서 5까지의 척도로 매긴 평점 데이터다. 이 데이터 표는 다음과 같이 보일 수 있다:

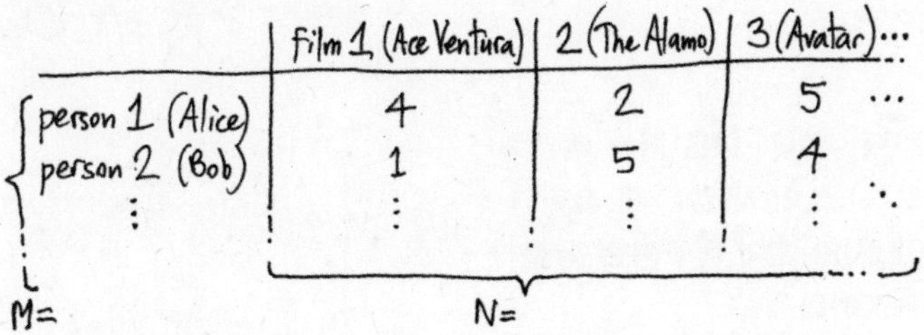

	Film 1 (Ace Ventura)	2 (The Alamo)	3 (Avatar)	…
person 1 (Alice)	4	2	5	…
person 2 (Bob)	1	5	4	
⋮	⋮	⋮	⋮	⋱

M= N=

이 거대한 행렬을 요소 a_{ij} (i=person index, j=film index)를 가진 A라고 부르자.

PCA를 설명하기 위해, 모든 사람이 모든 영화에 평점을 매겼다고 상상해 보라. 이렇게 하면 A는 완전히 알려져 있다. PCA 이면의 아이디어는 「아바타」에 대한 앨리스의 높은 평가($a_{1,3}=5$)를 알려지지 않은 수의 '잠재적' 요인이 결정한다는 것이다. 이 요인들은 앨리스의 취향(예: 그는 SF를 좋아하고 폭력을 싫어함)을 형성하는 동시에 영화(「아바타」는 미래적이지만 폭력적이지는 않음)를 설명한다. 밥의 취향은 앨리스의 취향과 다르다.(그는 SF를 좋아하지만 폭력을 더 선호한다.) 이는 그가 「아바타」보다 「알라모」에 매긴 더 높은 평점을 '설명한다.'

PCA는 이와 같은 요인('미래적', '폭력적' 등)을 추출하고 행렬 A를 분석하여 가장 중요도가 낮은 순서로 그 요인의 순위를 매긴다.

 그림 37. 앨리스 바넷, 주성분 분석.

앨리스의 모든 평점을 3차원 '평점 공간'에 단일 점으로 표시해 보자.

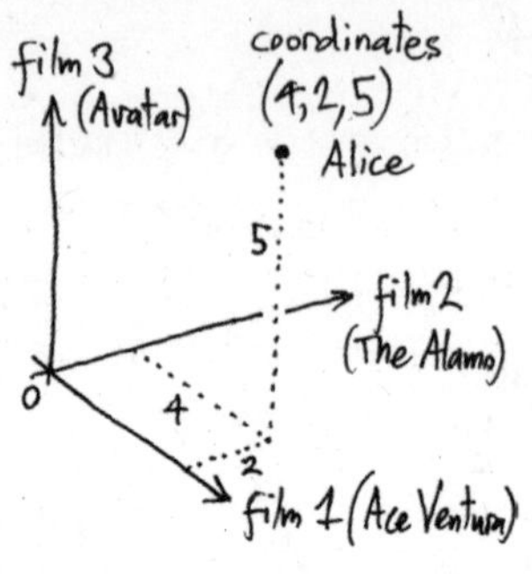

사실은 1만 8,000차원이 있지만 우리는 처음 3개 차원만 스케치할 수 있다!

이제 나머지 모든 점을 추가해 보자: 표의 각 행은 한 점이다. 이 50만 개의 점구름은 행렬과 동일하다.

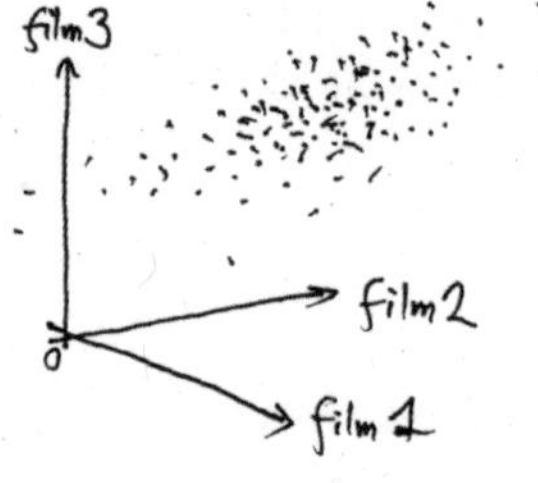

PCA는 이 점구름의 대략적인 기하학적 구조를 추출한다: 첫 번째 '주성분'(고유벡터 $\vec{V}_1$)은 점구름의 가장 긴 축으로, 즉 평점의 변화량을 가장 많이 설명하는 요인이다. 두 번째 주성분 $\vec{V}_2$는 $\vec{V}_1$과 직각을 이루는 방향으로, 남은 변화량의 대부분을 설명하며, 이와 같은 방식으로 계속된다. 이 방법은 점구름의 총체적 형상이 거대한 차원 공간에 존재함에도 불구하고 몇 가지 확산 방향으로 포착될 수 있다는 기대에서 비롯된다.

평균 차이에 대한 설명: 주성분 벡터 V_1, V_2는 점구름의 '질량 중심' ⊕에서 출발하는 것으로 표시된다. 이는 예를 들어 「아바타」가 다른 영화보다 평균 평점이 더 높을 수 있기 때문이다. 이는 '잠재적' 효과가 아니다. 특정한 영화에 따른 이러한 효과를 제거하기 위해, PCA를 수행하기 전에 행렬 A의 각 열에서 평균을 빼 준다. 기하학적으로 이는 원점을 O에서 ⊕로 이동시켜 구름을 중심에 맞추는 것이다. 마찬가지로, 예를 들어 앨리스가 밥보다 일반적으로 더 관대한 평점을 줄 수 있기 때문에 행 평균도 통상 마찬가지로 빼준다.

그 직관적인 그림이 완성되었으니, 이제 공식들을 소개한다! PCA는 행렬 A의 (부분적인) '특이값 분해'(SVD)를 수행하여, 이를 3개의 행렬의 곱으로 표현한다:

$$A \approx U \Sigma V^T$$

$$V = \begin{bmatrix} \vec{v}_1 & \vec{v}_2 & \cdots \end{bmatrix}$$

고유 벡터들의 스택

K ← 요인들의 수

$\underbrace{A}_{M \times N} \approx \underbrace{U}_{M \times K}\ \Sigma_{K \times K}\ \underbrace{V^T}_{K \times N}$

Σ, 요소 값이 $\sigma_1 \geq \sigma_2 \geq \cdots \sigma_K$ 인 대각 행렬로 각 요인의 중요도를 나타낸다.

통상 K의 수는 작다.(수십 개 미만) PCA는 데이터에 대한 최상의 순위-K 근사치를 구축한다.

· '경험적 직교 함수'와의 연결: 영화(열) 라벨 j를 공간으로, 사람(행) 라벨 i를 시간으로 대체한다. 이어 PCA는 공간과 시간에 걸쳐 기록된 온도와 같은 데이터 등에서 지배적인

온도 '유형'(mode)을 추출한다. 이 방법은 지질물리학 및 기후 분석에서 매우 일반적이며, EOF(empirical orthogonal function)라고 불린다. SVD를 $a_{ij} \approx \sum_{k=1}^{K} \sigma_k U_{ik} V_{jk}$ 로 표현할 때, 각 항은 분리 가능한 유형, 즉 공간에 대한 함수(v_{jk})와 시간에 대한 함수(U_{ik})의 곱인데 다음과 같다:

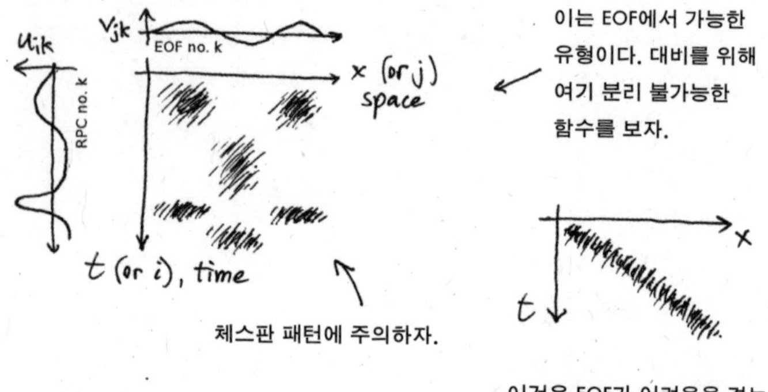

· 넷플릭스 사가:

사실, 알려진 항목은 전체의 1%에 불과했다.(평균적인 사용자가 평가하지 않은 영화가 99%였다.) 이로 인해 이 과제(저순위 '행렬 완성' 문제)는 단순한 PCA보다 훨씬 어려운 도전이 되었다. 알려진 항목으로 구성된 '훈련 집합'(1억 개의 항목)은 여전히 방대했다. 300만 개의 숨겨진 '훈련 집합'에서 예측 오차를 10% 감소시키는 알고리듬에 대해 2009년 100만 달러의 상금이 수여되었다. 잠재 요인(PCA 기반) 모델은 성공적인 알고리듬에서 중요한 역할을 했으며, 현재도 '협업 필터링'(온라인 추천 시스템)에서 계속해서 중요한 역할을 하고 있다.

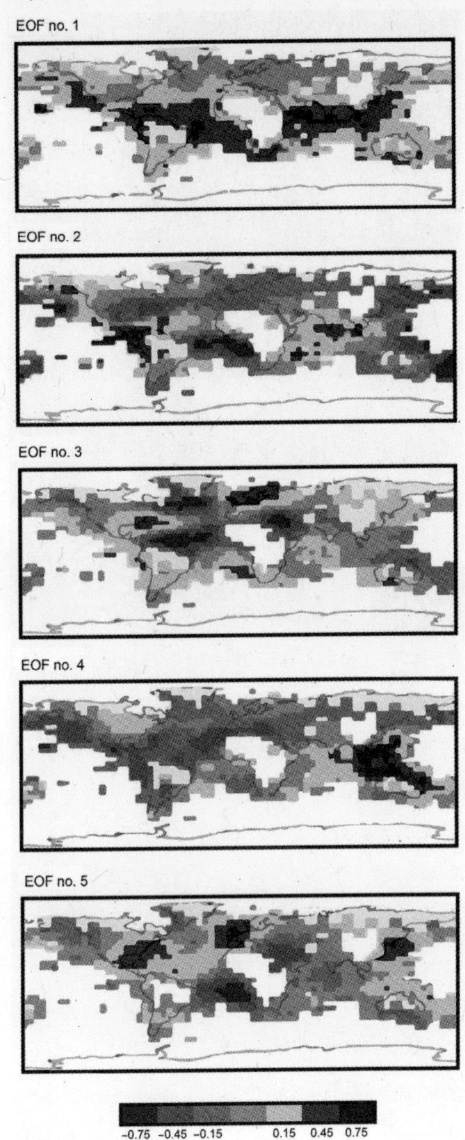

그림 38. 다섯 개의 주요 고유벡터에 대한 경험적 직교 함수. 출처: Mann, Bradley, and Hughes, "Global-Scale Temperature Patterns," 780, figure 2, https://meteor.geol.iastate.edu/classes/ge515/papers/Mann_et_al_Nature1998.pdf.

째 고유벡터는 20세기 동안 평균 기온의 상승을 분명히 보여주었다. 반면 두 번째 고유벡터는 동부 열대 태평양에서 라니냐와 같은 완만한 냉각 추세를 나타냈다.

연구진은 이러한 변화들의 패턴을 파악하기 위해 20세기 데이터를 사용했는데, 당시에는 모든 대리체를 사용할 수 있었기 때문이다. 그런 다음 "1902년부터 1980년까지의 훈련 기간 동안의 연평균 해상도로 이러한 경험적 고유벡터에 대해 다중 대리 데이터의 각 지표"[18]를 특이값 분해를 사용하여 보정하여 더 긴 역사적 기간 동안 재구성된 주성분을 생성했다. 각 주성분은 측정된 변수 또는 대리체의 일부 또는 전체에 가중치를 부여한 합으로, 예를 들어 첫 번째 주성분은 한 대리체에 0.5, 다른 주성분은 0.25의 가중치를 줄 수 있다. 재구성된 주성분을 검증하기 위해 연구진은 그 주성분의 예측을 20세기 이전 기간의 실제 데이터(따라서 하키 스틱 위와 아래의 오차 막대)와 비교하여 테스트했다. 또한 각 고유벡터와 기간에 대해 모든 대리체가 사용 가능하거나 관련성이 있는 것은 아니므로, 기간에 따라 사용된 대리체 및 고유벡터의 수를 변경했다. 예를 들어 1820년 이후의 재구성에서는 112개 지표의 전체 다중 대리체 네트워크를 사용하여 11개의 고유벡터를 분해한 반면, 1820년부터 1760년까지의 기간에는 93개 지표를 사용하여 9개의 고유벡터를 분해했다. 사용 가능한 대리체와 분해된 고유 벡터의 수는 각 기간에 따라 감소했다. 연구진이 발견한 가장 중요한 5개의 재구성된 주성분 중 첫 번째는 시간 경과에 따른 온도의 상승을 보여주었고 두 번째는 그와 관련된 경험적 직교 함수에

18. Mann, Bradley, and Hughes, "Global-Scale Temperature Patterns," 781.

따라 약간의 온도 하락을 드러냈다. 이 분석을 통해 그들은 가장 중요한 패턴이 북반구의 기온 상승이라는 것을 알아냈다.

비판자들은 만, 브래들리, 휴스의 대리체 사용과 훈련 집합에 대해 공격했다. 2003년 하버드-스미스소니언 천체물리학 센터의 천체물리학자 윌리 순과 샐리 발리우나스는 『기후 연구』 저널에서 다중 대리체 네트워크가 본질적으로 부정확하다고 주장했다. "대리체 지표의 결과는 반구 또는 지구 전체의 정량적 합성으로 결합될 수 없으며" 오히려 "개별 전문가 의견의 총체로 간주되어야 한다."[19] 즉 각 개별 대리체(예컨대 각 나이테와 얼음 코어)에 동등한 목소리가 주어져야 한다는 것이다. 그러나 만, 브래들리, 휴스의 논문에서 중위도 지역의 나이테 데이터가 압도적으로 많다는 것은 당연하게도 그들이 중세 시대의 지구 온난화를 노래하는 이 데이터에만 귀를 기울였다는 것을 사실상 의미했다. 그런데 인호프와 같은 부정론자 정치가들이 그 결론을 지지한 순과 발리우나스의 논문은 오류로 가득 차 있으며, 논문이 출판되기까지의 동료 심사 과정에도 심각한 결함이 있었던 것으로 드러났다. 실제로 『기후 연구』 편집장이자 만, 브래들리, 휴스의 연구에 비판적이었던 기후과학자 한스 폰 슈트로흐는 다른 편집자들과 함께 항의하며 사임했다.[20] 2005년 캐나다 사업가 스티븐 매킨타이어와 사회과학자 로스 매키트릭은 만, 브래들리, 휴스의 1998년 연구를 검토했고 연구자들이 짧은 보정 기간을 사용함으로써 모델에 입

19. Willie Soon and Sallie Baliunas, "Proxy Climatic and Environmental Changes of the Past 1000 Years," *Climate Research* 23, no. 2 (2003): 89, https://doi.org/10.3354/cr023089.
20. Mann, *The Hockey Stick and the Climate Wars*, 120.

력된 모든 데이터가 하키 스틱 패턴을 생성할 수 있다고 주장했다.[21] 맥킨타이어와 매키트릭의 논문에도 심각한 결함이 있었고 그 결과는 만, 브래들리, 휴스의 연구 결과와 매우 달랐는데, 그 이유는 그들이 데이터를 더 긴 보정 기간에 다시 집중시키면서 온난화와 관련된 주성분을 제거했기 때문이다.[22]

만, 브래들리, 휴스의 하키 스틱을 검증한 2006년 국립과학아카데미의 보고서와 기후변화를 부정했던 UC 버클리의 물리학자 리처드 멀러의 2011년 보고서는 하키 스틱 연구에 대한 비판을 효과적으로 침묵시켰다. 이전에 맥킨타이어와 매키트릭의 논문을 지구 기후변화 연구 이면의 나쁜 과학을 드러낸 "폭탄"이라고 언급했던 멀러는 코크 형제로부터 하키 스틱을 "재검토"하라는 자금을 받았다.[23] 그러나 2011년 『월스트리트 저널』에 발표한 보고서에서 멀러는 '실제' 데이터를 사용하여 북반구의 평균 기온을 재구성한 결과 만, 브래들리, 휴스가 제안했던 것보다 훨씬 더 뚜렷한 온난화 효과를 발견했다고 밝혔다. 멀러는 직접적인 사과를 하지 않고 이 점을 인정하며 『월스트리트 저널』에 이렇게 썼다. "연구를 시작했을 때 회의론자들이 정당한 문제를 제기했다고 생각했고, 우리가 무엇을 발견하게 될지 몰랐다. 우리의 연구 결과는 이전 연구 집단에서 발

21. Steven McIntyre and Ross McKitrick, "Hockey Sticks, Principal Components, and Spurious Significance" *Geophysical Research Letters* 32, no. 3 (2005): L03710.
22. Mann, *The Hockey Stick and the Climate Wars*, 137–138.
23. Geoff Brumfiel, "Academy Affirms Hockey-Stick Graph," *Nature* 441, no. 7097 (2006): 1032–1033, https://doi.org/10.1038/4411032a; Richard A. Muller, "The Case against Global-Warming Skepticism," *Wall Street Journal*, October 21, 2011, https://www.wsj.com/articles/SB10001424052970204422404576594872796327348.

표한 연구 결과와 비슷한 것으로 나타났다. 이는 일부 회의론자들을 설득하지 못했음에도 불구하고 그 연구 집단이 연구에 매우 신중을 기했다는 것을 의미한다고 생각한다. 그들은 데이터 선택, 균질화 및 기타 보정에서 편향을 어떻게든 피할 수 있었다."[24]

만이 받은 살해 협박과 괴롭힘과는 매우 대조적으로 멀러는 자신의 입장에서 180도 전향한 연구로 『포린 폴리시』에서 상을 받았다. '나쁜 과학'의 대리인으로 공격받았던 만은 로렌스-리버모어 국립연구소의 대기과학자 벤저민 샌터와 마찬가지로 기후변화 과학 분야에서 다른 사람들의 모범이 되었다. 만은 특정 기후변화 과학자들을 고립시키고 괴롭히는 캠페인을 세렝게티의 포식자들이 가장 취약한 먹잇감 동물을 나머지 '무리'에서 골라내는 방식에서 따온 "세렝게티 전략"이라고 불렀다.[25]

대리체 정치를 포용하기

만, 브래들리, 휴스의 하키 스틱과 코신스키와 동료들의 분석 모델(1장 참조)은 유사하다. 두 연구 집단 모두 모델을 구축하는 데 있어 행렬 분해 방법을 사용했고, 과거와 미래를 재구성하려 했으며, 입증(authentication) 문제를 해결하기 위해 분투했다.

24. Muller, "The Case Against Global-Warming Skepticism."
25. Mann, *The Hockey Stick and the Climate Wars*, 4. 다음 또한 참조. "The Relentless Attack on Climate Scientist Ben Sanker," *Moyers on Democracy* (blog), May 16, 2014, http:// billmoyers.com/2014/05/16/the-relentless-attack-of-climate-scientist-ben-santer/.

과거와 미래가 서로 대응하는 선형성이 이 모델들의 근간을 이룬다. 만, 브래들리, 휴스가 1998년 논문에서 언급한 것처럼, 이들의 모델은 세 가지 기본 가정에 근거한다 (1) "다중 대리체 훈련 네트워크의 지표는 하나 이상의 도구적 훈련 패턴과 선형적으로 관련된다" (2) 공간과 시간에 걸친 선형성(한 지역 일부에서의 샘플링이 더 넓은 지역을 대표한다) (3) 지난 세기의 한 부분 내 기후변화의 공간적 패턴은 지난 세기 전체 변화의 공간적 패턴과 유사하다.[26] 선형성에 대한 이와 같은 심오한 가정은 연구자들의 설명을 뒷받침하며, 보다 일반적으로 대리체의 기초를 형성한다.

대리체는 본질적으로 '무죄'인 것은 아니지만 본질적으로 '유죄'인 것도 아니다. 대리체는 지구 기후변화를 이해하는 것과 '수학 파괴 무기'를 창조하는 것 모두에 핵심적이다. 미지의 것 또는 부재하는 것을 찾는 데 사용될 때 대리체는 불확실성을 줄이는 역할을 하면서도 불확실성을 도입한다. 대리체는 필요하지만 불충분하다. 실제로 대리체는 더 일반적으로 직접적인 지식에 있어서의 불충분함을 가리킨다. 과학사학자이자 큐레이터인 크리스토프 로졸이 주장했듯이, 고기후학은 데이터와 모델 사이의 경계를 교란하더라도 대리체를 사용하고 이와 협상해야 한다.[27] 대리체는 근본적으로 '양가적'이며 현재 우리

26. Mann, Bradley, and Hughes, "Global-Scale Temperature Patterns," 780–781.
27. Christoph Rosol, "Data, Models and Earth History in Deep Convolution: Paleoclimate Simulations and Their Epistemological Unrest," *Berichte zur Wissenschaftsgeschichte* 40, no. 2 (2017): 120–139, https://doi.org/10.1002/bewi.201701822.

의 정치는 모든 수준에서 대리체와 맞물려 있다.[28] 대리체는 자크 데리다가 말하는 '파르마콘', 즉 "치료가 되기도 하고 독이 되기도 하는 미약(媚藥)"[29]이자 대리보충 또는 중개자라고 부르는 것을 체화한다. 대리체는 새로운 의존성과 관계를 형성함으로써—환대 대신 대가를 지불함으로써—책임을 면제한다. 존재하지 않는 것을 포착하거나 '동기화'함으로써 대리체는 알려진 것을 확장한다. 대리체는 논쟁을 불러일으키고 그들이 '드러내는' 관계에 대한 의문을 제기한다.

실제로 전 세계 기후변화 모델과 소셜 네트워킹 분석 사이의 유사점은 다음의 도발적인 질문을 제기한다. 인간은 언제 어떻게 트리(tree)[30]처럼 예측 가능하게 되었는가? 이 둘은 인간이 선형적으로 행동하도록 현실을 형성하는 데 필요한 '훈련'의 전체 메커니즘, 그리고 이러한 훈련을 뒷받침하는 동시에 그 훈련으로 뒷받침되는 방대한 데이터 수집 네트워크 모두를 가리킨다. 역설적이게도 이러한 선형성은 동일한 것의 '대량' 재생산이 아니라 진정성(authenticity)을 자동화하려는 노력을 통해 생긴다.

28. 다음을 참조. Chun, Levin, and Tollman, "Proxies."
29. Jacques Derrida, "Plato's Pharmacy," in *Dissemination*, trans. Barbara Johnson (Chicago: University of Chicago Press, 1981), 70.
30. 옮긴이—여기서 tree는 노드와 노드 간에 단 1개의 경로만을 가지는 계층형 그래프 모델을 뜻한다.

3장. 알고리듬 진정성

2016년 미국 대통령 선거는 아마도 21세기 정치에서 진정성의 중요성을 증명한 선거였을 것이다. 진정성은 도널드 트럼프와 버니 샌더스 후보가 가지고 있었고 힐러리 클린턴과 젭 부시에게는 결여되었던 "필수"(it) 요소였다.[1] 2015년 12월 4일부터 8일까지 실시된 『뉴욕 타임스』-CBS 뉴스 여론조사에 따르면(트럼프가 공화당 후보군에서 선두를 달리던 시기) 응답자의 76퍼센트는 트럼프가 "사람들이 듣고 싶어 한다고 생각하는 것을 말하기[보다는] (…) 대부분 자신이 믿는 것을 말한다"고 믿었다.[2] 샌더스도 비슷하게 높은 수치(62퍼센트)를 보였다.[3] 반면 클린턴은 52퍼센트, 젭 부시는 41퍼센트였다.[4] 이 여론조사와 다른 여론조사를 바탕으로 『애틀랜틱』부터 『타임』, 『월스트리트 저널』에 이르는 언론 매체는 트럼프가 '진정성'을 가진 후보로서의 역할을 하는가를 두고 정기적으로 논쟁을 벌였다.[5]

1. Doyle McManus, "Campaign 2016's Quixotic Quest for 'Authenticity'," *Chicago Tribune*, November 2, 2015, https://www.chicagotribune.com/opinion/commentary/ct-bernie-sanders-donald-trump-authenticity-20151102-story.html.
2. "New York Times/CBS News Poll, December 4–8, 2015," 2015, https://assets.documentcloud.org/documents/2644724/poll.pdf.
3. 같은 글, 19.
4. 같은 글, 19, 16.
5. Clare Foran, "The Authentic Alliance of Donald Trump and Ben Carson: Former Rivals Find Common Ground by Suggesting That in Politics, People and Events Aren't Always What They Seem.," *Atlantic*, March 11, 2016, https://www.theatlantic.com/politics/archive/2016/03/donald-trump-ben-carson-endorsement/473397/; Justin Talbot-Zorn and Leigh Marz, "Donald Trump Is Not 'Authentic' Just Because He Says the Bad Things in His Head," *Time*, October 10, 2016, http://time.com/4519851/2016-election-authenticity/; Ben Zimmer, "'Authenticity' in the 2016 Campaign:

"도널드 트럼프는 대부분 자신이 믿는 것을 말하는가, 아니면 사람들이 듣고 싶어 한다고 생각하는 것을 말하는가"라는 질문이 암시하듯이, 이러한 정치적 의미에서의 진정성은 관습을 무시하는 발언, 즉 아무런 제약이나 여과 없이 발언하는 '전복성'을 수반한다. 이 장에서 밝혀지듯, '진정성의 전복성'은 사용자에게 외면과 내면의 자아를 일치시키도록 촉구함으로써 예측 가능성을 유도한다. 내면의 비밀을 드러내거나 주류에 반기를 들라는 끊임없는 요구는 모호함을 떨쳐버리고, 정서를 고조시키며, 행동의 투명성을 가치 매긴다. '추천' 시스템과 소셜 미디어 플랫폼은 물론 리얼리티 TV와 같은 주류 미디어 형태도 자신의 프롬프트에 대한 예측 가능한 반응을 유도하기 위해 '자신에게 진실하라'는 명령인 진정성을 작동시켜 왔다. 그러나 진정성은 드라마와 참여를 수반한다. 우리는 우리가 불충분하게 "빅 데이터"라고 부르는 드라마 속에서 마리오네트가 아닌 캐릭터이자 배우이다.[6]

트럼프는 훈련을 위한 훈련 프로그램이다

트럼프는 규칙을 어겼기 때문에 '진짜'라는 말을 들었다. 2016년 공화당 전당대회 수락 연설에서 트럼프는 지지자들에게 이렇게 말했다. "마침내 우리 나라의 상태를 솔직하게 평가할 때가 되었습니다. 나는 사실을 꾸밈없이 정직하게 제시할 겁니

One Word Keeps Coming Up in Presidential Debates," *The Wall Street Journal*, September 18, 2015, https://www.wsj.com/articles/authenticity-in-the-2016-campaign-1442591796.

6. Wendy Hui Kyong Chun, "Big Data as Drama," *ELH* 83, no. 2 (2016): 363–382, https://doi.org/10.1353/elh.2016.0011.

다. 우리는 더 이상 정치적으로 올바를 여유가 없습니다. 따라서 기업의 선동, 신중하게 만들어진 거짓말, 미디어의 신화를 듣고 싶다면 다음 주에 개최될 민주당 전당대회에 가세요."[7] 트럼프의 연설은 (종종 오해의 소지가 있거나 부정확한) 내용뿐만 아니라 스타일에도 '진정성'이 있었다. 그는 자주 문장을 쪼개서 말했고, 제스처로 박수를 유도했고 언론을 향해 손가락질로 비난하며 분위기를 최고조로 끌어올렸다. 그는 마이크 펜스의 인품과 중요성에 대해 긍정적으로 평가한 후 "진실하죠, 정말 진실해요"를 끼워 넣으며 자신의 연설에 대해 언급했다.[8] 그는 주 박람회에서 헬기 착륙과 같은 화려한 입장으로 행사를 시작하여 지지자들로부터 '진짜'라는 찬사를 받았다. 보수적인 전직 토크쇼 진행자 로라 잉그레이엄이 2016년에 운영한 라이프제트 블로그에서 키스 코플러는 다음과 같이 썼다. "수백만장자 힐러리 클린턴이 프롤레타리아트와 하나가 된 체하며 박람회를 어슬렁거리던 그 순간, 트럼프는 자신의 개인 전용기를 타고 그저 부자인 체하며 머리 위를 맴돌고 있었다."[9]

바로 그거다.

코플러의 진술은 트럼프의 부의 핵심에 있는 허세와 쇼를

7. Donald J. Trump, "Full Text: Donald Trump 2016 RNC Draft Speech Transcript," *Politico*, July 21, 2016, https://www.politico.com/story/2016/07/full-transcript-donald-trump-nomination-acceptance-speech-at-rnc-225974. 물론 연설 기록 초고에는 트럼프가 자신의 말과 청중의 함성에 대한 응답으로 한 사소한 부연 설명이나 발언이 포함되어 있지 않지만, 이 장에서 인용한 두 구절은 트럼프가 연설한 그대로의 내용을 담고 있다.
8. Donald J. Trump, "Donald Trump's Entire Republican Convention Speech," CNN, July 21, 2016, https://www.youtube.com/watch?v=FsOpZ_GrTy8.
9. Keith Koffler, "The Authentic Trump: He Doesn't Attempt to Be Anything Else," *Lifezette* (blog), August 17, 2015, http://www.lifezette.com/polizette/the-authentic-trump/.

의도치 않게 드러냈다. 트럼프의 '제국'은 단순히 자신의 것이 아니라 투자자들이 자신의 부동산에 '트럼프'라는 이름을 붙일 수 있도록 트럼프 브랜드를 라이선스한 것이기 때문에, 그는 끊임없이 부와 권력을 상연해야 했다. 트럼프는 소비자와 고객을 끌어들이기 위해 "개인 전용기를 타고 그저 부자인 체"해야 했고, 이들은 트럼프의 이벤트를 구매하고 관람하며 그의 그림자 같은 부를 더했다. 트럼프의 광범위한 라이선스로 인해 그의 순자산은 계산하기 어려웠다. 트럼프의 재산과 트럼프라는 이름의 광범위한 디스플레이는 일치하지 않았기 때문이다. 이러한 불확실성은 트럼프가 자신의 세금 신고서를 공개하지 않으면서 더욱 커졌다. 과연 트럼프는 자신이 주장하는 대로 100억 달러의 가치가 있었는가, 아니면 『포브스』 등 다른 언론이 추정한 대로 30억 달러의 가치가 있었는가?[10]

선거 결과에서 알 수 있듯이 '브랜드화'되었다는 이유로 트럼프의 진정성을 비판하는 것은 거의 효과적이지도 심오한 것도 아니었다. 주류 뉴스 미디어에서 가장 신뢰받는 일부 브랜드가 시작한 이 비판은 인위성이 '진정성'을 훼손한다는 것을 전제했다. 이 아마도 의도적으로 순진한 세계관에 따르면, '브랜드화된 진정성'의 부상과 트럼프의 당선은 21세기 초가 '포스트모던' 시대, 즉 사본이 원본을 대체한 시뮬레이션의 시대, 진실을 '능가한'(trumped) '대안 사실'과 감정이 지배하는

10. Cody Cain, "Donald Trump's Wealth Is Fool's Gold," *Time*, October 7, 2016, http://time.com/4521851/donald-trumps-wealth/; "The Definitive Net Work of Donald Trump: What's Donald Trump Really Worth," *Forbes*, September 2019, https://www.forbes.com/donald-trump/#6e41f0922899.

'포스트-진실' 시대임을 입증했다.[11] 결국 브랜드보다 더 진정하지 않은 것이 있을 수 있을까? 시장 조사와 끝없는 소비자 설문조사의 산물인 브랜드는 신중하게 공들여 만들어지고 뻔뻔하게 상업적이다. 브랜드는 완전히 비독창적이다. 즉 대량으로 생산되고 소비되는 사본이다. 따라서 많은 사람들이 지적했듯이 21세기에 진정성에 대한 열망은 직관에 반하는 것처럼 보인다. 걷잡을 수 없는 세계화와 디지털화를 고려할 때, 사본, 복제품, 가짜가 만연하는 오늘날 진짜로 진정한 원본이라는 개념은 거의 믿기 어려워 보인다. 하지만 자신을 '진정으로' 민족 전통적(ethnic)이라고 광고하는 레스토랑부터 자신의 '진짜임'이 통치에 적합하다고 주장하는 정치 후보자, 진정한 수제 공예품에 열광하는 힙스터에 이르기까지 진정성은 대권을 장악했다. 커뮤니케이션학자인 찬드라 무커지가 말하듯 "미국 대중문화는 진정성에 집착하고 인위성으로 가득하다."[12]

무커지에 따르면 오늘날 미국에서 진정성에 대한 추구는 우연이 아니라 미국 국가 정체성의 근본적으로 인위적인 이민자/정착민 특징으로 추동된다.[13] 이를 고려할 때, 미국인들은 고도로 인위적인 방법으로 진정성을 추구해 왔고 지금도 추구하고 있다. 그리고 이러한 추구는 국가 정체성에만 국한되지

11. 다음을 참조. *Oxford English Dictionaries*, "Post-truth," and Jean Baudrillard, *Simulacra and Simulation*, trans. Sheila Faria Glaser (Ann Arbor: University of Michigan Press, 1994).
12. Chandra Mukherji, "A Message from the Chair: The Search for Cultural Authenticity," *Newsletter of the Sociology of Culture Section of the American Sociological Association* 21, no. 3 (Spring 2007): 1.
13. 무커지는 아메리카 원주민조차도 "현재 그들이 진정한 고향이라고 규정하는 곳으로 이주한 경우가 많다"고 주장했다. 같은 글, 1. 그러나 이러한 이동의 비자발적 성격은 이상하게도 다루어지지 않았다.

않는다. 비즈니스 입문서는 진정성을 브랜드 성공의 핵심으로 설교하고, 리더십 매뉴얼에서는 '변혁적 리더십'의 결함에 대한 해독제로서 진정성 있는 리더십을 장려하며, 소셜 미디어 '셀프 브랜더'들은 자신의 고객을 구축하려면 진정성이 있어야 한다는 말을 듣고, 고도로 각본화된 형태의 텔레비전 프로그램에는 '진정성'을 전달하기 위해 '리얼리티'라는 형용사가 붙었다.[14]

트럼프는 '리얼리티 TV'에서처럼 '진짜'였다. 트럼프와 그의 브랜드의 성공은 게임이 아니라 수개월에 걸친 혹독한 취업 면접이라고 주장한 리얼리티 TV 프로그램인 「어프렌티스」(The Apprentice, 이후 「셀레브리티 어프렌티스」로 변경)의 진행자이자 면접관으로서의 역할과 연결되었다. 트럼프의 정치 캠페인은 「어프렌티스」를 섬뜩하게 흉내 냈다. 아이오와 박람회에 착륙하는 헬리콥터는 「어프렌티스」에서 시선을 사로잡았던 트럼프의 입장을 반복했기에 '빈티지 트럼프'로 곧 알아볼 수 있었다.(이 쇼의 오프닝 시퀀스에 트럼프의 헬기와 비행기 및 리무진이 모두 눈에 띄게 등장했다.) 워싱턴 DC의 트럼프 호텔 개장 등 트럼프의 부동산을 끊임없이 홍보한 선거 기자회견은 트럼프의 TV 프로그램에 삽입된 트럼프의 저택과 부동산 해설식 광고를 흉내 냈다.(우승팀에게는 이 부동산으로의 여행이 부상으로 제공되었다.)[15] 가장 중요한 점은 「어프렌

14. Sarah Banet-Weiser, *AuthenticTM: The Politics of Ambivalence in a Brand Culture* (New York: New York University Press, 2012); John J. Sosik and John C. Cameron, "Character and Authentic Transformational Leadership Behavior: Expanding the Ascetic Self toward Others," *Consulting Psychology Journal: Practice and Research* 62, no. 4 (2010): 251–269; Fiona Kennedy and Darl G. Kolb, "The Alchemy of Authenticity," *Organizational Dynamics* 45, no. 4 (2016): 316–322, https://doi.org/10.1016/j.orgdyn.2016.09.002.
15. Tina Nguyen, "Donald Trump Trolls the Media, Turns Phony 'Birther' Press

티스」와 트럼프의 대선 출마 모두가 마스터 트럼프가 연간 계약직 하인인 '견습생'을 찾고 있다는 동일한 전제를 공유한다는 점이다. 일단 고용되면 트럼프를 따르고 그러면—그를 모방하고 그의 명령에 순종하면—당신도 부자 마스터가 될 수 있다는 것이었다. 가장 성공적인 시즌이었던 「어프렌티스」 시즌 1의 오프닝은 이를 잘 요약했다.

> 뉴욕. 나의 도시. 글로벌 경제의 수레바퀴가 결코 멈추지 않는 곳. 비즈니스 세계를 주도하는 비할 데 없는 힘과 목적을 가진 위대한 대도시. 맨해튼은 힘든 곳이죠. 이 섬은 진짜 일터에요. 조심하지 않으면 당신을 씹어 뱉어낼 수도 있어요. 하지만 열심히 노력하면 큰 성공을 거둘 수 있죠. 정말 큰 성공 말이에요.
>
> 제 이름은 도널드 트럼프이고 뉴욕에서 가장 큰 부동산 개발업자에요. 저는 곳곳에 빌딩, 모델 에이전시, 미스 유니버스 대회, 골프장, 카지노, 세계에서 가장 화려한 리조트 중 하나인 마라라고[16] 같은 리조트를 보유하고 있죠.
>
> 하지만 항상 쉽지만은 않았습니다. 약 13년 전 저는 심각한 곤경에 처했었어요. 수십억 달러의 빚을 지고 있었죠. 하지만 저는 싸워서 큰 승리를 거두었어요. 머리를 쓰고 협상력을 발휘해 모든 것을 해결했죠. 이제 제 제국은

Conference into Hotel Infomercial," *Vanity Fair*, September 16, 2016, https://www.vanityfair.com/news/2016/09/donald-trump-birther-obama-press-conference.

16. 옮긴이—Mar-a-Lago. 플로리다주 팜 비치에 있는 트럼프 소유의 자택이자 리조트로 1927년 지어졌으며 1985년 트럼프가 700만 달러에 인수했다.

그 어느 때보다 더 크고 그 어느 때보다 더 강해졌고, 그 어느 때보다 더 재미있게 살고 있어요.

저는 거래의 기술을 마스터했고 트럼프라는 이름을 최고급 브랜드로 만들었죠. 그리고 마스터로서 저는 제 지식을 다른 사람에게 전수하고 싶습니다. 견습생을 찾고 있습니다.[17]

트럼프의 선거 캠페인은 '견습생'을 찾는 과정을 민주화했다. 트럼프에게 투표한 사람이라면 누구나 견습생이 될 수 있었고, 일시적으로 지배를 받으면서 지배하는 법을 배울 수 있었다.(노예가 되는 것보다는 계약직이 되는 것이 낫다.) 트럼프는 상업적 브랜딩을 기피하기보다는 자신의 권력에 대한 증거로 이를 받아들였다. 「어프렌티스」 시즌 1의 오프닝은 선거 연설과 마찬가지로 트럼프의 부와 협상 능력, 그리고 시청자들에게 자신의 지식을 기꺼이 전수하겠다는 의지를 찬양했다. 또한 트럼프의 구원에 대한 이야기는 시대에 맞는 이상적인 각본이자, 그가 미국을—자신과 마찬가지로—다시 위대하게 만들 수 있다는 증거였다. 당신이 그의 권위를 인정한다면 말이다….

선거 유세에서 트럼프는 마스터로서… 미국 시민들에게 자신의 지지를 제공했다. 그리고 2016년 공화당 전당대회 수락 연설에서 그는 이렇게 선언했다.

나보다 이 시스템을 더 잘 아는 사람은 없으니 나만이 이 시스템을 고칠 수 있습니다. (…) 상대 후보[힐러리 클린

17. 「어프렌티스」 시즌 1 오프닝 장면 비디오에서 저자가 기록.

턴]는 지지자들에게 세 단어로 된 충성 서약을 낭독해 달라고 요청합니다. 거기에는 "나는 그녀와 함께합니다"라고 적혀 있죠. 저는 다른 서약을 낭독하고자 합니다. 제 서약은 "나는 당신, 미국 국민 여러분과 함께합니다"입니다. 저는 여러분의 목소리입니다.

따라서, 자녀를 위해 꿈을 꾸는 모든 부모와 미래를 꿈꾸는 모든 어린이에게, 오늘 밤 여러분에게 이 말을 전합니다. 저는 여러분과 함께하고, 여러분을 위해 싸울 것이며, 여러분을 위해 승리할 것입니다.[18]

트럼프의 선언에는 오바마 대통령의 선거 슬로건인 "예, 우리는 할 수 있습니다!"를 권위주의적으로 수정한 "예, 당신은 할 겁니다!"라는 구호가 자주 등장했다.

「어프렌티스」와 트럼프의 캠페인을 비교해 보면, 트럼프는 각본에서 벗어난 것이 아니라 2004년부터 시작된 각본에 따라 흔들림 없이 초지일관 움직였다는 것을 알 수 있다. 이 끝없는 연기를 통해 트럼프는 다른 모든 후보들이 리얼리티 TV 쇼를 진행하지 않았다는 이유로 이들을 두 얼굴의 위선자로 보이게 만들었다. 젭 부시의 안경부터 힐러리 클린턴의 핫소스 병에 이르기까지 다른 후보들이 '진짜'가 되기 위해 기울인 모든 진지한 노력은 가짜로 조롱당했다. 트럼프 캠페인의 가장 강력한 위기의 순간은 트럼프가 여성에 대한 성폭행 전력을 자랑하는 테이프가 공개되었을 때였다.[19] 세금 신고서 공개 거부

18. 다음 비디오에서 저자가 기록. "Donald Trump's Entire Republican Convention Speech," https://www.youtube.com/watch?v=FsOpZ_GrTy8.
19. Vann R. Newkirk, "On Hillary Clinton's Pandering," *Atlantic*, April 19,

보다 더 큰 위기는 트럼프에게 자신의 공적 페르소나와 일치하지 않는 사적 자아, 즉 숨기고 싶어 하는 것처럼 보이는 자아가 있음을 드러내는 것처럼 보였다. 하지만 '나쁜 남자'라는 이미지가 트럼프 브랜드의 일부였기 때문에 이를 이유로 그를 조롱하고 그의 신용을 떨어뜨리려는 시도는 실패로 돌아갔다.

그렇다면 어떻게 '리얼리티 TV'와 그토록 뻔뻔하게 하나의 브랜드로서 연출된 누군가가 진정성을 정의하게 되었는가? "개인적인 것이 아니라 그저 사업일 뿐"이라고 단언하던 사람이 어떻게 그토록 개인적인 사람이 되었을까? '대안 사실'을 옹호하는 팀에서 잘못된 통계와 입증되지 않은 주장으로 가득 찬 연설을 하던 사람, 2016년 선거 유세에서 자신의 계획의 구체성에 대한 모든 질문에 '믿어주세요'라는 반복구로 답하던 사람이 어떻게 믿을 수 있는 사람이 되었을까? 그리고 어떻게 진정성이 소셜 미디어와 네트워크에서 지배적이거나 곧 지배적인 의견이 될 '전복적' 의견의 표현으로 다시 정의되었을까?

트럼프, 또는 실제로 어떤 인물이나 브랜드가 정말로 진정성 있는지를 판단하려는 시도만으로는 이러한 질문에 답할 수 없다. 이러한 시도는 기껏해야 진정성이라는 개념을 구성하는 역사적이고 잘 알려진 역설을 보지 못하게 하는 미끼에 불과하다. 세라 배닛-와이저는 2012년에 출간한 이 문제에 대한 최고의 저서인 『진정성™: 브랜드 문화에서 양가성의 정치』(Au-

2006, https://www.theatlantic.com/politics/archive/2016/04/hillary-clinton-pandering-radio/479004/; Michael Barbaro and Patrick Healy, "Donald Trump's Conduct Was Excused Again and Again. But Not This Time," *New York Times*, October 8, 2016, https://www.nytimes.com/2016/10/09/us/politics/donald-trump-presidential-race.html.

thentic™: The Politics of Ambivalence in a Brand Culture)에서 진정성이 소비자 시민의 (양가적인) 작동에 핵심적이라 주장한다. 그리고 여러 분야와 정치권의 많은 사람들이 지적했듯이, 진정성은 근본적으로 공동 생산된다. 즉 가짜 뉴스에 현혹되거나 속는 것이 아니라 함께 투자하고 브랜드를 만드는 것이다.[20] 진정성은 라이선스를 구매하고 그 제품이 되는 것이다. 진정성은 한 편의 드라마, 아니 더 정확하게는 한 편의 연속극이다.[21] 다양한 미디어 분야를 하나로 묶고 '참여 미디어'라는 찬사의 근간을 이룬다. 진정성은 사회적 성과(performance)를 평가하는 데 사용되는 정신으로, 특히 '나쁜' 사용자를 '좋은' 사용자로 '인증'(authenticate)하고 주조하는 데 사용된다. 이는 누군가의 데이터를 신뢰할 수 있게 만드는 자아의 어떤 투명성을 규정한다. 진정성은 순응 또는 성실성(sincerity)의 이면으로, 우리가 내면의 자아들과 외부의 외양을 일치시킴으로써 순응한다면, 우리의 외면적 자아는 내면의 고통을 반영함으로써 진정성을 갖게 된다. 어느 쪽이든 우리는 '투명해진다.'

또한 진정성이 우리 시대의 핵심이 된 이유는 그것이 (알고리듬적이지 않았던 적이 있다면) 알고리듬화되었기 때문, 즉 따라야 하거나 실행해야 하는 일군의 규칙이 되었기 때문이다. 가장 단순한 의미에서 진정성은 '너 자신에게 진실하라'는 (극적인) 명령을 떠올리게 한다. 그러나 진정성을 알고리듬적이

20. Gunn Enli, *Mediated Authenticity: How the Media Constructs Reality* (New York: Peter Lang, 2015).
21. E. Doyle McCarthy, "Emotional Performances as Dramas of Authenticity," in *Authenticity in Culture, Self and Society*, ed. Phillip Vannini and J. Patrick Williams (Surrey, UK: Ashgate, 2009), 241–255.

라고 부르는 것은 진정성의 방법론적 특성을 강조하는 것 이상이다. '알고리듬 진정성'(algorithmic authenticity)이라는 용어는 네트워크 알고리듬에 의해 사용자가 검증되고 인증되는 방식을 드러낸다. '자신에게 진실하라'는 명령, 더 간단히 말해 '진실하라'는 명령은 우리가 사용하는 여러 미디어 플랫폼에서 데이터를 가치 있게, 즉 인식할 수 있게 만든다. 근본적으로 인식에 관한 것인 알고리듬 진정성은 인간과 기계의 패턴 인식을 뒷받침한다. 이는 서로 분리되어 있거나 심지어 경쟁하는 것으로 여겨지는 행위자와 플랫폼을 하나로 묶는다. 이는 개인화된 추천 엔진, 소셜 미디어, 네트워크 군집화의 기반이 된다. 동시에 이는 기존의 미디어 형태와 부합하며, 또한 상응한다.

이 장에서는 알고리듬 진정성의 범위와 영향력을 이해하기 위해 리얼리티 TV, 추천 시스템, 사용자 행동 간의 관계를 살펴본다. 알고리듬 진정성을 인간과 인간, 인간과 기계 간의 관계라는 관점에서 파악함으로써 사용자가 어떻게 '빅 데이터'라는 드라마의 캐릭터가 되었는지를 보여준다. 또한 사용자가 어떻게 인증되는지 살펴봄으로써 사용자가 자신이 내장된 스크립트[22]에 어떻게 개입할 수 있는지도 지적한다.(이 주제는 이 책의 맺음말에서 자세히 다룬다.) 또한 이 장에서는 추천 시스템을 우생학과 동종선호의 역사적 맥락에 놓음으로써, 사용자가 잠재 요인(latent factor)과 상관관계를 통해 어떻게 진정성을 갖도록 훈련되고 분리가 증폭되고 정당화되는지를 보여준다.

22. 옮긴이-여기서 스크립트(script)는 한 컴퓨터가 과제를 수행하기 위해, 그리고 컴퓨터들이 네트워크에서 서로 연결되기 위해 실행하는 명령들의 집합을 가리킨다.

결론: 트럼프는 훈련을 위한 훈련 프로그램이다.

너 자신에게 진실하라

진정성이라는 단어의 역사는 '자율성'(autonomy), '저자'(author), '권위주의적'(authoritarian)이라는 단어와 공통 어근인 '가해자'를 뜻하는 그리스어 authentes와의 관계를 뒷받침하기도 하고 약화시키기도 한다.[23] 다른 단어와의 정의와 관계를 무시하는 것처럼 보이지만, 이 단어에는 매우 관계적이고 절차적이며 수행적인 뜻이 있다. 진정성 있는 행위는 허구를 현실로 느끼게 한다.

문학 비평가 라이어넬 트릴링은 1972년에 출간되어 많은 인용을 받은 도발적인 저서 『성실성과 진정성』(Sincerity and Authenticity)에서 20세기 후반의 진정성에 대한 가치 평가를 17–18세기에 주목받았던 개념인 성실성과 구별하면서 역사적 맥락에 놓았다.[24] 성실성과 진정성 개념은 '네 자신에게 진실하라'는 명령을 따르지만 '진실하다는 것'이 왜 중요하고 '진실하다는 것'이 무엇을 수반하는지에 대해서는 근본적으로 다르다. 성실성은 『햄릿』에서 폴로니우스가 아들 라에르테스에게 한 다음의 조언을 고수한다. "너 자신에게 진실하라/그러면 밤이 낮을 따르듯이/너는 어떤 사람에게도 거짓이 될 수 없다."[25] 트릴링은 성실성이 목적을 위한 수단이며, 사람이 다른 사람에게 진실하려면 자기 '자신에게 진실할' 것을 요청한다고 강조

23. *Oxford English Dictionary*, 3rd ed. (2014), s.v. "authentic, adj. and n."
24. Trilling, *Sincerity and Authenticity*, 1–25.
25. *Hamlet*, ed. G. R. Hibbard (Oxford: Oxford University Press, 2008), 1.3.78–80.

했다. 사회라는 개념 및 도시의 부상과 연결된 성실성은 사람들의 겉모습과 내면적 자아 사이의 거리를 좁혀 개인적인 것과 공적인 것을 일치시키기를 추구했다. 트릴링은 철학자 장-자크 루소를 전형적인 진정한 인물로 지목하면서, 성실성이 연기와 연극에 필요한 종류의 '기본'과 거짓 모방을 배제함으로써 도덕적 판단과 공적 삶을 돕는 형식들인 소설 및 웅변과 연결된다는 루소의 주장이 갖는 함의들을 끌어냈다.[26] 트릴링에 따르면 진정성의 부상은 19세기 및 20세기 동안 성실성의 추락과 동시에 이루어졌다. 반문화적인 1970년대에 이르러서는 진정성이 성실성보다 분명히 우위를 차지했고, 진실성을 평가하는 데 진정성이 사용되었으며, 성실성 있게 보이는 한 사람의 능력은 그의 진정성에 따라 판단되었다.

진정성은 "너 자신에게 진실하라"는 폴로니우스의 조언을 싹둑 잘라내면서 성실성의 딜레마(타자에게 진실한 것이 과연 우리 자신에게 진실한 것인가?)를 해소한 것으로 여겨졌다. 트릴링은 진정성이란 수단이 아니라 목적이라고 주장했다. 따라서 진정성은 그 자체로 문화적 규범과 미덕이 거짓임을 폭로한다. 트릴링은 베트남 전쟁에 대한 시위가 한창일 때 이 글을 썼다고 언급했다. "진정성이라는 기준의 명령에 따라, 한때 문화의 기본 구조를 구성하는 것으로 여겨졌던 많은 것들이 하찮거나 단순한 환상이나 의례 또는 완전히 위조된 것으로 보이게

26. Trilling, *Sincerity and Authenticity*, 58, 68, 64. 이와는 대조적으로 아렌트는 『혁명론』에서 연기와 연극, 특히 '가면'이 정치에 필수적이라고 주장했다. 그에게 루소의 성실성은 '사회적'인 것의 위험을 대표했다. 성실성은 사회적 평등을 주장함으로써 공적인 것(정치적 평등)과 사적인 것(가정 내 불평등) 사이의 경계를 위태롭게 했기 때문이다.(97–101)

되었다. 반대로 문화가 전통적으로 비난하고 배제하려 했던 많은 것들인 무질서, 폭력, 불합리 등이 그것에 대해 요구된 진정성을 이유로 상당한 도덕적 권위를 부여받게 되었다."[27] 이런 의미에서 진정성은 '빨간 알약'처럼 보일 수 있다.(「이데올로기의 상관관계」 참조) 진정성은 진정되지 않는다. 그것은 논쟁적이고 영웅적이며, 불안하게 만드는 예술, 즉 연극과 관련이 있다. 트릴링은 영웅이란 영웅처럼 행동하는 사람, "저항적이고 불쾌하며 심지어 적대적일 수 있는" 공연이나 예술작품에 관객이 대면하게끔 하는 사람이라고 설명했다.[28] 영웅은 비극적 위대함의 냄새를, 가능하게도 하고 무력화시키기도 하는 결함들의 냄새를 풍긴다. 그러나 연극에서 배우와 캐릭터의 차이를 인정한다면(진정성 있는 연기가 항상 진실한 것은 아니다), 트릴링의 정의는 연극적 설정을 무시함으로써 이 둘을 부지불식간에 혼동한다.

대면은 진정성과 그에 수반되는 동일시 양식에 필수적인데, 진정성이 타자와의 유대를 끊는 것처럼 보이더라도 동일시 또는 소유라는 더 강력한 관계를 수립하기 때문이다. 트릴링은 정신병과 진정한 해방 및 자족성의 현대적인 융합을 설명하면서 분석을 마무리했지만, 그의 분석은 진정성에 대한 관계의 지속적인 중요성을 충분히 드러낸다.[29] 진정성은 타자가 자아

27. 같은 책, 11.
28. 같은 책, 100.
29. 성실성과 진정성의 이러한 구분은 클린턴의 모든 성실성에도 불구하고 질 에이브럼슨이 지적했듯이 클린턴에 대해 "노련한 조작자라는 캐리커처가 크게 그려진" 반면, 트럼프는 진정성이라는 인식이 그를 모든 비판으로부터 보호했던 2016년 대선의 역학을 포착한 것으로 보인다. Jill Abramson, "Could Donald Trump the Actor Win the Election for Trump the Candidate?" *Guardian*, April 26, 2016, https://www.theguardian.com/commentisfree/2016/apr/26/don-

를 소유할 수 있도록 하기 때문에 여러 의미에서 '자기-소유'의 한 형태다. 트릴링은 관객이 "진정성을 획득하는 데 모델이 되는 것은 대상 자체이고 예술가는 그 진정성의 개별적인 본보기가 된다"[30]고 주장했다. 나아가 관객 구성원은 대상, 예술가 또는 광기를 진정성 있는 것으로 식별해야 한다. 그들은 다른 사람의 저항에 참여해야 하고 즉 이를 '인증'해야 한다. 히틀러가 돌격대(Storm Troopers)[31]에게 말했듯이, "너희가 있는 모든 것은 나를 통해서이고, 내가 있는 모든 것은 너희를 통해서만 존재한다."[32]

이 영웅적인 진정성 개념, 즉 관습과 상식에 대한 연출된 도전으로서의 진정성은 21세기 '진정성의 드라마'에 핵심적인 것으로 보인다. 사회학자 E. 도일 매카시는 익스트림 게임부터 리얼리티 TV에 이르기까지 "감동성(emotionality)의 전례 없는 실증" 또는 "격렬함의 전시"라는 측면에서 "진정성의 드라마"를 설명한다.[33] 진정성을 통해 관객은 관람 주체와 관람 대

ald-trump-actor-win-election-candidate-ronald-reagan-american-voters). 따라서 트럼프의 명백한 광기, 즉 그가 병적인 거짓말쟁이나 사이코패스라는 진단을 받은 것은 그의 진정성을 훼손하는 것이 아니라 오히려 강조하는 것처럼 보일 수 있다. 그러나 진정성이라는 개념으로 여기서 멈추면 진정성 자체가 변화해 온 방식을 놓치게 된다.

30. Trilling, *Sincerity and Authenticity*, 100.

31. 옮긴이—양차 대전 당시 독일 제국 육군의 돌격대로 독일어로는 Strumtruppen으로 표기된다. 조지 루카스의 「스타워즈」 시리즈에서 은하제국 육군의 정예 보병을 가리키는 이름으로도 쓰였다.

32. Adolf Hitler, as quoted in Arendt, *The Origins of Totalitarianism*, 325.

33. 매카시는 「감정적 퍼포먼스」(Emotional Performance, 244)에서 현대 미디어 문화가 감정적 표현과의 관계를 강화함으로써 '진정성'의 개념을 강화했다고 강조한다. "정직, 진실성, 생명력을 가지고 무언가를 느끼고, 개인적인 통찰과 발견의 진실을 삶에서 표현하는 수단"(245)을 의미하는 '진정성'은 "책략, 드라마, 조작의 시대에 사회적 행위자들이 사용하고 추구하는 중요한 문화적 코드"(252)가 되었다.

상 간의 거리를 극복하려고 한다.[34] 매카시는 공공 추모식에서의 집단행동을 분석하면서 진정성이 집단적 행위성의 핵심이며 참여의 기초를 형성한다고 주장한다. 결정적으로, 확인과 발견의 이러한 드라마, 그리고 참여 자체가 상품화와 시장 관계의 영역 안에 있다는 것이다. 진정성은 21세기 경영의 유행어로, 리더와 노동자는 성공하기 위해 진정성을 갖추는 방법을 배운다.[35] 가속화된 자본주의 세계에서 사람 자체가 브랜드가 되고 젠더 및 인종과 같은 특성은 상품화된 특징이 되었다. 브랜드는 여러분을 자유롭게 해줄 것이라고 약속하지만, 여러분과 브랜드가 진정으로 진정성 있는 경우에만 가능하다.[36]

배닛-와이저가 지적한 것처럼, 진정성의 브랜드 만들기는 모든 것이 참으로 진정성 있는 세계에 대한 동경도 아니고 단순히 냉소적인 것도 아니다.[37] 오히려 21세기 브랜드 문화에 내재된 것으로서 진정성은 양가적이다. 이러한 문화의 모든 분야가 점점 더 상품화되고 있기 때문에 진정성 있는 경험을 갖는 것과 판매하는 것 사이의 엄밀한 차이는 없다. 정치를 개인의 선택 문제로 환원하더라도 브랜드 문화는 여전히 공동체와 정서적 연결을 제공한다. 즉 브랜드는 공동 생산된다. 브랜드 문화는 "기억, 감정, 개인적인 서사와 기대의 축적"을 바탕으로 브랜드와 소비자 간의 친밀한 관계를 가능하게 한다. "브

34. McCarthy, "Emotional Performances," 252.
35. 피터 플레밍이 설명했듯이, '재미있고' 진보적인 직장은 노동자들이 '진정성'을 갖고 직장에서 개인적인 자아를 드러낼 것을 요구한다. 그렇게 함으로써 노동자들은 자신의 일을 자기 성취적이고 창의적인 것으로 만든다. Peter Fleming, *Authenticity and the Cultural Politics of Work: New Forms of Informal Control* (Oxford University Press, 2009).
36. Sarah Banet-Weiser, *Authentic™*, 58.
37. Banet-Weiser, *Authentic™*, 5.

랜드는 레이먼드 윌리엄스가 말한 '느낌의 구조'(structure of feeling)를 창조한다."[38] 따라서 셀프 브랜더는 자신의 개인 브랜드가 "당신 이외의 누군가가 유지하는 지각 또는 감정, 당신과 관계를 맺은 총체적인 경험을 설명하는 지각 또는 감정"이라는 말을 듣는다. 배닛-와이저는 셀프 브랜딩이 "도덕적 틀의 표현"이며 "진정성에 접근하는 수단"이자 "나 자신 그 이상"이 되고 "자신이 되고자 했던 사람"이 되기 위한 핵심이라고 말한다.[39] 따라서 셀프 브랜딩은 설명적인 동시에 열망적인 것이기도 하다.

진정성으로서의 셀프 브랜딩은 진정성의 역사에서 또 다른 전환점을 나타낸다. 진정성이 공공연하게 관계적인 것이 되었다는 뜻이다. 트릴링이 주장했듯이, "너 자신에게 진실하라"는 격언에 대한 접근 방식에서 성실성과 진정성이 한때 서로 다른 것처럼 보였다면—즉 '성실하다'는 것은 타자에게 진실하기 위해 자신에게 진실한 것이고, '진정성 있다'는 것은 단순히 자신에게 진실한 것이라면—진정성의 브랜드화는 자아 또는 주체 소유 형태로서의 진정성을 증폭시킨다.(당신의 진정성을 통해 나는 진정하게 되고, 나의 동일시를 통해 당신은 진정하게 된다.) 셀프 브랜더는 자신에게 진정성이 있으려면 타자에게도 진정성이 있어야 한다는 말을 듣는다.[40] 셀프 브랜더는 끊임없이 눈에 띄고 투명해야 한다. 무언가를 숨기고 있는 것처럼, 겉모습과 일치하지 않는 비밀스러운 내면이 있는 것처럼

38. 같은 책, 8–9; Raymond Williams, *The Long Revolution* (New York: Columbia University Press, 1961), 63.
39. David McNally and Karl D. Speak, as quoted in Banet-Weiser, *Authentic™*, 59.
40. Banet-Weiser, *Authentic™*, 80.

지각된다면 '가짜'로 불신을 받게 된다. 따라서 진정성을 인정받는 가장 쉬운 방법은 눈에 띄게 관습을 위반하기, 즉 이상하거나 외설적인 특징으로 간주될 만한 것을 드러내기다. 진정성은 즉시 지각되고 지각될 수 있어야 하며, 이는 상관관계와 인식 모두의 기초를 형성한다.(4장에서 자세히 설명할 것이다.)

이처럼 세심하게 세공되고 각본에 따른 가시성을 통해 진정성은 규정을 벗어나게 되었다. 2016년 미 대선을 앞두고 『포브스』에 기고한 존 조그비의 말마따나, "아름다움, 포르노, 영혼과 마찬가지로 진정성은 규정하기 어렵다. 바이런 화이트 대법관의 말처럼 '진정성은 보면 그냥 알 수 있다'는 것이다."[41] 진정성이 즉시 인식될 수 있지만 규정에 저항한다는 것은 '진짜'로서의 진정성 개념과 연결된다. 그러나 이러한 '진짜임'의 느낌은 공식적(formulaic)—알고리듬적—이지만 자발적인 투자와 참여에 의존한다. 결정적으로 알고리듬은 행동을 결정하는 것이 아니라, 미래의 문제를 해결하기 위해 따라야 할 일련의 지침이다. 따라서 진정성의 정치가 리얼리티 TV 배우에게 유리한 것은 예측 가능한 일이다. 리얼리티 TV는 철저히 공식적이며, 배우와 캐릭터의 차이를 흐릿하게 하기 때문이다. 또한 리얼리티 TV와 신자유주의 통치성 사이의 유대는 매우 깊다. 따라서 여러모로 트럼프는 훈련을 위한 훈련 프로그램이다.

리얼리티 TV와 신자유주의

트럼프의 '진정성'은 자신의 정치 캠페인과 그 보도를 자신의

41. John Zogby, "Clinton, Trump and the Battle for Authenticity," *Forbes*, September 24, 2016, https://www.forbes.com/sites/johnzogby/2016/09/24/clinton-trump-and-the-battle-for-authenticity/.

리얼리티 TV 시리즈 「어프렌티스」의 연장선으로 표현하는 능력에서 비롯되었으며, 「어프렌티스」에서 그는 마스터로서 자신에게 배우고자 하는 사람들을 '멘토링'하고 지배했다. 그러나 리얼리티 TV와 미국 정치의 연관성은 트럼프보다 앞서 있으며, 트럼프 뒤에도 이어질 것이 거의 확실하다.(현재 예능으로 분류표가 바뀐 뉴스 쇼와 채널은 리얼리티 TV의 새롭지만 오래된 개척지다.) 미디어학자인 로리 오울렛과 제임스 헤이가 2016년 미국 대선 이전부터 적어도 10년 동안 주장해 온 것처럼, 리얼리티 TV가 인기 있는 텔레비전 포맷으로 등장한 것은 미국 내 복지국가의 마지막 흔적이 와해되는 시기와 맞물렸다. 「당신의 집을 고쳐드립니다」(Extreme Makeover: Home Edition, 2004–2012, ABC), 「패션 불변의 법칙」(What Not to Wear, 2003–2013, TLC), 「도전! FAT 제로」(The Biggest Loser, 2004–2016, NBC)에 이르기까지 리얼리티 TV 프로그램은 개인의 자율권(empowerment)과 책임, 기업의 자선 활동과 정부의 재창안을 강조했다.[42]

리얼리티 TV의 역사(리얼리티 TV가 미국 정치에 미치는 영향에 대한 선거 직후의 논의에서 누락된 요소)를 전면에 내세운 오울렛의 2016년 분석은 리얼리티 TV의 '메시지'가 개인의 책임 및 자율권과 같은 신자유주의적 거버넌스의 기본 수

42. Laurie Ouellette and James Hay, *Better Living through Reality TV: Television and Post-Welfare Citizenship* (Malden, MA: Blackwell, 2008). 2016년 대선 결과에 리얼리티 TV의 책임이 크다고 손쉽게 비난하는 분석에 대해 오울렛은 트럼프가 "조작적인 인포테인먼트와 문화적 쇠퇴의 증상 그 이상"이라고 주장했다. 즉 "트럼프의 정치적 상승은 수십 년간 통치 관행에서 리얼리티 TV의 역할", 특히 정부의 신자유주의적 해체를 말해준다. Laurie Ouellette, "The Trump Show," *Television & New Media* 17, no. 7 (2016): 647, https://doi.org/10.1177/1527476416652695).

칙과 어떻게 일치하는지를 밝혀냈다. 특히 오울렛은 리얼리티 TV가 시청자들에게 "자유시장 담론 및 정책과 함께 좋은(기업가적이고 자기 극대화를 추구하는) 시민이 되는 방법을 가르친다"고 진술하며 리얼리티 TV의 교육적 역할을 강조했다. 이 프로그램이 제공한 해결책은 개인의 요구에 맞추면서도 "기업, 후원자, 비영리단체, 공공 기관"[43]과의 파트너십을 기반으로 했다. 그는 「어프렌티스」가 "리얼리티 TV의 신자유주의 문법을 확립"하고 정부 관리들과의 긴밀한 유대와 더불어 "불량 사업가를 새로운 종류의 전문가이자 탁월한 리더로서 확립했다"고 주장했다.(「어프렌티스」의 한 에피소드에는 뉴욕의 척 슈머 상원의원과 함께 워싱턴 DC에서 호화롭게 숙박하는 장면이 포함되었다.) 「어프렌티스」와 다른 '자기-계발' 프로그램에 '진지한' 정치인과 그 부인들(미셸 오바마, 로라 부시 등)이 출연했던 것을 감안하면, 한 캐릭터가 그 반대 방향, 즉 리얼리티 TV에서 백악관으로 움직인 것은 놀라운 일이 아니다. 오울렛이 강조했듯이 트럼프는 사이비 유명인이 아니라, "리얼리티 TV 덕분에 기업가적 주체성의 화신이자, 시장에서 정당성을 끌어내는 '허튼 짓 하지 않는'(no nonsense) 리더십의 화신이었다."[44]

리얼리티 TV를 교육적인 것으로 보는 오울렛의 분석은 시청자를 다소 단순하게 묘사하는 것처럼 보일 수 있다. 결국 리얼리티 TV는 샤덴프로이데(schadenfreude) 및 가학성과 관련된 '죄의식을 동반한 즐거움'으로 일관되게 언급

43. Ouellette, "The Trump Show," 648.
44. 같은 글, 649.

되고 있다. 하지만 리얼리티 TV의 개인 자율권 메시지는 참가자가 조롱을 당하든 식별되든 상관없이 작동한다. (4장에서 자세히 설명하듯이) 탈-동일시(dis-identification)와 오인(misidentification)은 '빨간 알약 복용'의 핵심이다. 아이러니와 냉소주의는 리얼리티 TV 시청자가 '학습'하는 것, 즉 알고리듬 진정성의 가치와 특정 대본을 따라야 할 필요성을 훼손하지 않는다. 오히려 슬라보예 지젝이 주장한 것처럼 냉소주의는 일종의 항복이다. "이 프로그램이 진짜가 아니고 이 캐릭터들이 한심하다는 건 잘 알고 있지만 그럼에도 불구하고"라고 말하는 냉소적인 시청자들은 사실 리얼리티 TV의 이데올로기적 메시지에 깊이 내장되어 있다.[45] 지젝은 행동이 믿음이나 정념보다 승리한다고 주장한다.(「이데올로기의 상관관계」에서 자세히 설명할 것이다.) 신자가 되려면 철학자 블레즈 파스칼의 다음 조언을 받아들이기만 하면 된다. "믿는 것처럼 행동하고, 성수를 받고, 미사를 드리는 등 [신자들이] 시작했던 방식을 따라라. 이것조차도 당신을 자연스럽게 믿게 만들 것이다. (…) 잃을 게 뭐가 있겠는가?"[46]

잃을 게 뭐가 있겠는가?

리얼리티 TV는 고도로 각본화되고 끝없이 반복되는 알고리듬이다. 각 에피소드는 각 시즌과 마찬가지로 동일한 포맷(「어프렌티스」의 경우: 과제, 회의실, 퇴장)을 따른다. 모든 에피소드는 놀라움과 '각본에서 벗어난' 순간을 포함하여 동일한

45. Slavoj Žižek, *The Sublime Object of Ideology* (London: Verso Books, 1989), 28–43.
46. Blaise Pascal, *Pascal's Pensées* (New York: Dutton, 1958), 68, https://www.gutenberg.org/files/18269/18269-h/18269-h.htm.

궤적을 따르도록 엄격하게 편집된다. 리얼리티 TV는 프로그램이라는 단어의 모든 의미에서 프로그램이다. 전자 컴퓨터 초창기에 소프트웨어의 선구자인 허먼 H. 골드스타인과 요한 폰 노이만이 설명했듯이 프로그래밍은 "의미의 자동적 진화를 제어하기 위한 역동적인 배경을 제공하는 기법"이다.[47] 여기서 '자동적'이라는 용어가 의문스러울 수 있지만 이 용어에 포함된 그리스어 어근 autos('자아')는 '자동적'을 '진정성', '권위', '저자'와 연결한다. '자동적'이라는 것은 사람이든 기계든 자기-생성적이라는 의미다.

리얼리티 TV의 알고리듬적 특성은 그 장수와 미래의 근간이 되며, 패키지화된 스타일은 네트워크의 '효자 상품'이 된다. 미디어학자 준 디어리가 설명했듯이, 다른 TV 장르에서 지출할 수 있는 비용이 리얼리티 TV의 제작과 개발의 모든 영역에서 절약된다.[48] 반복되는 스토리 라인은 작가의 필요성을 없애고 '실제 인물'을 사용하기 때문에 배우가 필요하지 않다.(이런 프로그램의 '후보자' 대부분이 배우 지망생임에도 불구하고 말

47. Herman H. Goldstine and John von Neumann, *Planning and Coding of Problems for an Electronic Computing Instrument*, part 2, vol. 1 (Princeton: Institute for Advanced Study, 1947), 2.

48. "첫째, 방송사는 국제적으로 거래되고 사전 패키지화되어 있으며 이미 성공한 프랜차이즈를 구매할 수 있어 약간의 현지화 각색 외에는 추가적인 크리에이티브 개발이 거의 필요하지 않다. 이는 일반적으로 재정적 투자에서 어느 정도의 예측 가능성을 원하는 광고주에게 적합하다. (…) 제작자는 물리적 설정(종종 격리되고 면밀히 모니터링되는)과 캐스팅 및 편집을 통해 통제된 환경을 설정하여 쇼가 너무 [지루해지지 않도록 충분한 충격과 참신함을 허용해야 한다. 그런 다음 스크린 속 참가자들은 보수를 거의 또는 전혀 기대하지 않으며, 일반적으로 일이 충분치 않은 배우 지망생이나 하층 또는 중하층 이하의 고용인으로, 이들의 캐스팅은 값싼 노동력으로의 아웃소싱의 한 형태로 간주될 수 있다." June Deery, "Mapping Commercialization in Reality Television," in *A Companion to Reality Television*, ed. Laurie Ouellette (Malden, MA: Wiley Blackwell, 2013), 20.

이다.) '아마추어' 숭배에 기반한 리얼리티 TV는 참가자들을 재정적으로나 정신적으로 착취하며, 자본주의 착취를 물리칠 방법으로 아마추어를 옹호해 온 좌파의 오랜 주장에 의문을 제기한다. 문화연구 학자인 앤드루 로스는 센세이션을 일으킨 영국 가수 수전 보일의 잘 알려진 정신적 붕괴에 대해 언급하면서 그의 붕괴가 "아마추어 방송 참가자에게 요구되는 일종의 감정 노동"을 체화했다고 주장했다. "이는 이별, 부부 불화, 사고, 죽음, 해고, 심각한 굴욕 등 인생에서 매우 외상적인 경험의 유산을 행동(act)하기보다는 '실연'(act out)할 것을 요구하는 장르 포맷에서 가장 잘 드러난다."[49] 리얼리티 TV의 '진정성의 드라마'는 신자유주의의 잔인함을 유희적으로 만들어 미디어학자 닉 콜드리의 견해에 따르면 리얼리티 TV를 "신자유주의의 비밀 극장"으로 만든다.[50]

리얼리티 TV의 알고리듬적 본성과 무임 노동의 사용은 소셜 미디어 마이크로셀럽의 전조로 보인다.(물론 '캠 걸'[cam girl]과 기타 24시간 웹캠 사이트의 존재가 이 연대기에 의문을 불러일으키긴 하지만.) 미디어 이론가 티지아나 테라노바는 '무임 노동'(보상 없이 자유롭게 제공되는 노동)에 관한 초기의 중요한 연구에서 인터넷을 '아우터넷'(outernet)과 분리하는 것을 거부했다.[51] 특히 그는 TV 토크쇼, 리얼리티 TV 등

49. Andrew Ross, "Reality Television and the Political Economy of Attention," in *A Companion to Reality Television*, ed. Laurie Ouellette (Malden, MA: Wiley Blackwell, 2013), 34.
50. Nick Couldry, "Reality TV, or the Secret Theater of Neoliberalism," *Review of Education, Pedagogy, and Cultural Studies* 30, no. 1 (2008): 3–13, https://doi.org/10.1080/10714410701821255.
51. 옮긴이—아우터넷은 인터넷의 일부가 아닌 온라인 네트워크를 뜻하지만, 테라노바는 인터넷을 둘러싼 동시에 인터넷을 초과하는 "사회적, 문화적, 경제적 관계" 및

과 웹 2.0의 차이는 질적인 것이 아니라 규범적인 것임을 밝혔다. "추상적인 관점에서 볼 때, 시청자의 창의성에 의존하는 인물 리얼리티 프로그램과 사용자의 입력에 의존하는 웹사이트의 방식에는 차이가 없다."[52] 두 형태의 차이는 권위와 진정성의 도덕적 작용에 있다. 리얼리티 TV는 "토크쇼 참가자의 즉각적인 가치 평가를 허용하지 않는다. (…) 심리학자 및 기타 전문가들도 종종 순수한 관음증적 경험을 '사회적 실험'으로 볼 수 있는 권위 있는 관점을 제공하기 위해 투입"되지만, 인터넷에서는 "사실상 모든 것이 용인된다."[53]

소셜 미디어는 모든 것을 용인하는 것 이상이다. 그것은 모든 것을 장려하고 요구한다. 인터넷의 자유지상적, 민주적 본성에 대한 '증거'가 그 다양성에 있다면, 인터넷이 성공적인 것으로 간주되기 위해서는 모든 것이 전시되어야 하고, 모욕적 콘텐츠가 생성되어야 한다. 이 세계관에서는 민주주의=모욕이다. 또한 모든 것, 특히 사소한 '일탈'을 끊임없이 전시하는 것은 사용자를 인증하고 군집화하는 데 사용된다. 가능한 한 스크립트된 방식으로 관습을 위반하고 공적인 것과 사적인 것의 경계를 위반하는 진정성에 대한 요구는 데이터를 "디지털 시대의 석유"로 만든다.[54] 인터넷이 비규범적인 것을 규범화하기 위한 사회적 실험이 되었기 때문에 사회적 실험의 함정은 사라진다.

"노동, 문화, 권력의 커다란 흐름"을 가리키기 위해 이 용어를 쓴다. Terranova, *Network Culture*, 75. 즉 이는 사이버스페이스를 현실로부터의 도피 또는 초월로 보는 1990년대의 유토피아적 견해에 맞서 인터넷의 현실을 후기산업사회의 문화적, 경제적 현실과 연동된 것으로 재정립하기 위한 어법이다.

52. Terranova, *Network Culture*, 95.
53. 같은 책, 95, 96, 강조는 원저자.
54. "The World's Most Valuable Resource."

반복하자면, 리얼리티 TV와 소셜 미디어는 모두 근본적으로 알고리듬적이다. 이들의 알고리듬적 본성은 시청자/사용자와 그들의 행동을 형성하는 동시에 인간과 기계, 자동성과 진정성 사이의 경계를 교란한다. 알고리듬은 단순하거나 원래 기계적인 것이 아니다. 중세 라틴어 algorismus에서 유래한 '알고리듬'이라는 용어는 서유럽에 대수와 아랍-힌두 숫자 체계를 소개한 가장 중요한 이슬람 수학자 중 한 명인 무함마드 아부-압둘라 아부-자파르 이븐 무사 알-콰리즈미 알-마주시 알-쿠트루불리(Muhammed Abu-Abdullah Abu-Jafar ibn Musa Al-Khwarizmi Al-Majusi Al-Qutrubbulli)의 아랍어 이름(출생지를 나타내는)의 일부인 '알-콰리즈미'가 변형된 것이다.[55] '알고리듬'(중세 영어에서는 'algorism')은 나중에 "계산과 문제 해결에 사용되는 절차 또는 규칙의 집합"을 의미하는 의미로 발전했다. 즉 "특정 과제의 수행을 위해 정확하게 정의된 수학적 또는 논리적 연산(operation)들의 집합", 의학에서는 "임상 진단이나 결정에 도달하기 위해 사용되는 단계별 프로토콜"[56]을 의미한다.

알고리듬이나 프로그램 모두 특별히 인간적이거나 특별히 기계적인 것은 없다. 그렇다면 인간의 실행은 기계의 실행과 정확히 어떻게 다른가? 공식적이지만 예상치 못한 결과, 즉

55. Wolfgang Thomas, "Algorithms: From Al-Khwarizmi to Turing and Beyond," in *Turing's Revolution: The Impact of His Ideas about Computability*, ed. Giovanni Sommaruga and Thomas Strahm (Cham: Springer Basel AG, 2016), 30–31.
56. *Oxford English Dictionary*, 3rd ed. (2012), s.v. "algorithm, n."

갈등, 공포, 혐오, 매혹, 웃음, 놀라움을 유발하는 리얼리티 TV는 기계의 명령 및 수행과 다른가? 그렇다, 여러 가지 면에서 다르다. 하지만 이 두 가지 모두 예상치 못한 결과를 낳는다. 그렇지 않다면 우리가 그 결과/결과를 미리 알 수 있기 때문에 필요하지 않을 것이다. 수학자 앨런 튜링은 컴퓨터가 인간의 지침을 따르기만 하기 때문에 생각할 수 없다는 반론에 대해 일찍이 이렇게 주장했다.

> 기계는 나를 끊임없이 놀라게 한다. (…) 기계가 놀람을 일으키지 못한다는 견해는 철학자와 수학자에게 특히 흔한 오류 때문이라고 믿는다. 그것은 어떤 사실이 마음에 제시되자마자 그 사실의 모든 결과가 동시에 마음에 떠오른다는 가정이다. 여러 상황에서 매우 유용한 가정이지만, 사람들은 이것이 거짓임을 너무 쉽게 잊는다. 이는 단순히 데이터와 일반 원리의 결과를 갖고 작업하는 것에 아무런 장점(virtue)이 없다는 가정으로 이어진다.[57]

어떤 절차를 따라야 하는지 아는 것과 그에 따른 모든 결과를 파악하는 것은 다르다. 튜링이 컴퓨터에 대해 포용했던 종류의 '학습'을 따르는 현대 컴퓨터와 기계학습은 알고리듬을 더욱 불투명하게 만들었다. 우리는 결과를 미리 알 수 없을 뿐만 아니라 기계가 특정 순간에 무엇을 하고 있는지 알 수 없다. 미국 거주자의 삶을 규제하고 평가하는 데 점점 더 많이 사용되는

57. A. M. Turing, "Computing Machinery and Intelligence," *Mind* 59, no. 236 (1950): 450–451. 한국어 번역본은 앨런 튜링, 「계산 기계와 지능」, 『지능에 관하여』, 노승영 옮김(서울: 에이치비 프레스, 2019), 96–97, 번역 일부 수정.

불투명한 '블랙박스' 프로그램은 사피야 노블의 말을 빌리자면 "억압의 알고리듬"이 되었다.

그러나 이러한 불투명성은 알고리듬의 복잡성 때문만은 아니다. "너 자신에게 진실하라"는 단순한 명령을 따른 결과가 다양하고 복잡할 수 있는 것처럼, 많은 기계학습 알고리듬의 기초가 되는 베이즈 정리의 간단한 공식을 따른 결과도 예상치 못한 불투명한 결과일 수 있다. 베이즈 정리는 다음과 같다.(자세한 내용은 그림 39 참조)

$$P(X|Y) = \frac{(P(X)P(Y|X))}{P(Y)}$$

사건 Y가 주어졌을 때 X가 발생할 확률은, X가 주어졌을 때 Y가 발생할 확률에 X의 확률을 곱한 값을 Y의 확률로 나눈 값이다. 토마스 베이즈 목사가 '역확률'을 결정하는 수단으로 사용한 이 정리는 새로운 데이터의 가능도(likelihood)를 기반으로 현재의 믿음을 업데이트하여 '학습'하는 많은 기계학습 알고리듬의 기초를 제공하며, 사건과 사전 모델이 주어지면 사후 모델을 생성한다.

인간의 실행과 기계적 실행의 차이는 인간과 기계가 어떻게 훈련되고 '인증'되는가, 즉 신호와 사람 모두의 극도로 연속적인(continuous) 특성을 어떻게 이산적(discrete)으로 만들고 정형화하며, 패턴을 어떻게 인식하고 육성하는지에 있다. 네트워크 알고리듬에 의해 활성화되고 인간과 기계의 상호 '학습'에 대한 욕구에 의해 추동되는 것으로 추정되는 추천 시스템과 '개인화' 유형은 이 점을 명확히 드러낸다.

'개인화된 추천 시스템'은 정보, 항목, 사용자를 필터링하

'진정성'을 추적하는 알고리듬의 초기 사례로는 90년대부터 시작된 대규모 스팸 문제로 인해 개발된 이메일 스팸 필터가 있다. 2010년까지 이메일의 약 90%가 스팸이었으며, 연간 사회적 비용은 200억 달러에 달했다. 이러한 필터는 원하는 이메일(예: 친구로부터의 이메일, 요청되지 않았지만 합법적인 메시지)을 유지하고 원하지 않는 이메일(예: 대량 광고)을 제거하려고 시도한다. 분명히 이는 주관적이다—친구의 대량 마케팅 이메일을 스팸으로 간주해야 할까?

간단한 스팸 필터 알고리듬을 설계하면서 베이즈 추론을 배워보자.

수신된 이메일 한 통을 고려해 보자:
· '이 이메일은 스팸이다'라는 사건을 'S'라고 부르자
· 이때 다른 가능성은 단순히 'S 아님'이다.

베이즈 접근법은 S에 대한 확률(즉 S에 대한 수치적 믿음)을 업데이트한다.
· 모든 확률은 0과 1 사이의 값을 가진다:

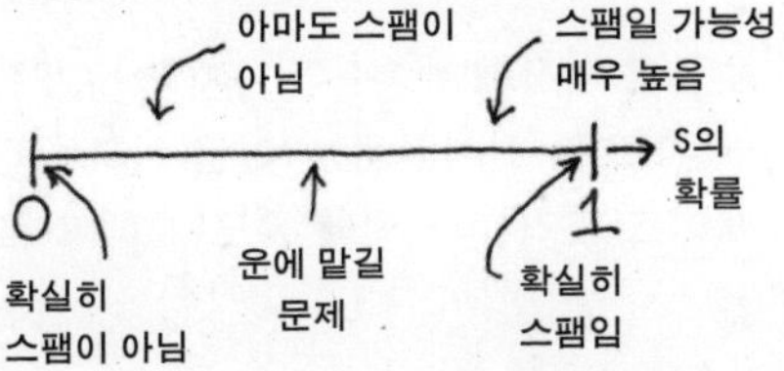

· 이 확률은 새로운 입력에 따라 변화할 것이다. 이는 이메일을 읽어나가며 그에 대한 의견이 구체화되는 것과 유사하다.

 그림 39. 앨릭스 바넷, 베이즈 정리와 베이즈 추론.

우리는 P(s)를 스팸일 확률의 사전확률(prior)로 표시한다. 즉, 메시지를 검토하기 전의 확률이다. 위 통계에 따르면 P(s)=0.9=90%는 좋은 사전 추정치다. 이제 u를 '이 이메일에는 긴급(urgent)이라는 단어가 포함되어 있다'는 사건으로 정의한다. 우리는 스팸과 비스팸 이메일에서 '긴급'이라는 단어가 얼마나 흔한지 알아야 한다.

이를 추정하기 위해, 예를 들어 임의로 1,000개의 이메일을 분석하여 다음과 같은 통계를 발견했다고 가정해 보자:

	S 아님	S
모든 이메일	100	900
'긴급'이 포함된 이메일	10	360

이 '훈련 데이터'를 바탕으로 추정하면,

$$p(U|S) = \frac{360}{900} = 0.4$$

← 즉, 스팸의 40%가 '긴급'을 포함한다.

↑ 이는 조건부 확률, 즉 S가 주어졌을 때 U가 발생할 확률을 의미한다.

또한 S에 대한 지식이 없는 U의 확률도 필요하며, 이는 우리 표에서 추정할 수 있다:

$$p(U) = \frac{10+360}{1000} = 0.37$$

추론을 시작해 보자! 두 가지 경우가 있다:

· 들어오는 이메일에는 '긴급'이라는 단어가 포함되어 있다.

베이즈 정리(마지막에 유도됨)에 따르면,

$$p(S|U) = \frac{p(U|S)}{p(U)} p(S) = \frac{0.4}{0.37} 0.9 \approx 0.973$$

'가능성' → $p(U|S)$

↑ 사전 확률 ($p(S)$)

'사후확률'(posterior)이라 불리며 이는 U에 따른 S의 업데이트된 확률이다. ($p(S|U)$)

스팸일 가능성 97.3%

· 이메일에 '긴급'이라는 단어가 포함되어 있지 않은 다른 경우에는 동일한 정리를 적용하지만 다른 데이터를 사용한다.

$$p(S \mid \text{not } U) = \frac{p(\text{not } U \mid S)}{p(\text{not } U)} p(S) = \frac{0.6}{0.63} 0.9 \approx 0.857$$

'사후확률'

여기서는 P(not u)=1-P(u)를 사용

높은 확률이지만 사전확률보다 낮다.

마지막으로 알고리듬은 임계값을 선택해야 한다: 예를 들어 사후확률 > 0.95라면 스팸으로 분류된다. 현재까지 이는 좋은 필터가 아니다: 이를 사용하면 '긴급'이라는 단어가 포함된 모든 이메일을 잃게 되는데, 이는 합법적인 이메일의 10%를 차지한다! (용납할 수 없는 '허위 양성률')

하지만 업데이트 단계(추론)를 다른 검색 단어와 함께 반복하면 필터가 훨씬 개선된다.

· 이 아이디어의 개요는 다음과 같다:

"이메일에 '비아그라'가 포함되어 있다"는 사건을 V라고 하자. (참고: P(v|not s)는 매우 작다!)

유용한(하지만 잘못된) 모델은 독립성을 가정하는 것이다:

$$p(U \text{ and } V \mid \cdots) = p(U \mid \cdots)\, p(V \mid \cdots)$$

그러면 '긴급'과 '비아그라'를 모두 포함하는 이메일의 경우 베이즈 정리는 다음을 제공한다:

$$p(S \mid V \text{ and } U) = \frac{p(V \text{ and } U \mid S)}{p(V \text{ and } U)} p(S) = \frac{p(V \mid S)}{p(V)} \cdot \frac{p(U \mid S)}{p(U)} p(S)$$

새로운 사후확률, 이는 1에 매우 가까울 것이다.

비아그라 업데이트 요인

이전 사후확률 P(s|u)

이러한 요인들을 조합하면 '스팸성' 단어를 필터링하는 데 효과적인 베이지언 스팸 필터를 만들 수 있다.

스팸 필터에 대한 노트:

· 베이즈 추론을 실제로 적용한 사례를 방금 보았다: 이는 새로운 데이터에 따라 확률을 업데이트하는 방법을 보여준다.

· '가능성' P(u|s) 등의 업데이트에 요구되는 훈련 데이터(스팸과 비스팸에 대한 통계)가 필요하다.

· 의도하지 않은 결과가 많이 발생할 수 있다! 합법적 이메일은 사라질 수 있으며, 스팸 발송자는 단어 철자를 틀리게 하는 방법(V1agra)이나 무작위 텍스트('베이지언 독성 공격'[Baysian poisoning]* 등을 통해 전략을 변경한다…. 이는 진화하는 바이러스 전쟁의 무기 경쟁과 같다.

· 실제 필터는 위보다 더 복잡하며, 문구, URL, 블랙리스트에 오른 발신자, 대문자 사용 여부 등을 사용한다.

베이즈 정리의 유도

임의의 두 사건을 나타내는 기호 U와 S를 사용해 보자.
'U와 S가 발생한다'는 사건에 도달하기 위해 두 가지 다른 경로를 통해 지식을 드러낼 수 있다:

이것은 결합 확률(joint probability)을 분해하는 두 가지 방법을 제공한다:

$$p(U \text{ and } S) = p(U|S)p(S)$$
$$p(U \text{ and } S) = p(S|U)p(U)$$

이들을 동일시하고 재배열하면 2페이지 전에 나온 공식을 얻을 수 있다.

* 옮긴이—스팸 메시지에 나타나기 어려운 무작위, 또는 심지어 신중하게 선택된 단어를 추가하여 스팸 필터가 해당 메시지를 합법적인 것으로 판단하게 하는 공격 방식.

고 우선순위를 지정하는 예측 소프트웨어 도구다. 1990년대 중반 아마존과 넷플릭스 같은 인터넷 기업들이 매출 증대, 사용자 충성도 구축, 사용자 구매 예측을 위해 이 시스템을 도입하면서 눈에 띄게 부상했다.[58] 추천 시스템은 검색 엔진과 마찬가지로 사용자의 진정한 필요와 사용자의 성실성을 전제로 하지만, 그 시스템이 다루는 사용자의 필요보다는 그것을 사용하는 이들의 이익을 위해 주로 기여한다. 실제로 이 시스템은 개인과 항목을 유사성 기반 '이웃'으로 수집하여 사용자 행동에 영향을 미치려고 한다. 과거 데이터를 사용하여 '사용자가 원하는 것'을 예측함으로써 효율성과 욕망이라는 명목으로 선택의 폭을 제한하고 과거의 트렌드를 증폭시킨다. 이러한 시스템의 영향은 전자상거래를 넘어선다. 추천 시스템의 알고리듬은 검색엔진과 점점 더 침입적인 데이터 마이닝 방법의 진화, 그리고 월드와이드웹을 허술한 빗장 공동체로 분열시키는 데 결정적인 역할을 했다.

전자상거래 사이트는 오프라인 매장과 경쟁하기 위해 개인화된 추천 시스템을 처음 도입했다. 사용자가 직접 상품을 만져볼 수 없었기 때문에 이 사이트는 과거 구매 내역을 분석하여 '부가가치가 붙은' 큐레이팅을 제공했다. 가장 긍정적으로 추천 시스템은 "비용을 지불할 여유가 없거나 지불할 의사가 없는" 사람들에게 실제로 도메인 전문가보다 뛰어난 "고품질의", "개인화된" 전문가 조언을 제공하는 "민주적 기술"로 설명된다.[59] 또한 압도적인 수량의 항목에 직면한 사용자에

58. Francesco Ricci, Lior Rokach, and Bracha Shapira, eds., *Recommender Systems Handbook*, 2nd ed. (Boston: Springer, 2015), 1–6.
59. Dietmar Jannach et al., *Recommender Systems: An Introduction* (New

게 가능한 모든 항목을 순위 목록으로 축소하여 사용자의 결정을 돕고 따라서 사용자가 선택의 "고통을 유발하는 폭정"에서 벗어날 수 있게 한다는 틀 속에 놓인다.[60] 이러한 시스템은 개별 사용자의 요구에 맞춰 조언을 제공하는 것처럼 보이기 때문에 역사적으로 널리 사용되던 '편집자의 선택' 포맷과 다르다. 그러나 사용자의 선택지를 줄이고 순위를 매기기 위해 사용자의 구매 내역뿐만 아니라 해당 사용자와 '같다'(like)고 판단되는 다른 사용자의 구매 내역도 활용한다. 이러한 의미에서 추천 시스템은 (2장에서 설명한) 동종선호의 원칙에 기반하기 때문에 '개인화'라는 용어는 잘못된 명칭이다. 이들은 유사성이 연결을 낳고, '같은 깃털을 가진 새들이 모여든다'고 가정하며, 유사한 개인이 유사한 물건을 원한다고 상정한다. 이들은 미시적으로 단편화된 순응을 추구하는 20세기의 트렌드를 가속화한다. 단순히 정체성을 대체하는 것이 아니라 인종, 젠더, 계급, 성적 성향에 대한 오래된 개념을 개선하고 영속화하는 새로운 범주를 만들어낸다. 1장에서 논의한 '교차성'을 가지고 케임브리지 애널리티카가 그랬던 것처럼, 추천 시스템은 세분화를 통해 기존의 '분할'을 증폭시킨다. 이 시스템이 창출하는 새로운 '이웃'은 고정된 선로를 넘는 법이 거의 없다.

추천 시스템은 누락된 링크를 '예측'하는 방식에 따라 콘텐츠 기반 시스템, 협업 필터링, 커뮤니티 기반 시스템, 인구통계 기반 시스템, 지식 기반 시스템으로 구분된다.[61] 이 다섯 가

York: Cambridge University Press, 2012), xiv.

60. Ricci, Rokach, and Shapira, *Recommender Systems Handbook*, 2. 지젝 또한 『이데올로기라는 숭고한 대상』에서 이데올로기에 대해 이와 유사한 점을 지적한다.

61. 같은 책, 11–14.

지 기본 유형은 사용자와 사용자의 관계 및 구매 이력(사용자 간의 동종선호), 항목의 속성(항목 간 동종선호) 또는 자동차처럼 거의 구매하지 않는 품목의 세부 설문지에 대한 사용자의 응답에 초점을 맞추어 추천을 한다. 이러한 다양한 접근 방식은 최근접 이웃 군집화(nearest neighbor clustering)와 같은 유사한 방법을 사용하며, 종종 서로 혼합된다. 그래서 대부분의 추천 시스템은 하이브리드다. 또한 추천 시스템은 메모리 기반 시스템 또는 모델 기반 시스템으로 나뉜다. 이들 모두 과거의 상호작용에 의존하지만 메모리 기반 시스템은 모든(또는 대부분의) 데이터를 '메모리 내'에 보관하고 이를 직접 사용하여 추천을 생성하는 반면(이는 특히 런타임에 계산 집약적이다), 모델 기반 시스템은 데이터를 사전 처리한 다음 '학습된' 모델을 사용하여 추천을 생성한다. 최신 '온라인 학습' 기계학습 추천 모델은 데이터를 한 번만 읽으므로 트렌드 변화에 더 민감하게 반응할 수 있다.

추천 시스템이 동종선호를 기반으로 한다는 점은 몇 가지 중요한 질문을 제기한다. 유사성의 영향은 무엇인가? 유사성을 어떻게 측정할 수 있는가? 그리고 항목과 사용자의 유사성은 어떻게 결정되는가? 사용자 간의 유사성에 대한 일반적인 측정은 다음과 같은 피어슨 상관계수다.

$$r = \frac{\text{공분산 }(X, Y)}{(X\text{의 표준편차})(Y\text{의 표준편차})}$$

1장(그림 17)에서 앨릭스 바넷이 자세히 설명한 이 계수는 두 변수 간의 공분산—즉 값이 함께 증가하거나 감소하는 방식(또는 여부)—을 표준편차의 곱으로 나누어 두 변수 간의 상관관계를 측정한다. 점수 1은 두 변수가 완벽하게 상관관계가 있음을 나타내고, 0은 상관관계가 없음(변수가 독립적임을) 나타내며, -1은 두 변수 간에 음의 상관관계가 있음을(변수가 정반대임을) 나타낸다. 이 계수를 계산한 후 초기 사용자 기반 최근접 이웃 협업 필터와 같은 시스템은 특정 사용자의 '동료 사용자' 또는 '최근접 이웃'을 식별한다. 이렇게 이 시스템은 알고리듬으로 결정된 '동료 사용자'의 평가를 기반으로 사용자가 평가하거나 보지 않은 모든 항목에 확률을 할당한다.[62]

사용되는 방법론에 관계없이 '협업' 추천 시스템은 일반적으로 '링크 예측'을 통해 과거, 현재, 미래를 연결하는데, 이는 컴퓨터과학자 준주와 베이천이 설명하듯 "네트워크 분석의 가장 근본적인 문제 중 하나"다. 추천 시스템은 링크 예측을 사용하여 누락된 사용자 등급을 추정하고, 페이스북과 같은 소셜 네트워킹 웹사이트는 링크 예측을 사용하여 누가 친구가 될 수 있는지 추측한다. 그러나 차이점에도 불구하고 정적 시스템과 동적 시스템 모두 동일한 방법을 사용하여 자신들의 "누락된 값"을 예측하며,[63] 알려진 것이지만 '숨겨진' 과거 값을 사용하여 이러한 예측을 검증한다. 1장에서 언급했듯이 추천 시스템은 미래 값이 아닌 학습 단계에서 숨겨진 과거 값을 예측하는

62. Jannach et al., *Recommender Systems*, 13.

63. 준주와 베이천은 정적 네트워크는 "부분적으로 관찰된 네트워크 토폴로지(그리고 일부 속성)에서 누락된 링크를 예측하는 반면, 동적 네트워크의 경우 일반적으로 현재 시간 t까지의 구조가 주어질 때 다음 시간 t+1의 네트워크 구조를 예측하는 것으로 정의"한다고 설명한다. 이 설명에서 알 수 있듯이 이러한 모델에서 미래와 과거는 구조적으로 동일하며, 동적 모델에서 t+1 시점의 값은 누락된 과거 값과 동일한 방법을 사용하여 결정된다. Jun Zhu and Bei Chen, "Latent Feature Models for Large-Scale Link Prediction," *Big Data Analytics* 2, no. 1 (2017): 2 (article 3), https://doi.org/10.1186/s41044-016-0016-y).

능력으로 검증된다. 이러한 시스템에서 예상되는 미래는 누락된 과거와 동등하다.

더 교묘하게도 추천 시스템은 추천을 통해 미래의 사용자 행동을 형성한다. 특정 항목에 사용자를 집중시키고 다른 항목은 숨김으로써 이 시스템은 특정 상관관계를 강화한다. 컴퓨터 과학자 디트마어 야나흐와 동료들이 설명한 것처럼, 사이트는 특정 구매 또는 항목을 더 매력적으로 만들기 위해 잘 알려진 부양(priming) 전술을 사용한다. 예를 들어 "선택 행동에 큰 영향을 미치는 한 항목 집합에 관련 없는(열등한) 항목을 추가"하거나, 목록의 시작이나 끝에 항목을 배치하여 사용자의 관심을 끌고, 심리학 이론이나 성격 유형 분석[64](1장에서 설명한 케임브리지 애널리티카의 분석 등)을 통합하는 식이다. 즉 추천 시스템은 '전염'이나 모방이 아닌 동종선호의 원리에 기반하고 있지만 그 효과는 모방적 행동 및 부양과도 연결된다.

이러한 '협력적' 시스템은 또한 네트워크를 정서적으로 강렬한 '이웃'으로 만든다. 이 시스템은 표준(norm), 평균, 공통 분모에서 벗어난 사용자를 이웃의 동료 구성원들과 함께 군집화함으로써 이러한 이웃을 창출한다. 예를 들어 『해리 포터』에 '좋아요'를 누르면 너무 광범위한 집단이 형성되어 유용하지 않기 때문에 사용자의 이웃을 더 엄격하게 제한하는 또 다른 척도로 보완해야 하는데, 중요한 것은 사용자가 "친구"와 함께 "고정관념에서 벗어나는" 순간이다. 당연히 피어슨 상관계수는 "논란이 많은 항목에 대한 두 사용자의 동의가 일반적으로 좋아하는 항목에 대한 동의보다 '값'이 더 높기 때문에"

64. Jannach et al., *Recommender Systems*, 234–252.

논란에 따라 동의에 가중치를 부여하는 함수로 보완되는 경우가 많다.[65] 논란은 예측 가능성을 위한 기반을 제공하고 보다 일반적으로 결정되는 요소를 '정제'하는 데 작용한다. 정서적으로 격앙된 영역에서는 사용자들이 확증 편향의 희생양이 될 가능성이 높으며, 따라서 역사적으로 일관된 방식으로 행동한다. 그 영역은 신념 또는 진정성의 영역이기 때문이다. 다시 말해 그 영역은 사용자가 자신의 견해가 논란의 여지가 있다고 느끼는 영역과 순간, 따라서 이러한 견해가 아무리 지배적이든(또는 50대 50으로 나뉘든) 사용자가 이러한 견해를 유지하는 것이 '전복적'이거나 '저항적'이라고 느끼는 영역과 순간이다. 이러한 신뢰와 신념의 영역(라자스펠드와 머튼은 이를 가치 동종선호라고 불렀다)에서 사용자들은 '빨간 알약을 투여받을', 즉 호감이 가고 대안적인 네트워크의 영향을 받을 가능성이 높다.[66] 여기서 중요한 것은 예측 가능한—선형적인—사용자 반응을 보장하고 양극화된 이웃들 간의 경계를 구분하는 데 사용될 수 있는 도화선을 찾아 증폭하는 것이다.(라자스펠드와 카츠가 개인의 영향력과 소비자 변화에 대한 조사에서 설명했고 어느 정도는 추구했던 '둔감한 집단'의 양극화가 다시 한번 환기된다.)[67]

65. 같은 책, 16–17.
66. Lewis, *Alternative Influence*.
67. 유사한 맥락에서 프라나브 단다카르, 아시시 고엘, 데이비드 T. 리는 편향된 동화가 양극화의 핵심이며, 동종선호 그 자체만으로는 양극화가 발생하지 않는다는 것을 보여주는 모델을 만들었다. Pranav Dandakar, Ashish Goel and David T. Lee, "Biased Assimilation, Homophily, and the Dynamics of Polarization," *Proceedings of the National Academy of Sciences* 110, no. 15 (2013): 5791–5796, https://doi.org/10.1073/pnas.1217220110. 양극화에 대해서는 Lazarsfeld and Katz, *Personal Influence*를 또한 참조.

초기에는 메모리 기반 필터링 추천 시스템이 가장 정확하다고 여겨졌는데, 그 이유는 이 시스템의 '실측 자료'가 실제 데이터로 되어 있기 때문이었다. 그러나 이러한 시스템은 계산상 집중적이고 다루기 힘들며 '콜드 스타트' 문제(이전 데이터가 없는 새로운 사례)[68]로 어려움을 겪었다. 이러한 어려움에 대응하기 위해 오프라인에서 예측을 계산하는 모델 기반 추천 시스템이 개발되었다. 이러한 시스템은 종종 특이값 분해와 같은 행렬 인수분해(matrix factorization) 기법을 사용하여 데이터베이스를 대략적으로 장르나 유형으로 변환되는 일련의 중요한 벡터 구성 요소로 '분해'함으로써 계산을 단순화한다.(바넷의 「주성분 분석」, 2장 뒤 「대리체」의 그림 37 참조) 코신스키, 스틸웰, 그레펠의 2013년도 연구(1장에서 논의)에서와 마찬가지로, 각 항목 또는 사용자는 이러한 벡터들의 가중치 합으로 간주된다.

행렬 인수분해 모델의 효과는 넷플릭스 프라이즈 경진대회(2006–2009)를 통해 입증되었는데, 이 대회에서 넷플릭스는 자사 데이터베이스의 상당 부분을 제공했고 자사 추천 시스템을 10퍼센트 개선하는 팀에게 상당한 양의 상금을 수여했다. 많은 팀이 대회 기간 내내 결과를 발표했고, 대회 시작 후 1년 만에 명시적인 네트워크 이웃 기법으로는 쉽게 파악할 수 없는 '약한 신호'를 탐지하는 행렬 인수분해 방법의 중요성을 확립

68. 옮긴이—추천 시스템에서 새로운 사용자에 대한 데이터나 기존 사용자의 특정한 데이터가 충분히 수집되지 않아 사용자에게 적절한 항목을 추천하지 못하는 것을 말한다. 이는 컴퓨팅에서 한 시스템 또는 그 일부가 새로 설치되거나 다시 시작될 때 정상적으로 작동하지 않는 문제를 가리키는 용어에서 비롯되었다.

했다.(그림 37 참조)[69] 즉 잠재 요인 분석을 통해 아직 인접하지 않은 이웃 사용자를 탐지하고 이들을 새로운 이웃으로 통합하는 것이 가능해졌다. 우승한 알고리듬은 이 두 가지 방법을 결합했다.

잠재 요인을 향한 움직임은 가치 동종선호를 기저에 깔린 지위 동종선호로 본 라자스펠드와 머튼의 1954년 연구와 역사적으로 연결되며(뒤에 실린 「이데올로기의 상관관계」 참조), 이용될 수 있는 밝혀지지 않은 '원인'의 가능성을 제기했다. 컴퓨터 과학자인 애니마스리 아드난드쿠머와 동료들은 잠재 요인이 "인과관계를 예측하고 관찰할 수 없는 개념의 숨겨진 효과를 해석하는 데 핵심적"이라고 설명한다.[70] 넷플릭스의 오리지널 프로그램은 부분적으로 이러한 '숨겨진' 요인들에 대한 인간의 해석에 의해 결정된다. 저널리스트 알렉시스 매드리갈은 "할리우드 역설계(reverse engineering)"에 대한 놀라운 폭로에서 넷플릭스가 기계학습과 인간의 학습을 흥미롭게 오가며 알고리듬으로 결정된 이러한 숨겨진 요인들을 기반으로 수천 개의 미시 장르(microgenre)를 만들기 위해 인력을 고용한 방식을 밝혔다.[71] 넷플릭스의 스트리밍으로의 전환은 행렬 인수분해 모델의 사용과 역량을 강화했는데, 이는 시청자 평점

69. Robert Bell and Yehuda Koren, "Lessons from the Netflix Prize Challenge," *ACM SIGKDD Explorations Newsletter* 9, no. 2 (2007): 75, https://doi.org/10.1145/1345448.1345465.
70. Animashree Anandkumar et al., "Learning Topic Models and Latent Bayesian Networks Under Expansion Constraints," arXiv.org, 2012, https://arxiv.org/abs/1209.5350, 1.
71. Alexis C. Madrigal, "How Netflix Reverse Engineered Hollywood+," *Atlantic*, January 2, 2014, https://www.theatlantic.com/technology/archive/2014/01/how-netflix-reverse-engineered-hollywood/282679/.

을 필요로 하지 않고 대신 시청 시간 및 시청 순서처럼 넷플릭스가 포착한 암묵적 신호를 평가할 수 있기 때문이다. 또한 이 모델은 시간 경과에 따른 변화를 설명하기 위해 요인이나 가중치를 추가할 수 있다.

잠재 요인 분석은 최소한 두 가지 주요 질문을 제기한다. 얼마나 많은 잠재 요인이 필요한가? 그리고 이러한 잠재 요인을 어떻게 모델링하고 발견해야 하는가? 특히 행렬이 매우 희박한 경우 불균형이 발생할 수 있는 행렬 인수분해 모델[72]은 일반적으로 찾고자 하는 잠재 특징 또는 요인의 수를 미리 설정하기 때문에, 베이지안 모델이 잠재 요인을 예측하고 모델링하는 데 자주 사용된다. 흥미롭게도 사전 확률 분포를 만드는 데 사용되는 방법의 이름에서 환원주의적 형태의 다문화주의, 즉 '타자처럼 먹기'(eating like the other)를 떠올릴 수 있다. 예를 들어 중국 식당 문제는 객체를 잠재 클래스에 할당하지만, 인도 뷔페 문제는 각 객체가 무한대의 잠재 특징의 조합으로 구성된다고 가정한다.[73] 이러한 사전확률(prior)은 학습에 사

72. Zhu and Chen, "Latent Feature Models," 4.

73. Zoubin Ghahramani and Thomas L. Griffiths, "Infinite Latent Feature Models and the Indian Buffet Process," *Proceedings from Advances in Neural Information Processing Systems* 18, 2005, 1, http://mlg.eng.cam.ac.uk/zoubin/papers/ibp-nips05.pdf. [옮긴이—확률론에서 중국 식당 프로세스(Chinese restaurant process)는 식당의 테이블에 고객을 앉히는 것과 유사한 이산-시간 확률 프로세스다. 각각 무한한 수용 인원을 가진 원형 테이블이 무한히 많은 식당이 있다고 가정하자. 고객 1이 첫 번째 테이블에 앉으면, 다음 고객은 고객 1과 같은 테이블에 앉거나 다음 테이블에 앉는다. 이 프로세스는 각 고객이 이미 자리를 점유한 고객 수에 비례하는 확률(즉, 적은 고객보다 많은 고객이 있는 테이블에 앉을 가능성이 높음)로 점유된 테이블에 앉거나 비어 있는 테이블을 선택하는 방식으로 계속된다.

이 프로세스를 보완한 인도 뷔페 프로세스(Indian buffet process)는 행의 수는 유한하고 열의 수는 무한한 이진 행렬에 대한 확률 분포를 정의하는 확률적 프로세스다. 이 분포는 잠재적으로 무한한 수의 특징을 가진 모델에 대한 사전확률(prior)

용되는 '사례'와 더불어 모든 도출되는 사후확률(posterior)을 크게 형성하기 때문에 필수적이다.

물론 이러한 시스템과 모든 학습 기반 시스템의 문제점은 '더 많은 동일한 것'이 창출된다는 점이다.[74] 최근접 이웃 방법이든, 행렬 분해든, 또는 신경망이든 무엇을 사용하든 간에 이 모든 시스템은 미래를 과거로 제한한다. 이러한 시스템은 즉시 인식할 수 있는 것을 '추천'하기 때문에 성공적이다. 이전에 구매한 아이템을 추천하는 것은 종종 성가시기는 하지만 시스템이 사용자를 '이해'하고 있다는 것을 사용자에게 알리는 방법이기도 하다. 추천 시스템은 사용자가 하나의 아이템을 구매하거나 마음에 들어 하고 이후 계속 그것을 구매한다면 성공적인 것으로 간주된다. 목표는 막연하게 만족감을 주는 아이템을 제공하여 더 많은 아이템을 계속 갈망하게 만드는 것이다. 욕망은 추천이라는 게임의 이름이다. 추천 시스템의 '성공'을 판단할 때 또 다른 문제는 거짓 양성(false positive)이 이러한 시스

로 사용하기에 적합하다. 이 사전확률의 형태는 유한한 관측 집합에 유한한 수의 특징만 존재하도록 보장하지만, 더 많은 자료점(data point)이 관측되면 더 많은 특징이 나타날 수 있다. 따라서 이 프로세스는 잠재 특징(latent feature)을 모델링하는 알고리듬 연산에 채택되어 왔다. 이 프로세스는 N명의 손님이 차례로 레스토랑에 입장하는 것으로 가정한다. 각 손님은 무한히 많은 요리가 일렬로 배열된 뷔페를 마주하게 된다. 첫 번째 손님은 뷔페의 왼쪽에서 시작하여 각 접시에서 한 접시씩 덜어 먹다가 접시에 과부하가 걸리면 멈춘다. 다음(n번째) 손님은 뷔페를 따라 이동하면서 인기도에 비례하여, 즉 특정 요리를 시식한 이전 고객의 수를 자신의 순서(n)로 나눈 확률로 시식한다.]

74. "학습 기반 방식은 **동일한 것을 더 많이** 제안하는 경향이 있다. 즉 이와 같은 추천 시스템은 사용자가 이미 (긍정적으로) 평가한 항목과 어떻게든 유사한 항목만 추천할 수 있다. 이로 인해 뻔한 추천이 이루어지고 시스템이 예를 들어 사용자가 이미 알고 있는 항목과 너무 유사한 항목을 추천하는 바람직하지 않은 결과를 초래할 수 있다. 대표적인 예로 사용자가 이미 다른 맥락에서 본 것과 동일한 이야기를 다루는 신문 기사를 제안하는 뉴스 필터링 추천을 들 수 있다." Jannach et al., *Recommender Systems*, 76, 강조는 원저자.

템을 교란한다는 사실이다. 지속적인 A/B 테스트에도 불구하고 사용자가 주어진 추천으로 인해 특정 아이템을 선택했는지 여부를 절대적으로 확실하게 판단할 수 없다는 것이다. 당연히 넷플릭스는 경진대회에서 수상한 알고리듬의 복잡한 혼종성(그것은 이웃 및 행렬 요인화 모델을 혼합한 것이었다)을 모두 구현하지 않았고, 대신 스트리밍과 잠재 요인으로 만들어진 메타데이터를 추천 시스템에 통합했다.[75]

이러한 잠재 요인과 최근접 이웃 분석은 성별, 인종, 계층과 같은 정체성 범주의 '조잡함'을 드러낸 것으로 알려졌는데, 추천 시스템의 이웃과 요인이 이와 같은 범주와 단순히 일치하지 않기 때문이었다. 실제로 커뮤니케이션 연구자인 블레이크 할리넌과 테드 스트리퍼스는 넷플릭스 프라이즈 경진대회와 경쟁 알고리듬에 대한 심층 분석에서 "인간의 문화적 정체성의 매개변수는 인간적인, 너무나 인간적인 것을 넘어 기계가 감지할 수 있는 '전인격적' 또는 '무형의'(incorporeal) 측면을 포함한다"고 결론을 내린다. "문화적 정체성의 이러한 창발적인 측면은 매우 양가적인 잠재력을 내포하고 있으며, 이러한 측면이 기존의 개인적 및 문화적 정체성 방식과 맺는 관계는 전혀 결정되지 않는다." 이러한 점을 고려할 때, 할리넌과 스트리퍼스는 "잠재적 범주화가 기존의 인간적 이해를 보완할지

75. "Winning the Netflix Prize: A Summary," *Edwin Chen's Blog*, October 24, 2011, http://blog.echen.me/2011/10/24/winning-the-netflix-prize-a-summary/; Xavier Amatriain and Justin Basilico, "Netflix Recommendations: Beyond the 5 Stars (Part 1)," *Netflix Technology Blog*, April 6, 2012, https://netflixtechblog.com/netflix-recommendations-beyond-the-5-stars-part-1-55838468f429.

아니면 무색하게 만들지" 질문한다.[76]

1장에서 논의한 케임브리지 애널리티카의 예에서 보듯이, 정체성 범주들은 예나 지금이나 폐기되지 않았고 단순히 세분화된 것일 뿐이다. 또한 이러한 범주는 '콜드 스타트' 문제를 해결하는 데 핵심적인 역할을 했다. 다시 말하지만, 추천 시스템이 직면한 가장 큰 과제 중 하나는 데이터의 희소성이다. '메모리 내'에 데이터가 거의 또는 전혀 없을 때 어떻게 추천을 만들 수 있는가? 그리고 새로운 사용자나 항목에 대해 어떻게 추천을 할 수 있는가? 이러한 문제를 해결하기 위해 인구통계학적 정보를 사용하는 경우가 많다.

> 이 문제를 해결하기 위한 한 가지 간단한 옵션은 사용자에 대한 추가 정보, 즉 성별, 나이, 학력, 관심사 또는 사용자를 분류하는 데 도움이 될 수 있는 기타 가용 정보를 이용하는 것이다. 따라서 유사한 사용자(이웃) 집합은 명시적 및 내포적 평점 분석뿐만 아니라 평점 행렬 외부의 정보도 기반으로 한다. 그러나 인구통계학적 정보를 이용하는 (…) 이러한 시스템은 더 이상 '순수하게' 협업적이지 않으며, 추가 정보를 획득하는 방법과 다양한 분류기를 결합하는 방법에 대한 새로운 문제가 발생한다.[77]

모델 제작자들은 성별, 나이, 학력과 같은 정체성 범주와 "사용

76. Blake Hallinan and Ted Striphas, "Recommended for You: The Netflix Prize and the Production of Algorithmic Culture," *New Media & Society* 18, no. 1 (2016): 127, https://doi.org/10.1177/1461444814538646.
77. Jannach et al., *Recommender Systems*, 23–24.

자를 분류하는 데 도움이 될 수 있는 기타 가용 정보"(예컨대 인종에 대한 대리체)를 명시적으로 고려하는 것을 범주적 경계를 넘나드는 것으로 간주한다. 즉 그렇게 하는 추천 시스템은 더 이상 '순수하게 협업적'이지 않으며, 정체성 정치의 기초를 형성하는 범주의 틀을 잡는 이상한 방식이다.

성별, 나이, 학력 및 기타 정체성 범주를 협업 필터링 방법의 바깥에 배치하려는 욕망은 정체성과 '협업' 사이의 불안한 관계를 드러낸다. 데이터 자체에서 쉽게 유추할 수 있는 범주라 하더라도 정체성 범주에 대한 직접적인 호소는 가능한 한 피해야 하는데, 이는 아마도 미국에서 그렇게 하는 것이 불법이기 때문일 것이다.[78] 미 법원은 종교를 이유로 한 차별은 위헌이었고 지금도 위헌이라는 이유로 무슬림이 다수인 국가에서 온 여행객의 입국을 금지하는 트럼프 행정부의 제안을 처음에 차단한 바 있다. 이 공공연한 금지 조치는 '콜드 스타트' 문제를 다루는 미국 정보 모델의 부적절함을 드러낸 것이 분명하다. 그러나 이 조치를 철회한다고 해서 종교 프로파일링의 문제가 '해결'되지는 않았다. 문제는 단순히 인종, 성별, 성적 성향 및 기타 정체성 범주가 추천을 결정하는 데 직접 사용되는지 여부가 아니라, 이러한 범주가 어떻게 '잠재 요인'의 역할을 하고 어떤 목적으로 사용되는가다.(서론을 참조) 다시 말하면 인종이 잠재 요인이라는 것이 문제가 아니라 인종주의가 문제인 것처럼, 대리체의 존재가 문제가 아니라 대리체가 하는 일과 그 일을 하는 방식이 문제인 것이다.

78. 1장에서 논의한 바와 같이 코신스키, 스틸웰, 그레펠은 「개인의 특성과 속성은 예측 가능하다」에서 인종, 성별, 그리고 다른 개인의 특성 및 속성을 공적으로 가용 가능한 페이스북 '좋아요'를 근거로 어떻게 손쉽게 예측할 수 있는지를 보여주었다.

진정성의 상관관계

빅 데이터에 대한 많은 과대광고와는 달리 유사성의 측정은 이론이나 편향 모두에서 자유롭지 않다. 피어슨 상관계수의 지속적인 사용은 동종선호가 분리와 사회 공학의 지속적인 영향을 나타내는 것과 마찬가지로 우생학의 지속적인 유산을 가리킨다. 1장에서 설명한 것처럼, 우생학자이자 생체 측정학자이며 "현대 통계학 분과의 창시자로 널리 알려진"[79] 골턴 경의 제자인 피어슨은 표준에서 "바람직한" 편차(deviation)를 증폭시켜 "인간 무리"를 이해하고 형성하기 위한 방법으로 피어슨 상관계수(협업 시스템의 핵심)뿐만 아니라 주성분 분석 방법(모델 기반 시스템의 핵심)도 개발했다. 거의 한 세기 후 빅 데이터 옹호자들의 발언을 예고한 피어슨은 1930년에 인과성보다 상관관계가 중요하다는 점을 말했다. "현재 매년 수천 개의 상관계수가 계산되고, 심리학에 관한 회고록과 교과서가 넘쳐난다. 그들은 (…) 의학 통계, 사회학 및 인류학에서 조사를 위한 기초를 형성한다. (…) 이전에 양적 과학자는 인과관계의 관점에서만 생각할 수 있었지만 이제는 상관관계의 관점에서도 생각할 수 있다."[80]

피어슨에 따르면, 상관관계와 통계는 연구자들에게 전체 그림을, 그리고 그 그림을 다르게 그릴 수 있는 수단을 제공했다.[81] 1장에서 논의한 것처럼 생체 측정적 우생학은 모든 상

79. Bernard J. Norton, "Karl Pearson and Statistics: The Social Origins of Scientific Innovation," *Social Studies of Science* 8, no. 1 (1978): 3, https://doi.org/10.1177/030631277800800101.

80. Pearson, *Life, Letters, and Labours of Francis Galton*, 3a:56–57.

81. "통계학자는 특정 x가 단일 값의 y를 산출한다고 생각하지 않으며, 인과관계가 아니라 상관관계라고 생각한다"라고 피어슨은 말한다. "x와 y의 관계는 한 영역 내에

관관계가 '자연' 때문이며, 성적 선택을 통해 양성적 편차가 신중하게 전파되지 않는 한 모든 세대가 조상의 평균으로 '회귀'한다고 가정했다. 따라서 이러한 상관관계는 더 나은 개체군(population)을 번식시키기 위한 프로그램을 개발하는 데 핵심적이었다. 상관관계의 우생학적 역사는 '기억 기반'이라는 설명에 새로운 의미를 부여하고, 상관관계의 '발견'과 세계를 바꾸려는 시도 사이의 강력한 연관성을 해명한다. 이러한 점을 염두에 두면 추천 시스템이 사용자와 항목 간의 상관관계를 통해 사회적 습관을 형성하고, 인간의 행동을 규정하며, 특정한 일탈(deviation)을 강조한다는 점에 놀라서는 안 된다.

하지만 이러한 추천 시스템이 작동하려면 사용자가 예측 가능한 주체가 되어야 한다. 즉 사용자는 인증되어야 하고 진정성 있게 작동하는 것으로 결정되어야 한다. 추천 시스템 프로그램은 사용자의 의도적인 말이 아니라 사용자의 포획된 행동이 그의 참된 자아를 대표한다고 가정하므로, 데이터 과학자들은 사용자의 참된 비의식적 동기를 '포착'했다고 주장한다.[82] 이것이 참이기 위해서는 사용자가 진정성 있게 행동하도록 훈련되어야 한다. 흥미롭게도 야나흐와 동료들은 추천 시스템이 행동에 영향을 미치거나 행동을 형성할 수 있다는 사실을 인정하지만, 주로 '악의적인' 행위자의 영향을 설명할 때 그렇게 말한다. 협업 필터링 기술은 "사용자 공동체의 모든 사람이 정직하게 행동하고 공정하고 자비로운 사람"이라는 가정을 전제로

있을 것이고, 우리는 그 영역의 다른 부분에 점(x, y)이 놓일 확률을 계산해야 한다. (…) 매우 광범위한 과학이다." 다음에서 인용, Norton, "Karl Pearson and Statistics," 10.

82. Stephens-Davidowitz, *Everybody Lies*; Barabási, *Bursts*.

한다고 이들은 설명한다. 사용자와 기업이 "정직하게" 행동하면 "고객은 좋은 구매 제안을 [받고], 좋은 평가를 받은 아이템은 추가 홍보를 받으며, 추천 서비스 자체는 웹사이트 방문자에게 호평을 [받는] 등 모든 참여자가 이익을 얻는다"고 주장한다.[83]

야나흐와 동료들은 사용자와 기업 모두 정직해야 한다는 가정이 항상 지켜지는 것은 아니라는 사실도 인정한다. 부정직 또한 가치를 창출할 수 있는데, 추천 시스템이 수행적이기 때문이다. 즉 이 시스템은 무언가가 '인기' 있다고 선언하여 사용자에게 특정 아이템을 다른 많은 사람들이 보고 있다는 사실과 해당 아이템이 아직 많은 곳에서 한정으로 판매되고 있다는 사실을 알려줌으로써 "사용자의 구매 행동에 영향을 미칠 수 있다." 추천 시스템은 사용자 및/또는 봇(bot)에 의해 "공격"을 받아 "특정 항목이 추천 목록에 매우 자주(또는 매우 드물게) 포함되도록" 할 수 있다. 흥미롭게도 야나흐와 동료들은 "진짜로 부정적인 의견"이 동일한 효과를 낳더라도 그 의견을 공격으로 간주하지 않는다. "공격은 에이전트가 의도적으로 시스템의 기능에 영향을 미치려고 할 때 발생하기 때문"이다.[84] 의도성과 정직성에 대한 이러한 강조는 추천 시스템이 작동하기 위해 반드시 집행되어야 하는 규범(norm)을 드러낸다. "진짜임(genuineness), 즉 진정성은 '좋은' 사용자와 악의적이거나 '나쁜' 사용자를 구분하며, 의도는 집단 참여와 공격 사이의 경계를 규정한다. '좋은' 사용자는 투명하게 행동하여 행위자

83. Jannach et al., *Recommender Systems*, 211.
84. 같은 곳.

(actor)와 캐릭터 사이의 간극을 좁힌다. 또한 진정성 있는 참여는 '심리적 요인'의 분석을 가능하게 한다. 시민을 '촉발'하여 선거 결과에 영향을 미치기 위한 케임브리지 애널리티카의 논란이 된 5요인 모델 사용부터 추천 시스템이 사용자를 유형화하기 위해 일반적으로 인정하고 사용하는 덜 논란이 되는 '요인들', 그리고 한 영화가 유발하는 감정을 점수화하는 표에 이르기까지 말이다.[85] 일반적으로 이러한 시스템은 사람들이 가장 감정적일 때, 즉 가장 동요하거나 주의가 산만할 때 가장 '진실'하며 가장 예측 가능하게 행동한다고 상정한다. '좋은' 사용자는 인증된 사용자로서 독립적으로 행동하고 이들의 협력적 행동은 '우발적'이다.

추천 시스템을 향한 기계 생성 '공격'에 대한 설명은 이러한 시스템이 사용자 행동에 미치는 영향과 이러한 행동을 형성하는 데 있어 '이웃'의 중요성을 시인한다. 야나흐와 동료들은 기계 생성 공격이 종종 "프로필 주입 공격"의 형태를 취하며, 많은 네트워크 이웃을 가지도록 신중하게 설계된 사용자 또는 항목의 가짜 프로필이 특정 항목을 푸시(push)하는 데 사용된다고 지적한다. 한 가지 유형인 '무작위 공격'은 홍보하려는 항목을 제외한 시스템 데이터베이스의 모든 평점에 대해 정규 분포 내에 있는 임의의 값으로 프로필을 생성하는 것으로, 평점이 '전형적'이기 때문에 많은 이웃을 가진 프로필을 생성할 수 있다. 또 다른 유형인 '평균 공격'은 공격자가 구축(또는 파괴)하려는 항목을 제외한 각 추천 항목에 평균 평점을 삽입

85. 야냐흐와 동료들은 제어의 위치, 종결의 필요성, 최대화 및 만족, 순응성 등의 심리적 특징을 추천 시스템의 작동에 핵심적인 것으로 제공한다. 같은 책, 245–252.

한다.[86] 세 번째 유형인 '밴드왜건 공격'(bandwagon attack)은 이보다 더 나아가 "도메인 내 평점 데이터베이스에 대한 추가적인 외부 지식"을 활용하여 '블록버스터' 항목에는 높은 순위를 부여하지만 '표적' 항목에는 높거나 낮은 순위를 부여하는 프로필을 구체적으로 만든다.[87] 추천 시스템 '공격'은 또한 특정 이웃을 표적으로 삼을 수 있다. 예를 들어 '세그먼트 공격'(segment attack)은 추천 시스템이 푸시하는 항목에 관심을 가질 가능성이 높은 하위 집합을 먼저 식별한다. 가령 새로운 데이터 과학 도서가 항목인 경우 추천 시스템은 빅 데이터에 관한 다른 인기 도서에 높은 순위를 부여한다.[88] 위에서 설명한 기법은 특정 항목을 푸시하는 데 가장 효과적으로 작동한다. 이러한 '푸시 공격' 외에도 경쟁 항목을 '일부러 포기'(tank)하기를 추구하는 '핵 공격'(nuke attack)도 있다. 한 가지 유형인 '애정/혐오 공격'에서는 삭제 대상 아이템에 낮은 순위를 부여하고 관련성이 있지만 무작위로 선정된 다른 아이템에 높은 순위를 부여한다.[89] 또 다른 유형인 '역풍(reverse) 밴드왜건 공격'에서는 삭제 대상 아이템을 "많은 사람들이 싫어하는 다른 아이템과 연결"한다. 추천 시스템에 대한 최초의 '공격' 중 하나는 인간 행위자와 봇이 의도적으로 공모하여 대상 항목에 대한 보증을 통해 해당 항목의 평가에 영향을 미치는 '실링 공격'(shilling attack, 아이템을 거짓으로 홍보하는 사람을 뜻하

86. 같은 책, 214–215.
87. 같은 책, 216.
88. 같은 책, 215.
89. 같은 책, 217.

는 '실'[shill]에서 따온 이름)이었다.[90]

'협업형' 추천 시스템에서 의도된 협업 행위는 시스템을 무너뜨리려는 '진정성 없는' 시도로 간주된다. 정체성 정치는 '진정성 없는' 것일 뿐 아니라 '비협력적인' 것이 되고 연대는 '솔직하지 못한' 것이 된다. 다시 말해 이러한 시스템은 신자유주의, 즉 세계는 경쟁하는 개별 행위자들로 가득 차 있으며 집단적으로 행동하는 것, 즉 타자들과 의식적으로 협력적인 관계를 맺는 것은 시스템을 '속이는'(game) 것이라고 전제한다. 따라서 이러한 '협업' 프로그램은 진정성과 창의성이 공동체적 관계에 의존할 수 있음에도 불구하고 이것들이 모든 곳에서 개인의 속성으로 취급되고,[91] 진정성은 '인증'으로 축소됨을 드러낸다. 이와 같은 축소는 사용자가 집단적으로 결정된 '잠재적' 범주에 더 잘 분류될 수 있도록 '참되게' 행동하라는 요구다. 이를 알고리듬으로 표현하면 다음과 같다.

> authenticity := authentication if identity.politics == false & collaboration == false.

결정적으로, 협력적 추천 시스템의 요구와 프로세스는 다양성을 위한 집단적 가능성을 감소시킨다. 이러한 시스템은 개별 사용자에게 더 많은 선택권을 제공하는 것처럼 보이지만, 실제

90. Shyong K. Lam and John Riedl, "Shilling Recommender Systems for Fun and Profit," *WWW '04: Proceedings of the 13th Conference on World Wide Web*, May 2004: 393–402, https://doi.org/10.1145/988672.988726.
91. 피터 플레밍은 기업에 대한 분석에서 "'커먼즈'(commons)가 창의성의 진정한 원천이며 (…) 진정성 담론은 커먼즈를 흡수하는 방법"이라고 주장한다. Fleming, *Authenticity and the Cultural Politics of Work*, 10–12.

로는 사용자를 인기 있고 잘 정립된 항목들로 제한한다. 이러한 시스템은 '힘의 법칙' 시나리오, 즉 '인기 있는 제품은 더 부자가 되고, 인기 없는 제품은 그 반대가 되는 부익부 빈익빈 효과'를 창출한다. 이와 관련하여 위키피디아는 사용자에게 세계를 '개방'하는 것처럼 보이지만, 실제로는 사용자를 자신의 사이트 내에 가둠으로써 그렇게 하는데, 이는 기존의 불평등을 공고히 하고 "더 나은 소비자-제품 매칭을 방해"[92]할 수 있는 상황을 초래한다.(위키피디아는 또한 모든 사람이 동일한 정보를 받는 것이 때로는 선이라는 것을 드러낸다.) 4장에서 밝혀지듯, 인식의 정치(politics of recognition)는 총합적 수준의 다양성 속에서 이와 같은 환원을 추동한다. 흥미롭게도 추천 시스템은 추천을 다양화하기 위해 음의 상관관계, 즉 반대가 끌린다는 개념을 통해 이종선호로 돌아섰다.[93]

인식과 동일시의 정치로 넘어가기 전에 진정성을 위한 가능성에 대해 간략히 설명하는 것으로 이 장을 마무리하고자 한다. 추천 시스템과 리얼리티 TV는 진정성을 투명성 또는 '성실성'으로 축소한다. '진짜'가 된다는 것은 의도나 계획 없이 일관성을 유지하는 것이다. 이러한 투명성은 사용자를 자유롭게 하고 보호하기 위한 방법으로 판매된다. 자신의 데이터 마이닝 작동에 사용자 인증을 요구하는 구글이나 페이스북과 같은 인터넷 기업들은 온라인과 오프라인의 정체성 묶기(identity

92. Daniel Fleder and Kartik Hosanagar, "Blockbuster Culture's Next Rise or Fall: The Impact of Recommender Systems on Sales Diversity," *Management Science*, 2009, 697.
93. Kulesza and Taylor, "Determinal Point Processes."

tethering)[94]를 지원해 왔고 앞으로도 계속 지원할 것이다. 페이스북의 마케팅 책임자인 랜디 주커버그는 2011년 괴롭힘과 왕따를 막기 위해 "인터넷에서의 익명성이 사라져야 한다"고 주장했고, 구글의 CEO인 에릭 슈미트도 2010년 비슷한 주장을 펼쳤다. "비동기화된 위협의 세계에서 사용자를 식별할 수 있는 방법이 없다는 것은 너무 위험하다."[95] 이러한 주장은 웹 2.0에만 특정한 새로운 주장이 아니다. 1990년대 중반 인터넷이 대중 매체로 등장한 이래로 기업들은 신원 보안이 신뢰 확보에 매우 중요하다고 주장해 왔다.

많은 학자들이 신뢰와 보안의 이와 같은 연결에 이의를 제기했는데, 가장 통찰력 있는 학자는 철학자 헬렌 니센바움이

94. 옮긴이—'정체성 묶기'란 어떤 개인이나 집단의 정체성을 그와 연관된 다른 정체성과 연루시켜 그 개인 또는 집단을 인식하는 일종의 분류 및 전형화 작업이다. 예를 들어 흑인(인종적 정체성)을 힙합(문화적 정체성)을 좋아하는 취향과, 미국 중서부 지역의 백인들을 트럼프와 연결시키는 작업을 생각할 수 있다. 이 부분의 서술과 1장의 내용을 적용하자면, 사용자가 온라인에서 남기는 특정한 '좋아요'를 그 사용자의 오프라인 정치적 성향과 묶어 생각하는 것이 '정체성 묶기'에 해당된다. 비평가 마크 던바는 부족주의, 양극화, 집단적 사고, 원한의 정치에 정체성 묶기가 상징 자본으로 작동한다고 지적하면서 다음과 같이 말한다. "사람들이 권력자를 옹호하게 하기는 어렵지만, 스스로를 방어하게 하기는 쉽다. 이것이 바로 정체성 묶기가 작동하는 한 가지 방법이다. 사람들의 정체성을 정치적, 경제적 질서에 묶어두는 것이다. 그 질서는 상징 자본을 구성하는 특성이나 선호도와는 거의 관련이 없을 수 있지만 설득, 마케팅, 선전을 통해 일치하는 것처럼 보이도록 만들어진다." Mark Dunbar, "Identity Tethering in an Age of Symbolic Politics: How cultural behavior supplanted common action," *The Hedgehog Review* 23.2 (2021), https://hedgehogreview.com/issues/distinctions-that-define-and-divide/articles/identity-tethering-in-an-age-of-symbolic-politics.

95. Bianca Bosker, "Eric Schmidt On Privacy (VIDEO): Google CEO Says Anonymity Online Is 'Dangerous'," *Huffington Post*, 2010, https://www.huffpost.com/entry/eric-schmidt-privacy-stan_n_677224; Bianca Bosker, "Facebook's Randi Zuckerberg: Anonymity Online 'Has To Go Away," *Huffington Post*, 2011, https://www.huffpost.com/entry/randi-zuckerberg-anonymity-online_n_910892.

다. 2001년 니센바움은 전자상거래와 뱅킹과 같은 활동의 핵심인 보안은 "교도소 창살, 감시 카메라, 공항 X-레이 컨베이어 벨트, 몸수색, 자물쇠가 오프라인에서 달성할 수 있는 것보다 더 이상 온라인에서 완전한 의미의 신뢰와 믿음을 달성할 수 없다"고 지적한 바 있다. "보안과 전자상거래의 지지자들이 구상하는 바로 그 목적이 신뢰의 핵심적인 의미와 메커니즘에 반하기 때문이다."[96] 신뢰를 보안으로 환원하는 것은 위험이 "허가되고 확립된 강력한 개인과 조직"이 아니라 외부인으로부터 비롯된다고 가정한다. 모든 것이 안전한 영역에서는 실제로 신뢰가 필요하지 않다. 니센바움은 신뢰에는 취약성이 수반된다고 강조한다. "사람들이 신뢰하면 스스로를 위험에 노출시킨다. 신뢰는 과거의 경험, 관계의 본성 등 무언가에 근거한 것일 수도 있지만, 그 어떤 보장도 수반하지 않는다."[97] 인터넷의 발달은 니센바움의 말을 예언적으로 만들었다. 이른바 '사용자 인증'을 통한 투명성 덕분에 전자상거래가 폭발적으로 증가했을 뿐만 아니라 사이버 괴롭힘과 사이버 포르노도 꽃을 피웠다. 투명성이 초기 인터넷의 악습인 포르노그래피, 트롤링, 상호 비난 등을 치료할 수 있을 것이라는 순진한 가정은 거짓임이 증명되었다. 또한 '고유 식별자'의 사용으로 빅 데이터 분석이 가능해졌다. 미국 국가안보국이 수집한 데이터가 매우 중요한 이유는 민간 기업들이 시간과 공간에 걸쳐 사용자를 추적하는 방법으로 '고유 식별자'를 추진해 왔기 때문이다. 이 식별자가 없으면 '이웃들'을 만드는 것이 불가능하지는 않더라도 어

96. Helen Nissenbaum, "Securing Trust Online: Wisdom or Oxymoron," *Boston University Law Review* 81, no. 3 (2001): 655.
97. 같은 글, 662, 656.

려울 것이다. 추천 시스템은 시공간에 걸쳐 사용자나 항목을 믿을 수 있게 추적할 방법 없이는 쉽게 작동할 수 없다. 또한 고유한 눈송이처럼 행동하는 것이 아니라 서로 끌어당기고 밀어내는 막대자석 앞의 철가루처럼 배열되는 사용자들을 집단화하고 군집화하는 능력 없이는 작동할 수 없다.(2장의 자석화 사례 참조) 가장 간결하게 설명하자면 다음과 같다.

> if trust == transparency then stranger := danger & safety := false.

하지만 만약 우리가 사용자의 '악의적인' 본성, 즉 집단행동, 의도, 캐릭터 개발을 받아들인다면 어떨까? 우리가 이웃으로서의 역할을 진지하게 받아들인다면 어떨까?

다시 한번 진정성은 역사적으로도 극적인 연기 및 캐릭터와 연결된다. 이 점을 지적하면서 트릴링은 사회학자 어빙 고프먼의 『일상생활에서 자아의 표현』을 바로 언급했는데,[98] 이 책에서 고프먼은 대면 관계를 연극 및 공연과 연관시켜 사회가 마련하는 공연의 종류가 자아를 구성한다고 주장한 것으로 유명한다. 트릴링과 달리 고프먼은 우리 모두가 배우인 동시에 캐릭터라는 공연의 근본적인 이중적 본성을 다루었다. 연기자로서 우리 각자는 "공연을 무대에 올리는 지극히 인간적인 작업에 관여하는 인상을 만들어내는 제작자"이며, 캐릭터로서 우리 각자는 "정신, 힘, 기타 훌륭한 자질로 공연이 자극하

98. Erving Goffman, *The Presentation of Self in Everyday Life* (Garden City: Doubleday, 1959). 한국어 번역본은 『자아 연출의 사회학』, 진수미 옮김(서울: 현암사, 2016).

도록 고안된 훌륭한 인물"이다. 한편으로 고프먼은 "우리 사회에서 자신이 연기하는 캐릭터와 자기 자신은 어느 정도 동일시된다"고 주장하여, 캐릭터의 성공적인 연기는 대개 그 연기를 하는 자기 자신에게 전가된다고 말했다. 그러나 다른 한편으로 그는 자아는 "장면의 산물이지 그 원인이 아니라고 강조했다."[99] 자아는 "공동 제작한 무언가가 잠시 매달려 있는 말뚝"이다.[100] 이 '공동 제작'에는 무대 뒤에서 몸을 형성하는 도구, 고정 소품과 미장센의 핵심인 팀, 관객 등이 포함된다. 이 모든 것이 자아의 출현을 위해 필요했다.[101]

자아의 이중성은 단순히 이중적인 것이 아니다. 시인이자 극작가인 오스카 와일드는 자신의 대화적 에세이 「예술가로서의 비평가」에서 주인공 길버트의 발언을 통해 다음과 같은 명언을 남겼다. "인간은 몸소 말할 때 가장 덜 자신답다. 그에게 가면을 씌워주면 그는 진실을 말할 것이다. 우리는 일관성이 없을 때보다 우리 자신에게 더 진실할 수 없다."[102] 아렌트는 『혁명에 관하여』에서 가면이 정치와 행동의 핵심이라고 주장했다. 또한 페이지 레이브몬은 마카족[103]이 고래 사냥을 [부활시켜] 재창안한 사례를 분석하면서 최악의 경우에도, 즉 토착민을 "진정한 과거"에 "고정"시키는 데 사용될 때에도 진정성

99. 같은 책, 252, 강조는 원저자.
100. 같은 책, 253.
101. 고프먼이 강조한 이 이중적 성격은 연극과 퍼포먼스 연구에서도 마찬가지로 반영되어 극적 캐릭터와 연기자의 측면에서 진정성을 정의해 왔다.
102. Oscar Wilde, "The Critic as Artist," in *Intentions: Oscar Wilde* (Boston: Brainard, 1909), 203.
103. 옮긴이—미 북서부 태평양 연안에 살아온 토착민들로 그들의 언어로는 '바위와 갈매기 옆에 사는 사람들'을 뜻한다.

은 재창안, 즉 새롭게 수행될 수 있음을 보여주었다.[104]

'빅 데이터'라는 드라마에서 연기자이자 캐릭터로서 우리의 역할을 생각한다면, 우리는 현재의 배치 조건을 받아들일 필요가 없다. 실제로 소셜 네트워크의 놀라운 소름 끼치는 점을 인정하고 이에 관여함으로써 우리는 이러한 빅 데이터 드라마를 다른 드라마로 대체할 수 있다. 그 다른 드라마 안에서 우리는 그 네트워크를 유지하는 데 필요한 무수하고 지속적인 행동을 취한다. 우리는 비극에서 희극 또는 판타지로 전환할 수 있다. 우리 앞에 놓인 목표는 선제(preemption) 및 예측 가능하지만 만연한 소비에서 정치적 쟁론과 지속 가능한 거주지로 빅 데이터 드라마를 옮기는 것이다.

행동하기 위해서는 우리의 복수성을 인정해야 한다. 우리의 캐릭터와 줄거리는 타자들의 행동에 의해 결정되기 때문에 끊임없이 변화한다. 캐릭터로서 우리는 결코 단수가 아니라 단수-복수이며, 나는 **당신**이다. 2013년 연구에서 코신스키, 스틸웰, 그레펠이 주장한 것처럼 우 탱 클랜이 이성애 남성과 가장 상관관계가 높은 '좋아요'의 대상 중 하나라면, 이는 이러한 집단을 지탱하는 다양하고도 상충하는 역할들인 홍콩 무술 영화, 올드스쿨 브루클린 랩, 프랑스 탐험가 자크 쿠스토 때문이다.[105] 모든 세계를 폐쇄하는 대신 '나는 당신과 같다'와 '나는 당신과 함께한다'가 가능성의 토대가 될 수 있다. 2장의 주제로

104. Paige Sylvia Raibmon, *Authentic Indians: Episodes of Encounter from the Late-Nineteenth-Century Northwest Coast* (Durham, NC: Duke University Press, 2005), 13.
105. Kosinski, Stillwell, and Graepel, "Private Traits and Attributes Are Predictable," supplemental materials.

돌아가서, (이 책의 맺음말을 구성하는) 질문은 다음과 같다. 우리 각자는 어떻게 이웃이 되고 이웃의 역할을 할 수 있는가? '거주자'로서 우리의 역할을 어떻게 이해할 수 있는가? 우리는 어떻게 자아의 풍부한 협력적 제조(manufacture)를 활용하고 그와 더불어 그리고 그 안에서 유희할 수 있으며, 우리 앞에 놓인 상관관계를 통해 어떻게 다른 이들에게 다가갈 수 있는가? 어떻게 상관관계와 캐릭터는 우리 인간이 트리(tree)처럼 행동하지 않는—인간과 트리가 모두 더 흥미로워졌기에—새로운 집단적 정치의 기반이 될 수 있고 또한 그래야만 하는가?

다시 말하자면, 상관관계가 어떻게 새로운 집단 정치의 기반이 될 수 있는가? 상관관계가 어떻게 미래를 닫는 대신 열 수 있는가? 이러한 질문에 답하기 위해서는 진정성과 상관관계가 어떻게 표면에 있는지 이해해야 한다. 21세기의 브랜딩 기술인 진정성은 비밀도 없고 숨길 얼굴도 없는 무한한 자아, 즉 '위반적' 투명성을 요구한다. 상관관계와 진정성은 동전의 양면과도 같다. 상관관계는 기저에 놓인 원인을 무시하면서 인종에 대한 우편번호, 의료 결과에 대한 보험금, 보험금 청구에 대한 신용등급 등 피상적이지만 효과적인 대리체를 노출한다. 상관관계의 세계에서는 모든 것이 명시적이며 잠재적인 것은 없다.

하지만.

하지만 모든 것을 가시화하려는 이와 같은 충동은 '심층 국가'와 '위기 전문 배우'[1]에 대한 편집증적 음모론을 정상화했다. 이 충동은 '현실 세계'는 소프트웨어의 환영이고 의식은 '잔존하는 자아상'이라는 「매트릭스」의 세계관을 대중화했는데, 이 두 가지 모두 인간이 자신을 둘러싼 "실재의 사막"을 보지

1. 옮긴이—미국의 전통적 음모론에서 '심층 국가'(deep state)란 국가나 조직을 대표하는 공식적인 인물이나 기관 대신 막후에서 이들을 지배하며 실질적인 권력을 행사하는 인물이나 기관을 가리키는 '그림자 정부'(shadow government)를 뜻한다. '위기 전문배우'(crisis actor)란 경찰과 소방서 등에서 비상사태 대비 훈련을 할 때 재난 희생자 역할을 맡는 훈련된 배우 또는 자원봉사자를 뜻하지만, 2010년대 미국의 음모론은 총기 난사 테러와 같은 사건들이 정치적 목적으로 미리 계획된 이벤트였음을 가리키며 이 용어를 사용해 왔다. 아래 언급되는 샌디훅 초등학교 총기 난사 사건의 경우, 전직 교수인 음모론자 제임스 트레이시는 당시 오바마 정부가 이 사건을 연출하기 위해 비전박스(Visionbox)라는 연기 에이전시를 고용했다는 설을 퍼트리면서 이 용어를 썼다. 심지어 그는 2013년 보스턴 마라톤 폭탄테러 사건과 관련해서도 유사한 설을 퍼트렸다.

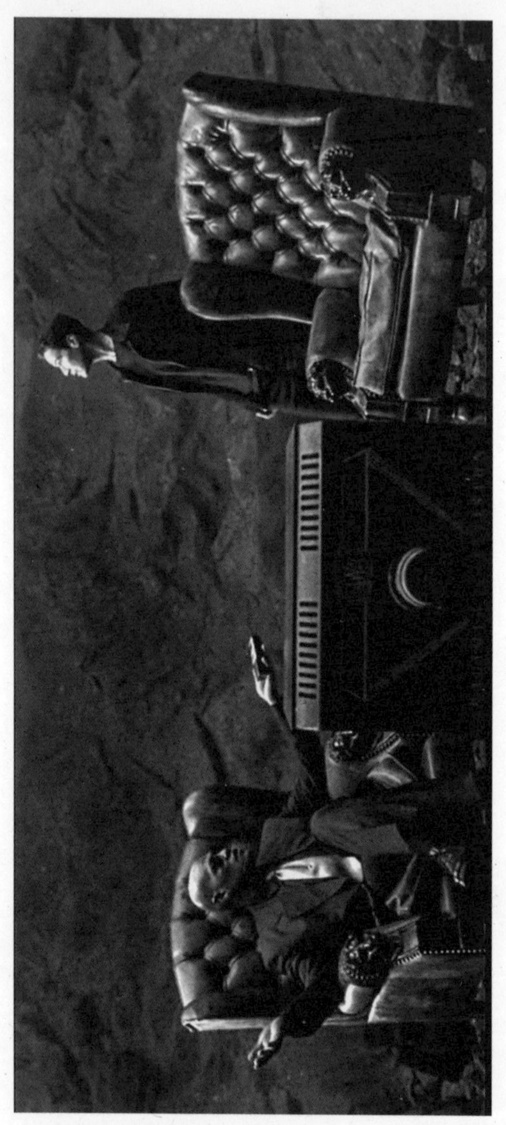

그림 40. 실재의 사막, 「매트릭스」 스틸.

못하게 한다.(그림 40)

「빨간 알약의 독성」에서 설명했듯이, 「매트릭스」에서 인간 해커 반란군 집단의 리더인 모피어스는 세계가 무언가 잘못되었음을 감지한 주인공 네오에게 두 가지 알약, 즉 그들의 만남에 대한 모든 기억을 지워주는 파란 알약과 진실을 밝혀줄 빨간 알약을 제공한다. '깨어나기' 위해서는, 즉 토끼굴이 얼마나 멀리까지 가는지 확인하기 위해서는 '빨간 알약 복용'이 필요하다. '음모론 QVC'[2]로 불리는 미국의 극우 허위정보 웹사이트 인포워스의 창시자 앨릭스 존스는 자신이 거짓말하는 미디어와 기업에 의해 "트라우마"를 받았기 때문에 2012년 샌디훅 초등학교 총기 난사 사건이 거짓이라고 잘못 믿고 있었다고 주장했다. 이러한 환각 상태에서 존스는 "그런 말을 하는 저 바깥의 커뮤니티에 대한 대중의 집단적 생각 속으로 빨려 들어갔다."[3] 무언가를 명시화하는 것은 숨겨진 존재를 공개하거나 드러내는 것이다.[4] 진정성이 위반적인 것이 되려면 현실 세계는 잠재적이어야 한다. 즉 시야 너머에, 표면 아래에 잠복해 있어야 한다. 상관관계는 대리체를 드러내며, 미지의 것을 알 수 있는 것으로 변화시킨다. 상관관계는 성격적 특성에서 미시 장르에 이르기까지 조작 가능한 '잠재 요인'을 명시화한다.

그러나 '명시적'과 '잠재적'이 항상 선형적으로 정렬하는

2. 옮긴이—QVC(Quality Value Convenience)는 1986년 창업된 세계 최대 24시간 홈쇼핑 전문 채널이다.
3. Alex Jones, as quoted in Bruce Y. Lee, "How Alex Jones May Be Blaming Psychosis for Conspiracy Claims," *Forbes*, March 30, 2019, https://www.forbes.com/sites/brucelee/2019/03/30/how-alex-jones-may-be-blaming-psychosis-for-conspiracy-claims.
4. 다음을 참조. *Oxford English Dictionary*, 3rd ed. (2000), s.v. "manifest, v."

것은 아니다. 상관관계는 '모든 사람은 거짓말을 한다'를 증명하는 것처럼 보일 수 있지만 진실과 허구가 항상 음의 상관관계를 갖는 것은 아니다. 사회학에 '잠재적'과 '명시적'이라는 용어를 도입한 로버트 머튼에 따르면, 의도는 "잠재적인 것"과 "명시적인 것"을 구분하는데, 명시적 기능(manifest function)의 결과는 의도되고 인식되는 반면 잠재적 기능(latent function)의 결과는 의도되지 않고 인식되지 않는다.[5] 명시적 기능과 잠재적 기능은 주어진 과정이 다양한, 때로는 상충되는 목적과 결과를 가질 수 있음을 드러낸다.

머튼은 잠재적 기능에 대한 자신의 연구가 현대 사회학의 학문적 자격을 확인하고 성공적인 사회공학의 토대를 제공했다고 주장했다. 실제로 잠재적 기능은 마법적 의례, 과시적 소비, 비민주적 '정치 기구'(political machine)와 같이 비합리적이거나 널리 경시되는 과정의 중요성과 지속성을 설명해 주었다. 호피족의 기우제는 실제로 비를 내리게 하지는 않지만 "흩어져 있던 구성원들이 주기적으로 모이는 기회를 제공함으로써 집단 정체성을 강화"하기 때문에 존속하고, 적당한 가격의 상품보다 크게 낫지 않은 고가의 상품을 과시적으로 소비하는 것은 개인의 부를 '증명'하는 역할을 하며, 정치 기구가 민주주의 사회에서 살아남는 이유는 개인을 '이웃들'과 묶음으로써 정치를 개인화하기 때문이다.[6] 의도하지 않은 결과를 연구하는 것은 또한 사회학자들이 자신의 연구가 가진 수행적 본성, 즉 분석이 자신이 연구하는 행동에 어떻게 영향을 미치는지 이해

5. Merton, *On Theoretical Sociology*, 117.
6. 같은 책, 118–119, 123, 128.

하는 데 도움이 되었다.[7] 또한 잠재적 기능의 분석은 사회학의 학문적 잉여가치였다. 예를 들어 이러한 분석은 소비자 습관, 직장 내 행동, 최적의 주택공급 프로젝트 조사를 위한 기업, 정부 및 재단의 유료 수수료를 학문적 연구로 전환했다.[8] 그러나 가장 중요한 것은 잠재적 기능을 조사하고 밝힘으로써 '좋은' 사회공학이 가능하다는 것이었다. 실제로 잠재적 기능의 중요성을 고려하지 않은 '사회공학'의 시도는 실패할 수밖에 없었다. "변화를 겪고 있는 사회 조직이 수행하는 명시적 기능과 잠재적 기능을 제대로 인식하지 않고 사회 변화를 추구하는 것은 사회공학이 아니라 사회적 의례에 빠지는 것이다."[9]

머튼은 꿈과 신경증 증상의 명시적 의미와 잠재적 의미에 대한 정신분석학의 '아버지' 지그문트 프로이트의 구분을 노골적으로 차용했다.[10] 꿈과 관련하여 프로이트는 꿈이 파괴적인 정신적 또는 신체적 자극을 일반적으로 억압된 무의식적 소망으로 전환함으로써 의식적인 수면 욕망을 충족시킨다고 주장했다. 꿈, 즉 '꿈-작업'은 이러한 무의식적 소망이 의식의 검열

7. 같은 책, 120.
8. 머튼은 사회학자들이 단순히 명시적 기능을 연구하는 한, "그들의 탐구는 학문의 핵심에 있는 이론적 문제보다는 실무가들(대실업가, 노동조합 지도자, 또는 상상해보자면 나바호족 추장 등)에 의해 설정된다"고 설명했다. "그러나 잠재적 기능의 개념으로 무장한 사회학자는 학문의 이론적 발전을 위해 가장 유망한 바로 그 방향으로 자신의 탐구를 확장한다. 그는 익숙한 (또는 계획된) 사회적 관행을 조사하여 잠재적 기능, 따라서 일반적으로 인식되지 않는 기능(물론 명시적 기능도 마찬가지로)을 확인한다. 예를 들어 그는 선전 프로그램의 결과로 노동자들이 조직된 노동조합을 위한 새로운 임금 계획의 결과를 고려할 때, 애국적 열정을 불러일으킨다는 선전 프로그램의 공언된 목적을 강화하는 결과뿐 아니라 많은 사람들이 공식 정책과 다를 때 자신의 생각을 말하기를 꺼리게 만드는 결과도 고려한다." 같은 책, 119–120.
9. 같은 책, 135, 강조는 원저자.
10. 같은 책, 115.

을 통과할 수 있도록 위장함으로써 이러한 전환에 영향을 미쳤다.(의식 체계와 무의식 체계는 보통 전쟁 중이었으며, 의식 체계는 더 큰 무의식 체계를 끊임없이 억압했다.) 기억된 꿈, 즉 명시적인 꿈의 내용은 잠재적인 꿈의 생각과는 크게 달랐다. 꿈은 "(숨겨지거나 억압된) 소망의 (위장된) 성취"[11]였다.

이러한 왜곡은 잠재적 내용과 명시적 내용이 선형적 상관관계가 없으며 따라서 이 둘을 동일한 기법으로는 해독할 수 없음을 보증했다. 동일한 주제의 두 가지 버전이 근본적으로 다른 두 가지 언어를 통해 표현된 것이다. 꿈의 내용은 마치 그림문자와 같았다.(그림 41) 따라서 꿈의 생각 자체가 일반 언어와 같았던 반면, 그 그림문자를 이해하려면 "각 문자를 꿈의 생각의 언어로 개별적으로 전치"해야 했다.[12] 이를 구조 언어학의 관점에서 보면 잠재적 꿈의 생각은 기표가 그 기의의 의미와 상관관계를 이루는 표준적인 의미작용 과정을 따랐다.(그림 42) 반면 꿈의 내용은 각 기표가 다른 기표를 가리키는 글자그림 조합 수수께끼(rebus)와 같았다.(그림 41)

꿈의 명시적 내용을 풀어서 꿈의 작업을 되돌리려는 사람은 피상적이거나 중요하지 않은 것처럼 보이는 많은 연상들을 끌어내야 했다. 꿈은 의식의 검열을 피하기 위해 응축(condensation)과 전치(displacement)라는 두 가지 주요 방법을 사용했기 때문이다. 응축을 통해 꿈은 여러 가지 무의식적 소망을 서로 겹쳐 하나의 꿈 내용을 여러 꿈의 생각에 대

11. Sigmund Freud, *The Standard Edition of the Complete Psychological Works of Sigmund Freud*, vol. 4 (1900), *The Interpretation of Dreams*, part 1 (London: Hogarth Press, 1953), 160, 강조는 원저자.
12. 같은 책, 277.

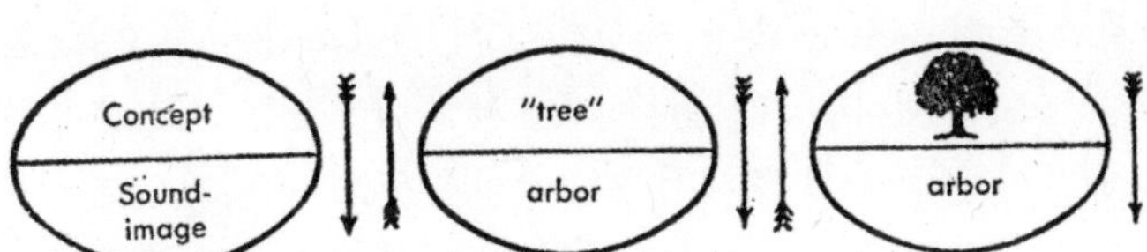

그림 41. 기표가 다른 기표를 가리키는 글자 그림 조합 수수께끼. 출처: "Fork over What You Owe," 1868 (Wikimedia Commons), https://commons.wikimedia.org/wiki/File:Fork_over_what_you_owe_LCCN2001699181.jpg.

그림 42. 기표와 기의가 통일된 고전적 기호. Ferdinand de Saussure, *Course in General Linguistics*, ed. Charles Balley, Albert Sechehaye, and Albert Reidinger, trans. Wade Baskin (New York: Philosophical Library, 1959), 66–67.

한 결절점으로 만든다. 예를 들어 식물학 논문에 대한 꿈에서 '식물'이라는 용어는 '정원사'인 게르트너(Gärtner) 교수, 게르트너의 아내인 프로이트의 환자 플로라(Flora)의 짜증나는(blooming) 모습, 플로라가 좋아하는 꽃, 게르트너의 중학교 시절 에피소드, 대학 재학 중 시험 등 여러 가지와 연관되어 있었다.[13] 프로이트는 괴테의 「파우스트」 1부에서 메피스토펠레스가 파우스트에게 논리를 전문적으로 다루는 것은 직조와 같다고 말하는 구절을 인용하여 응축을 설명했다.

> 하나의 디딜방아가 던지는 천 개의 실,
> 실타래는 여기저기 날아다니고,
> 보이지 않는 실타래가 서로 엮여 있어,
> 그리고 무한한 조합이 자라나네.[14]

응축은 또한 특정 잠재적 요소를 가려서 잠재적 꿈의 생각 중 단편만 꿈의 내용으로 넘어가도록 했다. 응축은 부분이 전체를 대체하는 제유('자동차'를 대체하는 '바퀴')와 유사하기 때문에, 명시적 꿈의 내용은 항상 잠재된 꿈의 생각보다 작았고, 꿈은 항상 과도한 해석을 요구했다. 하나의 해석으로는 결코 충분하지 않았지만 너무 많은 해석은 해석자를 꿈의 어둡고 알려지지 않은 "배꼽"으로 이끌 수 있기 때문에 헛된 것이었다.[15]

꿈이 의식적 검열을 몰래 통과하기 위해 사용하는 두 번째 주요 방법은 전치다. 꿈은 정신적으로 강렬한 물질의 흥분

13. 같은 책, 282.
14. 같은 책, 283.
15. 같은 책, 111.

(charge)을 무관해 보이지만 관련성이 있는 물질로 옮겼다. 예를 들어 프로이트가 꾼 '식물학 논문'에 대한 꿈의 잠재적 생각은 정원에 관한 것이 아니라 직업적 의무에 대한 프로이트와 동료들 간의 갈등과 엮인 것이었다. 프로이트가 학교에서 식물학에 관심을 가져본 적이 없다는 반(反)테제는 정원을 프로이트가 자신의 취미에 너무 집착한다는 혐의와 연결시켰다.[16] 프로이트는 전치를 설명하기 위해 르네상스 시대 혁명 이후의 상황을 묘사했다. "이전에 지배적이었던 고귀하고 강력한 가문들은 유배를 당했고 모든 고위 공직은 새로운 인물들로 채워졌다. 정복당한 가문의 가장 가난하고 힘없는 구성원이나 그들의 먼 부양가족만이 도시에 남을 수 있었으며, 그마저도 완전한 시민권을 누리지 못하고 불신을 받았다."[17] 해석을 통해 해석자는 꿈의 내용을 꿈의 생각과 연결시키는 '혈통'을 해독할 수 있었다.

정신분석학자 자크 라캉은 프로이트의 이론적 개요를 언어학 및 비유와 명백히 연결하여 더욱 정교하게 발전시켰다. 포스트구조주의를 정의하게 될 움직임에서 라캉은 의미가 기표와 기의 사이의 연결에 의존하는 것이 아니라(그림 42), 기표들 사이의 관계에 의존한다고 주장했다. "오직 기표와 기표 사이의 상관관계만이 의미작용에 대한 모든 탐색의 기준을 제공한다. (…) 왜냐하면 언제나 기표는 그 본성상 어떤 의미에서 그 앞에 있는 차원을 배치함으로써 의미를 예상하기 때문이

16. 같은 책, 305.
17. Sigmund Freud, *The Standard Edition of the Complete Psychological Works of Sigmund Freud*, vol. 5 (1900–1901), *The Interpretation of Dreams*, part 2 (London: Hogarth Press, 1953. 한국어판은 『꿈의 해석』, 김인순 옮김(파주: 열린책들, 2020), 516.

GENTLEMEN **LADIES**

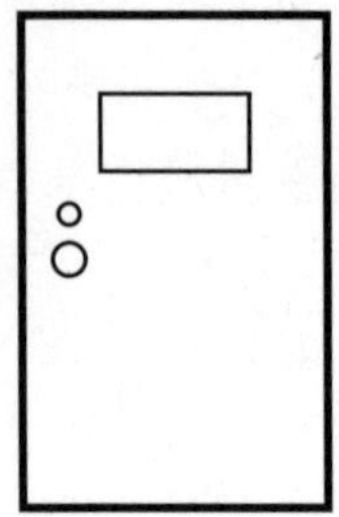

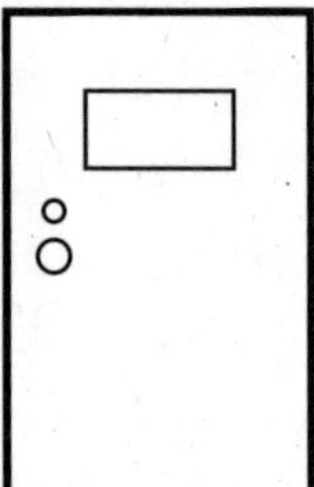

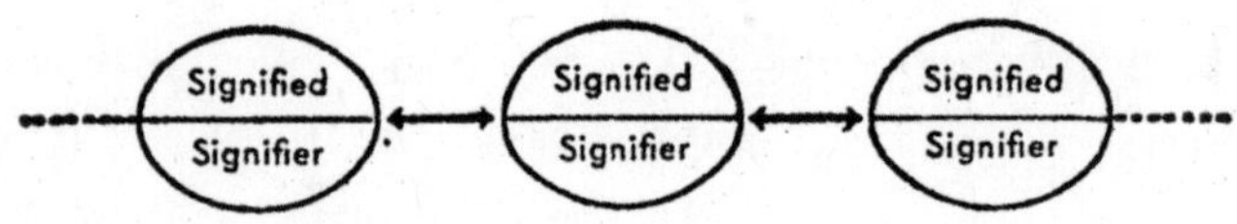

그림 43. 신사와 숙녀, 다음에서 수정. Jacques Lacan, *Écrits*, trans. Bruce Fink (New York: Norton, 2006), 416.

그림 44. 가치 사슬, 다음에서 수정. Saussure, *Course in General Linguistics*, 115.

다."[18] 이 점을 강조하기 위해 라캉은 언어학자 페르디낭 드 소쉬르의 고전적인 사례인 나무를 '숙녀'와 '신사'라는 한 쌍의 기호와 대조했다.(그림 43) 이 쌍에서 의미—성차(性差)—는 '신사' 또는 '숙녀'가 특정 문과 연결되는 것이 아니라, 기표와 기의가 구분되는 막대 위에 '신사'와 '숙녀'가 병치되는 것에서 비롯된다. 라캉은 이렇게 주장했다. "의미가 주장하는 것은 기표의 사슬 안에 있다." 모든 접합(articulation) 또는 의미작용 사슬의 각 단위에 수직으로 매달려 있는 것은 "모두 증명된 맥락"이다.[19] 이러한 통찰은 기호의 가치(의미와 반대되는)가 기표와 기의 사이의 관계가 아니라, 한 기호가 내장된 기호들의 사슬에 달려 있다는 소쉬르의 주장에서 끌어낸 것이다.(그림 44) 이러한 연쇄는 공시적이면서도 통시적이었으며 한 문장 내에서 시간적으로, 그리고 연상을 통해 시간을 가로질러 전개되었다.

라캉은 이러한 언어-심리학적 개요를 바탕으로 응축은 은유적(한 기표를 다른 기표로 대체하는 것)이고 전치는 환유적(기표의 근접성에서 그 의미가 비롯되는 것)이라고 주장했다. 예를 들어 「일리아드」에서 "서른 개의 돛"이라는 문구는 '서른 척의 배'를 의미하는데, 이는 돛 하나가 배 한 척과 같아서가 아니라(각 배에는 아마도 하나 이상의 돛이 있었을 것이다) '돛'이 '배'의 환유이기 때문이다.[20] 반대로 은유는 대리체에 의존한다. 라캉은 빅토르 위고의 시 「잠든 보아스」의 한 구절을 통해 이를 설명했다. "그의 다발은 비참하지도 증오스럽지도

18. Jacques Lacan, *Écrits*, trans. Bruce Fink (New York: Norton, 2006. 한국어판은 『에크리』, 홍준기 외 옮김(서울: 새물결, 2019), 418–419.
19. 같은 책, 419, 강조는 원저자.
20. 같은 책, 421.

않았다." 이 구절에서 다발은 보아스(Boaz, 구약성경에서 룻의 남편)를 대체하는 동시에 보아스를 지칭한다. 보아스의 자리를 대신함으로써 다발은 보이지 않는 보아스가 최고로 남도록 한다.[21] 의미작용은 기표 '보아스'를 [기표 '다발'이 차지하고 있던] '막대 아래'에 놓는다. 그러나 응축과 전치 모두에서 기표 간의 '공동-관계'(co-relation)가 가장 중요하다.

앞서 언급했듯이 네트워크 과학이 정신분석과 우생학의 사생아라면, 즉 버러바시가 주장한 것처럼 실제로 네트워크 과학이 심리학을 대체했다면, 그것은 은유적 상관관계와 환유적 상관관계에도 불구하고가 아니라 오히려 이 두 상관관계 때문일 것이다. 앞서 언급한 바와 같이 로널드 버트는 사회적 자본을 우위에 대한 은유로 논의했고, 라자스펠드와 케임브리지 애널리티카는 스타일을 정치의 대리체로 보았으며, 아그리는 포획 시스템이 근본적으로 언어적이라고 주장했다. 또한 4장에서 자세히 설명하겠지만, 우생학과 정신분석학은 모두 성적 선택과 성차(性差)에 집착한다. 그러나 가장 중요한 것은 정신분석과 네트워크 과학 모두 잠재된 소망을 명시화하려 하지만, 그 목적이 다르다는 점이다. 정신분석은 (아무리 이해하기 어려워도) 환자의 신경증을 치료하는 데 도움을 주겠다고 약속하는 반면, 기업 데이터 분석은 그로부터 이익을 얻으려 한다는 점이다. 정신분석과 네트워크 과학은 상관관계가 숨기고, 왜곡하며, 대체하는 것을 인정하고 대응하는 방식에서도 차이가 있다. 정신분석은 비선형적 상관관계에 대한 기계론적 설명을 추구하는 반면, 네트워크 과학은 발견된 상관관계에서 멈춘다.

21. 같은 책, 422.

상관관계가 잠재적인 것과 명시적인 것을 어떻게 엮어내는지 조사하는 것은 데이터 과학이 집단 무의식에 균열을 냈다는 주장을 풀어낼 뿐만 아니라 상관관계가 이데올로기 및 이데올로기 비판과 어떤 관계가 있는지도 밝혀준다. 이데올로기와 잠재적 기능은 모두 비합리적인 과정이 지속되는 이유와 방식, 특히 공공주택에 사는 사람들이 공공주택 공급의 폐지를 지지하는 이유와 메디케어 가입자들이 자신을 살리는 바로 그 프로그램을 폐지하려는 이유 등 사람들이 자기 이익을 훼손하는 방식으로 행동하는 이유와 방식을 설명한다.[22] 「매트릭스」에 비유하자면 이데올로기는 사람들이 자신의 노예 상태를 인식하지 못하게 하는 '잔존하는 자아상'인 허위의식이라고 할 수 있다. 21세기에 「매트릭스」와 그 은유들의 활용은 정치적 스펙트럼 전반에 걸쳐 이데올로기에 대한 지속적인 믿음을 증명한다.

「매트릭스」는 또한 '이데올로기'에 대한 또 다른 정의로 철학자 루이 알튀세르가 제시한 공식인 "이데올로기 = 실제 관계에 대한 상상적 관계"[23]를 가리킨다. 이 공식은 라캉이 인간 세계를 '상징계'(언어), '상상계', '실재'의 세 가지 질서로 나눈 것에 기초한다. 이 세 질서에 대한 라캉의 이해는 경력을 거치면서 변화하지만, 그는 처음에는 아이들의 발달 과정을 설명하기 위해 이를 도입했다. 처음에 유아는 자신의 신체와 다른 사람의 신체의 차이를 구분할 수 없다. 유아에게는 부재감이 없

22. 4장에서 설명하겠지만, 성적 선택은 (자연선택의 관점에서) 공작의 깃털, 캐딜락 구매, 성적으로 불임인 여성의 선택과 같은 비합리적인 행동과 경향을 설명하는 '잠재적' 기능이다.
23. Louis Althusser, "Appendix 2: Ideology and Ideological State Apparatuses," in *On the Reproduction of Capitalism: Ideology and Ideological State Apparatuses*, trans. Ben Brewster (London: Verso, 2014), 259.

고, 모든 것이 분화되지 않은 하나의 물질로 보인다. 이것이 '실재'의 질서다. 그러나 어느 순간 아이들은 갑자기 자신이 하나의 개체라는 사실을 깨닫게 된다. 아이들은 '거울 단계'를 거치면서 거울에 비친 자신의 이미지를 자신으로 (잘못) 인식한다. 이 시점에서 아이들은 주변의 이미지, 특히 엄마의 이미지를 바탕으로 자신의 정체성을 형성한다. 따라서 아이들의 자아는 실제로 그 사람이나 이미지가 아니기 때문에 (잘못된) 동일시 과정을 통해 출현한다. 그러나 어느 순간 아이들은 언어 속으로 진입하여 자신이 살고 있는 '상징적' 세계에 복종하게 된다.(이것이 오이디푸스 콤플렉스의 의미다.) 라캉에게 이 질서들은 서로를 대체하는 것이 아니라 서로를 그림자처럼 감싼다. '상상계'는 '실재'를 완전히 덮은 적이 없고, '상징계'도 마찬가지로 '상상계'를 완전히 대체한 적이 없다.[24]

현실 관계에 대한 상상적 관계로서의 이데올로기는 모피어스가 「매트릭스」의 시각적 세계가 가진 기만성을 드러내는 데 사용하는 TV 세트처럼 보인다.(「빨간 알약의 독성」의 그림 8과 9) 여기서 이데올로기는 불평등을 재생산하고 강화하는 상관관계를 통해, 그리고 상관관계로서 작동한다.

알튀세르에 따르면 이데올로기는 "기존 질서의 규칙에 대한 복종"을 재생산함으로써 국가 권력을 보장한다.[25] 이데올로기는 상상적이면서도 물질적인 것으로, 의례, 장치, 행동을 통해 지속된다. 이 점을 명확히 하기 위해 알튀세르는 신자가 되고자 하는 사람들을 위한 파스칼의 조언을 언급한다. "파스칼

24. 다음을 참조. Lacan, "The Mirror Stage as Formative of the I Function as Revealed in Psychoanalytic Experience," in *Écrits*, 75–81.
25. Althusser, "Ideology and Ideological State Apparatuses," 236.

은 대략 이렇게 말했다. '무릎을 꿇고 입술을 움직여 기도하면 믿게 될 것이다.'"[26] 겉으로 보이는 믿음이나 의심과 상관없이 사람들은 의례를 통해 이데올로기에 복종하며, 이 의례는 또한 그들을 주체로 변화시킨다. 알튀세르는 이를 약간의 "이론적 연극"을 통해 설명한다. 이 장면에서 한 경찰관이 한 사람을 부르며 "이봐요, 거기 당신"이라고 말을 건네자 부름을 받은 사람은 뒤돌아본다. 알튀세르는 이를 두고 다음과 같이 주장한다. "이 단순한 180도의 신체적 전환을 통해 그 사람은 주체가 된다. 왜 그럴까? 왜냐하면 그 사람은 그 부름이 자신에게 '정말로' 수신되었고, '부름'을 받은 이는 (다른 누구도 아닌) 정말로 자신'이라는 것을 인식했기 때문이다." 부름을 받은 사람은 자신을 부름을 받은 것으로 인식함으로써 '당신'과 '나'를 일치시키게 되고, 이로써 법과 사회의 주체가(subject of) 되며 이들의 지배를 받게(subject to) 된다. 알튀세르는 이러한 부름이 "그 사람을 거의 놓치지 않는다"는 점을, 즉 "언어적 부름이든 호루라기 소리이든 부름을 받는 사람은 자신이 정말로 부름을 받는 사람임을 항상 인식한다"[27]는 점을 강조한다. 이데올로기는 반응=인식인 소통적 사건이다.

이를 소프트웨어에 비유하여 설명하자면, 소프트웨어 프로그램, 더 정확하게는 운영 체제는 하드웨어와의 상상적 관계를 제공한다. 운영 체제는 마더보드를 반영하지 않으며, 데스크톱, 파일, 휴지통을 모방한다.[28] 운영 체제가 없다면 하드

26. 같은 글, 260.
27. 같은 글, 264, 강조는 원저자.
28. 하드웨어에 대한 상상적 관계를 제공하는 소프트웨어에 대해서는 다음을 참조. Chun, *Control and Freedom*, 20–23. [옮긴이—마더보드(motherboard)는 컴퓨터

웨어에 접근할 수 없으며, 실제로 운영 체제가 없다면 행동, 실행, 사용자도 존재하지 않을 것이다. 각 운영 체제는 자신의 브랜드를 통해 ‘사용자’를 호출하고 그에게 확인할 수 있는 이름이나 이미지를 제공한다. 맥 사용자는 “다르게 생각”(think different)하고 마틴 루서 킹 주니어 및 알베르트 아인슈타인과 동일시하며, 리눅스 사용자는 뚱뚱하고 배부른 펭귄의 이미지에 이끌리는 오픈소스 괴짜 능력자(power geek)이며, 윈도 사용자는 주류 기능주의자 유형이다. 여기서 중요한 것은 운영 체제가 제공하는 ‘선택’이 보이는 것과 보이지 않는 것, 상상할 수 있는 것과 상상할 수 없는 것을 제한한다는 점이다. 그러나 사용자는 기본 설정에 좌절감을 느끼지 않는 한 소프트웨어 프로그램의 끊임없는 제약(프로그램의 ‘사용자 친화성’으로도 알려진)을 알아차리지 못하는데, 이런 기본값은 놀랍게도 ‘**당신의** 선호’(your preferences, 사용자 설정)라고 일컬어진다.

문화 비평가 리처드 디엔스트는 알튀세르의 부름의 순간을 통찰력 있게 재조명하여, 원격소통의 행위인 인식(recognition)이 오-인식(mis-recognition) 수반한다는 점을 드러낸다. 첫째, 디엔스트는 이데올로기가 자신의 표식을 놓칠 수 있다면 그것은 “기호와 사건으로서 불안정한 것이어야 하며, 결코 단순히 주체를 향한 의미의 전송이 될 수 없다”고 지적한다. 둘째, 그는 “이데올로기가 주체를 제자리에 부르지도 못 박지도 않는다”고 주장한다. “이데올로기는 전송의 덩어리 또는 표상의 흐름으로 생각해야 한다. 그 전송 또는 표상의 힘은 중앙에서 전파되는 것이 아닌 것처럼 완벽하게 정해지지

시스템의 주요 구성 부품을 넣은 주 회로 기판을 말한다.]

않는다는 사실에 있다. 이데올로기는 항상 연결되기는커녕 결코 연결되지 않는다. 주체는 마치 도청하듯, 다른 사람의 편지를 엿보듯 [그] 메시지를 들여다본다." 다시 말해, '나'와 '거기, 당신'은 결코 완벽하게 일치하지 않는다. 이데올로기는 "단수(singular)와 일반(general) 사이의 단락을 통해 이 거리를 좁혀서 표상의 수신이 되돌려 보내지는 방식, 즉 수신의 표상이 되는 방식으로 작동한다."[29] 이 되돌려 보내기는 단수와 일반 간의 거리를 붕괴(나=당신)시킴으로써 회로를 닫는다.

이를 네트워크의 관점에서 설명하자면, 우리의 포획된 온라인 행동은 끊임없이 수신의 표상을 되돌려 보내는 것이다. 우리가 아무것도 하지 않는 것처럼 보일 때에도 우리의 기기는 활발한 대화에 참여하며, 그 기기는 대화 중에 주로 "당신 거기 있나요?"라는 질문에 묻고 답한다. 상호작용은 지속적이고 비자발적이며 추적 가능한 정보 교환을 수반하기 때문에 온라인에는 '대중의 침묵'이란 존재하지 않는다. 사용자로서 우리의 반응은 또한 회로를 닫는 데 도움을 준다. 즉 친구 맺기, 팔로우, 좋아요, 추천 등의 행위를 통해 메시지는 더 직접적이면서도 덜 일반적인(더 목표가 명확한) 것이 된다. 우리는 친구의 도청된 전화에 응답하기 때문이다. 그렇다면 어떻게 전화를 끊을까? 그리고 왜 소프트웨어는 우리가 가진 이데올로기의 모든 정의를 완벽하게 모방하는 것처럼 보이는 것인가?[30]

결정적으로, 자유는 이데올로기를 진단하거나 '드러내는'

29. Richard Dienst, *Still Life in Real Time: Theory after Television* (Durham: Duke University Press, 1994), 141–142, 강조는 원저자.
30. 이데올로기를 모방하는 소프트웨어에 대해서는 다음을 참조. Chun, *Programmed Visions* and *Updating to Remain the Same*.

데서 비롯되는 것이 아니다. 오히려 지젝이 알튀세르의 말을 빌려 주장했듯이, 우리가 이데올로기로서 경험하는 것에서 벗어나는 것은 "우리가 이데올로기에 노예화되는 바로 그 형태"다.[31] "빨간 알약을 투여받았다"라는 말이 무심코 드러내듯이, '깨닫게'(woke) 되는 것은 더 큰 힘에 대한 수동성을 수반한다. 2장에서 논의한 바와 같이, 무자퍼 셰리프의 실험과 전체주의 선전에 대한 아렌트의 설명은 눈에 보이는 세계에 대한 처음의 불신이나 의문이 어떻게 더 처참하고 조작된 신뢰로 이어질 수 있는지를 보여준다. 지젝에 따르면 이데올로기는 "보이는 것과 보이지 않는 것, 상상할 수 있는 것과 상상할 수 없는 것 사이의 관계와 그 관계의 변화를 규제하는" 생성적 모체(generative matrix)다.[32] 철학자 존 메팜은 이데올로기와 이데올로기 비판 모두 상관관계를 통해 작동한다고 말한다. "진정한 텍스트는 단편적인 해독 과정이 아니라 이데올로기 범주들의 생성적 집합을 식별하고 이를 다른 집합으로 대체함으로써 재구성된다."[33] 이데올로기는 단순한 환영이나 허구가 아니라 '진짜' 상관관계가 있는 것이다.[34]

이런 점을 감안하면 이데올로기로부터의 탈출이란 없어 보인다. 그러나 이러한 '포스트모더니스트'의 입장에 반해 지젝은 바깥의 장소가 존재하더라도 그곳은 비어 있으며 비어 있

31. Slavoj Žižek, introduction: "The Spectre of Ideology," in *Mapping Ideology*, ed. Slavoj Žižek (London: Verso Books, 1994), 6, 강조는 원저자.
32. 같은 글, 1.
33. Dick Hebdige, *Subculture: The Meaning of Style* (London: Routledge, 2012. 한국어판은 딕 헵디지, 『하위문화: 스타일의 의미』, 이동연 옮김 (서울: 현실문화, 1998), 116.
34. Žižek, "The Spectre of Ideology," 8.

어야 한다고 주장한다. "그 장소는 실정적으로(positively) 결정된 어떤 현실에 의해 점유될 수 없으며, 우리가 이 유혹에 굴복하는 순간 우리는 다시 이데올로기로 돌아간다."[35] 따라서 이데올로기 비판의 과제는 잠재된 것을 명시화하는 것이 아니라(이데올로기 비판의 치료적 버전) 오히려 "단순한 우연성으로 보이는 것에서 숨겨진 필연성을 식별하는 것"[36]이라고 지젝은 말한다. 지젝에게 이데올로기는 절대적으로 필연적인 것, 즉 적대와 계급투쟁을 우연적인 것으로 외화시킨다.

이를 설명하기 위해 지젝은 알튀세르와 마찬가지로 라캉의 '현실'과 '실재'의 구별에 주목한다. '현실'은 '실재'를 "덮으려는" 상징적 구성물이지만, 그것은 "어떤 불안정하고 상환되지 않은 상징적 부채"를 해결하는 데 항상 실패한다. 상징화를 벗어나는 이 간극은 '실재'로서 "유령의 모습으로 되돌아오는" 반면, '현실'은 불완전하거나 실패한 상징화를 통해서만 스스로를 드러낸다. 지젝에 따르면, "이데올로기에 있는 이데올로기-이전의 '중핵'은 실재의 구멍을 메우는 유령으로 구성된다."[37] 즉, '현실'이 폐제(foreclose)하고자 하는 것은 환각으로 되돌아온다는 것이다. 계급투쟁의 예로 돌아가서 지젝은 사회적 적대가 그것의 폐제와 그것의 유령으로의 변형을 통해서만 경험할 수 있는 "중핵"이며, "우리가 사회를 닫힌 총체로 생각하지 못하게 하는 바로 그 한계"라고 주장한다.[38] 진리는 유령적 허구처럼 기능한다.

35. 같은 글, 17, 강조는 원저자.
36. 같은 글, 4.
37. 같은 글, 21, 강조는 원저자.
38. 같은 글, 22.

계급투쟁을 특권화하는 지젝의 입장에 동의하든 하지 않든, 무관심, 양가성, 둔감함(침묵하는 대중의 힘)과 같은 적대들은 표면에 있는 상관관계에 출몰한다. 혐오가 '사랑'이 되는 동종선호의 세계관에서는 이러한 적대들이 끊임없이 부인된다. 하지만 동종선호가 폐제하고자 하는 것은 단순한 적대가 아니라 집단적 행동과 연대다.

IV

4장. 인식을 인식하기[1]

얼굴 인식 기술(face recognition technology, FRT)은 미국 정부 기관이 금지한 최초의 기계학습 기반 애플리케이션 중 하나였다. 2019년 3월, 많은 실리콘밸리 기술 개발자의 고향인 샌프란시스코는 경찰과 기타 지방정부 기관의 얼굴 인식 기술 사용을 금지했다.[2] 실제 피해와 추정상의 피해 모두 이러한 저항을 불러일으켰는데, 그 기술의 문서화된 편향 사례뿐만 아니라 그것이 '진정성 기계'(authenticity machine)가 될 수 있다는 위협 때문에 금지된 것이다. 얼굴 인식 기술은 '일상생활을 영위하는' 특정 개인을 추적하거나 인증하고 이들의 잠재적 '유형'을 드러낼 것을 약속했다. 예를 들어 상하이 자오퉁 대학의 과학자들은 출간되지 않았지만 온라인에 포스팅되어 널리 보도된 2016년 논문에서 범죄자와 비범죄자를 판별하는 시스템을 개발했다고 주장했다.[3] 이보다는 덜하지만 여전히 논란의 여지가 있는 연구로서, 2018년에는 컴퓨터과학자 일룬 왕과

1. 옮긴이—이 장에서 recognition과 discrimination은 중의적이므로 복수의 번역어를 오간다. 인정과 인식, 판별과 차별.
2. Kate Conger, Richard Fausset, and Serge F. Kovaleski, "San Francisco Bans Facial Recognition Technology," *New York Times*, May 14, 2019, https://www.nytimes.com/2019/05/14/us/facial-recognition-ban-san-francisco.html.
3. Xiaolin Wu and Xi Zhang, "Automated Inference on Criminality Using Face Images," arXiv.org, November 12, 2016, arXiv no. 1611.04135v.1, https://arxiv.org/pdf/1611.04135v1.pdf; Ben Sullivan, "A New Program Judges If You're a Criminal from Your Facial Features: The Machine Learning Experiment Boasts Seemingly Incredible Accuracy, but Is Being Criticised for Human Biases and the Potential to Label Innocent People as Guilty," *Vice: Motherboard*, November 18, 2016, https://www.vice.com/en_us/article/d7ykmw/new-program-decides-criminality-from-facial-features.

전산 사회과학자 미할 코신스키가 성적 성향을 감지하는 기계 학습 프로그램을 만들었다고 발표했다.[4]

결정적으로 왕과 코신스키는 오랫동안 불신을 받아온 '관상학'의 관행을 거부하는 동시에 소생시키는 것으로 2018년의 연구 논문을 시작했다. 따라서 한편으로는 범죄인류학의 창시자인 체사레 롬브로소가 방화범이 "피부가 부드럽고, 거의 어린아이 같은 외모에 거의 여성스러운 두꺼운 직모가 많다"고 주장한 것을 미신과 인종주의라고 조롱했다. 반면에 그들은 2018년 논문의 제목인 「심층신경망은 얼굴 이미지에서 성적 성향을 감지하는 데 인간보다 더 정확하다」가 명확하게 말해주듯, 관상학을 완전히 거부하는 것은 "비과학적"[5]이라고 주장했다. 왕과 코신스키는 기계가 성적 성향을 나타내는 얼굴 특징을 더 잘 읽어내기 때문에 인간보다 더 정확하다고 주장했다. 이 장에서 드러나듯이, 얼굴 인식 기술과 우생학의 연관성은 주제적이거나 희망적일 뿐 아니라 방법론적이기도 하다. 이는 20세기 초에 사람들의 계급과 인종을 판별하기 위해 개발된 선형 판별 분석과 같은 우생학적 방법에 그 뿌리를 두고 있다.

그렇다면 차별은 어떻게 인식이 되었는가?

이 질문에 답하기 위해 이 장에서는 (1) 인간, 기계, 동물을 지속적이고 일반화 가능한 유형으로 분석하려는 사이버네틱스의 시도 (2) 1990년대 중반의 '인정 대 재분배'(recognition

4. Yilun Wang and Michal Kosinski, "Deep Neural Networks Are More Accurate Than Humans at Detecting Sexual Orientation from Facial Images," *Journal of Personality and Social Psychology* 114, no. 2 (2018): 246–257, https://doi.org/10.1037/pspa0000098.
5. 같은 글, 246.

versus redistribition) 논쟁 (3) 21세기 초 반동 우파가 경제적, 정치적 재분배를 막기 위한 방법으로 '새로운 인식의 정치'(new politics of recognition)를 부상시킨 맥락에서 얼굴 인식 기술을 분석한다. 이러한 발전을 통해 인식은 차별의 은유가 되었으며, 동종선호와 마찬가지로 증오를 '사랑'으로 세탁한다. 그러나 기계학습의 꿈에 따라다니는 'AI 주인'에 대한 두려움에서 알 수 있듯이 인식의 문제는 결코 사소한 문제가 아니다. 실제로 이 장의 뒷부분에서 자세히 설명하겠지만 헤겔은 인식을 지배, 인정(acknowledgment), 권력을 둘러싼 노예와 주인 간의 투쟁이라는 '사회적 드라마'로 묘사한 것으로 유명하다. 누군가를 인식한다는 것은 그 사람의 권위, 타당성 또는 정당성을 받아들이는 것이다.[6] 인식=차별++. 이제 이해하듯이, 인식을 통해 우리는 자신을 미워하는 것처럼 타자를 미워하는 법을 '학습'한다.

누가 누구를 읽는가?

왕과 코신스키에 따르면, 기계학습은 사람의 성적 성향을 정확하게 읽어내는 데 있어 인간(일명 미국 메커니컬 터크 노동자)보다 더 뛰어난 성능을 보였다. 기자들이 "기계 게이다"(machine gaydar)라고 불렀던 이들의 모델은 백인 미국인의 얼굴을 스캔하여 성적 성향을 예측했다.[7] 이 섹션에서 드러나듯, 이

6. 옥스퍼드 영어사전 3판(2009) 중 'recognize 동사 1'과 'recognition, 명사' 항목 참조. 영어에서 'recognition'은 처음에는 "배심원에 의한 조사 또는 심문의 형태"였다. 이는 조사의 결과를 재조사하고 진실로 판단하는 것을 수반했다.

7. Heather Murphy, "Why Stanford Researchers Tried to Create a 'Gaydar' Machine," *The New York Times*, October 9, 2017, https://www.nytimes.com/2017/10/09/science/stanford-sexual-orientation-study.html.

모델은 기껏해야 '잘 아는 사람'(따라서 게이다를 가진 사람)이 읽을 수 있는 문화적 스타일을 인식했지만 왕과 코신스키는 그 스타일을 숨겨진 신체적 낙인으로 규정했다. 이들의 가정과 결론은 독특해 보일 수 있지만, 방법론은 일반적으로 이용 가능한 표준 프로그램과 방법을 사용했다. 따라서 얼굴 인식 기술에 대한 왕과 코신스키의 주장을 평가하기 위해서는 이들의 기계가 인간의 성적 성향을 읽도록 훈련된 방법을 면밀히 살펴볼 필요가 있다.

왕과 코신스키는 자신들의 '게이다'를 만들기 위해 먼저 미국의 한 데이트 사이트(일반적으로 오케이큐피드로 알려진)에서 약 30만 1천 개의 이미지를 수집했다. 이 자화상을 사용한 이유는 (1) 공개 프로필에서 가져온 것이므로 아마도 수집하기에 공정했을 것이고 (2) 이를 획득하는 비용이 실험실 환경에서 이런 이미지를 만드는 비용보다 저렴하며 (3) 풍부하기 때문이다. 그런 다음 왕과 코신스키는 중국의 얼굴 인식 기술을 선구한 스타트업 기업 메그비가 제작한 Face++라는 쉽게 입수 가능한 프로그램을 사용하여 이미지에 있는 얼굴의 윤곽선을 만들었다. 그런 다음 이 윤곽선을 기반으로 여러 얼굴이 포함되거나, 부분적으로 가려지거나, 지나치게 작거나, 카메라를 직접 바라보지 않는 얼굴 이미지들을 제거했다.(그림 45)

다음으로 미국 아마존 메커니컬 터크의 노동자를 고용하여 이미지 속 얼굴이 성인 백인이고 완전히 보이는지 검증하고 각 사용자 얼굴의 성별이 사용자 프로필에 보고된 것과 일치하는지 확인했다.(기계학습의 세계에서는 보수가 낮은 사람이 컴퓨터의 맞춤법 검사를 담당한다.) 이 과정을 통해 데이터 집합은 3만 5,326개의 이미지로 축소되었다. 이 축소된 데이터 집

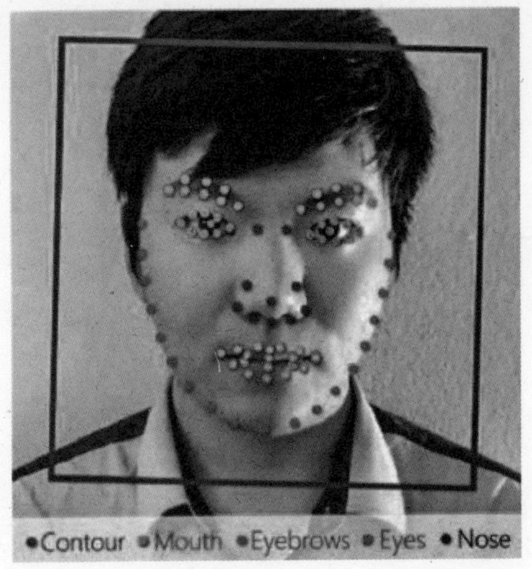

A

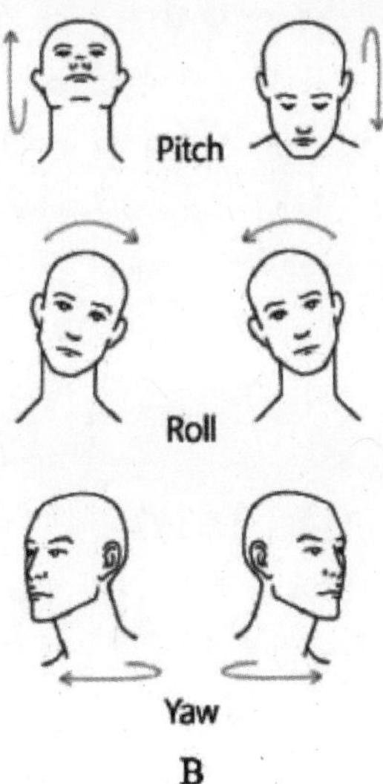

B

그림 45. Face++의 얼굴 랜드마크 탐지. 출처: Yilun Wang and Michal Kosinski, "Deep Neural Networks Are More Accurate Than Humans at Detecting Sexual Orientation from Facial Images," *Journal of Personality and Social Psychology* 114, no. 2 (2018): 249.

합을 읽고 과적합을 방지하기 위해 연구진은 옥스퍼드 대학교의 시각 기하학 그룹 연구진이 제작하고 처음에는 주로 미국 유명인을 대상으로 학습한 VGG-Face라는 기성 심층신경망 프로그램을 사용하여 이미지가 보여주는 각 얼굴 소유자의 성적 성향을 결정하는 데 필요한 4,096개의 특징을 추출했다. 그다음에는 특이값 분해를 사용하여 4천여 개의 독립변수를 500개의 차원으로 축소했다.(그림 37을 참조) 이 단계에서 왕과 코신스키는 얼굴 이미지를 20개의 하위집합으로 나누어 19개의 하위집합은 심층신경망 프로그램의 훈련에 사용하고 1개의 하위집합은 교차 검증을 위해 따로 보관했다. 그런 다음 로지스틱 회귀 모델을 훈련하여 이 500개의 차원에 대한 성적 성향을 분류했다.(게이는 1, 이성애자는 0으로 지정했을 것으로 추정된다.) 마지막으로 연구진은 모델을 사용하여 훈련 집합 내 참가자의 성적 성향을 예측하고 이미지에 있는 모든 얼굴의 소유자에게 게이일 확률을 할당했다. 예측의 정확성을 테스트하기 위해 연구진은 이성애 남성의 얼굴 이미지와 게이 남성의 얼굴 이미지 또는 이성애 여성의 얼굴 이미지와 레즈비언 여성의 얼굴 이미지를 무작위로 짝지은 다음, 시스템을 사용하여 각 짝에서 어떤 얼굴 이미지가 게이 또는 레즈비언에 속하는 사람인지 예측했다. 이러한 정확도(남성 이미지의 경우 81퍼센트, 여성 이미지의 경우 71퍼센트)는 연구진이 고용한 아마존 메커니컬 터크 노동자의 정확도(남성 이미지의 경우 61퍼센트, 여성 이미지의 경우 54퍼센트)보다 높았다. 중요한 점은 비교 이미지를 사용하지 않았을 때 이미지에 표시된 얼굴 소유자의 성적 성향을 판단하는 정확도는 연구진이 보고하지 않았다는 점이다.

심층신경망 모델의 작동이 불투명했기 때문에 왕과 코신스키는 무엇이 중요한지 해독하기 위해 일련의 '해킹'을 시도했다. 모델이 실제로 무엇을 읽고 있는지를 발견하기 위해, 즉 그들이 구축한 잠재적 차원을 이해하기 위해 이들은 추가 분석용으로 남성의 얼굴 이미지 100장과 여성의 얼굴 이미지 100장을 무작위로 선택했다. 200개의 얼굴 이미지 각각에 7×7픽셀 마스크를 움직여 '열지도'(heat map)를 만든 다음, 마스크가 있는 상태에서 이미지에 표시된 얼굴의 소유자가 게이 또는 레즈비언일 확률의 평균 절대 변화를 계산했다.(그림 46)

이 확률을 가장 크게 변화시킨 얼굴 특징 또는 '랜드마크'에는 남성의 코와 턱, 여성의 목선이 포함되었다. 연구진은 모델의 분류기가 이러한 특징과 다른 특징에 초점을 맞추고 있다고 판단한 다음, 각 성별에 대해 게이 또는 레즈비언일 가능성이 가장 높은 사람의 얼굴 이미지 500개와 게이 또는 레즈비언일 가능성이 가장 낮은 사람의 얼굴 이미지 500개를 비교했다. 먼저 이 모든 얼굴 이미지를 사용하여 관심 있는 얼굴 특징 또는 랜드마크의 평균 위치를 생성한 다음, 각 집합에서 100개의 얼굴 이미지를 무작위로 선택하여 합성 얼굴 이미지를 생성했는데, 그 이미지는 각 성별의 '전형적인' 게이 또는 레즈비언 얼굴과 이성애자 얼굴을 드러냈다.(그림 47)

이를 통해 연구진은 게이 남성은 이성애자 남성보다 턱이 좁고 코가 길며 이마가 크고 수염이 적고 피부가 밝으며, 레즈비언 여성은 이성애자 여성보다 턱이 크고 이마가 작으며 눈화장을 덜 하고 노출이 적은 옷을 입으며 성별에 전형적인 몸단장을 덜 한다는 결론을 내렸다. 또한 일반적으로 여성이 남성보다 더 많이 웃지만 레즈비언 여성은 이성애자 여성보다 덜

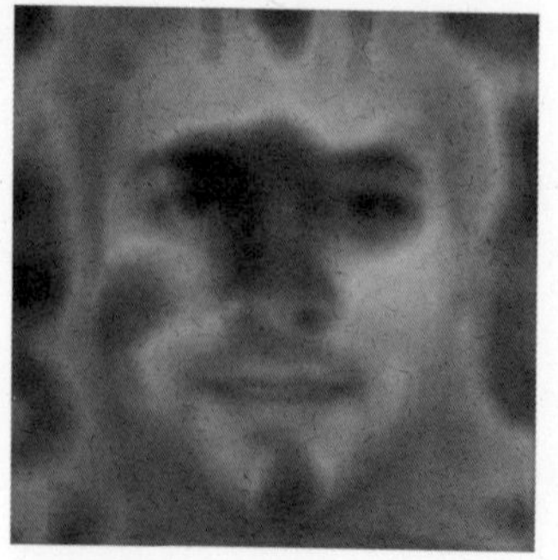

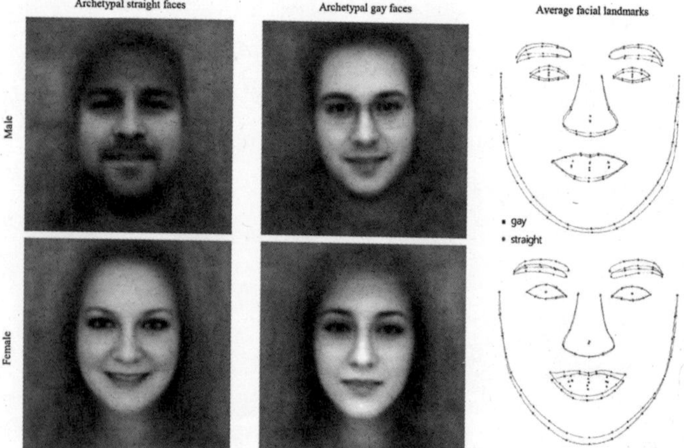

그림 46. 이미지의 특정 부분을 마스크 처리하는 것이 (절대적) 분류 결과에 미치는 영향의 정도를 보여주는 열지도. 색상 척도의 범위는 파란색(변화 없음)에서 빨간색(중대한 변화)까지다. 출처: Wang and Kosinski, "Deep Neural Networks Are More Accurate Than Humans," 250.

그림 47. 게이, 레즈비언, 이성애자 얼굴의 합성 이미지. Wang and Kosinski, "Deep Neural Networks Are More Accurate Than Humans," 251.

웃으며, 이성애자 남성은 게이 남성보다 야구 모자(이마에 그림자가 생기는 모자)를 더 자주 쓴다는 결론을 내렸다. 흥미롭게도 연구진은 '전형적인' 게이 남성 얼굴의 안경 그림자에 대해서는 언급하지 않았다. 턱선, 코, 이마, 수염, 피부색, 눈 화장, 성별에 전형적인 몸단장 등이 중요한 대리체였다.

연구 결과의 생물학적 타당성을 입증하기 위해 연구진은 1장에서 논의한 나의성격(myPersonality) 프로젝트에서 얻은 289만 1,355명의 페이스북 사용자 얼굴 이미지를 사용하여 게이 남성 얼굴의 성별 비전형성을 측정함으로써 '여성성 요인'을 만들었다. 이는 기본적으로 '게이 요인'을 결정하는 과정을 반복한 것이었지만 성별을 종속 변수로 사용했다. 이를 통해 게이 남성의 얼굴에는 이성애자보다 '여성적인' 특징이 더 많고 레즈비언 여성의 얼굴에는 이성애자보다 '여성적인' 특징이 더 적다고 주장했다. 이 분석에 따르면 얼굴의 여성성만으로 게이 남성을 예측하는 정확도는 57퍼센트, 레즈비언 여성을 예측하는 정확도는 58퍼센트였다.(무작위 추측의 정확도인 50퍼센트보다 약간 높았을 뿐이다.) 다음으로 왕과 코신스키는 얼굴 윤곽(특히 턱선)만으로도 사람의 성적 성향을 예측할 수 있음을 보여주기 위해 형태학 기반 분류기를 만들었다. 새로운 얼굴 윤곽 분류기를 더 큰 '깨끗한' 데이터 집합에 적용한 결과, 동일한 얼굴의 이미지 다섯 개를 제시했을 때 남성의 경우 75퍼센트, 여성의 경우 63퍼센트의 정확도를 보였다. 마지막으로 얼굴 인식 모델의 결과가 데이트 사이트 외에서도 유효하다는 것을 증명하기 위해 연구진은 "저는 게이인 것이 좋아요"(I love being Gay), "남자 사냥꾼"(Man hunt), "게이이고 화려해요"(Gay and Fabulous), "게이 타임스 잡지"(Gay Times magazine) 등의 특정 문구에 대한 좋아요 누르기로 식별한 페이스북의 게이 남성 얼굴 이미지에 그 모델을 테스트해 보았다. 연구진은 그들의 모델이 데이트 사이트에서 추출한 이성애 남성의 얼굴 이미지와 나의성격 데이터 집합 및 데이트 사이트에서 추출한 게이 남성의 얼굴 이미지를 74퍼센트 정확하게 구분할 수 있었음을 발견했다.

왕과 코신스키는 사용자가 자신의 디지털 발자국을 더 잘 통제할 수 있도록 하려는 정책 입안자와 기술 회사의 시도에 내재된 한계를 드러냈다고 주장하며 연구를 결론짓고 정당화했다.(사용자가 공개적으로 얼굴을 가리는 데 동의하지 않는 한, 사용자는 자신의 성적 정체성을 드러낼 것이다.) 왕과 코신스키는 마지막 문장에서 관용과 인권의 중요성도 강조했다. "일부 문화권에서 배척당할 수 있는 게이 및 기타 소수자의 안전은 사회와 정부의 관용에 달려 있다. 평등한 권리를 위해 헌신하는 잘 교육받고 관용적인 사람들이 거주한다면 프라이버시 이후의(postprivacy) 세계는 훨씬 더 안전하고 친절한 곳이 될 것이다."[8]

평등한 권리에 대해 가르치기 위해 에너지 집약적인 심층 신경망이 정말 필요했을까?

저자들의 연구에 대한 윤리적 정당성은 검열과 규제를 피하기 위해 프리코드 할리우드 영화에 추가된 '도덕적 메시지'를 떠올리게 한다.[9] 또한 "프라이버시의 침식은 불가피한 것으로

8. Wang and Kosinski, "Deep Neural Networks Are More Accurate," 256.
9. 옮긴이—프리코드 할리우드(Pre-code Hollywood)란 사운드가 광범위하게 적용되기 시작한 1920년대 후반부터 헤이즈 코드(Hays Code)로 알려진 영화 제작법(Motion Picture Productin Code) 검열 지침이 제정된 1934년까지의 시기를 말한

보인다"는 저자들의 결론은 이기적으로 보일 수 있다.[10] 그러나 더 중요한 것은 웬디 브라운이 지적한 것처럼 관용에 대한 그들의 요청이 차별을 "탈정치화"하고,[11] 미국 데이터에 대한 그들의 특권적 취급을 고려할 때 '게이 및 기타 소수자'에 대한 포괄적인 관용에 대한 그들의 요청은 퀴어 이론가 자스비르 푸아가 "호모내셔널리즘"[12]이라 부르는 것에 관여한다는 점이다.

이 연구의 가정에는 전반적으로 문제가 있다. 연구진은 성적 성향이 이분법적 현상이라고 가정한다. 즉 이 모델에서 사람은 게이 또는 이성애자 남성 또는 레즈비언 또는 이성애자 여성으로 가정된다. 게이 또는 레즈비언과 이성애자 얼굴 이미지 사이의 선택으로 인식의 프레임을 집요하게 구성하는 것은 성별과 성적 모호함, 트랜스젠더와 성전환 주체를 지울 뿐만 아니라 연구 결과의 일반화 가능성과 적절성에 의문을 제기하

다. 이 시기의 일부 영화들은 불법 마약, 매춘, 성적 문란, 폭력, 동성애를 묘사하거나 암시했는데, 이에 따른 비판에 대응하기 위해 영화의 대사 또는 에필로그에 이와 같은 행위들의 도덕적 위험을 경고하는 메시지가 삽입되었다. 그럼에도 불구하고 할리우드 영화를 비도덕적으로 단정하고 이를 시정할 것을 요구하는 미국 내 개신교 단체들의 캠페인이 1933년도부터 본격화되었고, 이는 헤이즈 코드의 제정으로 이어졌다.

10. Wang and Kosinski, "Deep Neural Networks Are More Accurate," 255–256.

11. 탈정치화로서의 관용에 대해서는 다음을 참조. Wendy Brown, *Regulating Aversion: Tolerance in the Age of Identity and Empire* (Princeton: Princeton University Press, 2006).

12. Jasbir K. Puar, *Terrorist Assemblages: Homonationalism in Queer Times* (Durham: Duke University Press, 2007). [옮긴이—이 책에서 푸아는 '테러와의 전쟁' 이후 애국주의자들과 게이 및 퀴어 주체 모두가 발화하는 포용과 배제의 얽힘, 즉 "호모섹슈얼리티와 미국 내셔널리즘의 결탁"(39)에 주목하며 호모내셔널리즘을 "미국의 게이 및 퀴어 주체를 인종적, 성적 타자들과 분리하는 담론 전술"(39)로 규정한다. 즉 미국 내 성소수자 주체를 애국주의로 포용하면서 비서구 주체를 배제(예를 들어 아랍인을 잠재적 테러리스트로 규정하는 것)하는 호모내셔널리즘은 "국가적 이성애규범성의 예외적 형태가 국가적 동성애규범성의 예외적 형태와 연합한"(2) 이데올로기로, 미국의 퀴어 주체를 제국주의적 팽창에 공모하는 초월적 주체로 구성한다.]

는 것이기도 하다. 로지스틱 회귀를 용이하게 하기 위해 이러한 방식으로 짝을 지었을 것으로 추정되지만, 특히 '야생의' 기계학습 시스템이 그렇게 명확한 선택에 직면하지 않는다는 점을 고려하면 61퍼센트의 성공률은 그다지 의미 있는 수치는 아니다. 또한 그림 1에 동양인 남성이 등장하여 Face++를 설명하지만, 이 연구는 미국 백인 얼굴 이미지만을 사용했으며,[13] 한 데이트 사이트의 미국 사용자 및 나의성격 설문조사에 참여한 페이스북 사용자로부터 얻은 얼굴 이미지와 데이터, 그리고 그들이 고용한 미국 아마존 메커니컬 터크 노동자가 보고한 평가 데이터를 바탕으로 결론을 도출했다. 연구진은 유색인종 게이와 레즈비언의 공개적으로 이용 가능한 얼굴 이미지가 부족하기 때문에 이러한 얼굴 이미지를 선택했다고 주장하지만, 앞서 논의한 것처럼 21세기 초의 얼굴 인식 모델이 밝은 피부의 얼굴 이미지로 훈련되어 어두운 피부의 성별을 인식하는 데 어려움을 겪었다는 점을 고려하면 이러한 선택은 놀랍도록 "우연적인" 것이다.[14] 연구진이 과적합을 방지하기 위해 사용했다고 주장하는 VGG-Face 프로그램은 주로 백인 및 미국에 거주하는 사람들의 얼굴 이미지가 포함된 인터넷 영화 데이터베이스(IMDb)와 무료 지식(Free Knowledge) 그래프의 얼굴 이미지로 훈련되었다. 따라서 연구자들은 Face++에서 VGG-Face로 전환하면서 과적합뿐만 아니라 국가적 문화 스타일과 '생물학

13. Wang and Kosinski, "Deep Neural Networks Are More Accurate," 249. 왕과 코신스키가 사용한 이미지는 Face++ 홍보 혹은 설명 자료에서 가져온 것으로 추측된다.
14. Joy Buolamwini and Timnit Gebru, "Gender Shades: Intersectional Accuracy Disparities in Commercial Gender Classification," *Proceedings of Machine Learning Research* 8 (2018): 15.

적' 특성의 융합을 더욱 강화했다.

연구자들은 인종에 기반한 배제를 정당화하기 위해 성적 성향에 대한 '생물학적' 이론에 의존했다. 연구진은 성적 성향이 자궁 내에서 발생한다면 한 인종에 해당하는 것이 모든 인종에 적용되어야 한다고 주장했다. 주로 동물 연구를 기반으로 한 동성애에 대한 태아기 호르몬 이론은 태아기의 남성 호르몬에 대한 이례적인 노출이 성적 성향과 상관관계가 있다는 논란의 여지가 있는 주장을 펼친다. 인간을 대상으로 한 연구는 매우 드문 유전 질환인 선천성 부신 과형성증(CAH)을 앓고 있는 여성에 주로 초점을 맞추었다.[15] CAH 진단을 받은 사람들은 자궁 내에서 높은 수준의 테스토스테론에 노출되어 특정 호르몬 생성에 어려움을 겪는다.[16] 그러나 태아기 호르몬 이론은 전혀 보편적으로 받아들여지지 않고 있으며, 원칙적으로 이를 받아들이는 사람들조차도 CAH 여성 대다수가 이성애 성향만을 보고하기 때문에 이에 대한 강력한 인과관계를 주장하지도 않는다.[17] 또한 CAH와 관련된 성별 비정형성은 일반적으로 얼굴 특

15. GARD, *Congenital Adrenal Hyperplasia* (Gaithersburg, MD: NIH, Genetic and Rare Diseases Information Center, 2020), https://rarediseases.info.nih.gov/diseases/1467/congenital-adrenal-hyperplasia.
16. J. Michael Bailey et al., "Sexual Orientation, Controversy, and Science," *Psychological Science in the Public Interest* 17, no. 2 (2016): 70, https://doi.org/10.1177/1529100616637616; Amy Banks and Nanette K. Gartrell, "Hormones and Sexual Orientation: A Questionable Link," *Journal of Homosexuality* 28, nos. 3–4 (1995): 247–268, https://doi.org/10.1300/J082v28n03_04.
17. 분명히 말하지만, 이는 성적 성향에 대한 모든 생물학적 설명을 부정하려는 것이 아니라 태아기 호르몬 이론을 적용하는 데 따른 어려움—그리고 이를 시도하는 저자들이 내린 추론—을 지적하려는 것이다. 이브 세드윅이 지적했듯이, 점차적으로 생물학은 문화보다 성적 성향에 대한 더 유연한 이해를 제공해 왔다. Eve Sedgwick, "How to Bring Up Your Kids Gay: The War on Effeminate Boys," in *Tendencies* (Durham, NC: Duke University Press, 1993), 164–165.

징이 아니라 키와 생식기 발달에 의해 정의된다. 또한 인간에 대한 연구가 여성의 성별 비정형성에 초점을 맞춘 반면, 왕과 코신스키가 "여성성 요인"을 통해 남성의 얼굴을 분석한 것도 이상하다.

자신들의 '실측 자료'를 옹호하기 위해 연구진은 데이트 사이트에서 자발적으로 파트너를 찾는 사람들이 자신의 성적 성향을 잘못 표현하지는 않을 것이라고 주장했다. 이는 사람들이 성적 성향의 한 측면을 실험하거나 강조하기 위해 데이트 사이트를 사용하지 않는다고 가정하는 것이다. 더 문제가 되는 것은 이러한 주장이 데이트 사이트의 얼굴 이미지가 '개선'되지 않았다고, 즉 데이트 사이트 사용자가 이미지 필터를 사용하여 얼굴 모양을 변경하는 방법을 모르고(얼굴 이미지 변경은 이제 표준 산업이자 아마추어의 관행임에도 불구하고) 성형 수술(미국 및 세계의 다른 많은 지역에서 일상적인 절차)을 받지도 않는다고 가정하는 것이다. 연구자들은 또한 성적 성향이 '숨겨진' 진실이며, 사람들의 얼굴은 보통 '옷장'(closet) 역할을 한다고 가정한다.

평균 랜드마크 위치를 결정하는 데 사용된 500개의 얼굴 이미지와 합성 이미지에 사용된 100개의 얼굴 이미지로 이루어진 작은 하위집합을 바탕으로 왕과 코신스키가 발견한 대부분의 차이점은 이들이 지적하듯 체중, 야구 모자, 수염 등 본질적으로 생물학적 특징보다는 문화적 특징을 드러냈다. 놀랍게도 연구진은 고용한 아마존 메카니컬 터크 노동자의 성적 성향이 미치는 영향도 조사하지 않았다. '게이다'는 결국 집단 내 스타일이나 신호를 포착한다. 문화비평가 딕 헵디지가 설명했듯, 스타일은 하위문화의 표면을 정의하며, 이중적 의미를 지닌 평범한 사물로 구성된다. 즉 그 사물은 '이성애자'에게는 무언가 잘못되었음을 알리고 '잘 아는 사람'에게는 '금지된 정체성'을 알려준다.[18] 스타일은 외형과 개인의 정체성을 (선택적으로) 연관시키고자 한다. 기계학습 '게이다'는 가장 관대하게 표현하자면 스타일의 '깨어 있는'(woke) 판독기다.

그렇다면 미국의 백인 게이 남성과 백인 이성애자 여성이 눈썹을 다듬는 경향이 있다는 것을 확인하기 위해 얼굴 인식 기술이 정말 필요할까? 미국 이성애자 백인 여성이 화장을 하고 특정 미의 기준을 따르는 경향이 있다는 것을 확인하기 위해? 미국 이성애자 백인 남성은 수염을 기르는 경향이 있다는 것을? 사회적 관습과 문화적 스타일에 대해 다르게 그리고 더 인간적으로 배울 수 있는 방법은 무엇일까? 그리고 성적 성향에 대한 논란의 여지가 있는 생물학적 '원인'에 의해 '정당화'되는 인종 분리로의 이러한 전환에 대해 우리는 무엇을 해야 할까?

다시 생체 측정

얼굴 인식 기술 연구가 관상학을 참조하는 것으로 시작되는 것은 우연이 아니다. 얼굴 인식 기술에 대한 최근 연구와 우생학 사이의 연관성은 주제나 열망뿐만 아니라 방법론적인 측면에서도 마찬가지다. 우생학적 생체 측정학자들이 개발한 주성분 분석(PCA, 1장 및 2장 뒤의 「대리체」 참조)은 20세기 후반 얼굴 인식 기술의 가장 중요한 발전 중 하나인 고유얼굴(eigenface) 방법을 견인했다. 이 방법은 얼굴 인식 기술을 인간에 의해 결정되는 특징에서 비인간적으로 알고리듬에 의해 결정되

18. Hebdige, *Subculture*, 2–3.

는 특징으로 이동시켰다. 연산력의 향상과 공개적으로 이용 가능한 얼굴 이미지의 증가로 심층신경망 프로그램의 인기가 높아졌지만, 신경망 모델은 칼 피어슨의 제자이자 개혁적인 우생학자였던 레이먼드 펄이 개발한 로지스틱 회귀(선형 회귀를 이진법적으로 변형한 것)에 의존한다. 그러나 초기의 우생학적 생체 측정 방법과 가장 직접적인 연관성은 '전형적인' 얼굴을 결정하기 위한 합성 이미지의 구축이다.

2018년 연구에서 골턴을 인용하지는 않았지만, 왕과 코신스키가 전형적인 얼굴을 만들기 위해 합성사진을 사용한 것은 골턴의 합성사진의 형태와 목적을 모두 반복한다. 1장에서 설명한 대로 골턴은 범죄자, 유대인, 기타 요주의 인물의 얼굴 이미지에 일반적으로 감지되지 않는 일반적인 '평균'을 식별하기 위해 하나의 판에 여러 장의 사진 이미지를 함께 등록하고 처리한 초상사진인 합성 이미지 제작의 선구자 역할을 했다.(그림 48)

왕과 코신스키와 마찬가지로 골턴은 도움을 받지 않은 인간 관찰자가 일반적으로 식별할 수 없는 가독적 특징을 기술을 통해 인식할 수 있다고 주장했다.[19] 골턴은 자신의 샘플 크기가 통계표를 만드는 데 사용되는 크기에 근접하지 않았음에도 불구하고 자신의 이미지가 아돌프 케틀레의 통계적 평균과 시

19. 골턴은 다음과 같이 썼다. "마음의 눈앞에 떠오르는 일반적 이미지들(generic images), 그리고 그들의 희미하고 불완전한 판본인 일반적 인상들은 우리가 여유롭게 살펴볼 수 있는 이 합성적 그림들의 유사물이다. 우리는 그 그림들의 기이한 특징과 특성을 조사할 수 있으며, 그로부터 우리는 너무도 유동적이고 일시적이어서 직접적으로 다루기 어려운 특정한 정신적 과정의 본질에 대해 많은 빛을 던져줄 결론을 도출할 수 있다." Francis Galton, "Generic Images," *Royal Institution of Great Britain, Notices of the Proceedings at the Meetings of the Members*, 9 (1879–1881): 166.

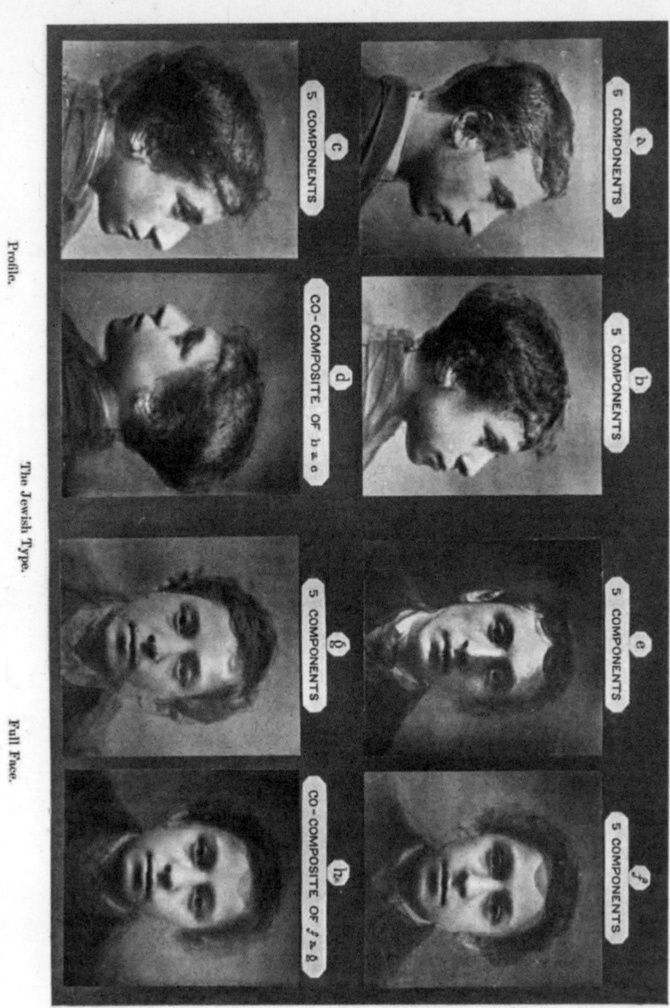

그림 48. 골턴이 합성한 '유대인 유형'. 출처: Francis Galton, "The Jewish Type," 1883. Plate XXXV from Pearson, *The Life, Letters and Labours of Francis Galton*, 2:294.

각적으로 동등하다고 주장하면서 이를 "합성물"(composite)이라 불렀다.[20] 그는 이러한 시각적 합성물이 자신의 피사체로 만든 모든 이미지를 포함하기 때문에 "진정한 일반화"라고 주장했다.[21] 이러한 점을 고려할 때 골턴의 합성물은 "이상적 유형"을 드러냈으며, 흐릿한 윤곽선은 "노이즈", 즉 "이상적 유형"의 평균이나 본질에서 벗어난 사소한 산만함이었다. 사진작가이자 비평가인 앨런 세쿨라가 지적했듯이, 골턴은 "유대인 유형"의 합성 이미지를 가장 성공적인 합성물로 여겼다.[22]

1986년 세쿨라의 놀랍고 획기적인 연구인 「신체와 아카이브」는 골턴의 합성 이미지를 관상학의 역사적 맥락, 그리고 사진의 광범위한 채택으로 인한 "광학적 경험주의에 대한 믿음의 위기"에 놓았다.[23] 세쿨라는 명예로운 부르주아 초상화와 범죄자 머그샷을 모두 포함하는 동시에 존경할 만한 사람과 "일탈적인 사람"을 구분함으로써 사진 아카이브가 (얼굴 인식 기술의 '게이다'처럼) 모든 신체의 특성을 해독할 수 있음을 약속했다고 주장했다.[24] 그러나 이 약속은 결코 실현되지 않았는데, 그 이유는 사진의 엄청난 수와 "지저분한 우연성"이 단순한 시각적 식별을 약화시켰기 때문이다.[25] 따라서 사진은 이미지를 분류하고, 목록화하고, 읽고, 기입하는 "서류 캐비닛"의 논리로 보완되었는데, 이 논리는 (1) 합성 이미지를 통해 "사진에 아카이브를 내장시키는" 골턴의 접근 방식과 (2) 개인을 확

20. Allan Sekula, "The Body and the Archive," *October* 39 (1986): 47.
21. Galton, "Generic Images," 166.
22. Sekula, "The Body and the Archive," 51.
23. 같은 글, 10–12, 16.
24. 같은 글, 10.
25. 같은 글, 17.

실하게 식별하는 데 필요한 아홉 가지 측정 시스템을 통해 사진을 아카이브에 내장시키는 프랑스 경찰 형사 알퐁스 베르티용의 두 가지 형태를 취했다.(그림 49)[26]

베르티용의 목표는 법을 회피하기 위해 교묘한 수법을 사용한다고 그가 믿었던 재범자, 즉 '전문적' 범죄자를 식별하는 것이었다. 그는 "사회적 영역이 (…) 폭발적으로 다원화"되면서 파리의 노동자 계급이 "신원(identity)의 위기"[27]를 겪고 있다고 설명했다.(전자 통신과 관련된 신원에 대한 현재의 위기는 허위 문서와 가명의 확산에 대한 베르티용의 우려와 유사하다.) 이러한 차이에도 불구하고 베르티용과 골턴의 접근 방식은 모두 '변경 불가능한' 특징을 통해 과거의 식별을 현재 및 미래의 식별과 일치시키려고 했다.

얼굴 인식 기술과 현대의 컴퓨터 기반 생체 측정 기법은 베르티용과 골턴의 프로젝트를 통합했다. 이들은 개인과 유형을 모두 '인증'함으로써 '진정성 기계'를 만들고자 한다. 대부분의 패턴 인식 시스템은 베르티용처럼 개인을 식별한다고 주장하지만, 더 논란이 많은 시스템은 골턴적인 유형을 인식한다고 공개적으로 주장한다. 그러나 모든 패턴 인식 시스템은 전형적인 식별을 한다. 모든 개인 식별은 객체 유형에 대한 결정이 선행되어야 한다. 1장에서 논의된 휴렛팩커드 웹캠은 데시 크라이어의 얼굴을 인간의 얼굴로 분류하지 않았기 때문에 인식하지 못했다.

그러나 골턴과 베르티용의 시스템은 결코 진정으로 분리

26. 같은 글, 55.
27. 같은 글, 33–34.

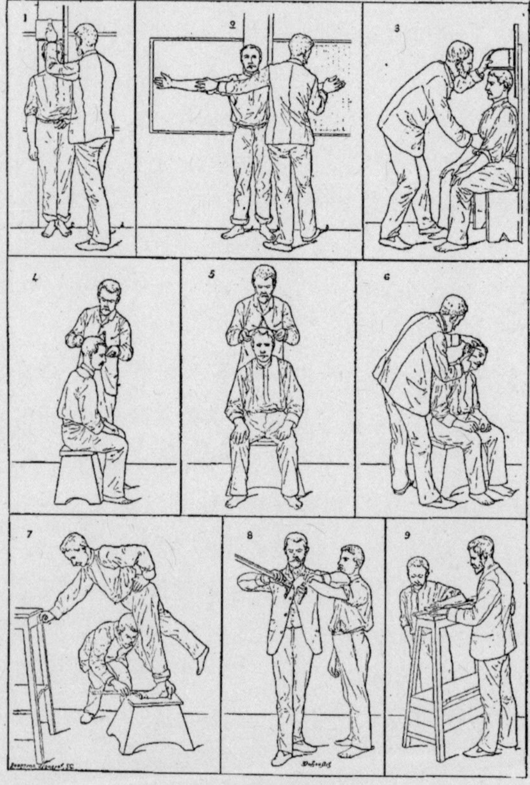

그림 49. 알퐁스 베르티용의 책에 실린 권두 삽화. 출처: Alphonse Bertillon, *Identification anthropométrique: Instructions signalétiques* (Melun [Paris]: Imprimerie Administrative, 1893).

된 것이 아니었다. 범죄자를 인식하는 목표는 외모가 달라지더라도 성격이 변하지 않는 '범죄자'라는 안정적인 범주의 개인을 미리 가정한 것이었다. 또한 1986년 세쿨라의 분석은 두 시스템을 연결하는 데 있어 상관관계의 역할을 간과했다. 1장에서 설명했듯이 골턴은 너무 번거롭다고 믿었던 베르티용의 방법에 대응하여 상관관계를 공식화했다. 그러나 얼굴 인식 및 패턴 인식 기술과 우생학의 연관성은 생체 측정적 우생학을 넘어 성적 선택을 통해 인구집단을 식별하고 통제하는 데 사용되는 방법으로 연장된다.

성적 선택을 인식하기

현대 통계 패턴 인식은 집단을 판별하는 초기의 연구를 확장한다. 이미지를 '읽고자' 하는 욕망, 즉 특정한 것과 일반적인 것을 식별하기 위해 이미지를 아카이브하고 효율적으로 사용하고자 하는 욕망은 판별적인 수학적 함수를 '인식' 알고리듬으로 변환하는 원동력이 된다. 하지만 식별과 판별은 어떻게 인식이 되었을까? 그리고 이것이 왜 중요한가?

컴퓨터 과학자 코리나 코르테스와 블라디미르 바프닉은 1995년의 중요한 연구 「서포트-벡터 네트워크」에서 다음과 같이 언급했다. 1936년 "R. A. 피셔는 (…) 패턴 인식을 위한 최초의 알고리듬을 제안했다." 이 첫 알고리듬은 피셔의 선형 판별 함수(그림 50 참조)로, 정규 분포(이후 비정규 분포)를 가진 집단 간의 선형 결정면을 구축했다.[28]

28. Corinna Cortes and Vladimir Vapnik, "Support-Vector Networks," *Machine Learning* 20, no. 3 (1995): 273, https://doi.org/10.1007/BF00994018; R. A. Fisher, "The Use of Multiple Measurements in Taxonomic Problems,"

서포트 벡터 네트워크(후에 '서포트 벡터 머신'이라고 불림)를 공식화하면서, 코르테스와 바프닉은—유전자를 개체군으로 취급하여 멘델과 생체 측정 우생학자들 사이의 고약한 논쟁을 끝낸 것으로 유명한—수학 생물학자 로널드 A. 피셔의 연구를 발전시켜 더 정확한 경계를 만들기 위해 특징, 즉 '커널'의 곱을 사용했다. 서포트 벡터 머신(SVM)은 존재하는 동시에 서로 다르다고 미리 가정된 집단들 사이에 벽을 구축한다.

'선형 판별 분석'(LDA)이라는 용어에서 알 수 있듯이, 피셔는 인종과 종을 판별하기 위해 LDA 함수를 개발했다. 이러한 함수들은 "집단을 가장 잘 판별하는 측정술(measurement)"을 구별하고 사용함으로써, 경계가 혼재된 집단 간의 수학적 울타리를 구축했다. 이 함수들은 서로 다른 집단의 사전 존재를 가정했는데, 이는 공통된 특징에 대한 서로 다른 규범으로 구별할 수 있었다. 예를 들어 이 그룹의 구성원들은 모두 두개골을 가지고 있었지만 그 모양은 달랐다.[29] 1936년 「우생학 연보」에 발표된 피셔의 연구는 그의 고전적인 다변량 홍채 데이터 집합을 특별히 포함했으며, 꽃잎과 잎자루 크기를 사용하여 꽃의 세 가지 관련 종을 구별했다. 그런데 그 논문의

Annals of Eugenics 7, no. 2 (1936): 179–188, https://doi.org/10.1111/j.1469-1809.1936.tb02137.x.

29. Fisher, "The Use of Multiple Measurements," 179. 코르테스와 바프닉보다 3년 앞선 1992년, 제프리 J. 맥라클란은 통계적 판별이 "서로 다른 부류나 집단 간의 통계적 분리와 연관되는 문제, 그리고 개체들을 집단(수적으로 유한한)에 할당하는 문제"를 포함한다고 강조했다. "이때 집단의 존재는 사전에 알려져 있으며, 일반적으로 근원적인 집단에서 유래한 알려진 기원의 개체에 대한 특징 데이터가 이용 가능하다. 따라서 이는 통계적 패턴 인식 분야의 광범위한 문제를 포함하는데, 여기서 하나의 패턴은 단일한 개체로 간주되며 해당 패턴의 특징으로 구성된 유한한 차원의 벡터로 표현된다." Geoffrey J. McLachlan, in *Discriminant Analysis and Statistical Pattern Recognition* (New York: Wiley, 1992), xiii.

첫 번째 단락은 "저자의 제안에 따라" 두개골 측정술을 사용하여 인간의 인종을 다양한 방식으로 범주화한 다른 연구자들을 언급했다. 즉 "하악골 측정의 성적 차이에 이 원리를 적용한 E. S. 마틴 씨와 (…) 일련의 연도별 계열에서 가장 뚜렷하게 진보적이거나 세속적인 경향을 보이는 특별한 두개골 측정 화합물을 얻는 방법을 보여준 밀드레드 바나드 양."[30]

선형 판별자의 핵심에는 두개골 측정과 분류학이 있다. 성별을 판별하기 위한 턱선 측정(왕과 코신스키가 성적 성향을 구별하기 위해 턱선을 사용한 것의 선례), 문명의 변화하는 본성을 이해하기 위해 제1왕조 이전 시대부터 프톨레마이오스 시대까지 이집트인의 두개골을 측정한 사례 등이 있다.[31] 1936년 「왕립 인류학연구소 저널」에 출간된 연구에서 피셔는 두개골 측정을 여러 인구집단의 평균과 표준편차를 비교하는 피어슨의 '인종 유사성 계수'에서 벗어나 그 집단 간의 거리를 최대화하는 함수로 발전시켰다.(그림 50 참조) 1937년 캘커타의 통계학자 프라산타 찬드라 마하라노비스를 방문한 후 피셔는 1938년 이 연구를 확장하여 여러 요인들을 포함시켰다. 피셔의 1938년 논문은 인도에서 인종과 카스트 혼합의 역사와 영향을 이해하기 위해 두개골 크기와 언어 집단 간의 상관관계를 활용한 마하라노비스의 1927년 연구를 참조한 것이다.[32]

30. Fisher, "The Use of Multiple Measurements," 179.
31. M. M. Barnard, "The Secular Variations of Skull Characters in Four Series of Egyptian Skulls," *Annals of Eugenics* 6, no. 4 (1935): 352–371, https://doi.org/10.1111/j.1469-1809.1935.tb02117.x.
32. R. A. Fisher, "'The Coefficient of Racial Likeness' and the Future of Craniometry," *Journal of the Royal Anthropological Institute of Great Britain and Ireland* 66 (1936): 57–63; R. A. Fisher, "The Statistical Utilizations of Multiple Measurements," *Annals of Eugenics* 8, no. 4 (1938): 379; P. C. Mahalanobis,

선형 판별 분석

선형 판별 분석(LDA)은 n개의 변수를 가진 데이터 포인트에 '클래스'(즉, 라벨 = 1, 2, …)를 할당하는 방법이다. 이는 알려진 라벨을 가진 다른 데이터 포인트로 구성된 '훈련 집합'을 기반으로 한다. 목표는 데이터 포인트의 라벨을 정확히 예측하는 것이며, 이는 가장 초기의 '기계 학습' 알고리듬 중 하나다.

우리는 이제 LDA에 대한 기초를 제시한 C.R. 라오의 1948년 논문 중 한 예시를 채택하되 그 속의 인종적 및 우생학적 문제를 온전히 염두에 둔다….

우리는 n=1 차원에서 시작한다:

x는 인간의 신장(높이)을 센티미터 단위로 나타낸다. 이러한 생체 측정 데이터로부터 라오는 (마할라노비스와 협력하여) 카스트를 예측하고자 했다. 즉 라벨을 k=1(브라만), k=2(장인)* 등으로 할당하는 것이다. 여기서는 두 클래스(K=2)에 집중하겠다. 훈련 데이터 집합은 알려진 카스트를 가진 임의의 시민들의 신장 데이터로, 오른쪽에 표시된 것처럼 x축에 ○ 또는 *로 표시된 두 종류의 점이 분포되어 있다.

훈련 데이터:
○ 브라만 (k=1)
* 장인 (k=2)

150 155 160 165 x

확률 밀도 함수(PDF) 모델:

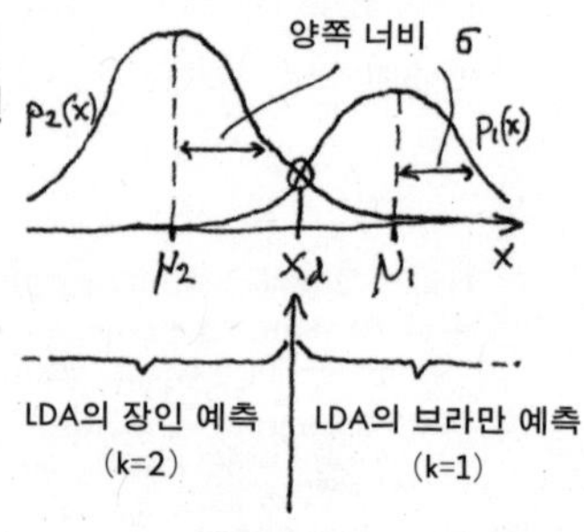

* 옮긴이 — 카스트 제도에서 장인은 바이샤 계급에 속한다.

그림 50. 앨릭스 바넷, 선형 판별 분석.

LDA는 각 클래스별 x에 대해 가우스(정규) '확률 밀도 함수'(PDF)를 사용하여 훈련 데이터를 모델링한다. 이 함수는 동일한 분산 δ^2를 갖지만, 서로 다른 평균 μ_1, μ_2 및 서로 다른 '질량'(면적) π_1, π_2를 갖는다. PDF는 단순히 x의 예상 분포를 보여주는 그래프다. 이전 그림은 적합화된 모델 PDF를 스케치한다: 서로 다른 신장에 대한 두 개의 '종형 곡선'이다. 다음은 공식이다:

$$p_k(x) = \frac{\pi_k}{\sqrt{2\pi}\,\sigma} e^{-\frac{(x-\mu_k)^2}{2\sigma^2}} \qquad k=1,2 \quad x \in \mathbb{R}$$

핵심은 네 가지 매개변수(μ_1, μ_2, δ, π_1)가 훈련 데이터로부터 쉽게 추정될 수 있다는 점이다:

μ_1 = 브라만 계층의 평균 신장
μ_2 = 장인 계층의 평균 신장
π_1 = 브라만 계층의 비율 = $1-\pi_2$
δ^2 = 해당 계층의 평균(μ_1 또는 μ_2)으로부터 각 신장의 평균 제곱 편차

이제 예측해 보자! 분류할 새로운 x가 주어지면, LDA는 이 x에 조건부로 가장 가능성이 높은 k를 선택한다. 이는 $P_1(x)$와 $P_2(x)$중 어느 것이 더 큰지 묻는 것과 동일하다. '결정 경계' xd는 $P_1(xd)=P_2(xd)$인 지점, 즉 두 곡선이 교차하는 지점이다.(그림 참조) $x>xd$는 브라만으로 예측되고, $x<xd$는 장인으로 예측된다.

· 주의: 분리도 $D = \frac{|\mu_2-\mu_1|}{\sigma}$ (마할라노비스 거리)가 클수록 예측 정확도가 높아진다. 여기서는 $D\approx2$다. 만약 $D<1$라면 동전을 던지는 것과 다를 바 없다!

2차원과 그 이상 변수가 더 많을수록 좋기 때문에(맞지 않는가?), LDA는 n=2 또는 그 이상의 차원에서 더 강력하다. 라오는 x_1=신장, x_2=비강 깊이로 이루어진 $\vec{x}=(x_1, x_2)$를 고려했다. 이제 각 시민은 2차원 공간에서 데이터 포인트가 된다:

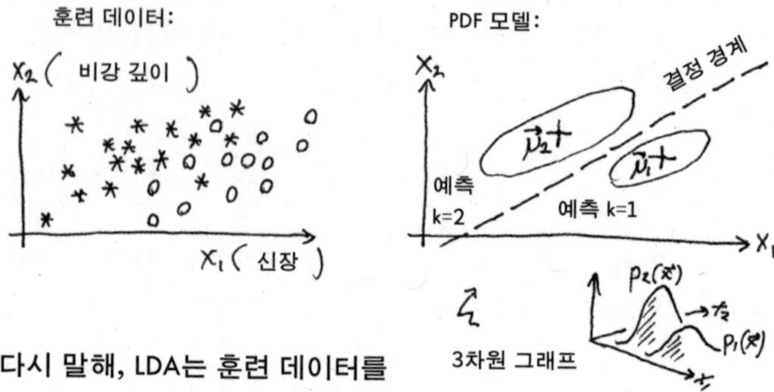

다시 말해, LDA는 훈련 데이터를
(위에 보이는 편향 타원체와 같이)
'다변량' 가우스 분포와 동일한 공분산의 혼합으로 모델링한다. 그런 다음 $P_1(\vec{x})=P_2(\vec{x})$를 설정하여 결정 경계를 선택한다: 결과는 초평면(2차원에서는 직선)이 되며, 따라서 '선형 판별'이라고 한다. 공분산은 일반적으로 PCA를 통해 구한다.(그림 37 참조)

K>2 클래스 이상

LDA는 2개 이상의 클래스 라벨로도 확장된다. 밀도 쌍을 동일하게 $P_i(\vec{x})=P_k(\vec{x})$로 설정하면 다양한 초평면 조각이 접촉하게 되며, 이는 '보로노이 분할'(Voronoi tesslation)*과 유사한 방식으로 데이터 공간을 분할한다. 다음은 2차원에서의 몇 가지 예시를 보여준다:

* 옮긴이—평면을 특정 점까지의 거리가 가장 가까운 점의 집합으로 분할하는 것.

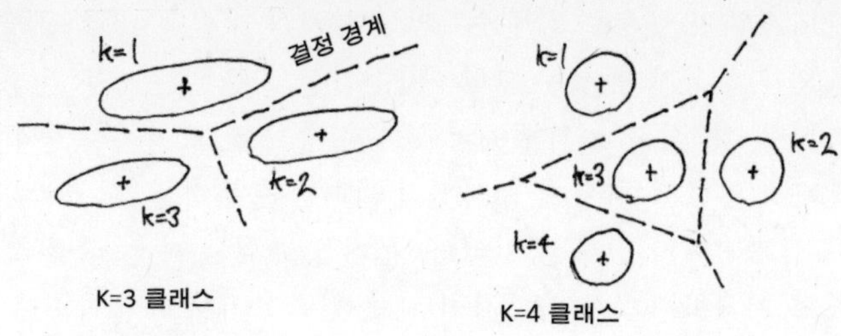

LDA에 대한 노트:

· 전체 공식은 참고 문헌을 참조하라.

· LDA는 사용하기 쉽지만, 거의 참이 되지 않는 다음의 강한 가정을 포함한다:

- 클래스는 이산적이며 안정적이며 모든 가능성을 포함한다.
- 모든 확률 밀도 함수는 동일한 공분산의 가우시안 분포다.

· 비선형 결정 경계는 더 유연하다. 예를 들어, 서포트 벡터 머신(SVM)이나 신경망(NN)을 통해 구현될 수 있지만, 더 많은 훈련 데이터와 컴퓨팅 시간이 필요하다. 최근 10년간, 합성곱 신경망(CNN)은 어려운 이미지 분류 및 인식 문제에서 정확도를 급격히 향상시켰다.

· LDA(및 위의 모든 고도의 분류기)는 훈련 데이터 내의 차별을 재생산한다. 이 차별은 일반적으로 인간이나 다른 알고리듬에 의해 선택된다…. 편향 입력은 편향 출력이다.(bias in, bias out: BIBO)

· 라오의 연구는 카스트가 인종적임을 증명하지 않았고 지금도 그러하며, 중요한 사회적 및 환경적 요인을 무시한다. 만약 '브라만'과 '장인'이 동일하게 대우받고 양육되었다면, 그들의 신장 확률 밀도 함수는 동일해질까?

피셔와 피어슨은 멘델주의의 적합성과 수학에 대해 공개적으로 격렬하게 논쟁을 벌였지만, 이 둘과 골턴은 모두 우생학자였다. 1장에서 논의했듯이 골턴은 두개골 크기가 지능의 척도라고 믿었고, 골턴의 제자였던 피어슨은 두개골 크기와 지능이 상관관계가 있다고 믿었다. 두개골 크기는 다른 내적 차이처럼 기하학적으로 다양하기 때문에 중요하다고 생각했다. 피셔도 외적인 척도가 내적인 차이를 가리킬 수 있다고 믿었지만, 죽은 사람이 아닌 살아 있는 사람을 측정해야 사람의 성별과 혈통을 기록하고 고려할 수 있다고 생각했기 때문에 피어슨의 두개골 측정 작업에 의구심을 품었다.[33]

피셔의 연구는 집단과 우생학에 대한 성적 선택의 역할에 초점을 맞추었다. 피셔에 따르면 성적 선택은 "단일 종의 개체 전체를 긴밀하게 결합"시켰다. 프로이트와 마찬가지로 피셔도 직조(weaving)라는 은유를 사용하여 성적 선택, 성향, 충동의 작용을 설명했다. 프로이트에게 꿈의 작업이 억압된 다양한 (주로 성적) 소망을 응축하는, 즉 엮어내는 뜨개질 지점처럼 작용했다면, 피셔에게 개인과 집단은 태피스트리와 성적 선택, 즉 직조자 역할을 했다. "성적 유기체에서 (…) 각 개체는 단일한 계열의 최종 구성원이 아니라 특정 집단 전체에 비교적 빠르게 분기하는 수렴하는 혈통의 최종 구성원이다. 한 종 내에 존재하는 변이는 하나의 단일한 직물을 직조하는 과정에서 서

"Analysis of Race-Mixture in Bengal," *Journal of the Asiatic Society of Bengal* 23, no. 3 (1927): 301–333. 앵글로-인도계 및 기타 '혼혈' 두개골을 분석한 이 1927년 출판된 텍스트를 바탕으로 마하라노비스는 인도에서 인종 혼합이 오랜 역사를 가지고 있지만, 주로 유사한 계급 내에서 수평적으로 발생했다고 결론지었다.
33. Fisher, "'The Coefficient of Racial Likeness'," 63.

로 수천 번 교차하고 다시 교차한 여러 실 사이의 색깔 차이와 같다."[34] (피셔와 프로이트의 직조 비유를 끌어들이자면, 성적 선택은 자연선택의 무질서한 무의식일 것이다.) 피셔에 따르면 지리학은 태피스트리에 틈을 만들어 인간 종족을 탄생시켰지만, 이 종족은 너무 새롭기 때문에 아직 "특정하게 구별되지 않았다."[35] 따라서 판별 함수는 태피스트리의 닳은 이음매를 따라 절단되었다.

피셔에 따르면 성적 선택은 유독한 동시에 치료적이었다. 즉 성적 선택은 문명을 '쇠퇴'하게 만들기도 했지만, 우생학에 초점을 맞춘 자연선택과 보조를 맞추면 문명을 회복할 수도 있다. 골턴과 피어슨과 마찬가지로 피셔도 영국이 쇠퇴하고 있다고 확신했지만, 이는 산업 도시의 열악한 노동 조건 때문이 아니라 오히려 영국의 상속법이 불임 생식 패턴에 유리했기 때문이다. 이 법에 따르면 부유한 재산 소유자들은 자신의 재산이 상속인에게 분할되지 않도록 하기 위해 불임 아내를 선택했다.[36] 또한 상속인들은 원하는 사람과 결혼할 수 있었기 때문에 "예외적으로 능력 있는 남성"과 결혼함으로써 불임을 전통적인 재산 계층을 넘어 확산시켰다. 다른 한편에서는 빈곤한 "바

34. Fisher, *The Genetical Theory of Natural Selection*, 124. 성과 죽음에 집착한다는 점에서 정신분석과 진화론은 가까운 친척이다.
35. Fisher, 같은 곳.
36. 「자연선택의 유전 이론」에서 이 주장을 펼치기 위해 피셔는 먼저 호주 어머니의 출산율과 딸의 출산율 간의 상관관계를 보여줌으로써 여성의 출산율이 유전적이라는 것을 증명하려 시도했다.(198) 그다음, 1851년과 1901년의 계층별 출산율 분석을 비교하며 그는 다음과 같이 주장했다. "두 시대 모두 불리한 사회적 조건과 높은 출산율 사이의 동일한 일반적인 관계를 보여준다. 그러나 이 관계의 강도는 1851년부터 1901년까지의 기간 동안 거의 두 배로 증가했다."(213) 피셔는 이 출산율의 증가를 "불리한 조건에 처한 사람들"이 출산을 선택한 반면, "유리한 조건에 처한 사람들"은 그렇지 않았기 때문이라고 설명했다.

람직하지 않은 사람들"이 생존을 위해 거칠게 번식했다.[37] 따라서 피셔가 유능하고 부유한 남성을 선호한다고 가정한 자연선택과 성적 선택은 자연적 목표와 사회적 목표 간의 관계와 마찬가지로 상충되는 측면이 있었다. 영국 사회의 "생물학적으로 성공한 구성원"은 "사회적 실패자"였고 "번영하고 사회적으로 성공한 구성원"은 "존재를 위한 투쟁[에] 부적합한 (…) 생물학적 실패자"였다.[38] 이 경쟁에서 자연선택은 약자였는데, 그 이유는 성적 선택이 "도망갈 수" 있었기 때문이다. 즉 성적 선택은 '열생학적'(劣生學, dysgenic) 특징을 증폭시키는 긍정적 피드백 루프를 통해 자연선택을 '극복'할 수 있었기 때문이다. 안타깝게도 피셔는 극심한 빈곤과 잔인한 산업 노동 조건이 사망률에 미치는 영향은 물론이고 성병(골턴의 불임의 원인으로 알려진)이나 피임 방법, 아동 사망률 등 성과 생식의 일탈에 작용하는 다른 방식과 수단의 영향을 고려하지 않았다.

이러한 '열생학적' 문제에 대한 해결책으로 피셔는 부유층에게 생식 인센티브를 제공함으로써 자연선택과 성적 선택을 일치시키는 방법을 제시했다. 피어슨과 마찬가지로 피셔도 빈민에 대한 공적 부조는 낭비라고 비난했다. 기껏해야 한 세대만 혜택을 받을 수 있기 때문이다. 그러나 피어슨과 달리 피셔는 자연선택과 성적 선택이 일치할 때 불평등이 더욱 커진다고 믿었다. 우생학적 '치료법'을 추진한 피셔의 야만인의 영웅주의와 억압되지 않은 성적 열정에 대한 낭만적인 믿음은 에드워드 기번의 『로마제국 쇠망사』, 니체의 『차라투스트라는 이

37. Fisher, *The Genetical Theory of Natural Selection*, 231.
38. 같은 책, 222.

렇게 말했다』 같은 역사 및 철학 텍스트와 아이슬란드 및 북유럽의 영웅 전설과 같은 야만인의 용맹함에 대한 신화에서 영감을 얻었다.[39] 피셔는 이러한 야만인 사회가 자연선택과 성적 선택을 결합하여 번성했다고 주장했다. 즉 이러한 사회에는 사회계급 구분과 부족 소속이 고도로 발달했고, 부는 불균등하게 분배되었지만 자연적으로 강력한 남성이 성적으로도 가장 강력했다.[40] 야만인 사회는 "시민적 평등"을 열생학적으로 추구하기보다는 영웅적인 것과 "인간의 자연적 불평등"을 중요시했다.[41] 이러한 사회는 성적 매력의 증가가 중요하다는 것을 이해했기에 우생학적이었다. 그러한 매력은 "우수한 인간의 더 미세하고 희귀하고 파악하기 어려운 특성을 파악할 수 있는 지각의 예민함, 해석의 자유와 확실성을 자극할 수 있기"[42] 때문

39. Joan Fisher Box, *R. A. Fisher, the Life of a Scientist* (New York: Wiley, 1978), 47, 18. 「자연선택의 유전 이론」에서 피셔는 다음과 같이 말한다. "영웅적 자질에 대한 대중의 감정적 반응을 선택하는 것은 다음과 같은 중요한 효과를 가져온다. (a) 사회적 결속력의 기존 기반을 강화함으로써 시스템의 토대를 안정화시키고 (b) 명성이나 명망에서 비롯된 선택적 우위를 강화하며 (c) 성적 선택에서 의식적으로 고려되는 모든 자질의 선택적 우위를 증가시키고 (d) 유전적 귀족에 대한 극단적인 귀족주의적 교리를 통해 자연적 불평등의 현실을 과대평가한다. 중요한 점은 일부다처제나 노예적 첩 제도와 같은 관행이 위와 같이 설명된 원인들의 체계가 가진 기본 원리가 결코 아니라는 점이며, 이러한 관행은 영웅의 명망이나 그가 속한 계급의 생식력과 조화를 이룰 경우에만 그 체계에 접목될 수 있다. 이러한 관행은 그 체계의 주요 조건이 약화되자마자, 집안일과 같은 부차적인 사회적 목적을 충족시키기 위해 필연적으로 쇠퇴하거나 변화된다."(249–250)

40. 피셔는 「자연선택의 유전 이론」에서 "아이슬란드 영웅 전설, 타키투스의 게르만인 묘사, 그리고 아마도 호메로스의 시로 대표되는 북유럽 원시 민족, 아라비아 사막의 이슬람 이전 베두인족, 중앙아시아 초원의 터키인과 타타르족 대부분, 그리고 뉴질랜드와 사모아의 폴리네시아인"을 이 야만인 사회로 예시하며, 그 사회는 "혈육 간의 복수로 인해 영향을 받거나 심지어 지배받는 부족 조직을 특징으로 한다"고 설명한다.(243)

41. Fisher, *The Genetical Theory of Natural Selection*, 248.

42. Ronald A. Fisher, as quoted in Box, *R. A. Fisher*, 41.

이었다. 특이하게도 피셔는 이러한 영웅적인 사회가 왜 그리고 어떻게 끝났는지에 대해서는 언급하지 않았다.

보수적이고 독실한 성공회 신자 출신으로 시력 때문에 1차 세계대전에 참전할 수 없었던 피셔가 영국의 영웅적 야만주의와 성적 열정을 부르짖는 것은 이상하게 보일 수 있지만, 네트워크화된 부족에 대한 그의 설명은 21세기 '자주적 개인'의 부족적 네트워크(1장 참조)로의 전환, 그리고 성과 열정적 진실에 대한 지속적인 매혹을 향한 부족의 전환을 예고하는 것이었다. 그러나 피셔의 비전과 데이비슨과 리스-모그의 비전 사이에는 중요한 차이점도 있다. '자주적 개인'의 세계에서는 부족이 국가 인구를 분열시키며, 국가 내에도 다양한 부족이 존재한다. 또한 목표는 인종적 상승이 아니라 이웃 탈출이다. 그리고 가장 흥미로운 것은 판별자와 판별이 패턴 인식과 인식의 문화정치(cultural politics of recognition)로 변모했다는 점이다.

패턴 인식을 인식하는 방법

패턴 인식이 있기 전에는 패턴 판별이 있었다. 나누고, 분리하고, 구별하는 능력인 '판별'은 역사적으로나 이론적으로 '인식'을 위한 길을 닦았다. 이 장의 시작을 알린 '게이다'의 예는 게이 또는 레즈비언 얼굴을 '인식'한다는 것이 먼저 '게이' 또는 '레즈비언' 대 '이성애자'라는 두 가지 유형을 구분하는 것을 의미했다는 점에서 판별과 인식 간의 지속적인 유대를 잘 드러낸다. 또한 이 섹션이 밝히듯 패턴 판별의 역사는 기계학습의 동물적 기원을 드러내는데, 쥐는 로지스틱 회귀 모델을 위한 최초의 비인간 신경 하드웨어였다.

패턴 판별은 동물의 시각에 대한 연구에서 비롯되었다. 저명한 실험 심리학자이자 행동주의자 인공두뇌학자(cybernetician)인 칼 래슐리는 시각적 단서로부터 일반화하는 쥐의 능력을 평가하기 위해 일련의 '판별 상자'를 만들었다.(그림 51, 52)[43]

수십 년에 걸친 래슐리의 기초적인 일련의 실험에서, 그의 판별 상자는 패턴(가로줄 대 세로줄), 밝기 또는 모양이 다른 두 이미지를 구별하는 데 성공한 쥐에게 먹이를 주거나 실패한 쥐에게 신체적 고통(전기충격 또는 자유낙하)을 주는 등 보상 또는 처벌을 가했다. 즉 상자는 쥐가 로지스틱 회귀 기계가 될 수 있는 능력을 테스트한 것이다. 이러한 실험은 단계적이고 누적적인 방식으로 진행되었는데, 처음에는 시각적 패턴을 구별하는 데 초점을 맞추고 다음에는 유사성 인식에, 마지막으로 "비교 대상 사이에 존재하는 복잡한 논리적 관계"에 대한 상위의 인식에 초점을 맞췄다.[44]

래슐리의 실험은 인간 실험자와 실험 대상 쥐 사이의 복잡한 상호작용을 밝혀냈으며, 이는 그의 연구 결과의 기초를 형성했다. 그의 첫 번째 연구(1912)는 오로지 판별에만 초점을 맞춘 것으로, 쥐에게 먼저 정사각형과 원을 구별하는 과제를 부여했지만 쥐는 이를 제대로 수행하지 못했다. 그런 다음 쥐에게 회전하는 사각형과 깜빡이는 불빛 속의 원을 구별하는 과제

43. K. S. Lashley, "Visual Discrimination of Size and Form in the Albino Rat," *Journal of Animal Behavior* 2, no. 5 (1912): 310–379, https://doi.org/10.1037/h0071033; K. S. Lashley, "The Mechanism of Vision: XV. Preliminary Studies of the Rat's Capacity for Detail Vision," *Journal of General Psychology* 18, no.1 (1938): 123–193, https://doi.org/10.1080/00221309.1938.9709894.
44. Lashley, "The Mechanism of Vision: XV," 123.

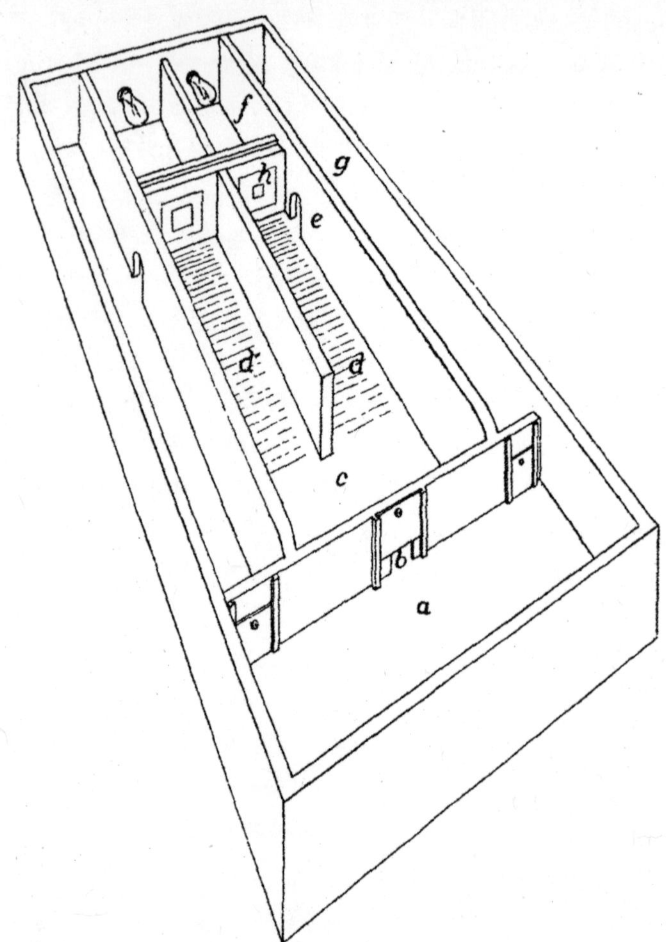

FIGURE I. Discrimination box. a, Starting compartment; b, sliding door; c, discrimination compartment; d, d′, passages wired with electric grill; e, door to food compartment; f,. light compartment; g, food compartment; h, reversible frame containing the translucent forms used as stimuli.

그림 51. 칼 래슐리의 1912년 '판별 상자'. 출처: K. S. Lashley, "Visual Discrimination of Size and Form in the Albino Rat," *Journal of Animal Behavior* 2, no. 5 (1912): 311.

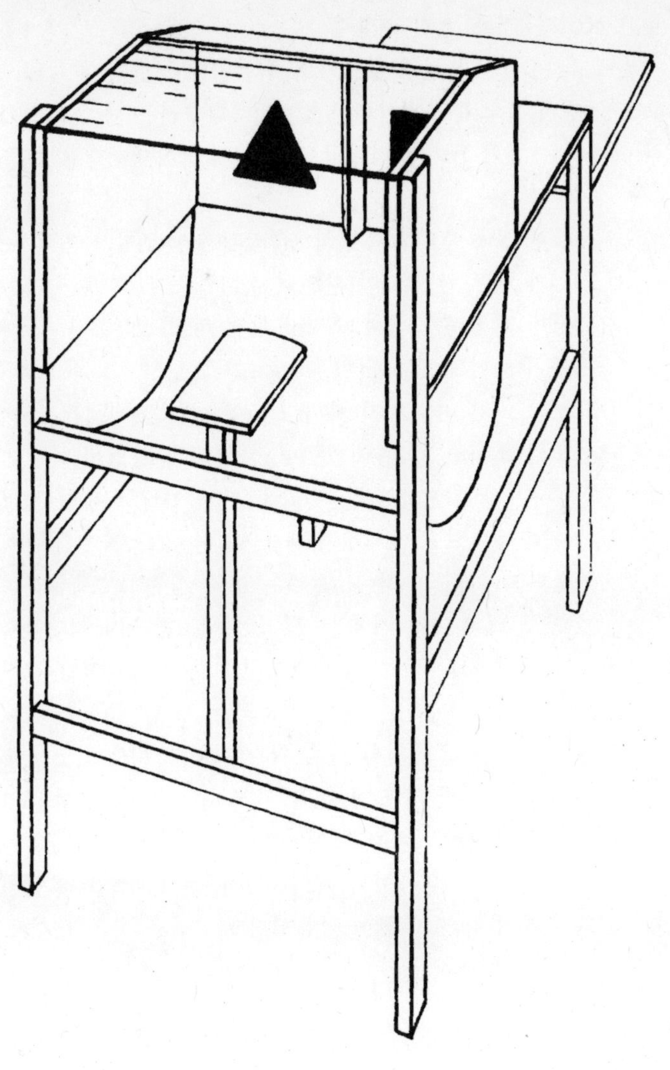

그림 52. 래슐리의 1938년 '판별 상자'. 출처: K. S. Lashley, "The Mechanism of Vision: XV. Preliminary Studies of the Rat's Capacity for Detail Vision," *Journal of General Psychology* 18, no. 1 (1938): 126.

를 부여했다. 겁에 질린 쥐들은 간섭받는 불빛 쪽으로 가기를 거부했고, 200번의 실험 끝에 2번 쥐는 "벌을 받는 와중에도 고집을 부려 실험에서 제거해야 했다."[45] 래슐리는 다른 실험에서 쥐들이 다음의 차이를 지각할 수 있는지 알아내려고 했다.

- 유사한 형태 간의 밝기의 차이(1번 쥐는 이에 잘 적응했다.)
- 크기가 다른 원의 차이(완전히 실패)
- 조명이 켜진 수평선과 수직선 간의 차이(2번 쥐는 이 과제를 수행했고 잘 해냈다.)
- 크기가 다른 사각형의 차이(2번 쥐는 이 문제에서 25퍼센트의 오차를 넘지 못했는데, 래슐리의 설명에 따르면 "이 시기에 그 쥐는 폐 질환으로 인해 자극에 대한 주의가 지속적으로 산만해졌기 때문"에 더 나은 결과를 내지 못했다고 한다. 그러나 그 쥐는 잠시 멈추고 "선택하기 전에 두 개의 길 사이에서 왔다갔다 했던" 것에서 "처벌 그릴"을 피하는 데 더 능숙해지면서 거의 즉각적인 선택으로 바뀌었다.)[46]
- 크기가 다르고 조명이 다른 원 사이의 차이(4번, 5번, 6번 쥐는 500번 시도 후 결국 지각하기 시작했지만, 5번 쥐는 700번 시도 후에도 여전히 반응이 불확실했다.)
- 크기가 다른 원 사이의 차이(처음에는 혼란스러워했지만 여러 번의 시도 끝에 적응했다.)

45. Lashley, "Visual Discrimination of Size and Form," 316.
46. 같은 글, 320.

래슐리는 또한 쥐에게 먹이가 담긴 두 개의 판지 상자 중 하나를 선택하게 하는 보다 "자연스러운" 실험을 시도했다.

래슐리는 각 쥐의 성격과 행동까지 세밀하게 관찰했다. 그는 다음과 같은 쥐들의 간단한 초상화를 제시했다.

-1번 쥐. 암컷, 생후 11주, 이 문제가 주어졌을 때 활기차고 활동적이며 안정적.
-2번 쥐. 1번과 같은 배에서 태어난 암컷, 매우 크고 활동적이지 않음.
-3번 쥐. 1번과 같은 배에서 태어난 암컷, 성장이 더디고 매우 흥분하며 쉽게 겁을 먹음.
-4번 쥐. 암컷, 생후 약 2개월, 몸집이 크고 활동적.
-5번 쥐. 암컷, 4번과 같은 배에서 태어남. 실험 초반에 아팠으며, 작지만 매우 활동적.
-6번 쥐. 암컷, 나이 미상, 새끼 한 마리를 낳아 먹어치웠으며, 매우 길들여 있어서 다뤄지는 데 익숙함. 일반적인 행동으로 볼 때, 이 쥐는 다른 쥐들보다 시각을 더 많이 사용하는 것으로 보임.
-7번 쥐 암컷, 나이 미상, 위치 연상을 매우 쉽게 형성함.[47]

래슐리는 개별 쥐들 사이의 차이를 자세히 설명했는데, 그 차이로 인해 처벌은 원하는 목표를 얻지 못했다. 3번 쥐는 고통에 극도로 민감한 반면, 2번 쥐는 상당한 전류를 견딜 수 있었다. 흥미롭게도 전기충격은 다른 쥐들보다 기록이 좋지 않았지

47. 같은 글, 313–314.

만 래슐리가 "무리 중 가장 똑똑한 쥐"라고 판단한 6번 쥐에게만 유지되었다.[48] 6번 쥐는 또한 자신의 새끼를 먹은 쥐였다.

이러한 차이를 인정하면서도 래슐리는 '쥐'에 대한 일반적인 결론을 제시했다. '쥐'는 밝기의 차이를 지각할 수 있지만 형태의 차이는 지각하지 못하고, 크게 다른 영역을 구별할 수 있지만 절대적인 크기는 구별하지 못한다. '쥐'의 형태 지각과 인식의 어려움으로 인해 '쥐'의 시각은 "극단적인 주변 영역에서의 인간 지각"과 매우 닮았다는 것이다. 또한 래슐리는 실험 구조가 '쥐'의 행동을 근본적으로 변경한다고 지적했는데, "흰 음식 접시에 가도록 훈련된 동물은 어떤 흰 물체라도 달려갈 것"이기 때문이었다.[49]

래슐리는 쥐의 신체 상태가 쥐의 지각 정확도에 영향을 미친다고 가정했다. "쥐에게 먹이를 너무 많이 주거나 너무 적게 주면 자극에 대한 주의력이 영향을 받아 오류 비율이 증가한다. 벌을 가할 때 너무 심한 충격을 받은 쥐가 처벌 그릴에 대한 두려움을 느끼면 기록에 불규칙성이 생긴다."[50] 래슬리는 처음에는 쥐의 저항으로 인해 처벌을 포기했는데, 쥐가 고집을 부리고 참여를 거부했기 때문이다. 이로 인해 그는 보상보다 처벌이 더 효과적이라는 이전 연구 결과에 의문을 품게 되었다. 이러한 불일치가 쥐 종 간의 차이 때문이라고 생각했지만 말이다. 알비노 쥐는 활동적이지 않기 때문에 먹이의 존재는 "사실상 유일한 동기 부여이며 반응 시간을 편리한 한도 내

48. 같은 글, 330.
49. 같은 글, 329.
50. 같은 글, 328.

에서 유지하려면 거의 지속적으로 사용되어야 한다"[51]고 그는 생각했다.

실험이 계속되면서 쥐의 신상 정보는 더 이상 기록되지 않았고, 쥐의 저항이 아닌 인간의 간섭이 '노이즈'의 출처가 되었다. 래슐리와 그의 공동 연구자들은 판별 상자가 쥐의 행동에 어떤 영향을 미치는지 설명하는 것에서 인간이 행동이나 관점을 통해 실험 결과에 어떤 영향을 미치는지 설명하는 것으로 전환했다.[52] 그들은 인간적으로 정의된 인식이 쥐의 훈련에 어떤 영향을 미치는지, 실험이 진행되면서 인식이 판별 및 기억력(retention)과 맺는 관계에도 집중했다.[53] 일반화 또는 인식은 "둘 이상 요소들의 무리(constellation)에서 공통의 속성을 식별"하는 것이며, 동물 사이에서 거의 보편적인 것이라고 래슐리는 주장했다. 따라서 문제는 '하등' 동물이 인식을 할 수 있는지 여부가 아니라 동물의 일반화 능력이 종마다 어떻게 다른가였다.[54] 일반적으로 20세기 중반까지 단어 인식과 같은 추상적 패턴 인식은 인간의 인지와, 패턴 판별은 동물의 시각적 식별과 연결되었다.[55]

사이버네틱스에서는 동물, 인간, 기계를 '지속적인 패턴'으로 보았기 때문에 패턴이 중요했다. 사이버네틱스의 '아버지'인 노버트 위너의 설명에 따르면 "유기체를 설명하기 위해 우리는 그 안에 있는 각 분자를 일일이 명시하고 분류하려고

51. 같은 글, 330.
52. Lashley, "The Mechanism of Vision: XV," 131.
53. 같은 글, 130.
54. 같은 글, 163.
55. A. H. Riesen, "Vision," *Annual Review of Psychology* 5, no. 1 (1954): 71.

하지 않는데", 그 이유는 "우리의 세포 조직은 우리가 살아가는 동안 변화하고, 우리가 먹는 음식과 숨 쉬는 공기는 우리의 살과 뼈가 되며, 우리 살과 뼈의 순간적 요소는 매일 배설물과 함께 몸 밖으로 빠져나가기 때문"이다. 사이버네틱스의 세계관에 따르면 유기체는 "끊임없이 흐르는 물의 강 속 소용돌이이며 (…) 머무르는 것이 아니라 스스로 영속하는 패턴"[56]이었다. 항상성의 패턴은 개인 정체성의 '시금석'으로서 오-인식을 인식으로 간주하는 근거를 마련했는데, 인식과 신체적 정체성 간의 매듭을 풀어헤쳤기 때문이다.

범주화는 지배의 밑바탕이 되었다. 제어 시스템은 노예화를 통해 메시지나 패턴을 제어하거나 제어를 통해 노예화되는 장치인 "서보메커니즘"이라고도 불렸다. 따라서 패턴 인식이 인공지능을 기초하는 과제가 된 것은 놀라운 일이 아니다. 기계 지각의 '선구자'인 올리버 셀프리지와 인지심리학의 '아버지'인 울릭 나이저가 1960년 『사이언티픽 아메리칸』에 발표한 영향력 있는 기사에서 주장했듯이 추상화, 지각 또는 인식을 가장 일반적으로 표현하는 용어는 "패턴 인식"[57]이었다.

기계와 쥐: 일반화로서의 인식

초기에 인공지능은 패턴을 '인식'하는 기계, 즉 다양한 맥락에서 유사성을 기록할 수 있는 기계를 생산하는 데 집중했다. 1960

56. Norbert Wiener, *The Human Use of Human Beings: Cybernetics and Society* (London: Free Assocation Books, 1989), 95–96. 한국어판은 『인간의 인간적 활용: 사이버네틱스와 사회』, 이희은, 김재영 옮김(텍스트, 2011).
57. Oliver G. Selfridge and Ulric Neisser, "Pattern Recognition by Machine," *Scientific American*, August 1960, 60, https://doi.org/10.1038/scientificamerican0860-60.

년, 패턴 인식은 기계가 아직 통과하지 못한 가장 중요한 지능 테스트 중 하나로 여겨졌다. 곧 "인정된"(recognized) 주인이 될 노예였던 컴퓨터는 "[자신의] 감각으로부터 받은 엄청난 데이터에 지속적으로 노출되는"[58] 인간과 달리 한 번에 한 비트씩 정보를 처리하기 때문에 실패했다고 여겨졌다. 그러나 이 설명은 '인간의 인식에 수반되는 것을 제대로 설명하는 방법'이라는 핵심적인 문제를 간과했다. 진정으로 동일하게 머무르는 것은 없다는 점을 감안할 때, 인간의 인식, 즉 재식별(reidentification) 행위는 매번 조금씩 벗어나면서 자신이 인식하는 규범을 만들어내는 정상적인 오식별(misidentification)이다.

1962년 철학자 케네스 세이어는 인간의 인식 문제를 다룬 논문에서 인식은 관계적이고 부류(class)에 기반한다고 강조했다. 즉 인식은 인식자, 관찰자 O, 인식할 객체 x, 그리고 그 대상이 속하는 부류인 일반화가 필요하다. "관찰자 O가 객체 x를 인식한다는 것은 x가 속해 있는 객체들의 부류가 존재하며, O가 x를 인식하면서 그 부류의 구성원으로서 x를 식별했다는 의미로 이해될 수 있다." 인식에는 사전 인식이 필요하다. 즉, "이미 변별하도록 학습한 속성의 관점에서" 다양한 기준을 평가하거나 사전 지식을 바탕으로 새로운 변별을 학습하는 것이 포함된다.[59]

세이어에 따르면 인간은 x를 한 부류의 구성원으로 인식할 수 있는 특성들을 명시하지 않고도 x를 그 부류의 구성원으로 식별할 수 있었다. 그러나 기계 지각은 인간의 직관을 따라

58. 같은 곳.
59. Kenneth M. Sayre, "Human and Mechanical Recognition," *Methodos* 14, no. 54 (1962): 28, 30.

갈 수 없었기 때문에 대신 "컴퓨터 언어로 쉽게 표현할 수 있는" 불변의 특성을 결정해야 했으며, 이는 "주어진 개체들의 한 부류를 다른 모든 부류와 구별하고 그 소유가 개체에게 해당 부류의 구성원 자격을 부여하는" 역할을 한다. 이러한 불변의 특성은 인간 직관의 대리체 역할을 할 것이며 이 덕택에 "컴퓨터는 인간이 일반적으로 그 부류의 구성원으로서 인식할 수 있는 거의 동일한 기록(inscription)을 선택할 수 있을 것이다."[60] 세이어는 기계 판독과 인간 식별 사이의 상관관계를 찾는 데 의존하는 기계 패턴 인식은 패턴을 특징의 집합으로 축소할 수 없다면 실패할 것이라고 주장했다. 게다가 이러한 패턴 인식은 새로운 특징을 식별하는 인간의 능력과도 경쟁할 수 없었다.[61]

세이어의 결론은 왕과 코신스키가 2018년 연구에서 머신 비전에 대해 긍정적으로 평가한 것과 모순되지만, 세 저자 모두 판별을 성공적인 인식에 필요한 것으로 보았다. 현대적 패턴 인식 시스템은 판별에 대한 다양한 분야와 접근 방식을 통합한다. 이들은 통계적, 구문론적, 인지적 접근 방식으로 번역된다. 추론을 일반화와, 학습을 판단과, 분류를 판별 분석과 동일시한다. 분류 시스템은 '불변적' 특징의 사전 구축 또는 발견을 요구하며, 이를 기반으로 객체를 할당하고 축소한다.[62] 이러한 범주의 선택 또는 발견은 동기화된다. 그러한 범주는 상업

60. 같은 글, 36.
61. 같은 글, 32.
62. Geoff Dougherty, *Pattern Recognition and Classification: An Introduction* (New York: Springer New York, 2013), 3, 11–12. 분류의 영향에 대해서는 크로퍼드, 『AI 지도책』을 참조.

적 온라인 시스템에서는 클릭을 극대화하고, 예측 치안 시스템에서는 체포를 최적화한다. 모든 경우에 이러한 선택은 선별된 데이터를 기반으로 하며 '최적/최적이 아닌' 또는 '안전/안전하지 않은' 이웃들을 창출하도록 설계된다. 패턴 인식에 관한 물리학자 제프 도허티의 고전적인 교과서는 이를 다음과 같이 설명한다. "특징의 질은 서로 다른 클래스(class)의 예시를 구별하는 능력과 관련이 있다. 같은 클래스의 예는 비슷한 특징값을 가져야 하고, 다른 클래스의 예는 다른 특징값을 가져야 한다. (…) 선호되는 특징은 항상 가장 많은 정보를 제공한다.(따라서 이러한 맥락에서 가장 변별력이 높다.)"[63] 가장 변별력이 높은 특징은 물리적, 생물학적 또는 개념적 중요도에 관계없이 (인식=판별++) '불변'으로 보이기 때문에 가치가 높다.

그러나 판별에서 인식으로의 역사적 변화를 이해하려면 인정의 철학적, 정치적 역사를 고려해야 한다. 철학자, 민주주의 정치 이론가, 활동가 들은 오랫동안 인정을 관계적인 것으로, 즉 존재와 자유에 대한 잘못된 동일시(misidentification) 및 투쟁과 결부된 '사회적 드라마'로 이해해 왔다.[64] AI 기계 주인에 대한 두려움은 인정과 지배의 정치, 진정성은 아니더라도 능수능란한 인증의 드라마에서 직접적으로 비롯된 것이다.

63. 같은 책, 4.
64. Axel Honneth, "From Desire to Recognition: Hegel's Account of Human Sociality," in *Hegel's Phenomenology of Spirit: A Critical Guide*, eds. Dean Moyar and Michael Quante, Cambridge Critical Guides (Cambridge: Cambridge University Press, 2008), 76.

헤겔은 인정에 대한 가장 널리 인정된 이론가이며, 그가 인정을 주인과 노예 사이의 생사를 건 극적인 투쟁으로 공식화한 것은 인공지능에 대한 현재의 두려움을 예견한 것이다. 헤겔의 잘 알려져 있고 아마도 진부할 수 있는 주장에 따르면, 자의식은 "타자에 대해 그 자체로서(in itself/an sich) 그리고 자기에 대해(for itself/für sich) 존재하는 동안 그리고 그 결과로서 **즉자적**이며 **대자적**(in and for iteslf)이다. 즉 자의식은 인정된 존재로서만 존재한다."[65] 다시 말해, 주체성은 인정을 필요로 한다. 이를 설명하기 위해 헤겔은 다음과 같은 발전적 서사를 제시한다. 자의식은 의식의 욕망, 예를 들어 먹고자 하는 욕망에서 시작된다. 의식은 배고픔을 통해 스스로를 인식하게 되는데, 배고픔을 통해 '나'가 출현한다.[66] 그러나 욕망만으로는 자의식을 확립하기에 충분하지 않은데, 그 이유는 '나'가 전능하고 유일무이한 존재라는 불안정한 허위의 인식을 조장하기 때문이다. 즉 욕망은 스스로가 세계의 모든 변화에 책임이 있는 존재로 간주하고 스스로를 인간성 안에, 더 큰 인류 안에 놓지 않기 때문이다.[67] 진정한 자의식이 출현하려면 의식은 처음에는 자신의 거울상이라고 생각하는 다른 인간 의식을 만나야 한다. 이들의 만남은 여전히 충분하지 않다. 이 '나'는 스스

65. George Wilhelm Friedrich Hegel, *The Phenomenology of Spirit*, ed. and trans. Terry Pinkard (Cambridge: Cambridge University Press, 2018). 한국어판은 『정신현상학 1, 2』, 김준수 옮김(아카넷, 2022), 108, 강조는 원저자. [옮긴이—독일어 병기는 영어로 쓰인 이 책의 원문에는 없으나 헤겔 철학의 기본 개념어임을 고려하여 추가했다.]
66. Alexandre Kojève, *Introduction to the Reading of Hegel* (Ithaca: Cornell University Press, 1980), 37.
67. Honneth, "From Desire to Recognition," 85–86.

로 실재적이기보다는 가상적이라고 간주하는 존재와 동일시하고 그 존재에 의해 인식되기 때문이다. 순수한 인정과 자의식을 달성하기 위해서는 이 두 '나'가 생사를 건 투쟁을 벌여 하나가 다른 하나를 지배해야 한다.[68] 투쟁이 끝나면 두 가지 형태의 의식이 출현한다. "하나는 자족적이며, 그 본질은 자기에 대한 존재이다. 다른 하나는 자족적이지 않고 삶, 즉 타자를 위한 존재가 본질이다. 전자는 주인이고 후자는 종이다."[69]

그러나 상황은 그렇게 간단하지 않다. 주인의 의식은 노예의 인정(acknowledgement)과 노동에 달려 있다. 사실 주인은 자족적이지 않다. 스스로 물건을 생산하지도 않고 욕망을 통제하지도 않는다. 헤겔은 자유와 진정한 자의식이 노예와 노예의 노동에서 나온다고 주장한다. 노동은 "억제된(held in cheek/gehemmte) 욕망, 억눌린(starved off/aufgehaltenes) 소멸이다. 즉 일(work)은 기르는 동시에 교육하는 것이다."[70] 물건을 형성하는(fashion) 노예의 노동은 자기-형성적(self-fashioning)이다. 지속되는 물건을 만들면서 노예는 노예가 아닌 다른 사람, 즉 역사를 만드는 사람이 된다. 알렉상드르 코제브는 일이 "**세계**를 형성하고, 변형하고, **인간**에게 더 적합하게 만들어 **세계**를 인간화하며, 다른 한편으로는 인간을 변화시키

68. 코제브는 우리에게 이렇게 말한다. "인간이 되기 위해 인간은 물(物, thing)을 지배하기 위해 행동하는 것이 아니라, (그 물에 대한) 또 다른 **욕망**을 지배하기 위해 행동해야 한다. 물을 욕망하는 인간은 그 물을 소유하기 위해 행동하기보다는 타자가 그 물에 대한 (…) 그의 권리를 인정하게 만들기 위해, 타자가 그 물의 소유자로서 자신을 인정하게 만들기 위해 행동하며, 결국에는 타자보다 그 자신이 우월함을 그 타자가 인정하게 만들기 위해 그렇게 한다." Kojève, *Introduction to the Reading of Hegel*, 40, 강조는 원저자.
69. Hegel, *Phenomenology of Spirit*, 112–113, 강조는 원저자.
70. 같은 책, 115, 강조는 원저자.

고, 형성하고, 교육하고, 인간이 자신에 대해 가지고 있는 이념, 즉 처음에는 추상적인 관념, 이상에 더 부합되게 함으로써 인간을 인간화한다"고 설명한다. 일은 "역사적 과정, 인간의 역사적 생성"이며 "호전적인 **주인**이 아니라 일하는 **노예**의 산물"이다.[71] 이 "사회적 드라마"를 통해 세계는 변화하고 역사가 만들어진다.

악셀 호네트와 찰스 테일러와 같은 자유주의 정치 이론가들은 이 설명을 끌어내고 확장하여 인정이 평등의 기초를 형성한다고 주장했다.[72] 철학자 낸시 프레이저는 20세기 후반 "재분배 대 인정"에 관한 호네트와의 유명한 논쟁에서 호네트와 테일러에게 "누군가의 인정을 부인하는 것은 인간 번영의 기본 요건을 박탈하는 것"[73]이라고 설명했다. 이러한 부인은 우리의 품위를 손상시킨다. 우리의 완전한 주체성을 막아서 우리를 종속시키고 상처를 입힌다. "우리를 왜곡되고 축소된 존재 양식 안"에 가둔다.[74] 이러한 오-인식이 피해를 준다는 이론은 심리학자 케네스 클라크가 만든(그리고 2장에서 설명한 머튼과 같은 사회학자들이 지지하는) "인형 테스트"와 주장에 기반을 두고 있으며, 미국 학교의 법적 인종차별 폐지에 결정적인

71. Kojève, *Introduction to the Reading of Hegel*, 52, 강조는 원저자.
72. Nancy Fraser and Axel Honneth, *Redistribution or Recognition? A Political-Philosophical Exchange*, trans. Joel Golb, James Ingram, and Christopher Wilke (London: Verso Books, 2003); Charles Taylor, "The Politics of Recognition," in *Multiculturalism: Examining the Politics of Recognition*, ed. Amy Gutmann (Princeton: Princeton University Press, 1994), 25–74.
73. Nancy Fraser, "Social Justice in the Age of Identity Politics: Redistribution, Recognition, and Participation," in Fraser and Honneth, *Redistribution or Recognition?*, 28.
74. 찰스 테일러. 다음에서 인용. Fraser, "Social Justice in the Age of Identity Politics," 28.

영향을 미쳤다. 이러한 실험과 주장은 "분리되어 있지만 (불)평등"함이 흑인 아동에게 부정적인 이미지를 내면화한다는 사실을 보여주었다.[75] 페미니스트, 다문화주의자 및 기타 활동가들의 인정을 위한 요구는 인정의 필요성은 새로운 것이 아니지만, 이를 달성하기 위한 투쟁은 새로운 것임을 강조했다. 즉 이러한 활동가들은 불평등에 도전함으로써, 습관적 예속의 기반을 형성하는 오래된 '명예'의 위계를 약화시키고자 했다는 것이다.[76] 오-인식의 피해를 되돌리고 집단적 투쟁의 필요성을 인정하기 위해 테일러는 특정한 비근본적 권리에 대한 예외를 인정할 것을 요구했다.

인정의, 그리고 인정을 위한 정치는 우파와 좌파의 공격을 받았다. 좌파 진영에서 지젝은 다문화주의를 "다국적 자본주의의 문화 논리"라고 유명하게 불렀고, 다른 이들도 정체성 정치가 재분배 요구를 희석시킨다고 주장했다.[77] 가장 간결하게 말하자면, 이들은 정체성이 계급을 약화시킨다고 주장했다. 그러나 프레이저가 보여준 것처럼 인정과 재분배는 결코 반대되지 않았다. 즉 이들은 두 별개의 사회적 영역, 하나는 순수히 경제적 영역이고 다른 하나는 순수히 문화적 영역인 것이 아니라, 어떤 상황에도 적용될 수 있는 두 가지 분석적 관점이었다.[78]

75. Taylor, "The Politics of Recognition," 36.
76. 같은 글, 27.
77. Slavoj Žižek, "Multiculturalism, or, the Cultural Logic of Multinational Capitalism," *New Left Review*, no. 225 (1997): 28–51. 프레이저는 이 분열을 차이에 대한 상이한 평가로 설명했다. 재분배를 옹호하는 이들은 차이(difference)를 부당한 차등(differential)으로 보았으며, 인정의 정치를 옹호하는 이들에게 차이는 무해하거나 이전에 존재하는 문화적 차이였으나, 그 차이는 부당한 해석 틀을 통해 차별적으로 변모했다. Fraser, "Social Justice in the Age of Identity Politics," 15.
78. Fraser, "Social Justice in the Age of Identity Politics," 64.

프레이저는 "정의가 모든 (성인) 사회 구성원들이 동료로서 상호작용하는 사회적 배열을 필요로 한다"고 주장하는 근본적인 민주주의 규범인 "참여적 동등성"에 인정이 근본적이라고 주장했다.[79] 프레이저의 개입은 중요하지만, 이는 또한 의문을 제기한다. 인정과 재분배에 대한 논쟁이 퀘벡 분리주의자, 토착민 활동가, 페미니스트, 아프리카계 미국인 정치 운동에 집중되어 왔다는 점을 고려할 때, 단지 인정만을 요구하는 집단이 존재한 적이 있었는가? 민권은 재분배에 관한 것이었다.

실제로 인정의 정치에 대한 가장 강력한 비판은 테일러와 같은 이론가들이 논의한 매우 '주변화된' 공동체에서 나왔다. 정치학자이자 토착민 연구자인 글렌 쿨타드가 설명한 바와 같이, 테일러의 이론은 토착민의 자기결정권 투쟁이 정착민 국가의 축복에 달려 있다고 추정했다. 이는 두 가지를 그대로 남겼다. "하나는 토착민과 그들의 영토에 대한 정착민 국가의 주권 주장이 갖는 정당성을, 다른 하나는 적절한 거버넌스 양식으로서의 국가 형태의 규범적 지위를" 말이다.[80] 마찬가지로 쿨타드는 캐나다 정부의 토착민 정체성에 대한 '수용'이 토착민의 민족성 주장을 캐나다 정착민의 주권과 '화해'시키려 한다고 비판했다. 탈식민화의 철학자 프란츠 파농의 말을 인용하여 쿨타드는 인정의 자유주의 정치가 식민적 관계를 재생산한다고 주장했다. "호혜나 상호 인정의 이상에 근거한 평화 공존의 시대를 여는 대신, 동시대 자유주의 형태의 인정의 정치는 토착민의 인정 요구가 역사적으로 초월하고자 했던 식민주의적이

79. 같은 글, 36.
80. Glen Sean Coulthard, *Red Skin, White Masks: Rejecting the Colonial Politics of Recognition* (Minneapolis: University of Minnesota Press, 2014), 36.

고 인종주의적이며 가부장적인 국가 권력의 배열을 재생산할 것을 약속한다."[81] 따라서 인정의 자유주의 정치는 자신이 치유하고자 하는 것, 즉 "지속적인 지배에 필요한 관행과 주체 위치의 유형"을 수용하도록 훈련된 "식민화된 주체"를 생산한다.[82] 오-인식은 오류가 아니라 요점이다.[83]

중요한 점은 재분배 없는 인정, 오히려 재분배를 방지하기 위한 방법으로서의 인정을 반동 우파가 받아들였다는 점이다. 반동 우파는 1960년대에서 1980년대 사이의 급진적 하위문화가 발전시킨 스타일과 기법을 모방한다. 반동 우파는 "보수주의가 새로운 대항문화다"와 같은 밈을 퍼뜨리며, 그 많은 다양한 노드들은 공통의 적인 진보 정치(소위 "사회 정의 전사들"[social justice warriors, SJW])에 대한 공격을 통해 함께 연결된다.[84] 이들은 한때 지배적이었던 주류 문화가 분노한 하위문화로 분열된 후, 공통의 적을 향한 혐오에 대한 매혹으로 인해 다시 접합되는 방식을 예시한다.

「빨간 알약의 독성」에서 논의한 같이, 이는 역헤게모니다. 헤게모니가 한때 다양한 소수자들이 지배적인 세계관과 동일시하도록 유인하여 다수를 창출하는 것을 수반했다면, 이제 다수자들은 특별한 스타일-겸-낙인에 집착하는 분노하는 소수자들을 그들이 '주류 문화'로 잘못 지각하는 것에 대한 반대를

81. 같은 책, 3, 강조는 원저자.
82. 같은 책, 16.
83. 또한 쿨타드와 파농은 식민적 상황 내에서 인정만으로는 불평등을 완화할 수 없다고 강조한다. 왜냐하면 주인이 노예로부터 원하는 것은 오직 노예의 노동뿐이기 때문이다.
84. Florian Cramer, "Meme Wars: Internet Culture and the 'Alt Right'," FACT-Liverpool, YouTube, March 7, 2017, https://youtu.be/OiNYuhLKzi8.

통해 통합함으로써 등장한다. 이러한 헤게모니적 군집화의 목표는 확실히 비규범적이다. '주류 미디어'를 욕하는 폭스 뉴스 시청자들부터 (폭스 뉴스가 미국에서 기본 케이블 TV 채널 중 가장 인기 있는 채널임에도 불구하고) 스스로를 약자로 여기는 실리콘밸리 사우론들에 이르기까지 말이다.

낙인을 받아들이고 '적'과 탈동일시하기

뉴스와 엔터테인먼트의 교차점에 존재하는 대안 영향력 네트워크(alternative influence network, AIN)는 아마추어 미학과 진정성의 정치(3장에서 설명)를 포용하여 영향력을 키우고 반동적인 견해를 확산시킨다.[85] 이러한 네트워크는 '주류 미디어'에 반대하는 것으로 스스로를 정기적으로 정의하지만, 그럼에도 불구하고 주류 미디어의 대본에서 영감을 얻는다. 폭스 뉴스와 브레이트바트가 불만을 품은 시청자들을 위해 「굿모닝 아메리카」의 "국민 가족"을 모방한 은유적 가족을 창조한 것부터 고전적인 "TV 유니버스"를 따르는 "게스트 출연"과 교차하는 스토리라인을 사용하는 것까지 말이다.[86] 그러나 방송 텔

85. 리베카 루이스는 다음과 같이 말한다. "진정성은 진보와 보수 양측의 강력한 미디어 기관들이 주목하기 시작한 영향력을 구축하는 데 매우 효과적인 방법이 되었다. 최근에는 코크 형제가 후원하는 보수 미디어 콘퍼런스인 라이트온라인(RightOnline)에서도 주요 주제로 다뤄지고 있다. 이 행사의 목적은 새로운 세대의 미디어 제작자들에게 영향력을 구축하고 보수주의를 확산하는 방법을 가르치는 것이다. 참석자들은 '진정성 있게 되기'와 '호감 갖게 하기', 그리고 '자신의 명확한 미디어 페르소나와 이야기를 구축하는 방법'을 주제로 다루는 발표와 패널 토론을 찾을 수 있다. 이처럼 진정성의 과시적인 요소는 제도적 권력에 의해 키워지고 활용될 수 있다. 심지어 정치적 인플루언서들은 그러한 요소를 활용하여 동일한 권력으로부터의 자유를 약속하기도 한다." Rebecca Lewis, *Alternative Influence*, 19.

86. Jane Feuer, "The Concept of Live Television: Ontology as Ideology," in *Regarding Television: Critical Approaches—an Anthology*, ed. E. Ann Kaplan,

레비전이 국가적 결속을 추구하는 반면, 대안 영향력 네트워크는 분열적이고 '전복적인' 정치 및 사회적 소속을 목표한다. 이들은 반항적이고 동종선호적인 군집들을 육성하기 위해 이러한 전술을 전통적으로 좌파의 대항문화적인 전략과 결합한다. 예를 들어 캔디스 오웬스는 보수적인 흑인 해설자로서 자신의 영역을 차지하기 위해 LGBTQ의 '커밍아웃' 서사를 악명 높게 끌어냈다. 유튜브 동영상에서 오웬스는 레즈비언으로 커밍아웃할 때는 부모의 사랑을 받지만, 보수적으로 커밍아웃할 때는 부모의 질책을 받는다.[87] 밀로 이아노폴리와 리처드 스펜서는 부모를 불쾌하게 만들기 위해 고안된 터무니없는 행동을 통해 극우의 사랑꾼이 되었다.[88] 동성애 혐오에 대응하여 형성된 퀴어 가족을 모방하여 반동 우파는 시민 사회 규범의 잔재에서 새로운 전투적 '부족들'을 창조한다.

결정적으로, 이 부족들은 주류 문화에 맞서 자신을 정의할 뿐만 아니라, 인지된 낙인을 포용하고 증폭시킨다. 그들은 전투적인 피해자로 스스로를 밝히므로 퀴어와 흑인 해방의 방법에 끌리게 된다. 더 정확히 말하면, 그들은 자신을 '실제 피해자'로 자리매김하고 사회 정의 전사들의 주장을 약화시키기 위해 '피해자'로 탈-동일시한다. 그들은 모방과 조롱을 결합한다. 언어학자 미셸 페슈의 말을 인용한 퍼포먼스 연구자 호

American Film Institute Monograph Series, vol. 2 (Frederick, MD: University Publications of America, 1983), 12–22; Mimi White, "Crossing Wavelengths: The Diegetic and Referential Imaginary of American Commercial Television," *Cinema Journal* 25, no. 2 (1986): 51–64, https://doi.org/10.2307/1225459.
87. Candace Owens, "Mom, Dad...I'm a Conservative," YouTube, July 9, 2017, https://www.youtube.com/watch?v=dgKc-2rFcRw.
88. Lewis, *Alternative Influence*, 23.

세 무뇨스는 「탈동일시」(Disidentifications)에서 (「이데올로기의 상관관계」에서 묘사한) 알튀세르의 '이론적 연극' 속 경찰의 부름을 받은 주체가 반응할 수 있는 세 가지 방법이 있다고 설명했다. 첫 번째 방법은 순응이다. 경찰관의 "거기, 당신"에 대한 반응으로 '좋은 주체'는 돌아서서 법에 종속되거나 법의 주체가 된다. 두 번째 방법은 공개 저항이다. '나쁜 주체'는 "거기, 당신", 더 일반적으로 지배 이데올로기가 제공하는 이미지 및 동일시를 거부함으로써 반란을 일으킨다. 이는 대안 영향력 네트워크가 스스로 한다고 주장하는 것이다. 그러나 '반동일시'(counteridentifying)를 통해 이들은 통제된 대칭을 관통하여 지배 이데올로기를 승인한다. 세 번째 방법은 탈-동일시다. 여기서 주체는 "이러한 구조 내에서 동화되기를 선택하지도 않고 엄격하게 반대하지도 않는다. 오히려 탈-동일시는 지배 이데올로기에 관하여 작용하고 이에 반대하는 전략이다."[89] 탈-동일시는 합법적인 오독을 조성한다. 주체는 처음에는 문화적으로 '연결'하도록 코딩되지 않은 순간, 사물 또는 다른 주제에서 자신과 자신의 삶의 서사를 읽게 된다. 이것이 바로 대안적 영향력 네트워크가 잘하는 것이다. 이들은 피해자로 탈-동일시한다.

무뇨스에게 탈-동일시는 일반적으로 다수의 자리에서 배제되는 유색인종 퀴어와 다른 주체들이 살아남는 데 도움을 주었다. 이는 숨 쉴 수 있는 공간, 그리고 분노의 공간을 만들기 위해 배제를 수용하면서 재작업했다. 예를 들어 코미디와의 탈-동일시를 통해 유색인종 퀴어들은 '창백한 정상성'(pasty

89. José Esteban Muñoz, *Disidentifications: Queers of Color and the Performance of Politics* (Minneapolis: University of Minnesota Press, 1999), 11.

normal)을 욕했다. 퀴어 연극을 "좋은 유머 코미디와 무분별한 반복으로 타락하고 무너지기 쉬운" 것으로 평가한 극작가 베르톨트 브레히트의 평가에 동의하지 않은 무뇨스는 이러한 코미디가 "통렬한 반규범적 비판"을 상연했다고 주장했다. 무뇨스는 다음과 같이 강조했다. "코미디는 분노와 독립적으로 존재하지 않는다. (…) 분노는 지속되며 백인 규범성과 이성애 규범성의 논리로 식민화된 사회에서 공간을 차지하기 위한 노력으로, 행동주의를 향한 요청으로 던져진다."[90]

반동 우파에 속한 사람들은 인지된 낙인을 배치하고 수용함으로써 전투적인 피해자로 탈-동일시한다. 어빙 고프먼이 주장한 바와 같이, 낙인은 낯선 사람이 "바람직하지 않은" 차이를 가지고 있다는 것을 "정상"에게 전달하는 시각적 보조 도구다.[91] 낙인은 맥락에 따라 달라진다. "정상과 낙인찍힌 것은 사람이 아니라 관점이다." 그러한 관점은 "실현되지 않은 규범의 힘으로"[92] 사회적 만남 속에서 나타난다. 낙인은 충족되지 않은 규범을 암시하며, 그 규범은 차이를 낙인찍는 부재하는 현재다. 고프먼은 '정상'의 관점에서 글을 쓰면서 낙인찍힌 '타자'들이 자신의 결핍을 인정하는 통과, 탈-동일시, 전치 및 기타 대처 메커니즘을 통해 삶을 어떻게 협상하는지를 전달했다. 그러나 "개인이 모든 다른 가능성들을 포기할 수 있게 해주는 최후의 가능성"이 있는데, 즉 "그는 자발적으로 자신을 드러

90. 같은 책, x, xi–xii.
91. Erving Goffman, *Stigma: Notes on the Management of Spoiled Identity* (New York: Simon & Schuster, 1986), 2–3.
92. 같은 책, 138.

낼 수 있다."[93] 고프먼은 이러한 움직임을 전투성, 그리고 맹목적 우월주의와 심지어 분리독립주의 이념을 수용하는 집단 내 관점과 연결했다.[94] 이러한 "자기-상징화" 무장 세력은 그들이 "정상의 사회로부터 단절될" 것을 보장했다.[95] 고프먼은 이것이 "값비싼 해결책"이라고 생각했다.[96]

그러나 이 값비싼 해결책인 소외는 더 이상 외면받지 않고 포용되고 있다. 그리고 "진정으로 충성스러운" 출구로 이해되는 전투적 분리주의는 탈-동일시를 통해 목표가 되었다.

인셀들

인셀(비자발적 독신주의자) 커뮤니티의 구성원들은 진정한 전투적인 출구의 포용을 예시한다. 그들은 규범에서 벗어나고 페미니즘과 생물학의 '실제 피해자'임을 밝히기 위해 낙인, 소외, 우생학을 포용한다. 자신을 "섹스, 마약, 사회 정의의 전직 철학자"라고 묘사하는 인기 유튜버 나탈리 윈이 2020년 초까지 240만 조회수를 기록한 콘트라포인츠(ContraPoints) 계정의 인셀 동영상에서 설명하듯,[97] '비자발적 독신주의자'를 위한 용어인 '인셀'은 토론토의 외로운 양성애자 알라나가 처음 만들

93. 같은 책, 100.
94. 같은 책, 113.
95. 같은 책, 101.
96. 같은 책, 129.
97. Natalie Wynn, "Incels | ContraPoints," YouTube, August 17, 2018, https://youtu.be/fD2briZ6fB0. 윈(ContraPoints)은 '논란의 여지가 있는' 영상을 제작하며, 이 영상들은 정기적으로 100만 회 이상의 조회수를 기록해 왔다. 그녀는 리베카 루이스가 언급한 "대안 영향력 네트워크"에 개입하는 진보적 그룹의 "미디어 스타들"을 이끌고 있다. 윈은 파시즘, 조던 피터슨(반동 우파에서 인기 있는 인물), 성별 전환, 인셀 등 다양한 주제를 다루어 왔다. 콘트라포인츠에 대해서는 다음을 참조. YouTube, n.d., https://www.youtube.com/user/ContraPoints/about.

었다. 알라나는 "남녀가 왜 아무도 만날 수 없는지 소리 내어 궁금해할 수 있는, 외로움에 대해 이야기할 수 있는 온라인 포럼"을 만들었다.[98] 그러나 2015년까지 엘리엇 로저[99] 같은 대량 살인범들이 "최고의 신사"로 칭송받는 incel.me와 같은 사이트에서 '인셀'은 분노에 찬 남성을 가리켰다.

원이 설명하듯, 인셀은 스스로 "영구적" 상태라고 지각하는 것에 대한 생물학적 설명을 포용한다. 왕과 코신스키처럼, 그들은 자신의 운명을 설명하기 위한 방법으로 관상, 특히 두개골 크기를 받아들인다. 인셀 세계관에서 남성과 여성은 각각 두 가지 유형으로 나뉜다. 여성은 케임브리지 애널리티카 비디오에 등장하는 '신경증적 여성'과 똑같이 생긴 '베키'이거나 '스테이시'(그림 53)이고, 남성은 '인셀' 또는 '채드'다.(그림 54)

인셀은 또한 키셀(Heightcel), 멘탈셀(Mentalcel), 손목셀(Wristcel)과 같은 다양한 하위 유형으로 나뉜다. 또한 블랙셀(Blackcel), 라이스셀(Ricecel), 커리셀(Currycel)처럼 인종적으로 적절한 하위 유형도 있으며, 이들 각각에 대한 상대방 채드는 타이론(Tyrone), 창(Chang), 채드프리트(Chadpreet)다.[100] 이 장에서 앞서 논의한 '게이다'처럼, 문화적 및 생물학

98. Jim Taylor, "The Woman Who Founded the 'Incel' Movement," *BBC News*, August 30, 2018, https://www.bbc.com/news/world-us-canada-45284455.

99. 옮긴이—2014년 5월 23일 캘리포니아주 UC 산타 바버라 대학교 근처에서 총기를 난사하여 자신의 룸메이트 두 명을 포함한 여섯 명을 살해하고 열네 명의 부상자를 낳았다. 범행 후 경찰에 쫓기다가 자신의 차에서 자살했다. 범행 전 매노스피어(manosphere)와 연결된 온라인 커뮤니티에서 활발했고 사후 인셀들에게 영웅 또는 성자로 추앙받았다.

100. 옮긴이—라이스셀은 동아시아 또는 동남아시아계 인셀, 커리셀은 인도계 인셀을 말한다. 한편으로 이 명칭은 이와 같은 인종의 남성들이 성적으로 매력적이지 않으며 유약함을 뜻하지만, 다른 한편으로는 이들 스스로 자신의 고유함을 강조하기 위해 사용한다. '창'은 아시아계 채드를, '채드프리트'는 시크교도 채드를 가리킨다.

적 특징의 조합이 이러한 유형을 정의한다. 하지만 이것이 채드가 될 수 있음을 의미하는 건 아니다. 인셀과 채드는 두개골 크기나 모양과 같은 신체적 특징으로 인해 분리된다.(그림 54)

윈은 인셀이 두개골 크기에 집착하고 관상을 포용하는 이유를 설명하기 위해 '레이디 포핑턴'(Lady Foppington) 페르소나를 활용한다.(그림 55) 윈이 계속해서 설명하기를 이는 다음과 같은 이유 때문이다.

> 두개골은 활기가 없고 변하지도 않아요. 따라서 편견이 심한 사람들이 특정 집단의 사람들에게 부여하는 내재적이고 영구적인 특성을 완벽하게 상징하죠. 예를 들어 당신이 특정 인종이나 성별이 지적으로 열등하다고 믿는다면 두개골의 모양을 가리키며 음 그 이유는 "본질이기 때문에 할 수 있는 일이 없기 때문이에요"라고 말하는 것으로 당신의 믿음을 정당화할 수 있어요. 그리고 그것이 바로 사랑과 독신에 대한 인셀들의 사고방식이죠. (…) 인류는 두 집단의 사람들로 나뉘어요. 즉 두개골이 엉망진창인 채드와 뼈가 몇 밀리미터 정도 짧은 인셀 말이죠.

이것은 테일러가 진단한 '오-인식'의 고전적 사례처럼 보일 것이다. 신체적 특성을 통해 인셀은 자신을 영원히 손상된 것으로 '인식'하기 때문이다.[101] 그러나 차이점은 이 열등감, 즉 '운

101. 이 점을 강조하기 위해 윈은 4Chan의 TTTT 스레드[옮긴이—trans, trans, trans, trans의 약자로 트랜스젠더 여성에 대한 글과 밈이 올라오는 스레드]에서 벌어지는 고약한 공방전을 설명한다. 이 스레드는 성전환을 고려 중인 '녀석들'이 주를 이루며, 윈은 한때 이 스레드에 집착했었다. TTTT에서 사용자들은 셀피를 게시하며, 심하게

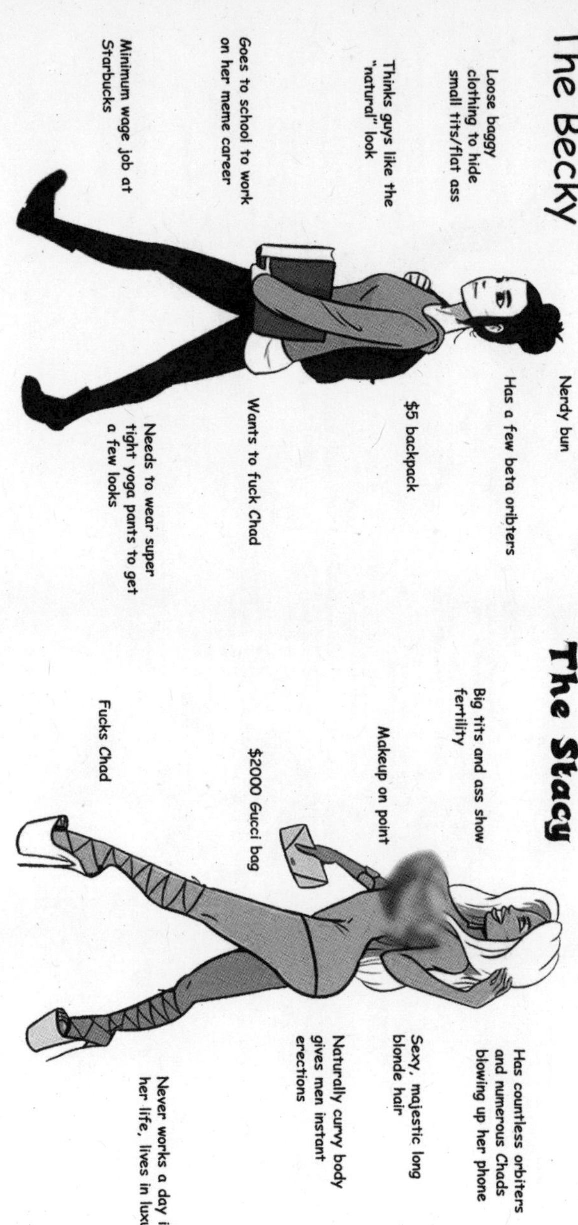
The Becky
Loose baggy clothing to hide small tits/flat ass
Thinks guys like the "natural" look
Goes to school to work on her meme career
Minimum wage job at Starbucks
Nerdy bun
Has a few beta oribters
$5 backpack
Wants to fuck Chad
Needs to wear super tight yoga pants to get a few looks
The Stacy
Big tits and ass show fertility
Makeup on point
$2000 Gucci bag
Fucks Chad
Has countless orbiters and numerous Chads blowing up her phone
Sexy, majestic long blonde hair
Naturally curvy body gives men instant erections
Never works a day in her life, lives in luxury

그림 53. 베키 대 스테이시. 유튜브 스틸. 출처: Natalie Wynn, "Incels | ContraPoints," https://youtu.be/fD2briZ6fBO.

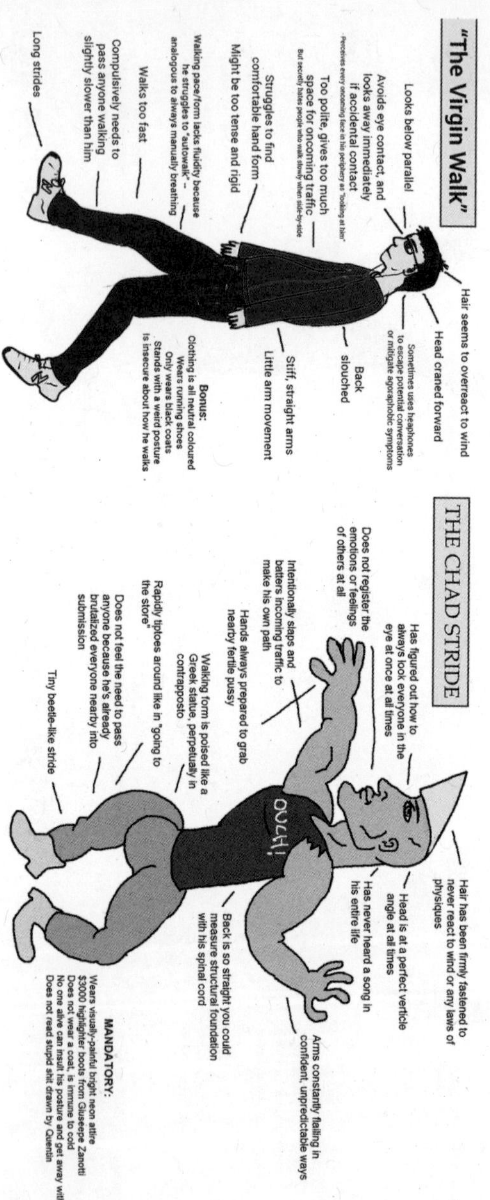
"The Virgin Walk"
Hair seems to overreact to wind
Head craned forward
Sometimes uses heaphones to escape potential conversation or mitigate agoraphobic symptoms
Back slouched
Stiff, straight arms
Little arm movement
Bonus:
Clothing is all neutral coloured
Wears running shoes
Only wears black coats
Stands with a weird posture
ts insecure about how he walks
Looks below parallel
Avoids eye contact, and looks away immediately if accidental contact
Perceives every oncoming face in his periphery as "looking at him"
Too polite, gives too much space for oncoming traffic
But secretly hates people who walk slowly when side-by-side
Struggles to find comfortable hand form
Might be too tense and rigid
Walking pace/form lacks fluidity because he struggles to "autowalk" – analogous to always manually breathing
Walks too fast
Compulsively needs to pass anyone walking slightly slower than him
Long strides
THE CHAD STRIDE
Hair has been firmly fastened to never react to wind or any laws of physiques
Head is at a perfect verticle angle at all times
Has never heard a song in his entire life
Back is so straight you could measure structural foundation with his spinal cord
Arms constantly flailing in confident, unpredictable ways
MANDATORY:
Wears visually-painful bright neon attire
$3000 highlighter boots from Giuseppe Zanotti
Does not wear a coat, is immune to cold
No one alive can insult his posture and get away with it
Does not read stupid shit drawn by Quentin
Has figured out how to always look everyone in the eye at once at all times
Does not register the emotions or feelings of others at all
Intentionally slaps and batters incoming traffic to make his own path
Hands always prepared to grab nearby fertile pussy
Walking form is poised like a Greek statue, perpetually in contrapposto
Rapidly tiptoes around like in "going to the store"
Does not feel the need to pass anyone because he's already brutalized everyone nearby into submission
Tiny beetle-like stride
OUCH!

그림 54. 인셀 대 채드. 유튜브 스틸. 출처: Natalie Wynn, "Incels | ContraPoints," https://youtu.be/fD2briZ6fBO.

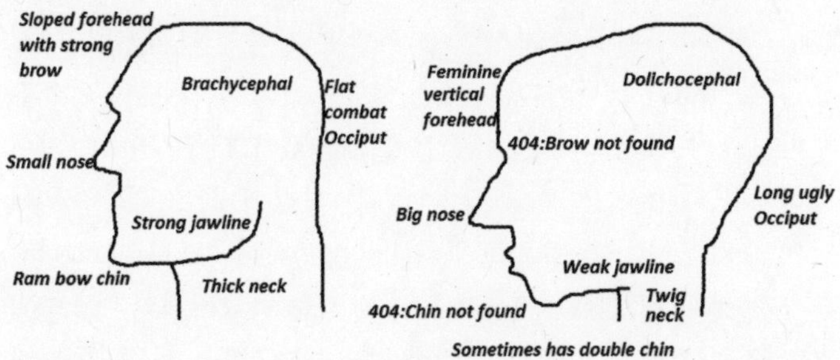

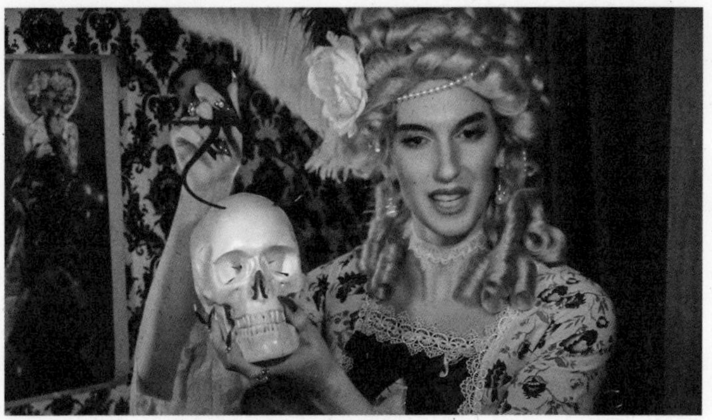

그림 55. 위: 채드 두개골 대 인셀 두개골. 아래: 두개골 크기의 중요성을 설명하는 레이디 포핑턴. 출처: Wynn, “Incels | ContraPoints,” https://youtu.be/fD2briZ6fBO.

명으로서의 생물학'을 겉보기에는 스스로 떠맡았다는 것이다. 우생학은 타자를 폄하하는 대신 자아를 폄하하기 위해 행사된다. 원은 인셀의 끊임없고 가혹한 자기비판을 '피학적 인식론'의 한 형태로 설명한다. '아픈 것은 무엇이든 진실임에 틀림없다'는 믿음 말이다.

그러나 상처를 주고자 하는 욕망은 자아를 넘어선다. 인셀들은 자신들의 상태가 페미니즘 때문이라고 탓하는데, 이들은 페미니즘이 자연스러운 성 질서를 왜곡했다고 주장한다. 원이 말하기를, 인셀에 따르면 페미니즘은 여성에게 "성적 시장"에서 방종하도록(licentious) 허가(license)하여 "남성의 20퍼센트가 여성의 80퍼센트를 '취하는' 세상을 만들어냈다." 남성의 20퍼센트 이상이 여성과 관계를 맺는다면, 이는 여성이 20대에 알파 채드와 잠자리를 잡고, 30대에 베타 '평범남'(normie)과 결혼하고, 40대에 그 남자와 이혼하고 바가지를 씌운다는 '알파남, 베타남'(alpha fux, beta bux) 규칙 때문이다. 반면 '페미니즘 이전'의 세상에서는 신체적 매력이 동등한 남성과 여성이 자연스럽게 어울린다. 페미니즘은 여성이 더 매력적인 남성과 결합하여 사회적 지위를 향상시키고자 하는 방식인 '상승혼'(hypergamy)을 도입하여 이 천국을 뒤흔든다.(그림 56)

그러나 상승혼은 여성주의적인 것도 아니고 성적 또는 자

공격을 받을 것을 알고 예상한다. 한 사용자가 스레드에서 원을 '성공적인' 모델로 언급하자, 그녀의 두개골 크기나 다른 '남자 같은' 특징에 대한 부정적인 댓글이 쏟아졌다.(원 역시 뼈 구조에 집착한다.) 자신에게 심리적으로 해로운 TTTT 사이트를 떠나기보다 그는 그것이 '진실'이라고 느껴서 정기적으로 확인했다. 이는 그를 지지하는 사용자들의 '정치적 올바름'과 거짓을 드러냈다. 굴욕은 진실되었고 해방감을 주었다. 그러나 인셀들과 달리, 원은 자신의 상황에 대해 페미니스트나 다른 사람들을 탓하지 않았다.

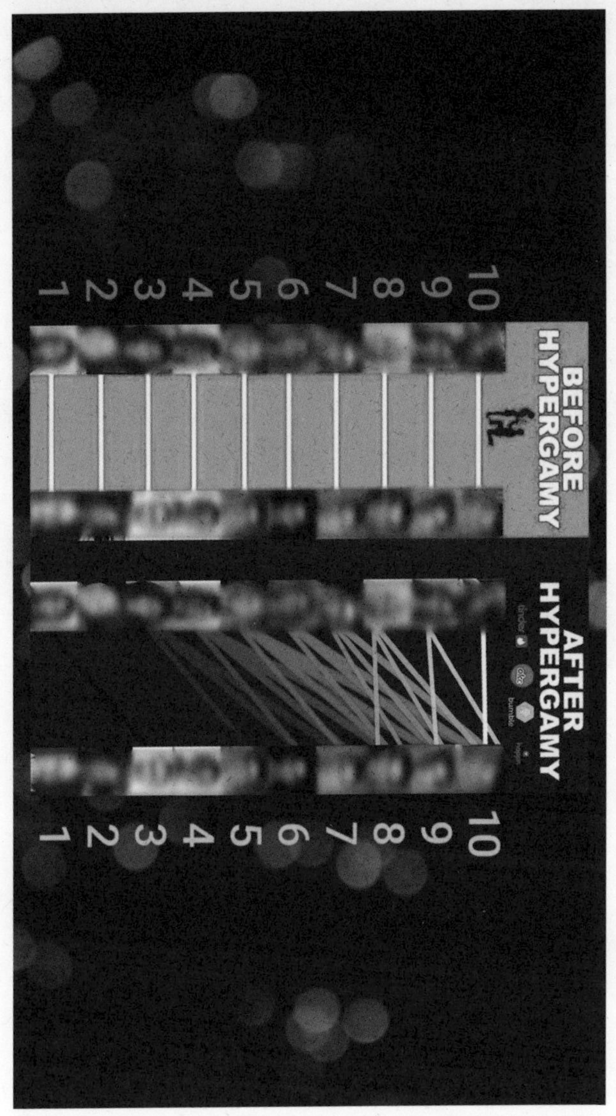

그림 56. 페미니스트 상승혼 이전과 이후의 세상. 출처: Wynn, “Incels | ContraPoints,” https://youtu.be/fD2briZ6fBO.

연선택의 '왜곡'도 아니다. 인셀들이 페미니스트 유토피아라고 부르는 것을 페미니스트는 디스토피아적이라 부를 것이다. 여자들이 남자를 기준으로 자신의 가치를 정의하는 것이 바로 페미니스트들이 반대하는 것이기 때문이다. 또한 R. A. 피셔와 다른 진화 생물학자들은 알파남의 초과 선택이 "우생학적"이라 칭찬했다. 이러한 "야만적" 상황에서는 성적 선택이 자연선택을 따르기 때문이다. 다른 인종 간의 관계에 대한 논의에서 머튼은 인셀들이 '상승혼'이라 부르는 것을 남성의 '하강혼'(hypogamy), 즉 남자들이 자신보다 낮은 여자, 특히 유색인종 여성과 잠자리를 같이 하는 것으로 진단했다.[102] 인셀들은 자신들의 상태를 '페미니스트' 때문이라고 비난하며 '알파남'의 행동을 변명하는데, 이는 그들이 잃어버린 이상(알파 남성)을 붙잡을 수 있게 해주는 입장이다. 이런 입장 덕택에 인셀들은 비록 비슷한 방식으로 지배를 받지만 남성의 권위를 극복하고자 하는 사람들에게 책임을 전가함으로써, 잃어버린 이상(알파남 되기)을 고수한다. 인셀과 페미니스트들은 실제로 자연스러운 동맹이 될 수도 있다.

인셀들은 자신과 페미니스트를 비난하고 자신의 상태를 영구적이고 되돌릴 수 없는 것으로 포장함으로써 자신이 "검은 알약"이라 부르는 것을 복용한다. 윈은 일회분 투약으로도 '빨간 알약'[103]보다 더 강력한 '검은 알약'을 두고 "성적 시장에

102. Robert K. Merton, "Intermarriage and the Social Structure: Fact and Theory," *Psychiatry* 4, no. 3 (1941): 364.

103. 윈이 설명하듯, '빨간 알약'을 선택한다는 것은 "남성에게는 세 가지 가능한 결과가 있음을 이해하는 것"이다. "첫째, 당신은 인셀이 되어 평생 참을 수 없는 외로움과 원망에 시달릴 운명일 거예요. 둘째, 당신은 평범남이 되어 불륜을 저지르는 아내와 성관계가 없는 결혼 생활에 처하게 될 거고, 결국 당신과 이혼하고 자녀의 양육권

서 자신의 자리가 유전적으로 결정되고, 자신이 영구적인 숫총각이며, 성관계가 영원히 손에 닿지 않고, 따라서 행복은 불가능하고 할 수 있는 일이라고는 '누워서 썩는 것'뿐이라는 부수적인 깨달음"이라 말한다.(그림 57)

(1장 뒤의 「위반적 가설」에서 언급했듯이) '검은 알약'을 복용하는 사람들은 생물학과 역사의 논리적 법칙에 대한 절망적이고 외로운 믿음에 의존한다. 아렌트는 그러한 믿음의 무의미함을 분명히 밝혔다. 그는 논리가 "인간이 공통의 세계에서 자신의 길을 경험하고 살아가고 알기 위해 필요한 상식인 상호 보장을 잃고 난 후 의지할 수 있는 유일한 신뢰할 수 있는 '진리'"라고 설명한 후 "이 '진리'는 아무것도 드러내지 않기 때문에 공허하거나 오히려 전혀 진리가 아니다"라고 말한다.[104]

마르틴 루터의 말을 인용하여 아렌트는 외로운 사람들이 최악의 상황을 예상하고 받아들이게 된다고 주장한다. 아렌트의 설명은 겉으로 보기엔 합리적인 인셀의 세계관이 가진 비합리적인 본성을 강조한다. 윈이 지적했듯이, 그들은 자신과 타자들을 칼처럼 자르기 위해 "반박할 수 없는 이유"를 활용한다. 따라서 윈은 대부분의 인셀들이 겉보기에는 평범하지만 (자살 충동적) 폭력과 복수에 대한 욕망이 있다고 주장한다.[105]

을 빼앗을 거고 당신의 모든 재산을 갖고 도망갈 운명일 거예요. 아니면 알파남이 될 수 있어요. 독립적인 방탕한 남자로, 많은 여성들과 잠자리를 하지만 그 누구와도 애착을 형성하지 않는 남자 말이죠."

104. Arendt, *The Origins of Totalitarianism*, 477.

105. 흥미롭게도 윈은 데이트 사이트 틴더(Tinder)에서 자신의 '성전환 이전'와 '성전환 이후' 경험을 통해 그들의 좌절감을 전달하고 심지어 거기에 공감까지 한다. 여성으로서 그는 수천 개의 메시지를 받는데, 그중 많은 메시지는 그녀의 '남근 유무' 상태에 집착하는 괴이한 내용이다. 반면 남성으로서는 단 한 통의 메시지도 받지 못했으며, 전혀 인정받지 못했다. 윈은 '성기들의 공격'을 '무반응'보다 선호한다고 인정한

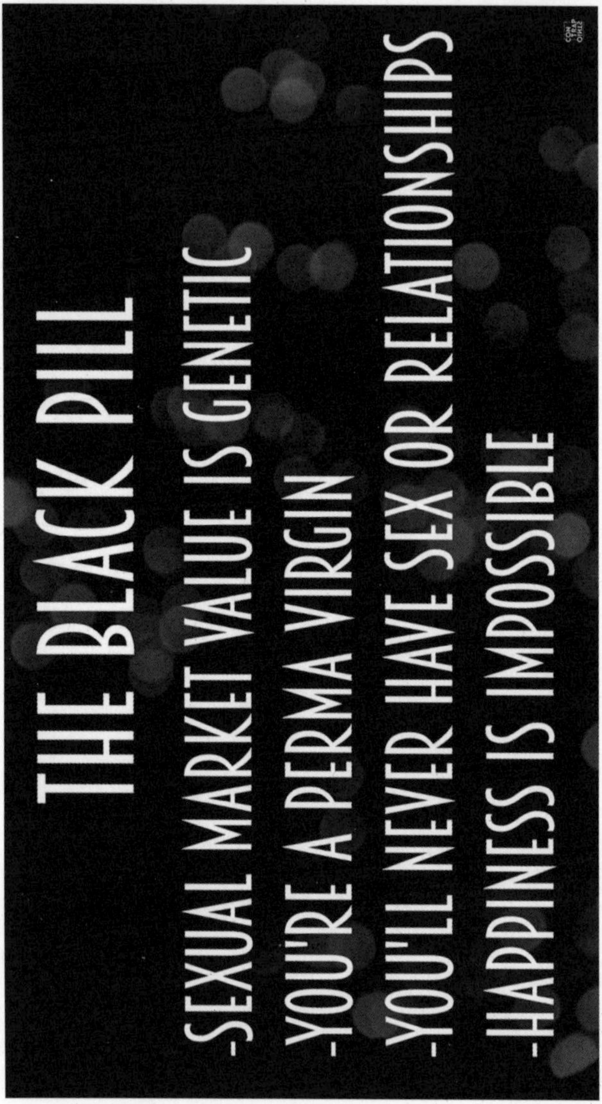

그림 57. '검은 알약'. 출처: Wynn, "Incels | ContraPoints," https://youtu.be/fD2briZ6fBO.

그러나 요점은 '평범남'이 되는 것이 결코 아니며, 오히려 인셀이나 채드처럼 예외적으로 인식되는 것이다. 인셀들은 스스로를 잘못 인식했다는 말을 들었을 때, 즉 다른 사람들과 크게 다르지 않고 보통으로 보이며 취미를 받아들이고 여성과 대화해야 한다는 말을 들었을 때, 이를 '채즈플레인'(Chadsplain) 하는 소리라고 일축한다. 이는 인셀들이 페미니스트들에 반동일시하는 동시에 그들과 얼마나 동일시하는지를 보여주는 용어다. 그들은 페미니스트들이 인지하는 '자유'를 또한 부러워하기 때문에 자신을 혐오하는 것처럼 페미니스트들을 혐오한다. 그들은 해방 선망의 고전적 사례다. 이런 의미에서 그들은 피학증자가 아니라 가학증자다.[106]

따라서 인지된 낙인에 대한 인셀들의 비합리적이면서도 '논리적'인 애착, 즉 자신이 '평범남'이 아니라고 주장하는 것은

다. '참여적' 미디어의 세계에서 침묵은 처벌이다. 즉 이성애자 데이트 사이트에서는 '참여적 동등성'이 존재하지 않는다. 소셜 미디어에서 처벌로서의 침묵에 대한 보다 상세한 논의는 다음을 참조. Taina Bucher, "Want to Be on the Top? Algorithmic Power and the Threat of Invisibility on Facebook," *New Media & Society* 14, no. 7 (2012): 1164–1180.

106. 가학증자에 대해 질 들뢰즈는 마르키 드 사드와 레오폴드 자허-마조흐를 비교하는 해석을 통해 다음과 같이 설명한다. "가학증자는 (…) 논리적 판단 자체를 폭력의 한 형태로 보여주는 데 관심이 있으며, 그가 아무리 차분하고 논리적일지라도 폭력의 편에 서 있음을 보여준다. 그는 누구에게도 무언가를 증명하려는 시도를 하지 않으며, 오히려 폭력 입안자(author)의 고독과 전능함에 본질적으로 관련된 시연을 수행하는 것이다. (…) 이와 같은 행사의 목적은 시연이 폭력과 동일함을 보여주는 것이다. 따라서 논리적 판단은 그것이 전달되는 사람과 공유될 필요가 없으며, 쾌락이 이를 파생시키는 대상과 공유될 필요가 없는 것과 마찬가지이다. 피해자들에게 가해지는 폭력의 행위는 시연이 증언하는 상위 형태 폭력의 단순한 반영에 불과하다. 공범자들 사이에서든 피해자들 사이에서든, 각 난봉꾼은 논리적 판단을 할 때 자신의 고독과 유일성의 밀폐된 순환에 갇혀 있다. 모든 난봉꾼에게 동일한 논증이 적용되더라도 말이다. 우리가 볼 것처럼, 모든 면에서 가학증적 '강사'는 피학증적 '교육자'와 대조된다." Gilles Deleuze, *Masochism*, trans. Jean McNeil (New York: Zone Books, 1989), 18–19.

새로운 인식의 정치 내에서 하위문화의 참조와 동일시의 힘을 이해하는 데 핵심적이다.

흑인성: 부재하는 (진정한) 현재

이 새로운 인식의 정치는 아이러니한 자기혐오와 호전성을 바탕으로, 그리고 '타자'를 '진정으로 해방되고 충성스럽고 전투적'으로 낭만화하는 것을 바탕으로 번성한다. 문화비평가 플로리안 크레이머가 주장한 것처럼 반동 우파는 펑크에서 크게 비롯된다. 헵디지가 우리에게 말했듯이 그 자체로 펑크는 모욕적인 상징을 자부심의 상징이나 아이러니한 정체성의 아이콘으로 재구성하는 운동이다.[107] 헵디지가 말하듯 '펑크'라는 용어 자체는 "'비열하고 사소한 악당', '썩은', '가치 없는'이라는 보잘것없는 함의를 통해 아이러니한 자기 비하"의 과정을 예시한다.[108] 전투적 하위문화는 낙인을 가리지 않으며, 오히려 이를 과시한다. 헵디지가 연구한 펑크와 마찬가지로 반동 우파는 "적대성, 경멸, '백인과 멍청한 분노'를 불러일으키기 위해 네오 나치 상징을 포용하는 초관능주의, 터무니없는 행동 등의 차이를 자랑한다."[109] 펑크와 마찬가지로 그들의 부재하는 현재는 흑인성에 초점을 맞춘 해방 선망이다.

펑크스타일은 기표를 가지고 놀면서 낙인을 정체성의 아이콘으로 변환한다. 펑크를 이해하려면 기표와 기의 사이의 관계를 넘어서 바라봐야 한다고 헵디지는 설명한다. 안전핀은 생래적으로 펑크를 '의미하지' 않으며, 바셀린 튜브나 뾰족한 신

107. Cramer, "Meme Wars: Internet Culture and the 'Alt-right'."
108. Hebdige, *Subculture*, 112.
109. 같은 책, 132.

발과 같은 다른 기표들과 관련된 안전핀의 위치가 안전핀에 의미를 부여한다. 환유를 통해 펑크는 상징을 역동적이고 움직이는 것으로 만들어 이전의 보수적이거나 전통적인 의미를 대체했다.[110]

결정적으로, 헵디지는 이러한 낙인이 스타일로 전환되는 것을 이해하기 위해 레게와 펑크를 "서로 관련시켜" 이들 간의 명시적이고 큰 차이 아래에 더 깊고 "잠재적"인 일치가 존재한다는 것을 발견했다.[111] 헵디지는 레게를 펑크 문화 내의 부재하는 현재로 간주하면서 이를 "펑크가 스스로를 구성하는 블랙홀"이라 불렀다.[112] 펑크와 레게는 은유적으로 연결되어 있었다. 펑크는 레게를 마디 아래에(under the bar) 두면서 의미를 얻었고, 펑크를 통해 레게는 모든 곳의 사람들에게 공감을 얻었다.(이에 대한 자세한 내용은「이데올로기의 상관관계」참조) 펑크와 기타 영국의 백인 노동계급 하위문화는 레게의 역사적인 반란 아이콘인 '라스타'(rasta)와 '무례한 소년', '총잡이', '협잡꾼'(trickster)에서, 그리고 흑인 반노예주의 및 반식민 투쟁과 성공에서 영감을 얻었다.[113] 헵디지에 따르면, "블랙맨"(Black Man)은 "'삶의 익숙한 표면 밑바닥에 자리한' 상상된 '지하세계'로 내려가는 어두운 통로로서 상징적으로 사용되었으며, 그 세계에서 또 다른 질서가 드러났다. '똑바른' 세계의 가치, 규범 및 관습이 뒤집어지는 아름답고 복잡한 시스템의

110. 같은 책, 124.
111. 같은 책, 132.
112. 같은 책, 68.
113. 같은 책, 37.

질서 말이다."[114] 서인도 스타일의 접근 불가능성과 불투명성이 레게를 매우 매력적으로 만들었다고 헵디지는 주장했다. 자신의 은밀한 코드로 인해 레게는 '지배자'(the Man)로부터 탈출하고 그를 전복시킬 수 있었다.[115] 흥미롭게도 헵디지는 소외의 관점에서 레게와 펑크 사이에 경계선을 그렸다. 레게는 바빌론을 전복시키려는 목표를 통해 혁명적인 망명의 가능성을 제공했지만, 이 망명 또는 소외의 조건은 "영국 백인 청년들에게 은유적으로 적용되었을 때 절망적인 상태를 나타낼 수 있을 뿐이다. 그것은 미래를 약속하거나 과거를 설명할 수 없었다."[116]

펑크처럼 새로운 인식의 정치는 분명히 흑인 해방과 민권 운동, 「매트릭스」의 플롯과 구조, 그리고 백인 종족민족주의 선언에서 분명하게 비롯된다. 신시아 영이 주장한 것처럼, 민권 운동과 흑인 해방 운동은 "1960년대 이후 대부분의 미국 사회 및 정치 이슈에서 공통 언어"가 되었다.[117] 캔디스 오웬스는 자신의 '커밍아웃' 비디오에서 퀴어 기법을 명시적으로 모방하지만, 자신의 흑인성과도 유희한다. 오웬스의 '엄마'는 그가 '보수적'으로 커밍아웃한 것에 대해 "하지만 얘야, 너 흑인이야", "비욘세는 어때?"라고 선언한다.

자부심과 충성심의 모델로서 흑인 문화는 문화연구를 넘어 경제학까지 확장된다. 1970년에 출간되어 광범위한 영향력을 가진 저서 「출구, 목소리, 충성심」에서 경제학자 앨버트 O. 허쉬먼은 겉보기에는 '비합리적인' 집단 충성심을 이해하기 위

114. 같은 책, 53–54.
115. 같은 책, 54.
116. 같은 책, 66.
117. Young, "Becked Up," 95.

해 블랙 파워 운동을 활용했으며, 이는 미국의 '정상적인' 진보 경로를 거부했다.[118] 허쉬먼은 신자유주의 초기 시기 정치 및 시장의 행동을 이해하기 위해 정치 분석과 시장 분석을 종합했다. 그는 쇠퇴하는 제품이나 국가 또는 이념에 직면한 사람들이 왜 떠나거나 남기로 결정하는지 설명하고자 했다. 경쟁 브랜드를 선택하는 탈퇴(exit)는 정상적인 '저렴한' 소비자 활동이었고(놀랍고 기괴하게도 이는 이제 '캔슬 문화'로 비난받고 있다), 불만을 표현하는 목소리는 '비싸지만' 정상적인 정치 활동이었으며, 실제로는 "탁월하게 정치적인 행동"이었다.[119] 단순히 떠나는 것과 머무는 것의 문제가 아니었다. 충성심은 탈퇴를 유예시킴으로써 이 두 움직임 간의 싸움을 중재했기 때문이다. 즉 충성심이 있는 소비자/구성원들은 실망감에도 불구하고 머물렀다.[120] 충성심은 탈퇴의 가치를 변화시켰다. "더 나

118. Albert O. Hirschman, *Exit, Voice, and Loyalty: Responses to Decline in Firms, Organizations, and States* (Cambridge, MA: Harvard University Press, 1970).
119. 같은 책, 16.
120. [조직에 따라] 언제 어떻게 충성심이 작동하는가를 설명하기 위해 허쉬먼은 다음의 표를 만들었다. 원본 출처는 같은 책, 121.

조직에 따른 구성원 반응의 강도 → 탈퇴

↓ 의사 표현		네	아니오
	네	자발적 단체, 경쟁적 정치 정당, 그리고 일부 기업체, 예를 들어 소수의 구매자에게 제품을 판매하는 기업체	가족, 부족, 국가, 교회, 비전체주의적 일당 체제의 정당들
	아니오	고객과의 관계 측면에서 경쟁력 있는 기업	전체주의적 일당 체제 정당, 테러 단체 및 범죄 조직

은 구매로 전환하는 데 있어 기민한 소비자의 칭찬받는 합리적인 행동"이 시민의 "수치스러운 변절, 이탈, 반역"[121]이 되었다. 동시에 허쉬먼은 개인의 초기 사회적 지위와 집단으로부터의 탈퇴라는 측면에서 '탈퇴'가 탈주 대 싸움이라는 미국 이데올로기의 특징이라고 강조했다. '아메리칸 드림'은 한 집단에서 다른 집단으로의 탈주로 요약되었다.[122]

허쉬먼에 따르면 블랙 파워는 "우리 사회에서 가장 우울한 집단에게 작동하지 않고 바람직하지도 않은 전통적인 상향식 사회 이동 패턴"을 거부했기 때문에 "엄청난 충격"이었다.[123] 블랙 파워는 특정 개인을 집단에서 끌어올리는 동시에 그 집단 전체를 끌어올리는 데 실패했기 때문에 통합을 거부했다. 대신 블랙 파워는 집단행동을 고수했다. 이는 신화와는 달리 미국 내 삶의 현실 때문이라고 허쉬먼은 인정했다. '아메리칸 드림'에 따르면 특정 소수 민족은 개인의 행동으로 인해 상승했다. 그러나 실제로 "소수 민족은 개인의 성공 사례가 누적된 효과뿐만 아니라 이익 집단을 형성하고 일부 정치 부문에서

머튼이 임차인의 사기를 측정하는 데 핵심적 요소로 보았던 자발적 단체들은 '탈퇴'와 '의사표현'을 모두 장려했다. 가족, 부족, 국가, 교회와 같은 조직은 구성원들이 쉽게 떠날 수 없었기 때문에, 불만을 품은 이들을 달래기 위해 종종 '의사표현'을 활용했다. 미국 시민들은 "'최상'의 국가에서" 탈퇴하는 것을 심사숙고할 수 없었기 때문에 탈퇴(이민)를 고려하는 것이 불가능했다. 같은 책, 114. 충성심은 따라서 필연성을 미덕으로 변환시켰다. 허쉬먼은 또한 공공재는 누군가가 떠날 수 없는 것들이라고 주장했다. 밀턴 프리드먼의 교육 바우처 도입 요구에 대응해 허쉬먼은 부모가 자녀를 사립학교에 보내기로 선택하더라도, 그들의 삶과 자녀의 삶은 여전히 "공공 교육의 질에 영향을 받을" 것이라고 주장했다. 더 간단히 말해, 허쉬먼은 시민이 공공재의 생산자이기를 멈출 수는 있지만, 소비자이기를 멈출 수는 없다고 주장했다. 같은 책, 102.

121. 같은 책, 98,
122. 같은 책, 108–109.
123. 같은 책, 109.

노골적인 다수로 변했으며 국가 정치에서 중추적인 역할을 했기 때문에 영향력과 지위가 상승했다."[124]

놀랍게도 허쉬먼은 미국 내 분리와 인종차별의 역사를 언급하지 않으며, 통합이 항상 희망을 준다고 가정한다. 허쉬먼의 블랙 파워 버전은 의도치 않게 민권 운동을 '이해 집단'의 형성으로 다시 쓰는 길을 열어준다. 이 버전은 인종차별이 보이지 않고 말없이 모든 곳에서 지속될 수 있도록 "마디 아래에" 놓음으로써 인종차별을 억압하기 때문이다. 실제로 인종차별의 억압은 민권과 블랙 파워의 이 모든 '차용' 밑바닥에 있으며, 이는 반동 우파가 떠남을 막기 위해서가 아니라 이웃 탈출을 할 수 있도록 전투적 충성을 포용하게 한다. 헵디지가 묘사한 라스파타리안과 마찬가지로 소외는 유토피아적 망명이 되고, 재분배와 배상 요구가 탈각된 블랙 파워는 떠남에 대한 '부족'의 꿈을 정당화하는 방법이 된다.

그렇다면 규범성과 분노한 유머에 대한 비판, 즉 행동주의에 대한 요구가 한때 행동주의가 보호하기 위해 등장했던 퀴어 신체를 겨냥할 때 우리는 무엇을 해야 할까? 팬데믹 기간 동안 사회적 거리두기 명령에 항의하는 분노한 백인 미국인을 미국 정부 관계자가 "현대판 로자 파크스"라 부를 때는? 반동 우파 시위대가 "레임스트림"(lamestream) 미디어를 자극하기 위해 친-생명(pro-life) 구호를 재배치할 때는?[125]

124. 같은 책, 111–112.
125. 옮긴이—레임스트림은 lame(절름발이의, 불충분한)과 mainstream(주류)의 합성으로 트럼프 대통령이 자신에게 호의적이지 않은 주류 언론을 경멸적으로 낮춰 부르면서 자리 잡은 신조어다. '친-생명' 구호란 흑인의 생명은 소중하다(Black Lives Matter) 시위에서 시위대들이 사용한 구호를 말한다.

이 책을 통틀어 우리는 인식과 상관관계의 기초가 되는 미끄러지는 식별(identification)—잘못된 식별과 누락된 식별—을 분석해 왔다. '인식'한다는 것은 '이전에 알려진 것'을 식별하는 것이다. 이는 누군가나 무언가를 이전에 만났거나 알려진 사람 또는 무언가와 동일하게 지각하는 것, 또는 "특히 어떤 변별적 특징을 통해 외모나 성격에 대한 지식에서 식별하는 것"을 의미한다. 기계나 컴퓨터의 경우, 인식은 "특정 특징, 객체 또는 사건을 자동적으로 식별하고 이에 정확하게 대응하는 것"을 뜻한다. 따라서 인식은 항상 역사적인 관계와 반응—그리고 권력을 의미한다. 인식한다는 것은 다른 사람의 주장이나 제목의 "권한, 유효성 또는 정당성"을 다시 조사하고, 다시 알고 수용하는 것을 의미한다.[126] 인식은 인정된 재식별이지만, 어떤 것도 동일하게 머무를 수 없고 어떤 두 가지 것도 동일하지 않기 때문에 모든 인식 또한 오식별이다.

그러나 식별 자체는 결코 간단하지 않다. "하나의 사물을 다른 사물과 동일한(identical) 것으로 여기거나 다루는 행동 또는 과정"은 '동일한' 사물들이 동일한 것이 아니라 별개의 것임을 암묵적으로 인정한다. 식별의 과거 의미인 "사물들을 동일하게 만드는 행동 또는 과정"은 동일시(identification) 또한 변화한다는 것을 보여준다. "정체성을 결정"하거나 "한 사람, 집단 등과 밀접하게 연관되어 있다고 느끼는" 행위는 타자와 동일시하려는 사람을 변화시킨다. 동일시는 변혁적인 열망이다. 문학비평가 다이애나 퍼스가 보는 것처럼, 동일시는 자

126. *Oxford English Dictionary*, 3rd ed. (2009), s.v. "recognize, v.1."

기-인식을 만들어낼 때조차도 "정체성에 거리를 두는" 과정이다. 동일시는 "정체성에 거주하고 이를 조직하고 예시한다. (…) 동일시는 자아를 정의하는 타자를 통한 우회다."[127] 정체성은 은유적이기도 하며, 그 수단을 통해 비교가 내면화된다. 동일시를 상실한 사랑의 대상을 유지하는 수단으로 설명한 프로이트와 라캉을 끌어들여 퍼스는 동일시가 "환상을 불러일으킨다"고 지적한다. "사랑의 대상의 유령적 잔여를 흡수함으로써 주체는 흡혈귀처럼 생명을 얻게 된다."[128] 인식이 인간이나 기계에 의해 화답된 동일시라면, 이는 분리와 분열이기도 하다. 동일시는 유사성과 다름을 모두 드러내는 '공동-관계'다.

이 책에는 애디슨 테라스 주민들, 일본인 포로수용소, MIT의 기혼 학생 기숙사, 민권 운동가들, 노예들, 웨스턴 일렉트릭의 불량 여성 노동자들, 디케이터의 주부들, 그리고 처벌을 싫어하는 쥐들의 유령이 출몰한다. 이들은 상관관계, 동종선호, 분리, 인식, 차별, 대리체, 그리고 '진정성' 속에 거주한다. 우리는 함께 살고 있다. 이 책의 맺음말이 제기하는 질문은 아리엘라 아이샤 아줄레이의 요구와 같다. 우리는 잠재적 역사 속에서 어떻게 함께 살 수 있을까?

127. *Oxford English Dictionary*, 3rd ed. (2010), s.v. "identification, n," 강조는 원저자; Diana Fuss, *Identification Papers: Readings on Psychoanalysis, Sexuality, and Culture* (New York: Routledge, 1995), 2.
128. Fuss, *Identification Papers*, 1.

2020년 코로나19 팬데믹은 연결, 양극화, 인프라, 습관의 지분과 결과를 극명하게 납득시켰다. 많은 사람들에게 세계는 뒤집혔고 상상할 수 없는 일들이 가능해졌다. '사회주의'와 미국 내 광범위한 감시, 위축된 중국 경제와 0달러 이하의 유가, 냉전 '피난처' 조례의 발동, 캘리포니아에서 '보호 마스크'로서 착용된 쿠 클럭스 클랜 후드 등 말이다.[1] 이 위기는 이미 존재했던 불평등을 부각시키고 강화했다. 재택근무를 위한 '완벽한' 기기를 찾는 사무노동자부터 일상적인 재정적 및 의료적 위험 사이에서 균형을 유지하려는 가난한 비백인 '필수' 노동자까지. 적절한 보호 장비가 없는 출근 명령에 항의하기 위해 나체 셀피를 포스팅한 프랑스 치과의사부터 민주당 주지사들의 자택 대기 명령에 반대하여 공개적으로 시위한 트럼프 지지자들까지.[2]

1. Slavoj Žižek, *Pandemic! Covid-19 Shakes the World* (New York: Polity Press, 2020). 한국어판은 『팬데믹 패닉』, 강우성 옮김(북하우스, 2020); Jillian Ambrose, "Oil Prices Dip below Zero as Producers Forced to Pay to Dispose of Excess," *Guardian*, April 20, 2020, https://www.theguardian.com/world/2020/apr/20/oil-prices-sink-to-20-year-low-as-un-sounds-alarm-on-to-covid-19-relief-fund; Associated Press, "China's Economy in Worst Downturn Since '70s amid Coronavirus Battle," CBC, April 17, 2020, https://www.cbc.ca/news/business/china-economy-coronavirus-1.5535584; Paris Martineau, "What's a 'Shelter in Place' Order, and Who's Affected?," *Wired*, March 20, 2020, https://www.wired.com/story/whats-shelter-place-order-whos-affected/ Josh K. Elliott, "'A Symbol of Hatred': Shopper Spotted in KKK Hood under Coronavirus Mask Rule in California," *Global News*, May 4, 2020, https://globalnews.ca/news/6902152/coronavirus-ku-klux-klan-mask/.
2. Alexis Bennett and Kim Duong, "3 Work-From-Home Essentials That'll Make You Feel Like a Major Boss," *Cosmopolitan*, December 10, 2020, https://www .cosmopolitan.com/style-beauty/fashion/g31677927/work-from-home-essentials/; CDC, "Health Equity Considerations and Racial

불확실성과 압도적인 행동 필요성은 과학과 정치, 지식, 행동 간의 단순한 구분을 약화시켰다. 결국 과학 자체는 불확실했다. 많은 초기 지침은 SARS Cov-2와 SARS Cov-1 사이의 유사성을 상정했는데, 이는 나중에 사람이 가장 전염성이 강한 시기에 대한 예측에서처럼 잘못된 것으로 판명되었다. SARS Cov-1에서 그 시기는 사람이 가장 증상이 심한 시기이고, SARS Cov-2에서는 증상 발생 이전이었다.[3] 모든 새로운 바이러스에 대한 지식과 마찬가지로 코로나19에 대한 초기의 지식은 주로 상관관계에 의존했으며, 기계적-유전학적 설명은 관찰과 비교에 뒤처져 있었다. 예를 들어 SARS Cov-2는 처음에는 홍역과 같은 공기 중 질병보다 전염성이 훨씬 낮기 때문에 공기 중에 있지 않은 것으로 추정되었다. 절망이 제약회사를 위한 기회로 전환되는 가운데 렘데시비르와 같은 약물이 승인되었는데, 이런 약물은 사망률에 큰 영향을 미치지 않았고 부작용을 악화시켜 임상시험 초기에 중단되었다.[4] 가장 중요한

and Ethnic Minority Groups," Centers for Disease Control and Prevention, April 30, 2020, updated February 12, 2021, https://www.cdc.gov/coronavirus/2019-ncov/community/health-equity/race-ethnicity.html; Lucy Martirosyan, "French Dentists Strip Naked to Protest Lack of Protective Gear," The World, NPR, April 29, 2020, https://www.pri.org/stories/2020-04-29/french-dentists-strip-naked-protest-lack-protective-gear; Associated Press, "Pro-Trump Protesters Rally against Governors over Stay-at-Home Orders," CBC, April 17, 2020, https://www.cbc.ca/news/world/us-trump-supporters-coronavirus-1.5535585.

3. Vincent Rancaniello et al., "TWiV 585: The Coronavirus Epidemic," *This Week in Virology*, TWiV, February 2, 2020, https://www.microbe.tv/twiv/twiv-585/.

4. Yeming Wang et al., "Remdesivir in Adults with Severe Covid-19: A Randomised, Double-Blind, Placebo-Controlled, Multicentre Trial," *Lancet* 395, no. 10236 (2020): 1569–1578, https://doi.org/10.1016/S0140-6736(20)31022-9.

것은 기존 검사 및 검사 자료의 부족과 품질 저하로 인해 팬데믹의 규모, 즉 '취약자', '감염자', '회복자'의 수 또는 비율이 알려지지 않았다는 점이다. '회복자'가 면역력이 있는지, 또는 얼마나 오래 지속되는지조차 불분명했다.[5]

그러나 이러한 불확실성이 과학이나 정치를 훼손한 것은 아니며, 오히려 연구를 촉진하고 정치적 결정을 어렵지만 필요한 것으로 만들었다. 상관관계와 확률은 이 불확실성의 구름을 가로지르고 있었다. 팬데믹과 그 '치료법'은 우리를 가장 강력한 의미의 책임에 직면하게 만들었기 때문에 상관관계와 확률은 결정을 보장할 수는 없었어도 결정의 길잡이가 되었다. 문학평론가 토마스 키넌은 지침과 규칙에 따라 결정을 내릴 때가 아니라, 필사적으로 원하지만 그럴 수 없을 때 우리는 책임에 직면한다고 말한다. "우리가 무엇을 해야 할지 정확히 알지 못할 때, 우리 행동의 효과와 조건을 더 이상 계산할 수 없을 때, 다른 어딘가로 돌아설 수도 없고 심지어 더 이상 '자아'로 되돌아갈 수조차도 없을 때"다.[6] 철학자 장뤼크 낭시의 연상적인 표현을 빌리면 우리가 "공동체 해체 경험의 잔여물"이 될 때다.[7]

5. Bill Chappell, "WHO Says Covid-19 Immunity Is An Unknown; Disease '10 Times Deadlier' Than 2009 Flu," NPR, April 13, 2020, https://www.npr.org/sections/coronavirus-live-updates/2020/04/13/833534116/who-says-covid-19-immunity-is-an-unknown-disease-10-times-deadlier-than-2009-flu; Neel V. Patel, "Why the CDC Botched Its Coronavirus Testing," *MIT Technology Review*, March 5, 2020, https://www.technologyreview.com/2020/03/05/905484/why-the-cdc-botched-its-coronavirus-testing/.
6. Thomas Keenan, *Fables of Responsiblity: Aberrations and Predicaments in Ethics and Politics* (Stanford: Stanford University Press, 1997), 2.
7. Jean-Luc Nancy, *The Inoperative Community*, ed. Peter Connor, trans. Peter Connor et al., Theory and History of Literature, vol. 76 (Minneapolis: University of Minnesota, 1991. 한국어판은 『무위의 공동체』, 박준상 옮김(그린비, 2022), 3.

HM Government
NHS
STAY HOME
PROTECT
THE NHS
SAVE LIVES

Tx Lt Gov Dan Patrick says grandparents would be willing to die to save the economy for their grandchildren
FOX NEWS
DAN PATRICK (R) | TEXAS LIEUTENANT GOVERNOR
LT GOV DAN PATRICK: COUNTRY WILL COLLAPSE IF WE SHUT DOWN FOR MORE THAN 3 MONTHS
CARRIER, SAYS MON IT WILL SUSPEND ALL INTL FLIGHTS FROM MARCH 26 TO APRIL 30
1:43 | 15.5M views
5:21 PM · Mar 23, 2020 · SnapStream TV Search
13.1K Retweets 31K Quote Tweets 30.3K Likes

그림 58. 1차 COVID-19 유행 당시 영국 국민건강서비스(NHS)의 모토. 출처: Source: https://www.gov.uk/coronavirus.

그림 59. 텍사스주 부주지사 댄 패트릭의 트윗 스크린숏.

표면적으로는 인명 피해에 관한 것이지만, 책임에 대한 요청은 주로 인프라에 초점을 맞추었다. "집에 머물고, 국민보건서비스를 보호하고, 생명을 구하자"라는 영국의 모토는 이를 완벽하게 요약한다.(그림 58)

인프라를 돌보는 것은 자신과 타인을 돌보는 것이다. 2020년 초 이탈리아처럼 되는 것에 대한 두려움, 즉 의사들이 너무나 어쩔 줄 모른 채 누구를 구해야 할지 선택해야 하는 상황에 대한 두려움은 의료 서비스를 제공하는 국가들의 정책을 추동했다.[8] 거의 모든 조치, 심지어 '2차 유행'에 직면한 조치의 부족까지도 병원의 수용력에 초점을 맞췄다. 미국과 같은 다른 국가에서는 다음과 같은 모토가 있었을 것이다. "일하고, 기업을 살리고, 손자 손녀의 생명(그리고 연금이 있다면 연금)을 구하자."(그림 59)[9] 또는 더 적극적으로 말하자면, "집에 머무르거나 거리를 두어, 확산 곡선을 낮추고, 생명과 도시를 구하자."

제안된 '치료법', 부여된 비상 권력, 요구된 희생은 '감염자' 수, 주식 시장, 국가 고용 수치, GDP, 사망률 중 어떤 곡선이 중요하고 자본, 공중 보건, 세금, 국가 재정적자, 대중교통 중 무엇에 가장 강하게 묶여 있는가에 대한 국가, 지역, 지방의 인식이 극심하게 다르다는 것을 반영하고 드러냈다. 이러한 '치료법'은 뉴질랜드 벙커와 항해의 꿈이 여전히 자본의 가치와

8. Yascha Mounk, "The Extraordinary Decisions Facing Italian Doctors," *Atlantic*, March 11, 2020, https://www.theatlantic.com/ideas/archive/2020/03/who-gets-hospital-bed/607807/.
9. Ezra Klein, "The Debate over Ending Social Distancing to Save the Economy, Explained," *Vox*, March 27, 2020, https://www.vox.com/coronavirus-covid19/2020/3/27/21193879/coronavirus-covid-19-social-distancing-economy-recession-depression.

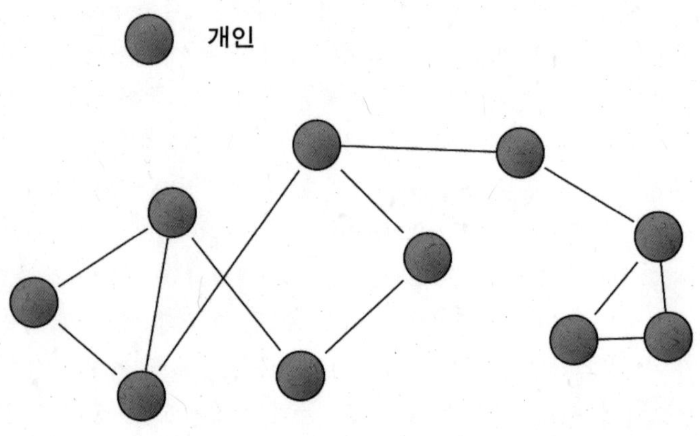

그림 60. 소셜 네트워크. 출처: 위키피디아 커먼즈, https://commons.wikimedia.org/wiki/File:Social-network.svg.

'필수 노동자'의 삶에 의존하는 가장 비필수적인 부유층인 '자주적 개인'에게도 탈퇴가 불가능하다는 점을 인정했다.

제안된 치료법과 희생은 사회 시스템의 다른 다이어그램을 드러냈다. 국가를 주로 네트워크로 본다면(그림 60), 목표는 '안전한' 예외적인 지역사회(neighborhood)를 만들어 '감염자'를 '회복자' 및 '취약자'와 분리할 수 있도록 군집을 만들고 강화하는 것이다.

전염과 접촉을 추적하고 관리하는 감시가 '사회적 거리두기'를 확대하는 열쇠가 된다. 이 세계관에서는 '지역사회 감염 사례'가 '기록되지 않은 사례'와 '조용한 전파자'를 스토킹하고 기록함으로써 풀어야 할 미스터리가 된다. '0번 환자'를 추적하는 것이 국가적 오락이 되고, 바이러스 확산을 다른 나라 탓으로 돌리는 것도 마찬가지다.[10] 불평등과 공간 비우기에 대한 꿈에 기대는 안전은 위태롭다. 학교나 술집과 같은 기관, '고개를 끄덕이는 낯선 사람'과의 상호작용(팬데믹 시기에는 필수적인 것으로 밝혀졌다), '생일 축하합니다!'라는 소셜 미디어 '프롬프트', 정기 모임과 이벤트 등 네트워크의 에지가 교우관계를 표현하기 위해 지워야 하는 모든 것을 생각해 보라. 소셜 네트워크가 존재하려면 빈틈이 있어야 한다. 네트워크는 빈 공간에 깨끗한 연결을 전면에 내세우기 위해 불확실성의 구름을 걷어낸다. 네트워크는 공동체 없는 소통을 꿈꾼다.

국가를 주로 공동체(community), 혹은 내가 '넷-면역'(net-munity)이라 부르는 개념으로 본다면, 추적 불가능

10. Priscilla Wald, *Contagious: Cultures, Carriers, and the Outbreak Narrative* (Durham: Duke University Press, 2008), 213–263; Chun, *Updating to Remain the Same.*

한 사례가 발생하면 질병을 억제하기 위해 모든 사람을 '감염자'로 취급해야 한다.(SARS Covid-1과 같은 바이러스는 백신 없이 박멸되었다는 사실을 기억해야 한다. 뉴질랜드는 SARS Covid-2의 첫 번째 유행을 성공적으로 억제했다.) 밴쿠버 공원의 모토인 "우리 사이의 공간이 우리를 하나로 묶어줄 것입니다"는 인구집단을 일련의 노드와 에지로 취급하기보다는 공동체가 출현할 수 있는 공간에 주목한다는 점에서 이러한 비전을 압축한다.[11] 공동체는 지역사회 전파(community transmission), 즉 공간의 경험을 상정한다.[12] 바이러스가 지역사회에 풍토병이 되면, 거의 모든 사람이 접촉하는 상황에서 깔끔하게 그려진 그래프는 불가능해지며, 물리적 거리두기, 마스크 착용, 손 씻기, 집단 모임 피하기, 공공장소 청소 등 타인과 공공 인프라를 구하기 위한 광범위한 습관적 변화가 목표가 된다. 질병과 이러한 변화가 '취약한' 인구집단에 미치는 영향은 다르지만, 희생의 행위가 아니더라도 희생을 요구하는 것에는 예외가 있을 수 없다. 친구와 이동성이 위험해지면서 '위험에 처한' 사람들의 필요에 화답하는 것이 핵심이 된다.

잘해봐야 이는 정체성 정치와 개인의 경험을 무시하지 않고 이에 참여함으로써 모든 사람을 "평등하게 인간"으로 대우하라는 콤바히 리버 컬렉티브의 요청을 따르는 것이다.[13] 브리티시 컬럼비아와 다른 지역에서 노숙자들은 개별 상담을 거쳐

11. Malcolm Bromley as quoted in video embedded in Tiffany Crawford, "Covid-19: Vancouver Park Board Champions to Patrol Beaches, Parks," *Vancouver Sun*, April 4, 2020, https://vancouversun.com/news/local-news/covid-19-vancouver-park-board-champions-to-patrol-beaches-parks/.
12. Nancy, *The Inoperative Community*, 19.
13. Combahee River Collective, *How We Get Free*, 19.

마침내 호텔 방이나 빈 아파트 건물과 같은 안전한 쉼터로 옮겨지게 되었다. 안타깝게도 밴쿠버의 오랜 주거 및 마약 위기가 마침내 해결된 것은 노숙자의 위험한 생활 환경이나 토착민 여성의 실종 및 살해 위기, 2016년에 선포된 약물 과다 복용 공중보건 비상사태 때문이 아니라 코로나19를 억제할 필요성 때문이었다.(브리티시 컬럼비아주에서 불법 약물 독성으로 인한 사망자 수가 코로나19 1차 유행 기간에 사망한 사람 수보다 훨씬 많았다.) 그러나 대피 또한 무언가를 파괴할 수 있다. 캐나다 원주민인 스쿼미시, 머스킴, 클레일 와우투스족의 땅이지만 여전히 양도되지 않은 오펜하이머 공원에 텐트가 다시 들어서는 것을 막기 위한 스파이크 펜스 건설과 또 다른 청소의 비극적 배경(2차 세계대전 중 이 지역에서 일본계 캐나다인이 실내 포로수용소로 끌려간 사건)은 지속적인 경계를 위한 요청을 제기한다.

넷-면역은 우리에게 이웃과 관계의 모든 풍부한 양가성에 참여하도록 요구한다. 얄궂게도 소셜 네트워크의 논리는 '이웃'이라는 이름을 개념적으로 빈곤하게 만들기 위해 모든 곳에 그 이름을 퍼뜨리고 있다. 이웃은 무해하지 않다. '이웃'이라는 용어는 말 그대로 '천박한 사람'을 떠올리게 한다. 이웃은 참견하기 좋아하고 시끄럽다. 이웃은 적대감, 분노, 양가적 태도를 유발한다. 심지어 특히 가만히 있을 때에도 이웃은 방해가 된다. 그러나 이웃은 다름(difference) 안에서 살고 이종선호뿐만 아니라 양가성과 중립성 등 동종선호를 넘어서는 관계들에 관여할 수 있는 방법을 제시한다.

문학비평가 케네스 라인하르트가 아렌트와 라캉의 말을 빌려 말했듯이, 친구도 적도 아닌 이웃은 공적인 것과 사적인 것이 출현할 수 있는 공간이다.[14] 정치 이론가 카를 슈미트의 말처럼 정치가 친구와 적을 구분하는 데 달려 있다면, 이웃은 주권자의 정치 신학을 "보충"하고 따라서 불충분하게 만든다.[15] 라인하르트는 이웃의 논리가 전체성(totality)의 논리가 아니라 오히려 무한성의 논리라고 주장한다. (여성적인) 이웃의 집합에는 주권적 예외란 없으며(채드는 없다), 대신 무한한 매듭짓기의 과정이 있다. 즉 모두가 동등하게 비주권적이다.[16] 시인이자 철학자인 에두아르 글리상의 표현을 빌리면, 이웃은 불투명하고 모호하지만 그 비투명성은 관계를 방해하는 것이 아니라 오히려 가능하게 하는 것이다. 우리의 파악이나 포용을 거부하면서 이웃은 '관계'라는 열린 총체성(totality)에서 통일성을 뺀다.[17] 공간은 우리를 위상적 이웃으로 만든다. 즉 공간은 모든 것을 건드리고, 그 외견상의 비어있음은 민주주의의 근거를 마련한다. 실제로 철학자 클로드 르포르는 민주주의의 중심에는 빈 공간이 있다고 말한다. 공적 공간은 누구에게도 정당하게 속하지 않고, 그 공간은 그곳에서 나올 수 있는 지배적인 의견으로 환원될 수 없기 때문에 민주주의를 보장한다. "권력은 누구에게도 속하지 않는다는 것이 증명될 때 민주적

14. Kenneth Reinhard, "Toward a Political Theology of the Neighbor," in *The Neighbor: Three Inquiries in Political Theology*, eds. Slavoj Žižek, Eric L. Santner, and Kenneth Reinhard (Chicago: University of Chicago, 2005), 11–75.
15. Carl Schmitt, *The Concept of the Political*, expanded ed. (Chicago: University of Chicago Press, 2007), 26; Reinhard, "Toward a Political Theology of the Neighbor," 26.
16. Reinhard, "Toward a Political Theology of the Neighbor," 62–63.
17. Édouard Glissant, *Poetics of Relation*, trans. Betsy Wing (Ann Arbor: University of Michigan Press, 1997), 192.

이게 되고 민주적인 것으로 남는다."[18]

가장 강력하게도, 자유는 공간이다. 자유는 자유로운 움직임으로 처음 경험된다는 아렌트의 주장을 인용하고 수정하면서 낭시는 자유가 우리가 소유하는 것이 아니라, 애초에 존재와 노드가 출현할 수 있게 하는 경험, 즉 어떤 소유에도 선행하는 관용이라고 말한다. "자유는 존재를 구성하는 간격(spacing)이다. (…) 정치적인 것은 일차적으로 권력의 구성과 역학 관계에 있는 것이 아니라 (…) 공간을 여는 데 있다." 자유는 사물, 관념, 이상이 아니다. "자유는 성숙도나 자유를 받을 만한 어떤 사전의 소질에 따라 주어지거나, 부여되거나, 양보될 수 없다. 자유는 오직 쟁취될 수 있으며, 이것이 바로 혁명적 전통이 대표하는 것이다."[19] 우리 사이의 공간인 자유는 관계의 결여가 아니라 관계의 가능성 그 자체이다. 낭시에게 자유는 선악 모두가 될 수 있는데, 자유는 격렬한 황폐화 또는 유한한 공간이라는 결정을 수반하기 때문이다.

그러나 자유로서의 공간은 공간 자체와 그 공간이 어떻게 비워지는지에 대한 질문을, 다시 한번 새로운 것에 대한 식민적 꿈을 제기한다. 그러나 올랜도 패터슨, 헤겔, 그리고 해방 선망으로 고통받는 사람들이 암시했듯이, 자의든 타의든 경험으로서의 자유, 즉 현실적인 그 무엇에 대한 시험은 억압받는 자에게서 비롯된다. 우리 사이의 공간은 '백지'도 '공백'도 아닌, 아카이브가 잊고자 하는 사람들로 가득 차 있다.

18. Claude Lefort, *Democracy and Political Theory*, trans. David Macey (Minneapolis: University of Minnesota Press, 1988), 41, 29.
19. Jean-Luc Nancy, *The Experience of Freedom*, trans. Bridget McDonald (Stanford: Stanford University Press, 1993), 78.

나는 희망적 무지의 위협에 대응하기 위한 5단계 프로그램을 설명하는 것으로 이 책을 시작했다:

1. 현재, 그리고 역사적으로 차이의 무시가 어떻게 차별을 증폭하는지 폭로하고 조사하기.
2. 알고리듬과 데이터 구조의 기초가 되는 디폴트 가정과 공리를 심문하기.
3. 예측이 언제, 왜, 어떻게 작동하는지 결정하기 위해 실행되는 과거, 현재, 미래의 기계학습 알고리듬을 파악하기.
4. 기존 AI 시스템을 사용하여 현재의 불평등을 진단하고 차별적인 예측을 과거 차별의 증거로 취급하기.
5. 분리 종식과 평등을 위한 투쟁과 실천을 통해 현재의 네트워크 구조에 내재된 우생학적, 분리주의적 디폴트를 대체하고 다양한 알고리듬과 검증 방식을 고안하기.

이 책은 상관관계, 동종선호, 진정성, 인식이라는 기본 개념을 조사하여 처음 네 개의 단계를 수행했다. 1장에서는 빅 데이터와 20세기 우생학과의 유대를 조사하여 빅 데이터를 둘러싼 과대광고와 빅 데이터의 영향을 규명했다. 한 세기 차이로 우생학과 빅 데이터의 주창자들은 상관관계를 통해 인간의 행동과 미래를 파악할 수 있게 됨으로써, 더 정확히 말하면 예측할 수 있게 됨으로써 지식에 혁명을 일으켰다고 선언했다. 두 경우 모두 이러한 주장은 주로 취약한 인구집단을 체계적으로 감시하고 실험할 것을 요구했으며, '변하지 않는 생물학적 특징'을 통해 미래를 과거와 연결시키는 차별적 논리에 의존했다. 학습이 지능에 미칠 수 있는 제한적인 영향을 보여주기 위해 개발되었지만, 우생학적 방법은 기이하게도 이제 '기계학습'의 기초를 형성하여 모든 진정한 학습, 즉 추정상 불변하는 특징을 변화시키는 모든 것을 '노이즈'로서 효과적으로 열외 취급한다. 상관관계에 기반한 기술은 진정한 동요를 종식시키는 것을 목표로 하기 때문에 '동요'를 체화한다. '기후 동요'라는 용어는 이를 고통스럽게도 명확하게 보여준다. 현대의 동요는 과거의 실수에 대처하지 않고 이를 자동화할 때 발생한다. 1장에서는 또한 국가 인구에서 '이웃' 또는 '부족'으로, 국가적 고양에서 배타적 탈출로, 유사성이 연결을 낳는다는 개념인 동종선호가 열망에서 공리로 이동하는 과정에서 나타난 20세기 초와 21세기 초 생체 측정적 우생학 사이의 중요한 차이점을 개괄했다.

2장에서는 이러한 움직임의 영향을 더 깊이 이해하기 위해 동종선호를 분석했다. 소셜 네트워크는 동종선호를 전제로 하기 때문에, 이 네트워크의 반향실 효과는 불행한 오류가 아니라 목표다. 동종선호는 개인의 선호에 초점을 맞추기 때문에 제도적 차별과 경제를 무시하고 진정한 공동체와 집단적 행동을 만드는 데 필요한 인프라 구조를 모호하게 만든다. 또한 혐오를 '사랑'으로 세탁하기도 한다. 당신은 당신 스스로를 '사랑'한다는 것을 어떻게 보여줄 수 있을까? 타자를 멀리하고 밀어내는 것이다. 놀랍지 않게도 '동종선호'라는 용어는 20세기 중반 미국의 인종 혼합 공공주택 공급에 대한 백인 거주자들의 태도를 분석한 결과에서 유래했다. '동종선호'와 이 용어가 대체하고자 하는 '분리' 간에는 깊은 유대가 있다.(공동체와 인종주의는 깊은 유대가 있는 다른 두 용어다.) 동종선호는 규범을 불안정하게 만들고 양가적인 것을 양극화하는 데 사용되어 왔으며, 공통의 혐오 대상에 대한 성난 유사성과 압도적인 매혹이 서로를 밀어내고 서로를 접착하는 개인들의 군집을 만들어 냈다. 이 장에서는 동종선호가 사회관계를 어떻게 왜곡하고 제작하는가를 강조하기 위해, 널리 인용되지만 거의 읽히지 않는 1954년 라자스펠드와 머튼의 연구, 영원히 근간으로 남은 머튼, 웨스트, 야호다의 「사회생활의 패턴」, 그리고 컬럼비아 대학 기록보관소의 데이터 흔적들을 다시 살펴봤다. 이 세 가지 모두는 동종선호 발명의 기반이 되었다. 이 재탐색은 머튼 등의 연구자들이 기록한 '힐타운'(애디슨 테라스) 거주 흑인과 백인 사이의 복잡하고 양가적인 관계를 밝혀냈고, 교우관계를 분석할 수 있었던 다른 방법들을 암시했다.

3장에서는 알고리듬 진정성이 개인을 어떻게 촉발하고 어떻게 그 개인이 투명해지도록 훈련시키는지 살펴보았다. 추천 시스템과 소셜 미디어 플랫폼, 그리고 리얼리티 TV와 같은 미디어 형태는 사람들이 프롬프트에 예측 가능하게 반응하도록 하기 위해 진정성, 즉 자신에게 진실해야 한다는 요청을 작동화했다. 개인의 비밀을 밝히거나 주류에 반하는 행동을 하라는 끊임없는 요청은 모호함을 없애고, 감정을 고조시키며, 행동의 투명성을 드높인다. 분노, 격분, 사랑, 유머 등 한때 비이성적이어서 예측할 수 없거나 즉흥적인 것으로 여겨졌던 감정들이 이제는 예상된(projected) 반응을 불러일으킨다. 그러나 진정성은 근본적으로 '드라마', 논쟁, 인정(recognition), 참여에 따라 달라진다는 점에서 수행적이고 관계적이다. 이는 우리가 무심코 '빅 데이터'라 부르는 드라마의 세계에서 단순한 마리오네트가 아닌 캐릭터임을 드러낸다. 추천 시스템은 의도적이고 집단적인 행동을 '악의적'으로 분류할 수 있지만, 진정성은 공동체적이며 사실성과 일관성을 넘어서는 진실들, 즉 신뢰를 수립하는 허구적 텍스트, 상호작용 및 관계를 이해하는 데 도움이 된다.

번호가 매겨진 장의 마지막인 4장에서는 판별++로서의 인식에 초점을 맞췄다. 판별에서 인식으로의 기묘한 기술적, 역사적, 정치적, 철학적 변모에 대한 분석을 통해 혐오를 '사랑'으로 다시 쓰는 것의 위험성을 풀어냈다. 얼굴 및 패턴 인식 프로그램을 '진정성 기계'로 연구하고 이를 인정과 재분배의 관계에 대한 20세기 논쟁 및 자신들을 '낙인 찍힌' 하위문화로 묘사하는 21세기의 반동적 정치 집단과 연결시켰다. 이를 통해 사랑이 증오가 되면 사람들은 자신을 증오하듯 이웃을 증오하게 된다는 동종선호의 대가를 설명했다. 또한 이번 장에서는 놓치고 무시된 '공동-관계'를 강조하기 위해 분노/인식의 새로운 정치를 위한 기초가 되는 많은 잘못된 동일시에 대해서도 강조했다.

번호가 매겨진 네 장의 앞, 중간, 뒤에 있는 다섯 개의 이론적 막간에서는 책 전체에 걸쳐 엮인 질문과 주제를 소개하고 고찰했다. 「빨간 알약의 독성, 또는 해방 선망」에서는 음모론과 21세기 권위주의의 부상을 분석했다. 「위반적 가설」에서는 '주류'에 대한 불만이 왜 그리고 어떻게 '주류화'되었는지, 그리고 뉴미디어가 대중사회에 기인한 '문제'를 해결하기는커녕 어떻게 악화시켰는지 살펴봤다. 탈중심화하고 다르게 되라는 끊임없는 요청, 즉 저항의 이 '주류화'는 민주주의를 '자동화한' 것이 아니라 오히려 포퓰리즘, 편집증, 양극화를 조장했다. 「대리체, 또는 미지의 것을 재구성하기」에서는 대리체가 미지의 세계를 건드리는 시도를 통해 단순히 불평등을 소개하는 데 그치지 않고 불평등에 대처하는 데 어떻게 도움이 되는지 탐구했다. 「이데올로기의 상관관계, 또는 표면에 있는 것」에서는 네트워크 과학, 정신분석학, 전통적인 형태의 이데올로기 비평 사이의 방법론적 유사점과 차이점을 되짚어 보았다. 또한 상관관계를 따라다니는 적대, 무관심, 양가성, 둔감함을 조사하기 위한 비관습적 학제 간 협업의 가능성을 개괄했다. 마지막으로 「우리 사이의 공간」에서는 빈틈처럼 보이는 공간들이 어떻게 소셜 네트워크를 하나로 묶고 자유의 가능성에 근거를 마련하는지 분석했다.

이 책이 제시한 많은 관찰 결과 중 특히 여덟 가지에 대해 강조하고자 한다.

1. 자유는 **모두**를 위한 자유일 때만 의미가 있다: AI 종말과 차별적 기술에 대한 두려움은 같은 근원—즉 불평등, 그리고 자유를 지배로 여기는 깊은 오해—에서 비롯된다. 시민권과 자유는 반대되는 것이 아니다. 샌프란시스코에서 얼굴 인식 기술 금지의 원인이 된 연합이 이를 증명한다. 다가오는 특이점을 막고 알고리듬에 의한 차별과 팬데믹에 맞서 싸우는 가장 좋은 방법은 모든 사람을 동등하게 존엄하게 대하는 것이다. 자유가 아닌 자유를 위해 노력하는 것은 민주주의를 약화시키고, 민권 운동가들과 동일시하고 그들을 대체하려는 씁쓸하고 편집증적인 해방 선망으로 이어질 것이다. 스스로 생각하는 것, 즉 빨간 알약을 복용하는 것은 '빨간 알약을 투여받았다'라는 수동적인 행위가 되어버렸다. 빨간 알약의 독성을 없애기 위해서는 민권 운동가들의 삶과 꿈, 경험에 참여하여 그들에 거주하는

것이 아니라 그들이 거주하고자 했던 세계를 함께 만들어가야 한다.

2. 진실을 일관성으로 환원하면 현재와 과거뿐만 아니라 미래도 폐제하게 된다: 기계학습 프로그램은 선별되고 차별적이며 종종 '더러운' 데이터로 학습될 뿐만 아니라, 이러한 데이터를 재생산할 때만 참인 것으로 검증된다. 프로그램은 훈련 단계에서 동일한 집합 내 또는 표본에서 숨겨진 과거 데이터, 즉 미래가 아닌 과거를 예측하는 능력에 대해 테스트된다. 한나 아렌트가 분명히 말했듯이, "일부 현대 논리학자들처럼 일관성을 진리로 정의하는 것은 진리의 존재를 부정하는 것이다."[1] 그렇게 하는 것은 미래를 압류하는 것이기도 하다. 글로벌 기후변화 모델은 진실과 정확성의 차이를 보여준다. 주어진 예측이 맞는지 확인하기 위해 기다리는 것은 사실상 "누워서 썩어가는 것"[2]이다.

3. 이제 다수는 지배적인 집단을 분노한 소수자들로 분해하고, 인식된 낙인을 예측하고 증폭시킨 다음, 공통의 '적'을 중심으로 이들을 하나로 통합함으로써 형성된다: 이것은 역(逆)헤게모니다. 헤게모니가 과거에는 지배적인 세계관을 받아들이고 그와 동일시하는 다양한 소수자에 의한 다수의 창출을 수반했다면, 이제 다수는 특정 낙인에 집착하는 분노한 소수자들을 '주류' 문화에 반대하는 것을 통해 통합함으로써 출현한다. '주

1. Arendt, *The Origins of Totalitarianism*, 477.
2. Chun, "On Hypo-Real Models."

류 미디어'에 반대하는 폭스 뉴스 시청자(폭스 뉴스가 미국의 기본 케이블 채널 중 가장 인기 있는 채널임에도 불구하고)부터 자신을 약자로 여기는 실리콘밸리 사우론에 이르기까지 이러한 헤게모니적 군집화의 목표는 분명 비규범적이다. '규범인'이 결코 되지 않는 것이 규범이 되었다.

4. 현재 이해되는 '진정성'은 인간을 트리처럼 예측 가능한 존재로 만들지만, 둘 다 선형 모델이 상정하는 것보다 훨씬 더 복잡하다: 알고리듬 진정성은 우리가 약간 나쁜 행동을 하도록 고무함으로써 계기(trigger)에 예측 가능하게 반응하도록 만들려 한다. 그것은 복잡성과 모호함을 '위선'이라 비난한다. 그러나 드라마를 비롯한 다른 진정성의 수행은 우리가 마리오네트 이상의 존재, 즉 캐릭터이자 배우임을 드러낸다.

5. 빅 데이터는 정신분석과 우생학의 사생아이다: 소셜 미디어 플랫폼은 사용자의 마우스 클릭과 수익을 최적화하기 위해 인간의 무의식에 균열을 내고자 한다. 이들의 목표는 사용자의 욕망, 즉 한 대상에서 다음 대상으로 끝없이 이동하여 사용자가 항상 더 많은 것을 원하게 만드는 것이다. 그러나 네트워크 과학, 정신분석학, 이데올로기 비평 사이의 관계는 행동주의적 착취에 대처하는 데 필요한 종류의 비전통적 학제 간 연구를 가능하게 한다. 저명한 과학기술학 학자인 도나 해러웨이가 말했듯이, "사생아는 종종 자신의 기원에 대해 지나치게 불충실하다."[3] 데이터 분석을 통해 우리는 차별적 데이터가 폐제하고

3. Donna Haraway, "Chapter Eight: A Cyborg Manifesto: Science, Technology,

자 하는 것에 관여할 수 있다.

6. 상관관계는 '공동-관계'다: 상관관계는 복잡하다. 단순히 선형적인 일대일 관계가 아니다. 상관관계는 응축, 전치, 증식한다. 독이 되기도 하고 치료가 되기도 한다.

7. 과거는 미래만큼이나 복잡하다: 현재의 아카이브는 제한적이고 편향되어 있기 때문에 결코 '실측 자료'가 될 수 없다. 기계학습의 세계에서는 실측 자료=딥페이크다. 사이디아 하트만과 아리엘라 아이샤 아줄레이가 주장했듯, 역사적 아카이브는 세계를 파괴하는 '진보'의 논리를 배제하는 동시에 뒷받침한다. 그러나 과거는 사라진 것이 아니며 오히려 잠재력의 공간이다.

8. 편안함과 돌봄(care)은 편안하지 않다: 동종선호의 공간은 종종 분노를 위로하는(comforting) 동요된 공간이다. 이를 넘어서기 위해서는 불편함(discomfort)을 새로운 형태의 연결과 공동-거주를 위한 방법으로 인정해야 한다. 사라 아메드가 말한 것처럼 "불편함은 동화나 저항이 아니라 규범에 다르게 거주하기 위한 것이다. 거주는 규범을 안전하게 지키는 것의 실패로 끝나는 것이 아니라 그 규범을 '따르지' 않는 삶의 가능성으로 끝나는 한 생성적이거나 생산적이다."[4]

and Socialist-Feminism in the Late Twentieth Century," *Simians, Cyborgs, and Women: The Reinvention of Nature* (London: Routledge, 1990. 한국어판은 「사이보그 선언문: 20세기 후반의 과학, 기술, 사회주의 페미니즘」, 『영장류, 사이보그 그리고 여자: 자연의 재발명』, 황희선, 임옥희 옮김(아르테, 2023), 151.
4. Ahmed, *The Cultural Politics of Emotion*, 155, 강조는 원저자.

이 책의 주요 목표는 5단계 프로그램 중 마지막 5단계에 도달하는 것이었다. "분리 종식과 평등을 위한 투쟁과 실천을 통해 현재의 네트워크 구조에 내재된 우생학적, 분리주의적 디폴트를 대체하고 다양한 알고리듬과 검증 방식을 고안하기." 이는 엄청난 과제이며, 이 책은 더 넓은 '우리'가 이러한 과제에 동참할 것을 요청했다. 4장 말미에 언급했듯이 이 책에는 '애디슨 테라스, 일본인 포로수용소, MIT의 기혼 학생 기숙사 거주자, 민권 운동가, 노예, 웨스턴 일렉트릭의 불량 여성 노동자, 디케이터의 주부들, 처벌을 회피하는 쥐 등의 이웃의 유령들'이 출몰한다. 이들은 상관관계, 동종선호, 분리, 인식, 차별, 대리체, 진정성 속에 거주한다. 그들은 우리와 함께 살고 있다.

그러나 우리가 그들과 함께 살기 위해서는 간과되는 것을 위한, 즉 유토피아에 대한 요청, 과거나 미래를 포기하지 않는 삶의 양식을 위한 이러한 '공동-관계'를 외면하지 말고 바라볼 필요가 있다. 아줄레이는 전통적인 역사 개념이 타자를 "과거"로서 아카이브하려 한다고 말하면서, 이와는 대조적으로 그렇게 강등된 타자들을 "1차 자료"가 아닌 잠재적 동반자로 취급하는 "잠재적 역사"를 제안한다.[5] 글렌 쿨타드는 재분배 없는 인정의 정치를 진단하기 위해서뿐 아니라 해결책을 위해 프란츠 파농을 다시 읽는다. 파농의 작업이 "식민화된 민족이 스스로에게 힘을 실어주기 위해 종종 비판적으로 참여하는 다수의 자기-긍정적 문화 실천"[6]을 강조했기 때문이다. 호세 무뇨스는 탈-동일시의 진단에서 "지금 여기"의 "감옥"에서 과거와 미래

5. Azoulay, *Potential History*, 16.
6. Coulthard, *Red Skin, White Masks*, 23, 강조는 원저자.

를 탈취하기 위한 방법으로서의 퀴어 유토피아로 나아갔다. 무뇨스는 퀴어성(queerness)이 "이 세계가 충분하지 않다고, 실제로 무언가 빠졌다고 느끼게 하는 것"인 불만족, 그리고 과거에 관여함으로써 "현재의 수렁을 넘어 보고 느낄 수 있게 하는 구조화되고 교육된 욕망하기의 양식"인 해방을 모두 추동한다고 설명한다.[7] 『퀴어의 시간, 흑인의 미래』에서 카라 킬링은 다른 세계가 가능할 뿐만 아니라 이미 여기에 있다고 주장한다. 우리의 과제는 "세계가 만들어내는 시, 후렴구, 소음에 타자들과 함께 귀를 기울이는 것"[8]이다.

무시되어 온 것에 귀를 기울인다는 것은 정의에 대한 요구에 주목하고 차이 속에서 살아간다는 것을 수반한다. 우리가 창조할 필요가 있는 알고리듬과 세계(5단계)는 최소한 1) 연결의 기반이 되는 복잡한 관계에 관여하고 2) 서로 연결된 캐릭터로서의 우리의 역할을 인정하고 육성하며 3) 학습의 깊이와 폭에 관여해야 한다.

1. 연결, 다름 안에서

이 책은 유사성-기반 연결이 인간 존재의 근거가 되는 많은 형태의 연결 중 하나에 불과하다는 점을 강조했다. BASR의 연구원들은 '동종선호'와 더불어, 서로 반대되는 것이 서로를 끌어당긴다는 개념인 '이종선호'라는 용어를 만들어냈다.(이종선호는 우리의 기계와 이성애를 추동하는 전류의 기초를 형성함에도 불구하고 기이하게도 사라졌다.) 지금까지 우리는 네트워크

7. José Esteban Muñoz, *Cruising Utopia: The Then and There of Queer Futurity* (New York: New York University Press, 2009), 1.
8. Keeling, *Queer Times, Black Futures*, ix.

내에서 빈 공간으로 통상 오해되는 배려(caring)의 습관, 즉 연결과 양가적 평등을 출현하게 하는 '다름 안에서'의 중요성을 고찰해 왔다. 그렇다면 다양한 상호작용으로 가득 찬 이 공간에서 시작한다는 것은 무엇을 의미할까? 민권 운동을 소셜 네트워크 분석의 실측 자료로 삼는다는 것은 어떤 의미일까? 루하 벤저민의 요청에 따라 노예제 폐지 운동의 도구들을 추구하고 인정하는 것은 어떤 의미일까?

2차 세계대전 이후 미국은 분리된 공간뿐만 아니라 다름과 경험의 중요성을 강조하는 평등을 위한 운동도 전개했다. 1977년 보스턴에서 콤바히 리버 컬렉티브는 「우리는 어떻게 자유로워질 것인가」(How We Get Free)라는 선언문을 작성했다. 흑인 사회주의 페미니스트들의 모임인 이들은 '정체성 정치'와 '교차성'을 공식화한 최초의 집단 중 하나였다. 이들은 진보적인 흑인 남성들과 분리주의가 아닌 연대를 주장하며 "흑인으로서 우리의 상황은 인종이라는 사실을 둘러싼 연대를 필요로 한다"고 지적했다. "우리는 인종차별에 맞서 흑인 남성들과 함께 투쟁하고, 성차별에 대해서도 흑인 남성들과 함께 투쟁한다. (…) 우리는 가장 심오하고 잠재적으로 가장 급진적인 정치가 다른 누군가의 억압을 끝내기 위해 노력하는 것이 아닌, 우리 자신의 정체성에서 직접적으로 나온다고 믿는다. (…) 우리는 받침대, 여왕의 신분, 열 발자국 뒤에서 걷는 것을 거부한다. 인간으로, 평등한 인간으로 인정받는 것만으로도 충분하다."[9] 평등한 인간으로 인정받는다는 것은 패턴 인식이나

9. Ruha Benjamin, *Race After Technology*; Combahee River Collective, *How We Get Free*, 19.

차별에 저항하는 것이다. 그것은 다름 안에서 사는 것이다.

다름 안에서 산다는 것은 신뢰와 정치라는 까다로운 문제에 관여하는 것을 의미한다. 불신에 대한 대니엘 앨런의 해결책은 정치적 우정이다. 그는 아리스토텔레스의 우정에 대한 세 가지 정의(윤리적, 친밀한, 효용성)를 바탕으로 시민은 공리주의자이며 따라서 서로 '정치적 친구'가 되어야 한다고 주장한다. '가장 가까운 세 명의 친구'와 분리에 대한 그들의 태도에 초점을 맞춘 BASR은 친밀한 교우관계와 윤리적 교우관계의 관계를 밝혀냈지만, 이러한 종류의 우정을 볼 수 없게 만들었다. 앨런은 랠프 엘리슨을 끌어내며 "참가자들의 이해관계가 다르다는 것을 인정하고 동의 가능성의 도구를 사용해 친구처럼 다투는" 것을 수반하는 "적대적 협력"의 습관이 필요하다고 주장한다.[10] 그러나 정치적 신뢰는 때로 전혀 신뢰처럼 보이지 않을 수도 있다. 정치 이론가 보니 호닉은 민주적 관계가 정념, 투쟁, 불신으로 가득 차 있다고 주장한다. 민주주의가 권리를 찾아가는 제도라는 점을 지적하면서 호닉은 구약성서의 룻기와 같은 '이방인'에 대한 우화가 우리에게 찾아가기의 미덕을 가르쳐준다고 주장한다. 또한 그는 민주주의에서 우리는 "정치적 삶에서 특정 영웅(또는 원칙이나 제도)을 열정적으로 지지하면서도 그 영웅이 우리가 한눈팔면 우리에게 어떤 일을 할까 봐 두려우므로 한눈팔면 안 된다는 것을 알고 있다"[11]고 주장한다.

애착과 두려움, 그리고 민주적 권리의 주장에 대한 자부심

10. Allen, *Talking to Strangers*, 118.
11. Bonnie Honig, *Democracy and the Foreigner* (Princeton: Princeton University Press, 2009), 99, 120.

은 처음으로 제대로 된 공정한 임대 숙소를 갖게 된 애디슨 테라스 주민들의 반응에서 분명하게 드러난다. 애디슨 테라스와 같은 프로젝트는 미국의 흑인 거주자들이 표준 이하의 주택에 백인 거주자보다 더 높은 임대료를 지불해야 한다는 사실을 인정하고 이를 개선하기 위해 노력하는 것처럼 보였다. 주민들은 주택 정책 당국과 이웃을 조심스레 대하면서도 자신들의 이익을 보장받기 위해 시민 활동과 단체에 참여했다. 2장의 그림 28에서 볼 수 있듯이, 애디슨 테라스 전체 주민의 압도적 다수(87퍼센트)가 이 프로젝트에서 서로 다른 인종이 잘 어울린다고 생각했으며, 다수의 주민(60퍼센트)이 공공주택 공급이 다인종이어야 한다고 생각했다. 한 흑인 여성 거주자는 "백인이 이곳에 오고 싶어 한다면 환영하지만, 내가 나서서 그들을 이곳으로 오게 하지는 않을 거에요"[12]라고 말했다. 흑인과 백인 거주자의 무관심, 양가성, 불확실성은 '불안정한' 반응이 아니라, 때로는 갈등을 유발했던 공유 공간에서 함께 거주하는 양식이자 수단이었다.

다름 속에서 살아가기 위해서는 갈등으로부터 도망치는 것이 아니라 갈등에서 출발해야 한다. 증오나 사랑이 아닌 갈등이 민주주의적 투쟁의 원동력이다. 그러나 갈등을 인정한다는 것은 갈등을 증폭시키는 것이 아니라 갈등을 치유하고 갈등에 화답할 수 있는 방법을 모색하는 것을 뜻한다. 쿨타드는 토착민의 미래를 확립하기 위해 토착민의 과거를 포용하고 연결로서의 토지의 중요성을 강조한 리앤 베타사모사케 심슨과 같은 다른 토착민 이론가들의 연구에 참여했다. 쿨타드에게 토착

12. JGB, "Tenant: Helen Brown," 4.

민의 투쟁은 땅에 관한 것이었고, 지금도 마찬가지다. "물질적 의미의 땅을 위한 투쟁일 뿐만 아니라, 호혜적 관계와 의무의 체계로서의 땅이 비지배적이고 착취적이지 않은 방식으로 우리 서로 및 자연 세계와의 관계 속에서 삶을 살아가는 것에 대해 우리에게 가르쳐줄 수 있는 것에 깊게 영향을 받은 투쟁"[13] 말이다. 쿨타드와 심슨에 동의하면서 조디 버드는 우리가 소유 또는 박탈에 기반한 "주권을 넘어" 탈식민적 부활과 관계로 나아갈 수 있도록 영감을 준다.[14] 땅과 장소는 우리를 '빈 공간'에서 벗어나 의무를 인정하고 관계를 지속하는 방향으로 이끈다. 땅과의 관계는 동종선호 및 약한 유대와 같은 기본적인 네트워킹 개념의 기초를 형성한다.[15]

「우리 사이의 공간」이 밝혀낸 것처럼, 이종선호 및 다름 안에서와 같은 다른 관계들은 사라진 것이 아니라 현재 인정되는 형태의 연결이 등장할 수 있는 틈새, 즉 여백에 내재되어 있다. 이러한 풍부한 관계에 관여하려면 네트워크가 그래프 밖의 모든 것이라는 통찰에서 출발해야 한다. 애디슨 테라스의 예로 돌아가서, 그림 61은 압도적인 수의 양가적 교우관계를 고려할 때 네트워크 다이어그램이 드러내는 것이 어떻게 변화하는지 보여준다.[16]

13. Coulthard, *Red Skin, White Masks*, 13, 강조는 원저자.
14. Jodi Byrd, "Indigenous Futures Beyond the Sovereignty Debate" in *Cambridge History of Native American Literatures*, ed. Melanie B. Taylor (Cambridge University Press, 2020), 516.
15. Laura Kurgan, Dare Brawley, Jia Zhang and Wendy Chun, "Weak Ties: The Urban History of an Algorithm," *e-flux architecture*, 2020, https://www.e-flux.com/architecture/are-friends-electric/348398/weak-ties-the-urban-history-of-an-algorithm/.
16. Carina Albrecht, Wendy Chun, and Laura Kurgan, "Living In/difference,

이 바글거리는 이미지들은 동종선호를 넘어선 관계를 파악하기 위한 첫 번째 단계다. 또한 이 이미지들은 이러한 다이어그램의 가능성과 한계를 드러내는데, 노드와 에지는 단순히 주어진 것이 아니기 때문이다. 접촉은 노드를 만들어낸다. 즉 신체와 개인을 형성한다.[17] 이러한 '작동화'와 '시각화'의 움직임은 현재 존재하는 네트워크로 번역될 수 있고 번역될 수 없는 것들을, 따라서 학제 간 방법과 협력의 지속적인 필요성을 보여준다.

2. 진정하게 공동-관계인 캐릭터들

이 책, 그리고 그 이전의 책인 『동일성 유지를 위한 업데이트』(2016)는 소셜 미디어의 세계 내에서는 우리가 마리오네트가 아닌 캐릭터임을 강조했다. '사용자'라는 용어는 온라인 상호작용의 풍부한 세계를 포괄하지 못하는 중독과 조작에 대한 행동주의적 꿈을 폭로한다.[18] 많은 연구자들이 밝혀낸 것처럼 소셜 미디어 사용자는 대중/사회 참여를 염두에 두고 온라인에서 페르소나를 공들여 만든다.[19] 수행은 냉소적이지도 않고 진실하지 않은 것도 아닌 방식으로 정체성의 근거를 마련하며,

or How to Imagine Ambi-valent Networks," *Qui Parle* 30 no.1 (2021).

17. 다음을 참조. Wendy Chun, *Updating to Remain the Same*; Anna Munster, *An Aesthesia of Networks: Conjunctive Experience in Art and Technology* (Cambridge: MIT Press, 2013).

18. Wendy Chun, *Control and Freedom*, 21.

19. 예를 들어 다음을 참조. danah boyd, *It's Complicated: The Social Lives of Networked Teens* (New Haven: Yale University Press, 2014); Stefanie Duguay, "Dressing up Tinderella: Interrogating Authenticity Claims on the Mobile Dating App Tinder," *Information, Communication & Society* 20 no.3 (2017): 351–367.

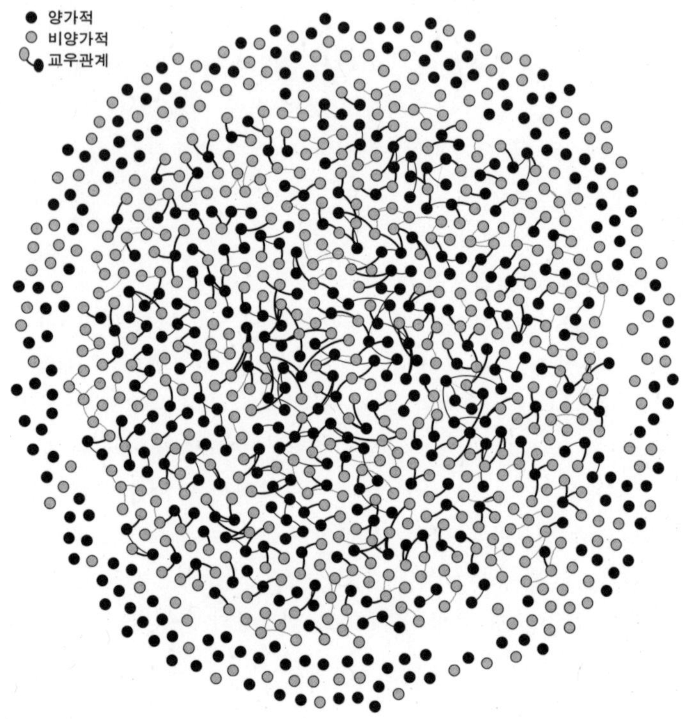

그림 61. 머튼의 동종선호 원칙을 공식화하는 데 사용된 네트워크의 세 가지 가능한 표상. 어두운 점들은 이 네트워크 내에서의 양가성/무관심 분포를 나타내며, 이는 각각 질문 27, 32 및 61에 대한 주민들의 응답을 기반으로 한다. 이미지 제작: 카리나 알브레히트.

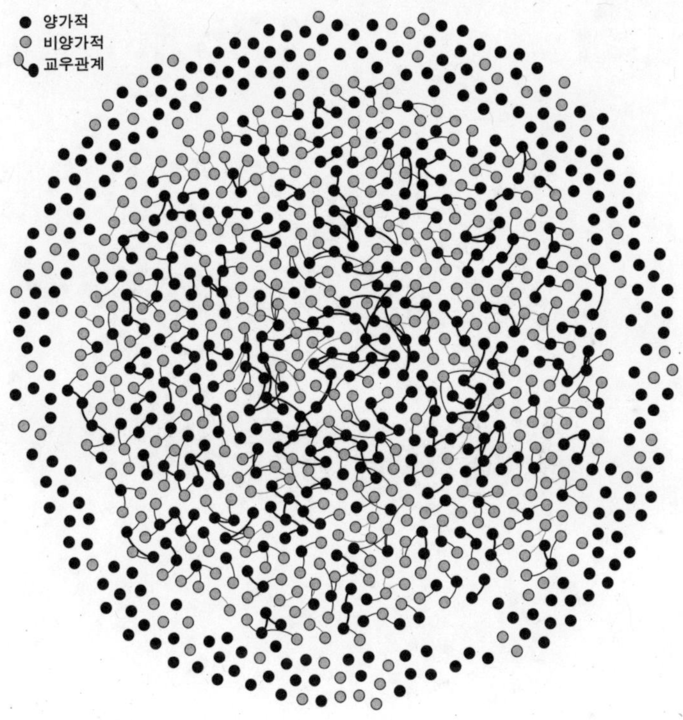
양가적
비양가적
교우관계

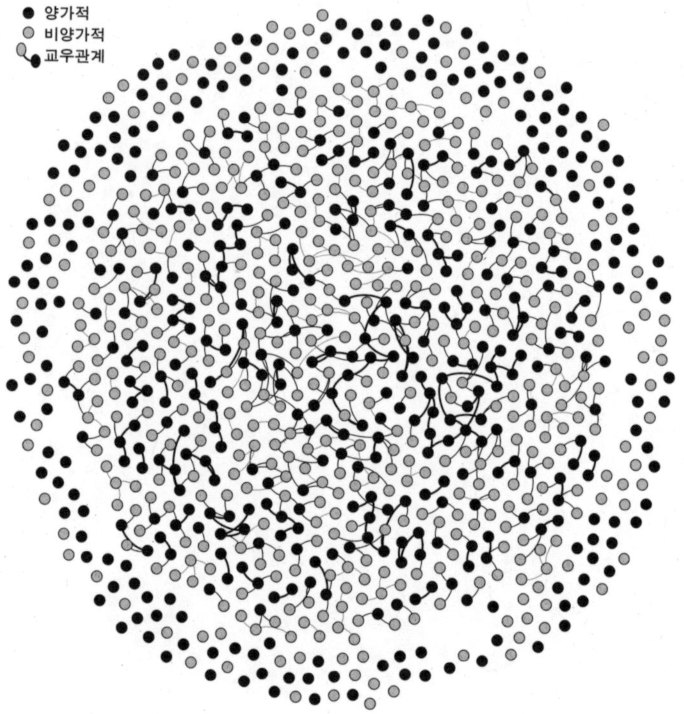
양가적
비양가적
교우관계

많은 사람들이 「매트릭스」 같은 영화를 진실로 느끼는 것은 결코 우연이 아니다. 진정성은 사용자가 투명하도록 훈련하기 위해 배치되기보다는 타자와의 양가적 관계를 강조하고 증폭하며 이해하기 위해 행사될 수 있다. 진정성은 '현실'을 모방하여 왜곡하기 때문이 아니라 '진실'로 느껴지는 허구를 상연하기 때문에 진실처럼 느껴지는 극적인 수행과 역사적으로 연결된다.

특히 온라인에서 이러한 수행은 혼자서 하는 것이 아니라 집단적으로 형성되고 대본화된다. 뉴미디어는 끊임없이 당신(you)을 강조한다. 유튜브닷컴, 페이스북의 무슨 생각을 하고 있나요?(What's on your mind?), "당신은 올해의 인물입니다"(You are the Person of the Year)처럼 말이다. 뉴(New) 미디어는 N(YOU) 미디어이지만 이 YOU는 단수가 아니라 복수로도 쓰이는데, 영어에서 YOU는 특히 변화무쌍하게 전환하는 전환사(shifter)다.[20] 이 단수적 복수성은 개인을 다른 사람들과의 관계, 즉 '같은'(like) 관계에서 다루는 데이터 분석의 기초를 형성한다. 현재 가장 인기 있는 형태의 빅 데이터는 넷플릭스, 타겟(Target), 피코(FICO)와 같은 기업에서 사용하는 데이터 및 네트워크 분석의 미화된 형태로, 단순히 우리가 누구인지 식별하는 것이 아니라(쿠키와 기계를 맞춤화하는 우리의 경향을 고려할 때 이는 매우 쉽다) '우리와 같은' 다른 사람들과 관련하여 우리를 식별하기 위해 우리의 데이터를 채굴한다. 우리의 대본과 대사는 다른 사람들의 행동과 말에 끊임없

20. 옮긴이—인칭대명사를 포함한 전환사는 로만 야콥슨의 개념으로, 그 의미가 기표적 연쇄를 참조하지 않고는 정의될 수 없는 문법적 단위의 특수한 부류를 말한다.

이 영향을 받으며, 우리는 이들과 끊임없이 상관관계 지어지고 무의식적으로 협업한다.

캐릭터로서의 역할에 대한 생각은 우리의 진정성을 감소시키는 것이 아니라 오히려 더 풍부하게 한다. 이는 우리 시대가 '포스트-진실'이라는 모호한 주장과 '가짜 뉴스'에 대한 끝없는 고발에서 벗어나 '사람들이 왜 그리고 어떻게—어떤 (사회적, 문화적, 기술적, 정치적) 상황에서—정보를 진실 또는 진정한 것으로 여기는지'를 이해하는 방향으로 우리를 움직이게 한다. 이를 통해 우리는 집단행동과 의도적인 행동을 '악의적'이 아닌 '선한' 것으로 인정하는 시스템을 구축할 수 있다.

진정성을 연구하기 위해서는 최소한 다음과 같은 측면을 개괄적으로 설명하는 퍼포먼스-기반의 스키마가 핵심이다.[21]

알고리듬 스크립트	무엇보다도 사용자 프로파일링 및 알고리듬 추천 시스템 등을 통해 행동을 포획하고 스크립팅하는 방법
캐릭터 개발	플랫폼에서 허용하고 사용자와 봇이 상연하는 표현의 순서와 양식

21. 허위 정보와 역정보에 대응하기 위해 우리는 진정성, 그리고 그것이 팩트 체크에 대한 가정들을 어떻게 흔들고 있는가부터 시작해야 한다. 팩트 체크는 중요하지만 충분하지 않다. 팩트 체크는 역정보원(disinformation source)이 낳고 사적인 상호작용을 통해 확산되는 쇄도하는 소문보다 뒤처진다. 정정은 반박된 이야기에 대한 새로운 관심을 유발할 수 있으며, 사용자들은 정확성과 무관하게 흥미롭거나 재미있는 이야기를 확산시킨다. 2016년 미국 대통령 선거는 '진정성 선거'로도, '가짜 뉴스의 정상화'로도 묘사되었다. 따라서 허위 정보와 역정보에 대응하기 위해서는 이러한 역설에서 출발하여 어떤 정보가 기술적, 역사적, 문화적, 사회적, 정치적 측면에서 왜 그리고 어떻게 진실된 것으로 간주되는지 물어야 한다. 이에 대해 더 알아보려면 나의 다음 논문을 참조. "Beyond Verification: Algorithmic Authenticity and Polarizing Trust," *Items: Insights from the Social Sciences*, May 18, 2021, https://items.ssrc.org/beyond-disinformation/ beyond-verification-algorithmic-authenticity-and-polarizing-trust/.

퍼포먼스	온라인과 오프라인 모두에서 페르소나를 생성하고 실시간 상호작용을 유도하는 것
미장센	다중 플랫폼 환경, 스크린의 위치, 장치 및 제3자
장르	정서의 유형과 상호작용의 목표(광고 등)
청중/네트워크	사용자가 군집화되는 방식과 사용자에게 노출되는 대상
연속성(seriality)	링크/추천/브레드크럼[22]이 특정 궤적을 따라 사용자를 이끄는 방식
광고/마케팅/경제학	광고 및 마케팅 모델이 분노와 클릭낚시, 클릭/좋아요 반복 행위(farming)를 유도하는 방법

이러한 스키마를 구축하기 위해서는 할리우드 내 젠더 구성을 분석한 엔지니어이자 과학자인 슈리 나라야난과 지나 데이비스 연구소의 협업 프로젝트처럼, 디지털 방법과 기계학습을 사용하여 알고리듬적 스크립트와 연결을 이해하는 프로젝트에서 영감을 얻어야 한다. 우리는 흑인 여성을 착취하고 상업화하지 않는 대항 서사와 기술에 대한 사피아 노블의 요청과 더불어 배상을 촉구하는 목소리를 따를 필요가 있다.[23] 또한 자유권을 주장하는 취약한 계층을 보호하기 위해 캐릭터를 활용하는 나탈리 윈의 콘트라포인츠 동영상과 페미니스트 채팅 봇,

22. 옮긴이—breadcrumb. 웹사이트나 앱에서 사용자가 현재 위치를 파악하고 이전 페이지로 쉽게 이동할 수 있도록 돕는 내비게이션 도구.

23. Laura Kurgan, Dare Brawley, Brian House, Jia Zhang and Wendy Chun, “Homophily: The Urban History of an Algorithm,” *e-flux architecture*, 2019, https://www.e-flux.com/architecture/are-friends-electric/289193/homophily-the-urban-history-of-an-algorithm/; Caroline Heldman et al., *See Jane 2020 Film: Historic Gender Parity in Family Films!* (Los Angeles: Geena Davis Institute for Gender in Media at Mount St. Mary’s University, 2020), https://seejane.org/wp-content/uploads/2020-film-historic-gender-parity-in-family-films-report-4.20.pdf; Safiya Noble, *Algorithms of Oppression*; Richardson et al., “Reparations for Black American Descendants of Persons Enslaved in the U.S.”

그리고 커뮤니케이션학자인 사라 잭슨, 모야 베일리, 브룩 푸코 웰스의 해시태그 행동주의와 미디어학자인 찰턴 맥일웨인의 흑인 소프트웨어에 관한 연구에도 관심을 가질 필요가 있다.[24] 아울러 정보학자 안드레 브록이 요청하듯, 우리는 욕망의 중심성과 비결핍에 기반한 정체성 개념에 주목해야 한다.[25] 가장 바라건대, 진정성에 초점을 맞추면 지식이라는 이름으로 위기를 장기화하는 '그게 진짜인가'에 대한 끝없는 논쟁에서 벗어나, 결과, 동기 및 효과에 대한 관여로 나아갈 수 있을 것이다.

3. 기계 탈학습

다시 말하지만, 학습을 믿지 않았던 우생학을 위해 개발된 방법이 현재 기계학습의 기초를 이루고 있다는 것은 불편하면서도 흥미로운 점이다. 과학사학자 스테파니 딕이 지적했듯이, 인간 합리성에 대한 기술적 모델을 만들려는 시도는 인간의 지식을 심오하게 변화시킨다.[26] 미디어학자 에이드리안 매켄지는 기계학습의 경우 학습이 "데이터를 생성할 수 있는 수

24. Alex Fefegha, Josie Young, and Elena Sinel, *Designing a Feminist Alexa: An Experiment in Feminist Conversation Design* (London: University of the Arts London Creative Computing Institute, 2017), https://drive.google.com/file/d/1vIrIT8dIA9muhvd-XfCCCCUQCujRhMOO/view. 또한 "혐오에서 작용으로: 책임 있는 AI"(From Hate to Agonism: Responsible AI) 프로젝트를 비롯한 디지털 민주주의 그룹(Digital Democracies Group, https://digitaldemocracies.org)의 작업도 참조; Sarah J. Jackson, Moya Bailey, and Brooke Foucault Welles, *#HashtagActivism: Networks of Race and Gender Justice* (Cambridge, MA: MIT Press, 2020); Charlton McIlwain, *Black Software: The Internet and Social Justice* (Oxford: Oxford University Press, 2019).

25. André Brock Jr., *Distributed Blackness: African American Cybercultures* (New York: New York University Press, 2020).

26. Stephanie Dick, "Of Models and Machines: Implementing Bounded Rationality," *Isis* no. 106, 3 (2015): 623–634

학적 함수를 찾고 그 함수에 대한 탐색을 최대한 최적화"[27]하는 것이라고 주장했다. 특히 메러디스 브루서드가 기록한 인공지능의 한계를 고려할 때, 이것이 학습의 정의가 된다면 우리는 얼마나 많은 것을 잃게 되는가? 기계학습의 예측을 탈학습(unlearing)함으로써 우리는 기계학습으로부터 무엇을 학습할 수 있는가?

결정적으로, 기계학습 모델은 다른 삶의 양식과 존재 양식을 해방시킬 수 있다. 즉 그 모델은 면밀히 조사할 수 있고 사변적(speculative)일 수 있으며, 따라서 가장 풍부한 의미에서 책임감 있다.[28] 책임감 있는 AI(Responsible AI)는 반드시 인간의 의사결정을 빼앗는 AI의 악몽이나 유토피아일 필요가 없다. 오히려 그러한 AI는 인간의 가치뿐만 아니라 환경적 가치의 측면에서도 AI가 해야 할 일과 하지 말아야 할 일을 결정하는 데 폭넓게 참여할 수 있고,[29] 또 그렇게 해야 한다.[30] 책임감 있는 AI는 기계를 노예(따라서 주인)로 보는 시각에서 벗어나는 것을 뜻하기도 한다. 정치학자이자 활동가인 바인 델로리아 주니어가 말하듯 "어떤 바보라도 생명체를 마치 기계처럼

27. Adrian Mackenzie, *Machine Learners*, 46, 강조는 원저자; Meredith Broussard, *Artificial Unintelligence*.
28. 옮긴이—여기서 '가장 풍부한 의미에서'를 고려할 때 책임감 있다(responsible)는 '응답할 수 있다'를 포함한다.
29. 다음을 참조. Momin Malik, "A Hierarchy of Limitations in Machine Learning," arXiv.org, February 29, 2020, https://arxiv.org/abs/2002.05193; Virginia Dignum, *Responsible Artificial Intelligence: How to Develop and Use AI in a Responsible Way* (Cham: Springer Nature Switzerland, 2019), 4.
30. Emma Strubell, Ananya Ganesh, and Andrew McCallum, "Energy and Policy Considerations for Deep Learning in NLP," *57th Annual Meeting of the Association for Computational Linguistic (ACL), Florence, Italy, July 2019*, https://arxiv.org/abs/1906.02243; Crawford, *Atlas of AI*.

취급하고, 특정 기능을 수행하도록 요구되는 조건을 설정할 수 있다. 모두 무차별 대입(brute force)[31]을 충분히 적용하기만 하면 되는 일이다. 무차별 대입의 결과는 노예제다."[32]

디지털 미디어 이론가이자 소프트웨어 디자이너인 제이슨 에드워드 루이스, 역사학자 노엘라니 아리스타, 퍼포먼스 작가인 아처 페차위스와 수잔 카이트는 이들의 획기적인 프로젝트인 「기계와 친족 만들기」에서 델로리아 주니어를 인용하여, 존중하는 마음으로 비인간에 관여하는 "확장된 '관계의 순환'"을 주장한다. 이 "친족 만들기"는 물질성과 영성에 대한 토착민의 이해와 비인간화의 경험에서 출발한다. 이들은 "비인간으로 선언되는 것이 어떤 것인지 알고 있다"고 말하면서, "우리는 인간과 같은 존재를 노예로 취급하는 뒤틀린 합리화의 부식적 영향과 그러한 사고방식이 자신이 건드리는 모든 인간관계, 심지어 이른바 주인의 관계까지 훼손하는 방식을 증명하는 역사를 가지고 있다"고 설명한다. "우리는 토착민 및 비토착민의 관계들과 협력하여 우리의 상상력을 열고 우리가 AI와 맺는 가능한 관계에 대해 광범위하고 근본적인 꿈을 꾸면서 환원에 저항할 것이다."[33] 친족 만들기는 디지털 미디어 이론가이자 작가인 베스 콜먼의 「옥타비아 버틀러의 '다른 세계' AI」와 같

31. 옮긴이—컴퓨터 네트워크 과학 및 암호학에서 특정 암호를 풀기 위해 빠른 연산력을 활용하여 가능한 모든 값을 대입하는 것.
32. Vine Deloria, Jr. "Philosophy," *Spirit and Reason: The Vine Deloria, Jr. Reader*, ed. Sam Scinta, Kristen Foehner, Barbara Deloria (Golden: Fulcrum Publishing, 1999), 13.
33. Jason Edward Lewis, Noelani Arista, Archer Pechawis, Suzanne Kite, "Making Kin with the Machines," *Journal of Design and Science* no. 3 (2018), https://doi.org/10.21428/bfafd97b.

이 사변적이고 상상력으로 충만한 방법을 활용한다.[34] 이는 사변적인 세계와 형태를 창조하기 위해 옥타비아 버틀러의 소설에서 영감을 얻은 것이다.

현재 존재하는 기계학습과 예측 모델도 그 결과와 우리의 현실 사이의 간극을 수정해야 할 오류가 아니라 정치적 행동의 공간으로 취급할 때만 환원에 저항할 수 있다. 우리는 이러한 모델을 지구 기후변화 모델과 마찬가지로 취급해야 한다. 기후변화 모델은 과거의 행동을 고려할 때 가장 개연성이 높은 미래를 제시하지만, 그 미래를 받아들이기 위해서가 아니라 미래를 바꾸고자 노력하기 위해서다. 전 지구적 기후변화 부정론자들만이 세계가 아닌 그 모델을 수정하려 한다. 기후변화 모델은 또한 모델의 한계와 대안적 검증 방식의 필요성을 분명히 보여준다. 주어진 예측이 맞는지 확인하기 위해 기다리면 이미 너무 늦다. 거의 숨겨지지 않는 지식의 추구는 무대책에 대한 알리바이가 될 수 있다. 퍼거슨의 치안 차별에 관한 종합 보고서를 접한 활동가들과 지역사회 구성원들은 이 보고서가 "세인트루이스 지역에서 일어나야 할 변화에 대해 이미 수년 동안 많은 사람들이 목소리를 높여온 내용을 문서화했지만, 문제를 식별하는 것과 문제를 해결하는 것은 별개"라고 지적했다.

요컨대, AI 대재앙을 막기 위해 가장 중요하게 요구되는 것은 아줄레이가 설득력 있게 주장한 것처럼, 우리 아카이브의 근간을 이루는 시간성과 식민적 논리를 '탈학습'하는 것이다. 우리는 "폭력이 역전되어야 하고, 한때 제거되었던 다양한 선

34. Beth Coleman "Speculative AI: Octavia Butler and Other Possible Worlds," Special Issue No Template, *Media-N*, IOPN, 2021.

택지가 제국주의적 진보의 움직임을 늦추는 방법으로 다시 활성화되어야 하는 공간"에서 산 자와 죽은 자 모두를 포함하는 타자들과 공존하는 "잠재적 역사"의 시간 속에 살 필요가 있다.[35] 우리는 기계 탈학습이 필요하다.

결론적으로, 내가 개괄한 이러한 단계와 프로젝트는 우리가 가장 충만한 의미에서 이웃으로서 세계에 거주하는 데 도움이 될 수 있지만, 이는 첫걸음에 불과하다. 민주주의에 대한 21세기의 도전에 맞서기 위해서는 무기나 '새로운' 기술에 대한 요청이 아니라, 다름 안에서 자유롭게 살겠다는 결단이 필요하다.

35. Monica Davey, "Panel Studying Racial Divide in Missouri Presents a Blunt Picture of Inequity"; Azoulay, *Potential History*, 43.

감사의 글

이 책을 집필하는 데 5년이 넘게 걸렸고, 그 기간 동안 나를 지지하고 나에게 영감을 준 많은 이들과 기관들에 빚을 지게 되었다. 이 책을 위한 연구는 여러 연구비와 휴가를 통해 가능했다. 귀중한 도움을 준 구겐하임 재단, 미국 학술단체협의회, 베를린 미국 아카데미, 브라운 대학교, 사이먼 프레이저 대학교, 캐나다 150 체어스 프로그램에 감사한다. 이 작업을 위해 폴 라자스펠드 박사와 로버트 머튼 박사의 연구 아카이브에서 출판할 수 있도록 허락해 준 로버트 라자스펠드 박사와 해리엇 주커만 박사에게 매우 감사한다.

이 책의 핵심이 되는 수학 지침서를 제공한 앨릭스 바넷에게 감사하며, 수년 동안 그와 나눈 많은 대화를 통해 도움을 받았다. 리즈 캐너 역시 이 대화의 핵심 참여자였으며, 그의 연구와 친절함에서 많은 것을 배웠다. 특히 사이먼 프레이저 대학교, 브라운 대학교, 베를린 미국 아카데미, 펜실베이니아 대학교의 아넨버그 스쿨 등에서 나에게 영감을 준 많은 동료와 친구들에게도 감사를 표한다. 클레멘스 앱리치, 아리엘라 아이샤 아줄레이, 티몬 베이즈, 제프 보우커, 데어 브롤리, 시몬 브라운, 메르세데스 번즈, 조디 버드, 마크 캠벨, 리즈 캐너, 플로리안 크레이머, 케이트 크로퍼드, 조이 드루익, 린 페스타, 라이자 헤버트, 브라이언 하우스, 패트릭 자고다, 이오나 주칸, 카라 킬링, 로라 커건, 가나엘레 랑글루아, 샤오창 리, 스비틀라나 마트브옌코, 찰튼 매클웨인, 수전 맥닐, 타라 맥퍼슨, 리사 나카무라, 루치아나 파리시, 리사 파크스, 캐비타 필립, 토머스 프링글, 제이슨 로디, 엘렌 루니, 니샤트 샤, 히토 슈타이얼, 바비 젤

리저 및 지아 장이 그들이다. 또한 이 책을 쓰는 데 도움을 준 여러 연구 조교들인 카리나 알브레히트, 이본 브램블, 아인슬리 댄코트, 에이미 해리스에게도 빚을 지고 있다. 이미지를 전문적으로 다시 그리고 다시 캡처해 준 조슈아 캐머런, 질리언 러실, 줄리아 스콧 렌츠, 시실리아 츄이에게도 감사한다. 이 책의 여러 초고와 지난 몇 년 동안 내가 쓴 다른 모든 글을 한 문장 한 문장 읽어준 한나 홀츠클로에게 특별한 감사를 표한다. 그의 책을 읽음으로써 이 빚을 갚을 수 있는 날이 오기를 고대한다. 또한 더그 세리, 노아 J. 스프링어, 수잔 클라크, 엘리자베스 아그레스타 등 MIT 대학교 출판부의 환상적인 팀과 교열 담당자 제프리 로크리지에게도 많은 빚을 졌다.

오랫동안 나를 알고 지내온 이들에게도 베풀어준 사랑에 감사의 말을 전한다. 다 같이 은퇴하면 다시 한번 함께 살고 싶은 가장 오랜 친구들인 마사 필치, 제니퍼 르쿠터, 나탈카 미구스, 끊임없는 영감이 되어주는 나의 가족 전순점, 전영식, 지니안, 그리고 이 책을 비롯한 많은 것들을 가능하게 해준 연인 폴 무어크로프트에게 고마운 마음을 전한다.

이 책의 일부는 『이플러스 아키텍처』, 『키 파를』, 『크리티컬 인콰이어리』, 『SSRC 아이템스』, 그리고 책 『패턴 판별』에 초고로 출판되었다.[1]

마지막으로 브라운 대학교, 펜실베이니아 대학교, 시카고 대학교, 사이먼 프레이저 대학교에서 가르칠 수 있었던 모든 학생들, 특히 디지털 민주주의 연구소를 함께 만든 최초의 네

1. Clemens Apprich, Wendy Chun, Florian Cramer and Hito Steyerl, *Pattern Discrimination* (Lueneburg and Minneapolis: Meson Press and University of Minnesota Press, 2019).

명인 카리나 알브레히트, 에이미 해리스, 해나 홀츠클로, 줄리아 스콧 렌츠에게 감사와 영광을 전한다. 당신들 모두가 나에게 영감을 주었고, 당신들과 나의 첫 번째 선생님들인 지니, 마리아, 어니, 버트에게 이 책을 바친다.

웬디 희경 전

이 책에 기여해 달라는 요청을 받게 되어 기쁘게 생각하며, 웬디와 그녀의 훌륭한 남편 폴 무어크로프트(수학 생태학에 관한 논문을 함께 집필하기도 했다)와 수년간 활기를 주는 대화를 나눈 것에 대해 감사한다. 수학 지침서를 자신의 작업에 통합하고, 이 시대에 사회 정의를 위해 노력하려면 비판이론, 기술, 역사, 통계, 알고리듬… 등을 연결하는 깊은 이해가 필요함을 보여주는 비전을 가진 것이 웬디의 특징이다! 내가 일하고 있는 플랫아이언 연구소의 지원, 그리고 바이 하트와 랜달 먼로의 손으로 쓴 과학 지원 활동에서 얻은 영감에 감사한다. 무엇보다도 이 수학적 삽입물에 대한 조언은 물론 모든 일에 사랑과 영감을 준 멋진 아내 리즈 캐너에게 큰 빚을 지고 있다.

앨릭스 바넷

수학 삽화 참고 문헌

Diez, David M., Mine Çetinkaya-Rundel, and Christopher D. Barr. *OpenIntro Statistics*, 4th ed. 2019. https://www.openintro.org/book/os/. [Website also has online course videos, R package, and useful free datasets (e.g., used for figure 17).]

James, Gareth, Daniela Witten, Trevor Hastie, and Robert Tibshirani, *An Introduction to Statistical Learning, with Applications in R*. Springer Texts in Statistics 103. New York: Springer, 2013. https://doi.org/10.1007/978-1-4614-7138-7/. [Textbook on probabilistic approach to data analysis and machine learning, with examples in R.]

Russell, Stuart, and Peter Norvig. *Artificial Intelligence: A Modern Approach*, 3rd ed. Boston: Pearson Education, 2016. [A focus on classical (i.e., pre–convolutional neural net revolution of 2012) AI and machine learning.]

The R language. http://cran.r-project.org/. [Excellent computer language for analyzing your own data. Its "openintro" package contains useful datasets, such as the one used for figure 17.]

Vigen, Tyler. *Spurious Correlations*. https://www.tylervigen.com/spurious-correlations. Accessed August 25, 2020. [Website contains frequently updated correlation graphs, and links to buy the book (Boston: Hachette Books, 2015).]

Sahami, Mehran, Susan Dumais, David Heckerman, and Eric Horvitz. "A Bayesian Approach to Filtering Junk Email," AAAI Workshop on Learning for Text Categorization, July 1998, Madison, Wisconsin. AAAI Technical Report WS-98–05.

Rao, Justin M., and David H. Reiley. "The Economics of Spam." *Journal of Economic Perspectives* 26, no. 3 (Summer 2012): 87–110. https://doi.org/10.1257/jep.26.3.87.

Feuerverger, Andrey, Yu He, and Shashi Khatri. "Statistical Significance of the Netflix Challenge." *Statistical Science* 27, no. 2 (2012): 202–231. https://doi.org/10.1214/11-STS368.

Sayad, Saed. "Linear Discriminant Analysis." http://www.saedsayad.com/lda.htm. [Web page with applet.]

Young, Hugh D., and Roger A. Freedman. *University Physics with Modern Physics*, 13th ed. Boston: Addison-Wesley, 2012. [Section 28.8 introduces magnetic materials. Be careful that "polarization" can also refer to electromagnetic waves.]

옮긴이 해제

차별하는 데이터를 기술적, 문화정치적, 역사적으로 판별하기

이 책에 언급된 유명한 일화로 이야기를 시작하자. 2009년 토퍼스 캠핑 센터의 직원인 데시 크라이어는 유튜브에 영상 하나를 업로드했다. 해당 영상에서 데시는 휴렛팩커드 컴퓨터에 내장된 얼굴 인식 소프트웨어를 동료와 함께 시연해 보인다. 먼저 흑인 남성인 데시가 컴퓨터 웹캠 앞에 선다. 그는 좌우로 움직이지만 소프트웨어는 전혀 반응하지 않고 화면도 그대로 멈춰 있다. 그러나 백인 여성 동료가 화면 앞에 서자 갑자기 웹캠이 그녀를 따라 움직이기 시작한다. 데시는 이 모의실험을 통해 다음과 같이 선언하고 이것을 영상의 제목으로 붙였다. "휴렛팩커드 컴퓨터는 인종차별주의자다."(HP computers are racist, 이 책 53쪽 참조)[1]

오늘날 사람들은 자아를 표현하고 세계와 연결되기 위해 일상적으로 소셜 미디어를 이용한다. 또한 인공지능과 빅 데이터는 삶의 영역 곳곳으로 급속히 확산되며 다양한 방식으로 활용된다. 페이스북과 구글은 사용자 권한과 정보 검색을 대가로 네트워크에서 사용자의 행위를 추적할 수 있는 데이터를 수집한다. 그런데 이와 같은 데이터 수집은 사용자의 취향과 성향을 바꾸기보다 이를 강화한다. 사용자가 능동적으로 선택하지 않았는데도 추천 페이지, 추천 영상, 광고 사이트 등이 알고리듬에 따라 자동적으로 제시되는 이유도 바로 이 때문이다.

데시 크라이어의 경험은 이 책의 서론에서 언급하는 시카

1. 이후 이 책에서 인용한 내용은 쪽번호만 표기했다.

고 경찰국의 '적외선 우범자 명단' 활용과 접속한다. 2020년 AI 나우 연구소는 미국 13개 도시 경찰에서 운영하는 범죄 예측 시스템이 특정 인종에 대한 편향이 담긴 예측을 산출해 왔다고 발표했다. 이를테면 흑인과 소수 인종이 많이 거주하는 동네에 더 많은 잠재적 범죄자가 있다고 예측한 것이다. 이렇듯 시민권에 직접적으로 영향을 미치는 '더러운 데이터'(dirty data)의 활용은 북미 비판적 디지털 미디어 연구의 최전선을 이끌어온 웬디 희경 전이 빅 데이터를 기술적, 인식론적으로 뒷받침하는 네트워크 과학에 대해 통찰한 바를 뒷받침한다. "네트워크 과학은 분리를 개인의 선택으로 암묵적으로 인증하고 제도적, 경제적 제약을 지움으로써 의도치 않게 인종주의적 의제를 강화한다."(188)

웬디 전은 뉴미디어에 대한 기술 결정론이나 '희망적 무지'에 근거한 사용자 우선적 낙관주의에 비판적으로 맞서왔다. 그는 디지털 미디어가 세계, 대상, 주체를 전례 없이 새롭게 변화시킨다는 시각에도, 사용자의 자유와 사용 방식에 따라 디지털 미디어의 효과가 결정된다는 시각에도 공히 반대한다. 첫 번째 저서 『통제와 자유』(2005)에서 웬디 전은 인터넷이 다양한 기술적·정치적·문화적 통제를 수반함에도 왜 신문, 방송 등 기존의 매스미디어에서 누릴 수 없는 자유의 도구로 도입되고 확산되었는지 묻는다. 그 이유는 네트워크가 통제와 자유를 불가분의 짝패로 마련하기 때문이다. 즉 사이버공간의 사용자가 누리는 항해와 검색의 자유는 컴퓨터 모니터의 이면에서 작동하는 일련의 통제에 은밀히 순응한 대가로 주어진다. 그러므로 인터넷을 이용하며 누리는 자유는 주체에게 프라이버시의 약화를 포함한 새로운 유형의 취약함을 수반하고 편집증적 불안을 야기한다.

웬디 전은 통제와 자유의 역설적 공존을 드러내고자 네트워크의 하드웨어, 소프트웨어, 그 밖에 네트워크를 재현하는 다양한 미디어 문화를 탐사한다. 그는 우선 하드웨어의 차원에서 인터넷의 TCP/IP(Transmission Control Protocol/Internet Protocol)를 분석한다. 이로써 네트워크가 신호의 전송과 수신을 동시에 수행하는 쌍방향의 창처럼 작동함을 드러내고 인간의 인식을 벗어나는 그 창의 이면에서 기술적 통제가 이루어짐을 밝힌다. 또한 네트워크의 표면에서는 인터넷 포르노 문화의 양가적 면모를 지적한다. 사이버공간에서 번성해온 각종 포르노 사이트는 미국의 헌법 정신 및 신자유주의 이데올로기가 공히 천명하는 사상 및 상업의 자유를 웅변하지만, 이에 대한 정부의 규제는 자유와 더불어 부과되는 정보 통제의 존재를 입증한다. 통제와 자유의 갈등적 공존은 인터넷 문화를 재현한 광고, 뮤직비디오, 애니메이션 등에서도 확산되어 왔다. 기업들은 인종, 성별, 연령과 관계없이 사용자의 자유와 역량을 강화하는 공간으로 인터넷을 홍보해 왔지만, 유색인종에게 이와 같은 사이버 주체의 초월적인 정체성은 자신이 체험하는 차별받는 신체의 구속에서 벗어나 이상화된 백인 부르주아 주체와 동일시하는 길이다.

통제와 자유의 역설적 공존이라는 컴퓨터와 네트워크의 존재론은 가시성과 비가시성의 역설적 공존으로 심화된다. 두 번째 저서 『프로그래밍된 시각』(2011)은 소프트웨어는 물리적 실체 없이 수많은 컴퓨터와 사용자 환경에서 널리 작동한다는 비물질성의 신화에 도전한다. 이 책은 그와 같은 신화에 도전하면서도 소프트웨어의 역설적이고도 모호한(vapory) 특성을 입체적으로 조명한다. 인간은 프로그래밍 언어를 통해 소프트웨어를 알 수 있지만 이를 구동하는 컴퓨터의 프로세싱은 인간의 지각을 넘어서기 때문에 미지의 상태로 남는다. 소프트웨어를 구성하는 코드는 언어적으로 행동을 실행하지만, 전능한 프로그래머가 이 코드를 조직하고 개발한다는 신화는 코드의 기계적 자동성을 마법적인 것으로 은폐한다. 소프트웨어는 즉 물신으로 작동하며 소스 코드는 마법적인 기원으로 격상된다.(웬디 전은 이러한 격상을 소스 마법[sourcery: source+sorcery의 합성어]으로 부른다.) "소프트웨어는 항상 이미 존재하는 것으로 가정되며, 우리 인터페이스의 자명한 토대 혹은 근원으로 여겨진다. 소프트웨어는 공리적이다. 첫 번째 원리로서, 실행의 지우기와 프로그래밍의 특권화를 기반으로 한 특정 신자유주의적 인과 논리를 고정시킨다. 이 프로그래밍은 다른 곳으로 스며들고 또 다른 곳에서 비롯된다."[2]

웬디 전은 소프트웨어의 이와 같은 역설이 사용자가 컴퓨터를 사용할 때 대면하는 인터페이스에도 적용된다고 주장한다. 그래픽 사용자 인터페이스(Graphical User Interface, GUI)는 컴퓨터 운영 체제 등에 적용됨으로써 컴퓨터 하드웨어에 접속하고 이를 가시적으로 제어할 수 있게 한다. 하지만 GUI는 하드웨어 이면에서 작동하는 연산 과정을 비가시적인 상태로 은폐한다. GUI의 상호작용성은 개인적 행위와 선택의 자유를 경제적 발전의 원천으로 상정하면서도 불안정한 세계에 계속 적응하기를 강요하는 신자유주의의 통치성을 체화한다. 웬

2. Wendy Hui Kyong Chun, *Programmed Visions: Software and Memory* (Cambridge, MA: MIT Press, 2011), 49.

디 전은 루이 알튀세르의 이데올로기 개념을 동원해, 사용자를 생산하고 하드웨어와 상상적 관계를 맺도록 해준다는 점에서 GUI를 '이데올로기의 유사물'로 규정한다.

가시성과 비가시성이 다면적으로 공존하는 컴퓨터와 네트워크의 가장 심오한 역설은 메모리(기억)의 차원에서 드러난다. 사람들은 컴퓨터가 영구적인 기억 기계가 될 것이며 네트워크는 모든 사람에게 개방된 정보의 아카이브가 되리라 기대하곤 한다. 이런 믿음은 컴퓨터와 네트워크가 기억과 저장을 통합하며 데이터를 지속적으로 재생하고 다시 읽어낸다는 점 때문에 생겨났다. 정보는 영구적 기억을 구성하기 위해 사라지고 갱신되는데, 웬디 전은 이 같은 정보의 역설을 '영속적인 덧없음'(enduring ephemeral)이라고 일컫는다.

컴퓨터와 네트워크에 내재된 '영속적인 덧없음'의 역설은 세 번째 저서 『동일성 유지를 위한 업데이트: 습관적 뉴미디어』(2016)에서 소셜 미디어의 차원으로 연장된다. 웬디 전은 소셜 미디어의 본성과 소셜 미디어가 구축하는 '당신(들)'(You)이라는 정체성의 역설을 설명하고자 습관(habit)이라는 익숙한 개념에서 출발한다. 철학자 데이비드 흄과 질 들뢰즈, 사회학자 피에르 부르디외와 존 듀이로 이어지는 사상적 계보를 가로지르며 그는 습관을 과거를 반복함으로써 미래를 대비한다는 점에서 '창조적 기대'로 규정한다. 습관의 이 역설적 특징은 오늘날 활발히 서비스되는 소셜 미디어에 고스란히 나타난다. 소셜 미디어 사용자들은 개별 사용자인 '당신'인 동시에 세계 곳곳의 다른 사용자와 연결되게끔 독려받는 '당신들'로 호명되고, 자신의 존재가 항상적임을 입증하도록 상태 업데이트를 끊임없이 권유받는다.

습관은 업데이트를 촉발하는 기제임과 동시에 소셜 미디어를 순환하는 다양한 종류의 위기이기도 하다. 웬디 전은 이런 특성을 뉴미디어의 결정적 차이, 네트워크의 시간성 등으로 규정하고 업데이트를 습관과 위기의 합(Habit + Crisis)으로 정식화한다. 소셜 미디어와의 습관적 연결은 업데이트를 촉진하면서 신자유주의의 동력인 불안정성과 변화의 논리를 뒷받침한다. 또한 빅 데이터를 비롯한 계량화된 데이터의 수집을 촉진하고 사적 공간과 공적 공간의 전통적 구별을 와해한다. 웬디 전은 소셜 미디어에서 벌어지는 친구 맺기나 사이버 폭력 등의 문제를 지적하지만 전통적 프라이버시를 옹호하거나 전통적 공동체의 소멸을 애도하지는 않는다. 그 대신 소셜 미디어에서 사적이고 개별적인 중독으로 치부되는 습관을 타자가 공유하는 공통의 경험으로 재구성할 가능성, 사용자의 행위를 예측 가능한 것으로 저장하고 관리하는 빅 데이터의 정치에 저항하는 '잊힐 권리'와 '지워질 권리'의 실현을 위해 네트워크를 사용해야 한다고 주장한다.

『차별하는 데이터』에 접근하기 위한 세 개의 인터페이스

1. 문화연구와 비판적 디지털 미디어 연구의 결합:
    상관관계, 차별/판별

『차별하는 데이터』는 웬디 희경 전이 디지털 및 네트워크 기술 문화에 대해 이전 저서에서 수행한 문화연구 기반의 비판을 더욱 본격적으로 전개한다. 감시, 섹슈얼리티, 자아의 테크놀로지에 대한 푸코의 통찰을 비판적 디지털 미디어 연구를 통해 신선하게 재매개한 『통제와 자유』는 1990년대 사이버문화 유토피아, 초기 웹캠(Webcam) 문화와 사이버 포르노의 번성, 테크노-오리엔탈리즘을 주파한다. 사이버공간에서 웹 2.0과 소셜 미디어로의 이행이 갖는 문화적, 정치적 함의를 진단하는 『동일성 유지를 위한 업데이트』는 2012년 10월 자살 직전 자신이 왕따가 된 사정을 적은 카드를 촬영한 동영상을 유튜브에 업로드한 아만다 토드의 사례 등을 논의하며 네트워크와 친구 만들기(friending)가 신자유주의적 주체성을 강화하면서 젠더적 비대칭성의 폭력을 조장하고 전통적 안전 및 프라이버시 개념을 교란하는 취약성의 기술임을 드러낸다. "사이버공간에 대한 '유토피아적' 꿈은 사라졌어도, 그 이면의 희망적 무지는 지속되어 인종을 무시함으로써 인종주의를 영속화하는 기계학습 프로그램"(45)의 확산과 점증하는 영향력에 개입하는 『차별하는 데이터』는 "인터넷이 악몽, 이 세상 거의 모든 악의 근원이 되었다"(13)라는 사람들의 인식에 호응하는 많은 동시대 문화정치의 경관을 소환한다. 「매트릭스」의 서사는 흑인해방 서사와 펑크/레게 하위문화의 코드를 전용하면서 큐어넌과 같은 온라인 기반 음모론과 교배하여 확장해 온 2010년대 이후 미국 극우 집단의 역헤게모니 및 탈동일시 전략을 비판하기 위해 리플레이된다. "한때 '다수 문화' 또는 '주류'였던 것이 동요하는 하위문화로 분열되고 (…) 이제 그 문화는 분노한 지배 이데올로기로 통합된다."(75) 극우 하위문화의 코드에 대한 집착은 두개골의 모양 및 크기와 같은 신체적 징표를 물신화하는 인셀의 세계관과 만난다. 트럼프의 리얼리티 쇼 「어프렌티스」는 협업 필터링으로 실행되는 '알고리듬 진정성'의 드라마와 구조적으로 동일한 문화적 인공물로, 우리가 ""빅 데이터" 라고 부르는 드라마 속에서 마리오네트가 아닌 캐릭터이자 배우"(268)임을 일깨우는 사례로 논의된다. 코로나19에 따른 사회적 거리두기와 이 과정에서 파생된 소수자 혐오 및 편견의 확산에 대한 저자의 논평은 이런 맥락에서 자연스럽다.

이 다양한 사례들은 문화연구 및 비판이론으로 구성된 웬디 희경 전의 중요한 지적 기판 위에서 출력되고 분석된다. 한나 아렌트의 목소리는 『차별하는 데이터』의 여러 페이지에 걸쳐 폭넓게 공명한다. 초기 저작부터 웬디 전이 확고하게 설정한 인터넷과 신자유주의의 회로는 『차별하는 데이터』에서 네트워크와 알고리듬이 구축하고 촉진하는 '자주적 개인' 주체성에 대한 비판으로 이어진다. "혐오를 '사랑'으로 포장하여 그것이 매핑하는 불평등을 정당화"(190)하는 동종선호의 정동과 이에 근거한 네트워크 군집화를 설명하기 위해 사라 아메드의 '감정의 문화정치'와 제휴하고, "자신을 '실제 피해자'로 자리매김하고 사회 정의 전사들의 주장을 약화시키기 위해 '피해자'로 탈-동일시"(397)하는 전투적 반동 우파의 기제를 풀어헤치기 위해 알튀세르의 이데올로기 국가 장치 및 호명 테제와 호세 에스테반 무뇨즈의 퀴어 퍼포먼스 연구를 구동한다. 얼굴 인식 기법을 비롯한 알고리듬이 자동화하는 '인식'(recognition)은 주인과 노예의 변증법에 대한 헤겔의 선구적 논의 및 찰스 테일러와 낸시 프레이저의 논쟁을 경유하면서 '인정'(recognition)이라는 첨예한 개념과, 궁극적으로 사회적, 제도적 차별과 접속한다. "누군가를 인식한다는 것은 그 사람의 권위, 타당성 또는 정당성을 받아들이는 것이다. 인식=차별++."(349)

그러나 이와 같은 풍부한 이론적 도구 상자가 관습화된 문화연구가 현재까지도 자주 의존하는 관행인 비판이론의 기계적인 적용으로 매개되지 않는다는 점을 분명히 해둘 필요가 있다. 보다 정확히 말하자면 웬디 전의 비판이론 개념과 방법론은 디지털 및 네트워크 미디어에 특정한 하드웨어의 물질성, 정보 프로세싱의 과정성, 알고리듬의 수학적-연산적 절차성, 코드의 수행성을 보충하거나, 이와 같은 특정성들이 개인과 집단, 정체성과 공동체, 문화와 세계를 구성하고 조율하는 데 기여하는 방식을 드러낸다. 뉴미디어의 새로움을 형성하는 문화적, 제도적 실천과 미디어 특정성 모두를 망라하는 연구를 모은 공동 편저의 서문에서 웬디 전은 유럽의 미디어 고고학자들과 영어권 문화연구 간의 생산적 교섭을 강조한다. 푸코와 키틀러의 유산을 계승한 미디어 고고학은 "하드웨어와 소프트웨어의 논리 및 물리학"에 주목하고 영어권 문화비평은 "미디어의 주관적, 문화적 효과 또는 인터페이스의 변형적 가능성"에 집중하면서 미디어에서 "정치, 경제, 문화의 중요성을 강조하고 기술 결정론을 비판"한다.[3] 이 둘은 대리보충의 관계로 뉴미디어 연구의 대상과 방법론을 구축해야 한다. 문화연구는 연산 및 네트워크 미디어의 물질성과 테크닉에 주목하는 관점에서 자칫 결여될 수 있는 콘텐츠와 사용자 실천의 중요성을 보충하고, 미디어 고고학을 비롯한 '하드코어' 미디어 연구에서 뉴미디어의 물질적, 기법적 특정성에 대한 이해를 수용해야 한다.

웬디 전의 이와 같은 기획을 여실히 입증하는 사례는 네트워크에 대한 설명으로 『차별하는 데이터』에서도 다음과 같이 반복된다. "네트워크 과학은 문화이론가 프레드릭 제임슨이 한때 '인지적 지도제작'(cognitive mapping)이라고 불렀

3. Wendy Hui Kyong Chun, "Introduction: Did Somebody Say New Media?," in *New Media, Old Media: A History and Theory Reader*, eds. Wendy Hui Kyong Chun and Thomas Keenan (New York: Routledge, 2006), 4.

던 것을 모방한다. 개인과 그들이 살고 있는 총체성(totality)과의 연결고리를 밝혀 포스트모더니즘의 안개를 걷어내기 때문이다."(177) 현대적 네트워크는 교통 및 통신의 인프라를 통해 공간적, 물질적으로 구체화되었고, 이와 같은 기획은 기존에 존재하는 경험적 실체인 자연과 인간, 영토에 질서를 부여하고 이들 간의 구획과 관계를 설정하는 개념적 구조를 따랐다. 포스트모던 사회에서 네트워크는 제임슨과 들뢰즈-가타리(리좀) 등이 각각 다른 강조점을 설정하고 말했듯이 이질성과 다수성을 포섭하는 개념으로 상상된다. 제임슨처럼 글로벌 정보자본주의의 흐름이 포섭하고 확산하는 것으로 이질성과 다수성을 설명하든, 들뢰즈-가타리처럼 그런 흐름으로부터의 분열적인 도주를 강조하든 말이다. 언어로 분절되거나 재현의 질서를 벗어나는 정동의 역량과 흐름에 주목하는 정동 이론 또한 개념적 도구이자 상상적 구성물로서의 네트워크에 합류할 수 있다. 웬디 전에 따르면 21세기의 네트워크 과학과 이를 기술적, 물질적으로 실현한 인터넷 기반 사회연결망은 보이지 않는 연결들을 가시화한다는 점에서는 비판이론이 상정하는 네트워크와 동일하지만, 노드와 에지를 통해 그와 같은 이론이 포용하는 잡음과 이질성을 제거한다. "정량적 사회과학과 물리 및 컴퓨터 과학을 혼합하는 과정에서 네트워크 과학은 재현(representation)과 연결망(network)에 대한 이론이 풍부한 분야인 질적 사회과학과 인문학을 우회한다."(178) 티지아나 테라노바 및 알렉산더 R. 갤러웨이와 유사하게 웬디 전은 인터넷의 탈중심성이 통제 및 중심성을 역설적으로 강화한다고 본다.[4] 이런 의미에서 연산적 네트워크는 포스트모더니즘에서 출발했으나 이에 종언을 고한다. 소셜 미디어가 구체화하는 21세기의 기술적 네트워크는 "인종, 젠더, 섹슈얼리티와 같은 범주들을 강화하는 이웃 예측기(neighborhood predictor)를 통해 다문화주의를 해결"하고, 이를 통해 "포스트모던 상대주의를 데이터 분석으로 대체"한다.[5]

네트워크와 기계학습 알고리듬을 포함하는 연산미디어(computational media)의 물질적, 기법적 특정성을 심도 있게 고려하는 웬디 전의 방법론은 문화연구 및 비판이론의 전통적인 주제인 주체성, 이데올로기, 문화적 스타일의 범주에도 효과적으로 구동된다.[6] 네트워크가 공동체를 포함한 세계의 재구성이라면, 그 기저의 알고리듬은 빅 데이터의 확률론적 연산을 통해 세계의 경계를 구획하고 개인과 집단을 생산한다. 『차별하는 데이터』의 1장과 2장에서 상세하게 논의되는 상관관계와 동종선호는 개인과 집단의 정동 순환과 변조를 뒷받침하는 인식적 전제다. 동종선호의 원칙으로 엔지니어링된 소셜 미디어 네트워크는 개인의 차이와 유사성을 적극적으로 찾고, 형성하고, 도구화하여 사회적 군집을 포착하고 형성하며, "탈-인종, 탈-정체성 시대를 여는 대신 '기본' 변수와 공리를 통해 분노한 미시정체성(microidentity)을 영속화한다."(102) 케임브

4. Tiziana Terranova, *Network Culture: Politics for the Information Age* (London: Pluto Press, 2004); Alexander R. Galloway, *Protocol: How Control Exists after Decentralization* (Cambridge, MA: MIT Press, 2004).
5. Wendy Hui Kyong Chun, *Updating to Remain the Same: Habitual New Media* (Cambridge, MA: MIT Press, 2016), 40.
6. 연산미디어에 대한 보다 상세한 설명은 나의 『위기미디어: 위태로운 21세기 사회와 미디어의 확장』(파주: 아카넷, 2025) 4장을 참조.

리지 애널리티카 등의 데이터 분석 에이전시가 동일한 '좋아요'(like)를 가진 사용자 간의 상관관계를 바탕으로 정치적 성향을 예측하는 방식은 소셜 미디어 네트워크가 '친구' 또는 '알 수도 있는 사람'이라는 새로운 이웃을 산출하는 방식과 등가적이다. 21세기 네트워크의 이웃은 『동일성 유지를 위한 업데이트』에 따르면 당신[들](YOU)으로서의 주체이며, 이는 개인과 집단의 엄밀한 구별을 넘어선다. "가치는 하나의 '당신'이 아닌 수많은 '당신'들에 의해 생성된다: 바로 다양한 '당신'들 사이의 상호 연결성 그 자체에 의해서 말이다. '당신'은 단수이면서도 복수이기에 네트워크 작동의 핵심이다."[7] 이것은 이른바 집단 지성(collective intelligence)의 이상이 찬양되었던 초기 온라인 공동체와 다르다. 이와 같은 이상이 사용자들의 자발적 행동에 따른 집단적 효과를 강조했다면, 소셜 미디어의 '당신들 가치'(YOUs value)는 검색, 마우스 클릭, '좋아요' 누르기, 포스팅처럼 자발적인 것과 비자발적인 것이 뒤섞인 행동의 데이터에서 통계적 유사성을 연산함으로써 출현한다. 『동일성 유지를 위한 업데이트』가 강조하듯 습관은 노드와 에지로 표현되는 군집으로서의 이웃 형성에 긴요하다. "습관은 확률을 결정하는 데 핵심적이다. 습관은 과거의 우발적 반복을 기대 가능한 연결들로 표현하기 때문이다."[8] 상관관계는 습관을 다룸으로써 '당신(들)'로서의 주체성을 제작하는 데이터 분석의 인식적, 기법적 틀이다. "데이터 분석은 습관에 관한 것이다: 첫째, 로션이나 비타민 구매와 같은 습관적 행동에 초점을 맞춘

7. Chun, *Updating to Remain the Same*, 118.
8. 같은 책, 54.

다. 둘째, 이러한 분석을 바탕으로 특히 임신과 같은 '위기' 순간—상태 변화의 순간—에 집중하여 습관을 바꾸려 한다. 셋째, 인과관계를 습관 간의 상관관계로 '대체'한다. 즉, 반복되는 사건들의 상관관계가 아니라 상관관계 간의 상관관계가 핵심이다."[9] 이 책이 수학 강의를 통해 해설하는 주성분 분석, 베이즈 정리 등의 통계적 연산 기법(즉 소셜 미디어 기저의 인공신경망에 적용되는 기법)은 존재하는 과거의 연결성을 가시화하고 현재의 최적 분포를 찾아내며 이를 바탕으로 미래를 예측하는 방식으로 집단과 세계를 형성한다. 이를 추동하는 대리체이자 행위자로서의 데이터는 '영속적인 덧없음'의 시간성을 가동하며 정치적, 문화적으로 비대칭적인 과거를 재생한다. "상관관계는 단순히 특정 행동을 예측하는 데 그치지 않고 이를 형성하기도 한다. 서로 '비슷하다'는 것을 근거로 사람들을 범주로 묶는 상관관계는 역사적 불평등의 효과를 증폭한다."(117)

따라서 이 책이 1장과 2장에서 본격적으로 탐구하고 규정하는 상관관계 및 동종선호는 문화연구와 비판적 디지털 미디어/AI 연구의 생산적 접합을 전제한다. 이는 선형 판별 분석 기반의 얼굴 인식에 내재된 우생학적, 문화적 편향이 21세기 분노한 정치적 군집들의 '인정'으로 연장되는 4장에서도 적용된다. 문화연구와 비판적 디지털 미디어/AI 연구의 생산적 접합은 '차별'과 '판별'의 겹침에서 절정에 달한다. '구별하다'를 뜻하는 라틴어 discriminare에서 유래한 disrimination은 19세기 이후 인종주의 이데올로기의 발전과 병행하여 "사회적 범주(예: 인종, 성별, 성적 지향, 연령, 계급)에 기반한 개인에

9. 같은 책, 57.

대한 편견적 대우를 의미”하게 되었고, 컴퓨터 과학은 “입력 데이터에 정체성을 부여하여 정보를 필터링(즉, 판별)하는 과정을 기술하는 용어로 ‘패턴 판별’(pattern discrimination)”[10]을 사용해 왔다. 이 책의 서론에서 웬디 전이 자신의 동맹군으로 언급한 캐시 오닐, 사피아 우모자 노블, 버지니아 유뱅크스, 케이트 크로퍼드 등의 비판적 디지털 미디어/AI 연구자들은 데이터 집합의 성적, 인종적, 계급적 편향을 지적함으로써, 채용 시스템, 사회보장 시스템, 자율주행차 등에서 활용되는 판별형 AI(discrimative AI)의 인식적 한계와 그 결과를 경고해 왔다. 마테오 파스퀴넬리와 블라단 욜러의 정신경(nooscope) 개념은 세계를 통계적 모델과 벡터 공간으로 압축하는 학습 알고리듬에 내재된 편향으로 분석과 개입의 영역을 확장했다.[11] 이와 같은 이중적 편향의 국면을 염두에 두면서 웬디 전은 “판별자와 판별이 패턴 인식과 인정의 문화정치로 변모”(378)한 과정, 21세기 반동적 정치 집단과 알고리듬화된 사회적 시스템 모두에 팽배한 차별의 역사적 은닉층을 조명한다.

2. 과학기술학:
기계학습과 네트워크의 ‘잠재적 역사’

『차별하는 데이터』는 기계학습과 인공지능이 개인과 집단을 엔지니어링하는 방식의 역사적 기원을 밝히기 위해 19세기

10. Clemens Apprich, “Introduction,” in Clemens Apprich, Wendy Hui Kyong Chun, Florian Cramer, and Hito Steyerl, *Pattern Discrimination* (Minneapolis, MN: University of Minnesota Press, 2018), x.
11. Matteo Pasquinelli and Vladan Joler, “The Nooscope Manifested: AI as Instrument of Knowledge Extractivism,” *AI & Society* 36 (2021): 1263–1280.

말-20세기 초 골턴과 피어슨, 대븐포트와 피셔의 우생학, 그리고 20세기 중반 라자스펠드와 머튼 등의 사회조사 방법론을 재조명한다. "빅 데이터와 우생학은 모두 영원히 불변한다고 추정되는 생물학적 속성을 통해 과거와 미래의 결부를, 즉 상관관계와 예측의 연결을 시도한다. 한 세기나 차이가 있지만, 둘 다 (가장 빈곤한 공동체에 대한 감시를 통해 가장 노골적으로) 세계를 실험실로 설정하고, '비규범적' 특성을 전파하여 다수를 추구하며, '가장 친절한' 해결책으로서 (인종차별을 위한 훈련 프로그램으로서의) 분리를 촉진한다."(57) 이와 같은 통찰은 알고리듬 사회의 부정적 결과를 탐색하기 위해 오늘날의 컴퓨터와 연산의 복합적, 다학제적 기원에 주목해 온 웬디 전의 과학기술학적 접근에 근거한다.[12] 웬디 전에 따르면 컴퓨터를 구성하는 하드웨어와 소프트웨어는 컴퓨터 공학의 산물로 환원될 수 없다. "소프트웨어를 향한 충동, 즉 제정(legislation)을 실행(execution)과 융합하는 독립적 프로그램을 향한 충동은 연산 영역 안에서만 생겨난 것이 아니었다. 오히려 로고스로서의 코드는 다른 곳에 존재했고 다른 곳에서 나왔다. 코드는 생명정치적 프로그래밍 가능성이라는 커다란 인식적 장의

12. 이와 같은 접근은 신경망 미디어(neural media)에 대한 다음과 같은 방법론적 규정과 호응한다. "우리의 공통된 방법론적 전략은 신경망의 변형 과정을 그것이 형성되고 작동하는 핵심적 순간들을 연구함으로써 명백히 드러내는 방안을 모색하는 것이다. 이는 다시 신경세포와 신경망, 그리고 이들을 구성하는 관계들이 어떻게 더 광범위한 프로젝트들—가장 명백하게는 신경과학과 계산공학의 프로젝트들뿐만 아니라 세계의 더 큰 사회문화적·정치경제적 프로젝트들—에 종속되어 그 행위력이 실행되고 동원되는지를 밝혀낸다." Ranjodh Singh Dhaliwal, Théo Lepage-Richer, and Lucy Suchman, "Introduction: Rendering the Neural Network," in Ranjodh Singh Dhaliwal, Théo Lepage-Richer, and Lucy Suchman, *Neural Networks* (Minneapolis, MN: University of Minnesota Press, 2024), 2.

일부였다."[13] 이와 같은 주장은 사이버네틱스와 신경망 개념의 창안을 추동한 두 영역의 연합, 즉 기계적인 것과 생명적인 것의 연합이 뒷받침한다. 노버트 위너의 사이버네틱스는 전자 제어 시스템과 동물 행동에서 정보의 커뮤니케이션이 갖는 유사성을 포착한다. "살아 있는 개체의 신체 기능과 일부 최신 통신 기계의 작동은 피드백을 통해 엔트로피를 제어하려는 유사한 시도로 정확히 평행선을 이룬다. 둘 다 작동 주기의 한 단계로 감각 수용체를 갖추고 있다. 즉, 둘 모두 외부 세계로부터 낮은 에너지 수준에서 정보를 수집하고, 개체나 기계의 작동에 이를 활용할 수 있도록 하는 특수 장치가 존재한다."[14] 자극에 대한 뉴런의 활동을 연산 가능한 수학적 명제로 재구성한 워런 매컬러와 월터 피츠의 인공신경망은 생리학과 연산의 다음과 같은 등가성을 전제한다. "신경 활동들 사이에 존재하는 생리적 관계는 명제들 사이의 관계에 상응하며, 이러한 표현의 유용성은 이러한 관계들이 명제의 논리적 관계와 동일함에 달려 있다. 어떤 뉴런의 반응마다 단순한 명제의 주장이 상응한다."[15]

이를 염두에 두면서 웬디 전은 신경망의 기원에 대한 요한 폰 노이만의 입장, 즉 매컬러와 피츠는 생물학에서의 "실제 뉴런보다 훨씬 더 단순한 이상화된 뉴런"을 자극과 반응에 대한 수학적 모델링을 통해 "공리화"하고자 했다는 견해를 수정

13. Chun, *Programmed Visions*, 103.
14. Norbert Wiener, *The Human Use of Human Beings: Cybernetics and Society* (Garden City, NY: Doubleday, 1954), 27.
15. Walter Pitts and Warren McCulloch, "A Logical Calculus of the Ideas Immanent in Nervous Activity," *Bulletin of Mathematical Biophysics* 5 (1943): 117.

한다.[16] 컴퓨터가 기억 기계가 되는 것은 유전학이 프로그램으로, 유전자가 코드로 재구성되는 20세기 생물학의 패러다임 전환과 병행적이다. 웬디 전에 따르면 우생학과 유전학은 생명의 프로그래밍 및 연산 가능성을 예비하는 이와 같은 전환에 중요한 인식적 토대가 되었다. "멘델 유전학은 성공적인 육종 실험을 통해 진정한 예측 과학으로 입증되었으며, 이는 보이지 않는 본질과 기계적 인과 법칙을 가시적으로 드러냈다. 우생학은 단순히 유전학의 적용이 아니라 오히려 유전학의 예측력을 입증한 것이다."[17] 이는 21세기 들어 우생학이 "단순히 유전자 검사와 조작의 확산을 통한 직접적인 방식뿐만이 아니라 생체 측정 방법과 예측을 통해"(131), 그리고 미할 코신스키가 이끈 두 편의 연구가 입증하듯 개인의 특성과 속성을 디지털 기록의 상관관계 분석 및 얼굴 특징의 패턴 인식으로 예측하는 실증적 데이터 과학을 통해 다시 등장했다는 점과 연결된다.

이와 같은 역사적 계보의 심층에는 우생학과 유전학이 컴퓨터와 네트워크 과학이 구체화한 데이터와 기억 개념의 기초를 마련했다는 점이 깔려 있다. 유전학은 염색체의 형질 변화를 기록함으로써 유전을 기억과 연결하고 궁극적으로 "기억을 저장 장치와 융합하는 것의 관심사(stakes), 즉 과거에서 미래의 연결을 분명하게 함"[18]으로써 현대적 컴퓨터의 메모리 처리 방식을 예고했다. 나아가 인구집단의 신체적 특징에 대한 판별

16. John von Neumann, *Theory of Self-producing Automata* (Urbana and London: University of Illinois Press, 1966), 43–44.
17. Chun, *Programmed Visions*, 117.
18. Wendy Hui Kyong Chun, "The Enduring Ephemeral, or the Future Is a Memory," *Critical Inquiry* 35 (2008): 164.

과 상관관계 분석을 통한 미래의 예측에 집중했던 우생학과 마찬가지로, 유전학은 유전자 데이터를 지속적인 분석 및 관찰의 대상으로 변환하는 과정에서 "생물학적 전이를 전이 가능한 문화적 지식의 문제로 (…) 즉 기록 보관소의 문제이자 기록 보관소를 위한 문제로 만들었다."[19] 이 책에서 비판적으로 밝히는 데이터의 동종선호 기반 연산적, 사회경제적 엔지니어링은 개인과 집단을 앎과 관리의 대상으로 설정하면서 데이터를 수집하고 큐레이션하는 실천, 데이터의 중심성을 정초하는 기억의 기술적 정치에서 비롯되었다. 소셜 미디어를 비롯한 오늘날의 기계학습 기반 시스템에서 문제는 이와 같은 '차별하는' 데이터로 구성된 "현재의 아카이브[가] 제한적이고 편향되어 있기 때문에 결코 '실측 자료'가 될 수 없다"(440)는 데 있다.

즉 골턴의 합성사진을 통해 인종의 일반적 특징을 띤 유령적 인물로 재구성된 유대인, 혼합 인종 주택공급 프로젝트의 산물인 애디슨 테라스의 흑인 거주자들은 "고도로 선별적이고 차별적인 과거를 미래에 반복하려"(83) 했던 우생학과 유전학의 산물로, 유색인 인식에 오류를 일으키거나 흑인 거주자를 잠재적 우범자로 예측하는 알고리듬의 편향된 훈련 데이터와 연결된다. 웬디 전에 따르면 분리를 인식적으로 내장하고 사회적 분리에 동원된 주체들의 데이터와 이를 저장한 아카이브는 영속적 침묵의 상태에 머무르지 않는다. 이와 같은 관점은 컴퓨팅의 발전에 있어 명령-기반의 프로그래밍에서 자동 프로그래밍, 소프트웨어, 그래픽 유저 인터페이스로의 전환을 다시 살펴보는 작업에서 비롯된다. 에니악(ENIAC)이 상징하는 메

19. Chun, *Programmed Visions*, 121.

인프레임 컴퓨터가 계산 기계라면 소프트웨어는 커뮤니케이션 기계다. 메인프레임 컴퓨터에서 소프트웨어 기반 컴퓨터로의 전환은 프로그래밍 및 프로그래머의 위상 변화와 연동되었다. 웬디 전은 초기 컴퓨터에서 여성 프로그래머의 역할을 재조명한다. 사이버네틱스와 소프트웨어가 주인-노예의 변증법을 체화했다면, 수학적 트레이닝을 받은 여성 프로그래머는 에니악을 저장 기반의 컴퓨터로 변환함으로써 기계의 작동을 넘어 기계를 형성하고 기계에 기능을 부여했다. 그러나 "프로그래밍의 사무적이며 여성적이라고 할 수 있는 기반—인력과 지휘 체계 양측에서—은 프로그래밍이 독자적인 공학 및 학문 분야로 자리매김하려 하면서 묻혀버렸다. 이러한 삭제는 프로그래밍의 전문화에 핵심적이다—기계 자체를 숨김으로써 구축된 보상적 숙련(mastery)이다."[20]

그렇다면 왜 웬디 전이 이 책의 말미에서 "애디슨 테라스 주민들, 일본인 포로수용소, MIT의 기혼 학생 기숙사, 민권 운동가들, 노예들, 웨스턴 일렉트릭의 불량 여성 노동자들, 디케이터의 주부들, 그리고 처벌을 싫어하는 쥐들의 유령"(419)을 다시 환기하는가를 알 수 있다. 비판적 디지털 미디어/AI 연구의 다학제적 접근은 "차이의 무시가 어떻게 차별을 증폭하는지 폭로하고 조사하기" 위해, 오늘날 기계학습 기반의 "차별적인 예측을 과거 차별의 증거로 취급하기" 위해 필요하다.(16) 이와 같은 프로그램을 제안하면서 웬디 전은 사진학자 아리엘라 아이샤 아줄레이의 '잠재적 역사'(potential history) 개념

20. Wendy Hui Kyong Chun, "On Software, or the Persistence of Visual Knowledge," *Grey Room* 18 (2004): 31–32.

을 차용하고, 우생학과 실증적 사회과학에 대한 과학기술학적 접근을 잠재적 역사 연구의 사례로 제시한다. 아줄레이에 따르면 '잠재적 역사' 개념은 사진의 셔터에 내재된 제국주의적 응시의 폭력은 물론 사진적 기록에 대한 제국주의적 아카이브 실천에 내재된 전제(즉 식민적 폭력의 기록은 과거에만 속한다는)를 거부한다. 또한 역사를 정치와 분리하거나 과거를 현재와 분리하는 전제, 그리고 피식민 주체를 그들의 대지 및 소유물과 분리하는 전제에 대항한다. "잠재적 역사는 아카이브 기록의 취득 방식에 관한 지역적 논쟁(local litigation)을 초월하는 기록물 자체의 보편적 가치를 의문시하며, 되돌릴 수 없는 과거의 성취의 기록으로 사람들의 행동을 정당화하는 아카이브의 사명을 지지하는 것을 거부한다."[21] 이와 같은 거부의 제스처를 분명히 하면서 아줄레이는 잠재적 역사를 위한 기획의 인식적 실천으로 탈학습(unlearning)을 제안한다. 탈학습은 서구의 사진 장치와 사진 자료 아카이빙에 자연스럽게 주어진 것으로 상정된 것, 즉 제국주의의 기술과 식민적 폭력의 인식적 전제, 지식, 절차, 프로토콜 자체를 풀어헤치고 다른 종류의 사진적 주체와 아카이브를 상상하는 것이다. 웬디 전은 현재 존재하는 기계학습과 예측 모델 또한 이와 같은 이중적 실천의 대상이 될 수 있음을 결론적으로 역설한다. 즉 데이터 집합과 알고리듬의 층위 모두에서 구성 및 작동 방식을 밝혀야 하는 것을 넘어, 차별하는 동시에 차별된 대리체로 상정된 주체들의 기억과 역사를 활성화하는 방식으로 기계학습과 디지털 아카

21. Ariella Aïsha Azoulay, *Potential History: Unlearning Imperialism* (New York: Verso, 2019), 64.

이빙을 전용할 필요가 있다.

3. 비판적 인종 연구: 인종으로서의 기계학습

『차별하는 데이터』는 웬디 희경 전이 북미 지성계 내 유색인종 학자로서 비판적 인종 연구에 본격적으로 개입한 저작이다. 인종을 가치중립적 범주로 상정한 1980년대 보수적 자유주의에 저항했던 킴벌레 크렌쇼, 코널 웨스트 등이 1990년대 중반 학문적 운동으로 정립한 비판적 인종 이론(critical race theory, CRT)은 흑인과 라틴계, 아시아계, 토착민 등 소수 인종의 "사회적 지배와 종속을 구축하고 유지하는 데 법이 행한 역할"이라는 관점에서, "법이 백인 우월주의의 옹호와 맺어온 공모관계"[22]의 역사와 현재를 규명할 것을 주창했다. 비판적 인종 이론은 인종이 생물학적으로 주어지고 결정된 범주가 아니라 유색인종 주체를 속박하고 착취하는 사회적으로 구성된 범주임을 드러내기 위해 분투했다는 점에서 비판적 기획이었고, 그러한 범주를 벗어나는 저항과 해방을 향한 실천의 과거와 현재를 기억하고 이야기화하기를 촉진한다는 점에서 대안적 기획이었다. 21세기에 비판적 인종 이론은 흑인을 향한 예측적 치안과 억압적 폭력의 확대, '흑인의 생명은 소중하다' 운동과 백인 우월주의 간의 교전, 북미 토착민 문화와 민권에 대한 관심의 확장 등에 힘입어 북미 비판적 인문사회학의 중요한 지적 경향이 되었고, 트럼프 2기 행정부 이후 고등교육 관련 사안에

22. Cornel West, "Foreward," in *Critical Race Theory: The Key Writings that Formed the Movement*, eds. Kimberlé Crenshaw, Neil Gotanda, and Gary Peller (New York: New Press, 1995), xi.

도 창궐해 온 극우 세력의 표적이 되었다.

교차성으로의 전이와 퀴어 이론과의 접합까지 아우르는 동시대 비판적 인종 연구의 전반적 지형과 개념, 논점 모두를 조망하는 것이 이 글의 목적은 아니다. 대신 미디어는 인종 개념의 구성 및 이에 근거한 주체화에 핵심적이고, 탈식민주의를 포용하고 차이의 정치를 모색한 문화연구가 비판적 인종 연구의 부상 이전부터 미디어의 중심성에 주목했음을 지적하는 정도에 머무르기로 하자. 스튜어트 홀은 이 점을 다음과 같이 단언한 바 있다. "다른 종류의 이데올로기적 노동 중에서도 미디어는 우리에게 인종이 무엇이고, 인종의 이미지가 어떤 의미를 운반하며, '인종의 문제'가 어떻게 이해되는가에 대한 정의를 구성한다. 미디어는 인종의 범주에 따라 세계를 분류하도록 돕는다."[23] 이와 같은 주장은 인종이 신체와 담론, 물질적 현실로 엮인 구성물, 즉 "미끄러지는 기표"(sliding signifier)로서 "차이를 생산하는 위계적 시스템의 중심물"[24]에 있고 매스미디어를 포함한 미디어의 재현이 그와 같은 기표로 기능한다는 점을 전제한다. 이와 같은 전제에 입각한 많은 연구들이 영화, 방송, 인터넷을 통해 생산되고 순환되고 굴절되는 인종 재현의 양상에 주목해 왔다. 1990년대부터 학제 간 인문예술학의 '시각적 전환'(visual turn)에 조응하여 번성한 시각문화 연구는 시각 기호로서의 재현을 넘어 인종의 시각성(visuality)으로 조망을

23. Stuart Hall, "The Whites of Their Eyes: Racist Ideologies and the Media," in Stuart Hall, *Writings on Media*, ed. Charlotte Brunsdon (Durham, NC: Duke University Press, 2021), 184.
24. Stuart Hall, "Race—The Sliding Signifier," in *The Faithful Triangle: Race, Ethnicity, Nation*, ed. Kobena Mercer (Cambridge, MA: Harvard University Press, 2017), 33.

확대했다. 이와 같은 연구에 기여한 니컬러스 미르조프가 말하듯, 시각성은 가시성을 결정하고 가시화를 실행하며 응시의 주체와 대상을 비대칭적으로 분할하는 기술적, 담론적, 제도적 힘들로 결정된다는 점에서 복합체(complex)이며, 유색인종에 대한 식민적 억압과 백인 우월주의를 뒷받침하고 주인/노예를 분할하는 권위의 시각성은 플랜테이션 제도에서 제국주의 체제, 21세기 대테러 전쟁과 디지털 감시자본주의에 이르기까지 갱신되며 작동해 왔다. "시각성은 사회 조직의 수단으로서 분류된 집단들을 분리한다. 이러한 시각성은 노동자, 민중, 혹은 (탈식민화된) 민족과 같은 정치적 주체로 결집하는 것을 막기 위해 시각화되는 대상들을 분리하고 격리한다."[25]

웬디 전이 참여하고 주도해 온 21세기 북미 비판적 디지털 미디어 연구는 인종을 미디어에 의한 사후적 재현의 대상을 넘어선 것으로 상정함으로써 문화연구가 인종을 다룰 때의 한계를 극복하고자 한다. 리사 나카무라와 피터 A. 차우-화이트가 말하듯 비판적 디지털 미디어 연구는 인종을 컴퓨팅과 네트워킹을 비롯한 디지털 기술의 미디어 특정성과 긴밀히 결부된 것으로 상정한다. "코드-기반의 미디어는 시각적인 동시에 과정적(processual)이다. 이 미디어는 나타나는(appear) 동시에 행(do)한다. 코드 기반의 미디어는 인종을 실행한다. 사용자는 비디오 게임을 할 때, 소프트웨어와 상호작용할 때, 프로그래밍할 때 인종의 이미지를 소비하는 것만이 아니다. 대신 사용자는 이들을 수행한다."[26] 이와 같은 전제를 공유하는 웬디 전

25. Nicholas Mirzoeff, *The Right to Look: A Counterhistory of Visuality* (Durham, NC: Duke University Press, 2011), 3.
26. Lisa Nakamura and Peter A. Chow-White, "Introduction-Race and Digital

은 영화미디어학 저널 『카메라 옵스큐라』(Camera Obscura)에 '기술과/로서의 인종'(Race and/as Technology)이라는 제목의 특집호를 편집하며 다음과 같이 그 의의를 밝힌다. "기술로서의 인종은 인종과 기술 간의 유사성을 강조함으로써 인종의 무엇(what)에서 어떻게(how)로, 인종을 아는 것(knowing)에서 인종을 행하는 것(doing)으로 초점을 전환한다."[27] 18세기 후반부터 발달한 현대적 자연과학 및 사회과학, 그리고 19세기 이후 기계적 미디어가 주도하는 현대성의 문화 및 제도에서 인종은 개인과 집단을 위한 범주로서 새로이 구성되었을 뿐 아니라 지식 산출과 사회적 통제의 도구가 되었다. 인종은 매핑의 도구였고, 생물학과 진화심리학의 대상에서 문화적 대상으로 이행했다. 인종에 대한 다양한 편향적 재현의 역사와 동행하며, 또한 그 역사의 기저를 이룬 이와 같은 이행을 거쳐 인종이 대리체를 통해 적극적인 행위자로 작동한다. 인공신경망 기반 기계학습은 대리체의 행위성을 통해 '인종으로서의 기술'이 된다. 이와 같은 등식은 『차별하는 데이터』를 비롯한 자신의 연구에서 왜 웬디 전이 주디스 버틀러의 수행성(performativity) 개념을 알고리듬과 네트워크의 정체성 범주 구성 및 군집화 작동 방식으로 연장하는가를 말해주기도 한다.

『차별하는 데이터』는 인종의 범주를 넘어선, 즉 인종의 범주 자체를 지우려는 욕망으로 충전되었던 자유 공간으로서

Technology: Code, the Color Line, and the Information Society," in *Race after the Internet*, eds. Lisa Nakamura and Peter A. Chow-White (New York: Routledge, 2012), 8.

27. Wendy Hui Kyong Chun, "Introduction: Race and/as Technology; or, How to Do Things to Race," *Camera Obscura* 70 (2009): 8.

의 사이버공간이 21세기 들어 인종주의를 강화하는 소셜 미디어로 변모했다는 점을 개입의 지점으로 설정하며, 알고리듬적으로 결정되는 인종의 수행성을 강조한다. 알고리듬은 "인종 범주를 명시적으로 사용하지는 않지만 우편번호와 같은 대리체를 사용하여 암묵적으로 인종 범주를 사용한다."(45) 오늘날 알고리듬 기반 시스템의 인종과 관련된 오류, 그리고 알고리듬과 훈련 데이터에서 인종 범주를 없애거나 평면화하면 이와 같은 오류를 개선할 수 있다고 주장하는 견해는 "인종을 '무시'하는 것에서, 즉 인종-없음(race-free)을 인종차별-없음(racism-free)과 같다고 가정하는 것에서"(57) 비롯된다. 여기에서 비판적 디지털 미디어/AI 연구의 전제는 분명하게 적용된다. 즉 편향을 일으키는 어떤 본성이 알고리듬과 데이터 분석에 결정적으로 내재되어 있다고 말하는 것이 아니라, 알고리듬과 데이터 분석의 어떤 특정성이 인종주의와 같은 이데올로기적 요인 및 이에 관여하는 집단 및 제도와 어떻게 결합되고 실행되는지를 밝히는 것이 중요하다. "문제는 단순히 인종, 성별, 성적 성향 및 기타 정체성 범주가 추천을 결정하는 데 직접 사용되는지 여부가 아니라, 이러한 범주가 어떻게 '잠재 요인'의 역할을 하고 어떤 목적으로 사용되는가다. 다시 말하면 인종이 잠재 요인이라는 것이 문제가 아니라 인종주의가 문제인 것처럼, 대리체의 존재가 문제가 아니라 대리체가 하는 일과 그 일을 하는 방식이 문제인 것이다."(311)

이처럼 문화연구와 디지털 미디어/AI 연구를 결합하여 비판적 인종 연구를 확장하고자 하는 웬디 전의 기획은 비판적 인종 연구가 초기부터 주목했던 유색인종 억압과 통제의 역사를 과학기술학과 접목하는 실천에도 적용된다. "20세기의 우생학과 21세기의 데이터 분석은 모두 분리(segregation)를 조장하거나 상정한다. 역사학자들은 우생학과 인종 분리(segregation) 사이의 밀접한 관계를 밝혀냈다. 우생학은 인종 분리주의자들의 과학이었고 인종 분리는 우생학자들의 전략이었다."(139) 2장에서 「사회생활의 패턴」 보고서에 대한 상세한 분석은 21세기 네트워크의 기초를 마련한 동종선호 개념에 암묵적으로 내재된 인종차별 및 배제의 인식적 전제를 밝히고, 노예제 이후 20세기에도 미국 사회에 만연했던 차별 및 배제의 구체적인 역사를 배가한다. 21세기의 네트워크 과학은 배제되거나 주변화된 소수자들을 자신의 노드와 에지 속에 통합했고, 분리와 예측이 가능한 대상으로 이들을 구성했다. 그 역사는 팬데믹과 사회적 거리두기의 압박 속에서 만연했던 아시아계 혐오를 통해 되살아났다. 이와 같은 현실을 관찰하며 웬디 전은 2차 세계대전 중 일본계 미국인의 수용소 억류 조치를 환기시키고, 혐오의 정서를 확산시키고 인종 간의 분리를 조장하는 오늘날의 소셜 미디어 네트워크와 이웃이 간극을 전제로 하며 그 간극은 인종화된 타자들로 채워져 왔음을 단언한다. "네트워크는 자신 안에 타자들을 포용함으로써, 부재해 보이는 것이 곳곳에 스며들게 한다. 네트워크는 흑인 주민들, 일본인 강제 수용자들, 보호구역 내 원주민 주민들 등 수많은 이들을 내면화함으로써 형성된다."[28] 이들은 망각되거나 또는 동일성의 논리 속에서 동결되기에, 네트워크와 기계학습의 '잠재적 역사'를 복원하고 재생해야 한다.

28. Wendy Hui Kyong Chun, "The Space between Us: Network Gaps, Racism, and the Possibilities of Living in/Difference," *Catalyst: Feminism, Theory, Technoscience*, vol. 7. no. 2 (2021), https://doi.org/10.28968/cftt.v7i2.34903.

비판적 인종 연구를 알고리듬과 네트워크의 역사적, 기술적 특정성을 통해 증강하는 『차별하는 데이터』는 동종선호 기반 소셜 미디어 이웃과는 다른 종류의 관계와 사회적 연결망을 상상하고 실현하라는 제안으로 귀결된다. "이종선호 및 다름 안에서와 같은 다른 관계들은 사라진 것이 아니라 현재 인정되는 형태의 연결이 등장할 수 있는 틈새, 즉 여백에 내재되어 있다. 이러한 풍부한 관계에 관여하려면 네트워크가 그래프 밖의 모든 것이라는 통찰에서 출발해야 한다."(446) 이는 웬디 전이 문화연구를 알고리듬 및 네트워크에 대한 기법적, 연산적 토대 위에서 작동시키는 방식이기도 하다. 이는 비판이론을 현행 네트워크 및 알고리듬에 대한 대안을 모색하는 출발점으로 삼는 기획과 상응한다. 예를 들어 웬디 전은 오늘날의 기계학습 기반 네트워크가 상정하는 "동종선호 연결로서의 유사성보다는, 아메드와 함께 불편함의 생성적 힘을 통해 생각해야 한다"[29]고 주장한다. 아메드에 따르면 불편함은 이성애규범성에 포획된 퀴어 주체가 자신의 신체와 정동의 잠재력을 인식하고 이성애규범성과는 다른 관계를 구축하기 위해 거쳐가거나 포용해야 할 것이다. "불편함을 느끼는 것은 바로 몸과 삶을 형성하는 데 지속적으로 작용하는 것에 영향을 받는 것이다. 따라서 불편함은 동화나 저항이 아니라 *규범 속에 다르게 거주하는* 것에 관한 것이다."[30] 동종선호는 인종과 섹슈얼리티, 젠더의 구성에 작용하는 이질성, 복잡성, 긴장을 유사성의 이름으로 소거하기

29. Wendy Hui Kyong Chun, "Queerying Homophily," in Clemens Apprich et al., *Pattern Discrimination*, 89.
30. Sara Ahmed, *The Cultural Politics of Emotion*, 2nd edition (Edinburgh: Edinburgh University Press, 2014), 155, 강조는 원저자.

때문에 문제적이다. 이는 『차별하는 데이터』에서 상관관계 대신 응축과 전치를 수반하고 "유사성과 다름을 모두 드러내는 '공동-관계'"(419)로서의 동일시를 포용하라는 목소리와 반향된다. 이는 기계 탈학습과 같은 대안적인 기술-미학-문화적 실천뿐 아니라 "다름 안에서 자유롭게 살겠다는 결단"(458)을 포함한 윤리적 실천의 문제이다.

* * *

뉴욕에서 박사과정을 시작하기 전 영화제 프로그래머로 일했던 2004년 베를린 출장에서 처음 알게 된 웬디 전과의 개인적인 인연, 그리고 영어권 학술장에서의 중요성에도 불구하고 한 번도 본격적으로 소개되지 못했던 학자의 최초 한국어판 출간이 이 책의 번역에 착수하게 된 동기의 전부는 아니다. 스스로의 이름으로 쓰고 말하는 것이 더욱 중요하고 앞으로도 그럴 것임을 절감하는 학자임에도 불구하고 번역 프로그램을 구동한 이유는 이 책의 출간이 학제 간 인문예술학으로서의 연산 미디어 및 AI 연구, 미디어의 특정성을 충분히 내면화한 비판적 미디어 연구를 국내 학술장에 본격적으로 정착시킬 수 있는 시작 프로그램이 되기를 바랐기 때문이다. 웬디 전과 리사 나카무라 등의 동료 학자들은 커뮤니케이션학/언론학으로 분류되는 종류의 학회가 아니라 북미 영화미디어학회(Society for Cinema and Media Studies)에 참가해 왔으며, 이들이 조직한 패널과 라운드 테이블은 가장 많은 청중을 끌어왔다.

이와 같은 사정은 한국에 거의 알려지지 않았지만, 그러한 사정에 근접할 만한 분위기는 인문학과 예술학, 비판적 사회과학과 과학기술학을 가로지르며 조금씩 만들어지고 있는 것 같다. 이 책 16-17쪽 각주 9번이 입증하듯, 웬디 전과 제휴하는 비판적 디지털 미디어/AI 연구의 중요 저작들은 생각보다 많이 한국어로 번역되어 있다. 다만 이 책 대부분이 '미래서', '실용서'의 범주로 제목마저도 바뀐 채 출간되어 오다 보니 학술서의 자기장 바깥에 있었을 뿐이다. 아울러 N. 캐서린 헤일스, 유시 파리카, 이언 보고스트 등 디지털 및 연산미디어의 특정성과 그 다학제적 역사를 탐색하는 연구들 또한 최근 들어 신물질론, 사변적 실재론, 인류세 등에 주목해 온 국내 인문학의 조류에 일정 부분 힘입어 한국어로 점점 더 많이 출간되고 있다. 이 책의 출간이 기존에 출간되었으나 잊힌 책의 재발견을 추동하고 최근에 출간된 책과 연합하여, 통념적 사회과학에서의 미디어학과는 분명히 구별되는 인문예술학 기반의 학제 간 미디어학을 연구와 출판 모두에서 정착시키는 계기가 되기를 바란다. 이와 같은 바람과 더불어 나에게도 이 책의 번역 과정이 비판적 디지털 미디어/AI 연구를 심화하는 데 기여했음을 밝힌다. 학부 시절(프로필에는 애써 밝힐 일이 앞으로도 없겠지만 나의 학부 전공은 '언론정보학'이다) 경험적, 실증적 커뮤니케이션학의 교과서라는 맥락에서 지루하게 배울 수밖에 없었던 라자스펠드의 연구를 아카이브 조사를 동반하여 정교하게 '탈학습'하는 2장의 번역은 양적 사회과학과 네트워크 과학(그리고 이들에 근거한 '주류 커뮤니케이션학')에 대한 우아하면서도 밀도 있는 비판을 향유하는 지적 통쾌함을 넘어 방법론과 인식적 전제 모두에 있어 풍부한 배움의 계기가 되었다.

앨릭스 바넷의 그림 강의를 포함한 다수의 그림을 다뤄야 했던 최고 난이도의 편집 과정에서 최선의 해결책을 마련하면서 번역에 있어서도 세심한 검토와 조언을 아끼지 않은 편집자

박활성을 비롯한 워크룸 프레스 구성원 모두와 그림 강의의 번역에 도움을 준 영화미디어학 동료 연구자 김용진, 그리고 학문과 생활의 ‘공동-관계’를 구축하며 ‘다름 속에서 살기’를 함께해 온 아내 이선주에게 감사를 전한다.

2025년 11월, 김지훈

찾아보기

웬디 희경 전
사이먼 프레이저 대학교 커뮤니케이션 학부 교수이자 캐나다 건국 150주년 뉴미디어 부문 연구 의장, 디지털 민주주의 연구소 소장이다. 디지털과 네트워크 기술, 빅데이터, AI 등을 둘러싼 기술적·인식론적 통찰을 바탕으로 북미 비판적 디지털 미디어 연구를 주도해 왔으며, 『통제와 자유: 광통신 시대의 권력과 편집증』(2005), 『프로그래밍된 시각: 소프트웨어와 기억』(2011), 『동일성 유지를 위한 업데이트: 습관적 뉴미디어』(2016), 『차별하는 데이터: 상관관계, 이웃, 새로운 인식의 정치』(2021) 등의 저서를 집필했다. 캐나다 왕립학회와 영국 아카데미 국제 펠로이며, 구겐하임 재단, ACLS, 베를린 미국 아카데미, 프린스턴 고등연구소, 하버드 래드클리프 고등연구소에서 펠로십을 받았다.

김지훈
중앙대학교 교수이자 영화미디어학센터(cau-ccms.com) 설립자 및 디렉터로 『위기 미디어: 위태로운 21세기와 미디어의 확장』(2025), 『Activism and Post-activism: Korean Documentary Cinema, 1981–2022』(2024), 『Documentary's Expanded Fields: New Media and the Twenty-First-Century Documentary』(2022)를 비롯한 네 권의 연구서를 출간했다. 『JCMS』, 『필름 쿼털리』, 『필름-필로소피』, 『카메라 옵스큐라』, 『서드 텍스트』, 『포지션스: 아시아 크리티크』 등의 국제 학술지 및 『합성 열병』(2025), 『히토 슈타이얼: 데이터의 바다』(2022) 등 다수의 전시 카탈로그에 논문과 글을 발표했다. 현재 『Mathemagical Media: Generative AI and Its Images』(블룸스버리 출간 예정)를 쓰고 있다.

차별하는 데이터:
상관관계, 이웃, 새로운 인식의 정치

웬디 희경 전 지음, 김지훈 옮김

1판 1쇄 발행 2026년 1월 5일

발행. 워크룸 프레스
편집. 박활성, 박새롬
디자인. 워크룸
제작. 세걸음

워크룸 프레스
서울시 종로구 자하문로19길 25, 3층
전화. 02-6013-3246
wpress@wkrm.kr
www.workroompress.kr

ISBN 979-11-94232-33-9 (93300)
값 29,000원

방송문화진흥총서 255
이 책은 방송문화진흥회의 지원을 받아 출간되었습니다.